LUISA VON KAMECKE
Die Sterne über Falkensee

AF216916

Über die Autorin

Luisa von Kamecke arbeitete nach ihrem Philologiestudium als Redakteurin, bis sie ihren Traum vom Schreiben wahr machte und gleich ihren ersten Roman an einen Verlag verkaufte. Sie lebt und arbeitet in einer beschaulichen Kleinstadt im Nordwesten Deutschlands. Luisa von Kameckes Familie musste 1944 ihren Landbesitz in Westpreußen aufgeben und floh nach Niedersachsen.

LUISA VON KAMECKE

Die STERNE über FALKENSEE

ROMAN

WESTPREUSSEN-SAGA

lübbe

Dieser Titel ist auch als E-Book erschienen.

Originalausgabe

Dieser Titel wurde vermittelt durch die Literarische Agentur Kossack

Copyright © 2021 by Bastei Lübbe AG, Köln
Umschlaggestaltung: Birgit Gitschier, Augsburg
Unter Verwendung von Motiven von
© Ildiko Neer/arcangel, © Jacqueline Veissid/gettyimages,
© Richard Jenkins Photography, © Drunaa/Trevillion Images und
© Shutterstock: poomooq | Steve Collender | yanikap | Here
Satz: hanseatenSatz-bremen, Bremen
Gesetzt aus der Arno Pro
Druck und Verarbeitung: GGP Media GmbH, Pößneck
Printed in Germany
ISBN 978-3-404-18371-5

2   4   5   3

Sie finden uns im Internet unter
www.luebbe.de
Bitte beachten Sie auch: www.lesejury.de

Gewidmet meinen westpreußischen Vorfahren aus Conradswalde nahe Bischofswerder – allen voran meiner Großmutter Hedwig, meiner Großtante Millie, meiner Tante Friedchen und natürlich wieder meiner lieben Mamms.

Ich danke euch von Herzen für die Erinnerungen, die ihr mit mir geteilt habt.

1. Kapitel

Isabella
Gut Falkensee, Westpreußen, Juni 1924

Isabella war ein wenig außer Atem, als sie die breite Freitreppe vor dem Eingang des Herrenhauses hinunterlief. Sie war in Eile, denn sie hatte in ihrem Zimmer eine Weile nach dem neuen Seidenschal suchen müssen. Die hellen Steinstufen reflektierten die Morgensonne, sodass Isabella die Augen mit der Hand abschirmen musste. Am Fuß der Treppe hob sich ihr Stiefvater wie ein Scherenschnitt vor den leuchtend bunten Sommerblumen des Rondells in der Einfahrt ab. Er hatte seinen Opel 10/30 bereits vorgefahren und stand wartend daneben.

»Tut mir leid, Papa.« Sie hauchte ihm einen Kuss auf die Wange, bevor sie sich eilig auf den Beifahrersitz setzte.

Konrad von Sandtberg murmelte etwas vor sich hin, lächelte jedoch, während er den Platz hinter dem Steuer einnahm. Er war Isabella so gut wie nie böse, und wenn er sich doch einmal über sie ärgerte, genügten ein unschuldiger Augenaufschlag und ein zerknirschtes Lächeln, um ihn zu besänftigen. Das hatte Isabella schon als kleines Mädchen von ihrer Mutter gelernt.

»Haben wir in Bischofswerder viel zu besorgen?«, erkundigte sie sich munter, während Konrad den Wagen die breite kiesbestreute Auffahrt entlangsteuerte.

»Dünger«, sagte ihr Stiefvater. »Vor allem brauchen wir einen guten Dünger.«

Obwohl sie gefragt hatte, hörte sie seiner Antwort nur mit halbem Ohr zu. Sie warf einen Blick zurück zum Herrenhaus, das in der Sonne schneeweiß leuchtete. Die langen Reihen blitzblanker Fenster des zweistöckigen Gebäudes schienen ihr zuzuzwinkern. Soeben trat Sabine, eines der Stubenmädchen, auf den kleinen Balkon über dem Eingang und schüttelte ein Kissen aus.

»Und ich muss mit dem Getreidehändler über den Verkauf der Ernte verhandeln«, fuhr ihr Vater fort. »Im Großen und Ganzen ist schon alles geklärt. Es sind nur noch einige Kleinigkeiten zu regeln.«

»Hmhm.« Mittlerweile waren sie durch das hohe schmiedeeiserne Tor gefahren und in die schmale Straße eingebogen. Durchs Wagenfenster betrachtete Isabella die weite Landschaft, die sich in sanften Wellen bis zum Horizont erstreckte. Einige hundert Meter entfernt funkelte der kleine See, in dem sie seit ihrer Kindheit an heißen Tagen badete, wie ein hellblaues Auge im Sonnenlicht. Die Zweige der Erlen und Buchen schienen ihr im sanften Wind fröhlich zuzuwinken.

Isabella spürte ein warmes Gefühl in der Brust. Wie immer, wenn sie sich im Automobil oder zu Pferd zwischen den Feldern und Wäldern des elterlichen Besitzes bewegte. Gut Falkensee war ihre Heimat – für sie der schönste Ort der Welt. Obwohl sie natürlich wusste, dass sie noch nicht allzu viel von der Welt gesehen hatte. Dennoch wollte sie nicht fort von hier.

Deshalb war sie froh, dass der Besitz von Arthurs Eltern nicht weit von Gut Falkensee entfernt lag. Wenn er sie tatsächlich heiratete, würde sie Falkensee oft besuchen können.

Ach, sie wünschte sich so sehr, dass Arthur ihr einen Antrag machte. Wie oft sie schon miteinander gelacht und gescherzt hatten, wenn sie sich bei Abendeinladungen und Festen ihrer gemeinsamen Bekannten begegnet waren … Erst neulich hatte er ihr Kleid bewundert und ihr gesagt, wie hübsch ihre Hände seien. Genau wie sie musste er doch einfach spüren, dass sie füreinander bestimmt waren. Mama sagte das auch immer wieder und vergaß nie zu erwähnen, dass es eine bessere Partie im ganzen Drei-Werder-Land nicht gab.

»Welche Besorgungen möchtest du denn machen, mein Kind?«, erkundigte sich ihr Vater. Konrad war erstaunt gewesen, als sie beim Frühstück verkündet hatte, dass sie ihn nach Bischofswerder begleiten wollte. Bisher hatte sie sich nie für seine wöchentlichen Ausflüge in die Stadt interessiert. Isabella wusste jedoch, dass donnerstags fast sämtliche Großgrundbesitzer aus der Umgebung ihre Geschäfte und Besorgungen in Bischofswerder zu machen pflegten. Und nachdem das erledigt war, trafen sich die Herren regelmäßig zu einem Umtrunk, tauschten Neuigkeiten aus und redeten über Aussaat und Ernte und was Männer sonst noch zu besprechen pflegten.

Deshalb hoffte sie, Arthur zu begegnen, wenn sie heute gemeinsam mit ihrem Vater in Bischofswerder unterwegs war. Als erstgeborener Sohn, der schon bald die Leitung des Besitzes übernehmen sollte, war Arthur schon jetzt in die Leitung von Gut Willinghausen eingebunden. Und da Isabella stets die Ohren weit aufsperrte, wenn von Arthur die Rede war, hatte sie gehört, dass meistens er die notwendigen Besorgungen in der Stadt erledigte.

Deshalb war ihr heute Morgen beim Aufwachen spontan der Gedanke gekommen, dass es sich um eine wunderbare Gelegenheit handelte, Arthur noch einmal mit ihrem Aussehen, ihrem Charme und ein paar geistreichen Bemerkungen zu beeindrucken. Ein prunkvolles Fest, wie Tante Charlotte es anlässlich ihres Hochzeitstags auf Gut Falkensee plante, wäre eine wunderbare Gelegenheit für Arthur, ihr im Laufe des Abends den ersehnten Antrag zu machen. Natürlich würde er ihr Tischherr sein, sie würden miteinander tanzen und irgendwann einen Spaziergang im Park machen, weil Isabella frische Luft brauchte.

Bei der Vorstellung, dass Arthur ihr im jasminduftenden Park unter dem Sternenhimmel seine Liebe gestehen und erklären würde, dass er sie gern als seine Frau nach Gut Willinghausen heimführen wollte, kribbelte es in Isabellas Bauch. Sie konnte es kaum erwarten, dass endlich ihr Leben als Ehefrau begann. Schließlich war es das, worauf sie sich all die Jahre vorbereitet hatte. Das erklärte Ziel der sorgfältigen Unterweisungen durch ihre Mutter: die Ehe mit einem wohlhabenden Mann.

Mama hatte besorgt die Stirn gerunzelt, als sie von Dora von Bernsdorffs Verlobung mit Siegfried von Sahlheim gehört hatte. Wieder ein Sohn aus reichem Hause, der nicht mehr als Heiratskandidat zur Verfügung stand. Dummerweise gab es in den Familien der westpreußischen Landjunker nur wenige Söhne, noch dazu wohlhabende, erstgeborene Söhne, die als Ehemänner für Isabella infrage kamen.

»Wenn es mit Arthur von Willinghausen nicht klappt«, hatte Isabellas Mutter mit einem tiefen Seufzer gesagt, »müssen wir uns unter den reichen Geschäftsleuten und den Fabrikerben umsehen. Das ist zwar längst nicht so erstrebenswert wie der Grafentitel der Willinghausens, aber es geht vor allem darum, dass du gut versorgt bist. Sehr gut, meine ich. Also streng dich an, dass es mit Arthur von Willinghausen etwas wird.«

Es wäre nicht nötig gewesen, Isabella extra darauf hinzuweisen, dass eine Ehe mit Arthur äußerst erstrebenswert war. Sie war ja längst verliebt in ihn! Natürlich gefiel es ihr, dass er in einem prächtigen Haus wohnte und seine Frau eine Gräfin sein würde. Doch sie mochte auch seine hochgewachsene, breitschultrige Statur, sein dichtes blondes Haar und sein hübsches Gesicht.

Schon viele Nächte hatte Isabella damit zugebracht, sich vorzustellen, wie es wohl als Arthurs Frau sein mochte. Dann fragte sie sich auch immer wieder, ob er ebenso empfand wie sie. Mittlerweile war sie ziemlich sicher, dass er nur noch einen klitzekleinen Schubs in die richtige Richtung brauchte. Bisher hatte er zwar häufig mit ihr geflirtet, aber niemals deutlich gezeigt, dass sie die einzige junge Frau war, für die er sich interessierte. Bei Festen und Abendeinladungen scherzte und lachte er gern mit ihr, kümmerte sich aber immer auch um andere der anwesenden Heiratskandidatinnen. Dummerweise war deren Zahl deutlich höher als die der passenden jungen Männer.

Eine der Frauen, mit denen er sich gelegentlich unterhielt, war Margarete. Was Isabella ziemlich nett von Arthur fand. Schließlich weckte ihre unscheinbare Freundin mit der schüchternen Art wenig Interesse bei den heiratsfähigen jungen Männern. Umso netter also, dass Arthur sich ihrer annahm. Doch nun wurde es Zeit, dachte Isabella, dass er sich zu seinen Absichten bekannte und ihr einen Antrag machte.

Für den spontanen Ausflug nach Bischofswerder hatte Isabella ihr schönstes Sommerkleid angezogen. Es war aus hellem Chiffon mit kurzen, angeschnittenen Ärmeln und einer tief angesetzten Taille. Der Ausschnitt war mit einem blassblauen Band verziert, durch das zugleich die Weite reguliert wurde. So konnte Isabella sicher sein, dass der hässliche rote Fleck unter ihrem Schlüsselbein auf keinen Fall zu sehen war. Sie hoffte inständig, dass Arthur bei ihrem Anblick nur einen Gedanken hatte: *Genau so soll die künftige Herrin von Gut Willinghausen aussehen.*

»Oh, ich brauche nichts«, beantwortete sie etwas verspätet die Frage ihres Vaters. »Ich dachte, ich begleite dich bei deinen Erledigungen. Wo werden wir überall hingehen?«

»Wie ich schon sagte: Ich muss Dünger bestellen und in der Getreidehandlung vorbeischauen. Außerdem müssen wir Säcke für die Ernte nähen lassen, doch das ist nicht so dringend.« Konrad stockte und warf seiner Stieftochter einen Seitenblick zu. »Diese Dinge interessieren dich doch gar nicht.«

Er klang so ratlos, dass Isabella hell auflachte. »Ich dachte einfach, es könnte nett sein, dich zu begleiten. Schließlich hast du keinen Sohn, der das tun könnte.«

Sie hatte ein etwas schlechtes Gewissen, weil das nicht der wahre Grund war, aus dem sie neben ihrem Stiefvater im Auto saß. Aber es war auch nicht vollkommen gelogen. Sie war gern mit Konrad zusammen. Er hörte ihr immer aufmerksam zu, und – anders als ihre Mutter – kritisierte er sie nicht ständig oder sagte ihr, was sie tun und lassen sollte.

Eine Weile herrschte Schweigen in dem Opel, der leise brummend die schmale Straße entlangfuhr.

»Du bist verliebt, mein Kind, nicht wahr?«, sagte Konrad plötzlich leise. So leise, dass Isabella seine Frage notfalls hätte überhören können. Zumindest, wenn sie eine bessere Selbstbeherrschung gehabt hätte. Denn leider war sie bei Konrads Worten leicht zusammengezuckt. Ahnte er etwa, mit welchen Hintergedanken sie ihn begleitete?

Sie biss sich auf die Unterlippe. »Ich glaube schon«, sagte sie endlich zögernd und starrte auf die lackglänzende schwarze Kühlerhaube vor sich.

»Arthur von Willinghausen«, bemerkte Konrad. »Deine Mutter sagte mir, dass da von beiden Seiten Interesse besteht. Er ist ein fescher junger Mann und sehr freundlich noch dazu.«

Isabella kicherte verlegen. »Nicht nur das. Er ist die begehrteste Partie weit und breit. Ich könnte keinen besseren Ehemann finden. Mama meint das auch. Junge Männer aus so wohlhabenden Familien, noch dazu mit Grafentitel, gibt es hier in Westpreußen nicht gerade viele.«

Als sie Konrad einen Seitenblick zuwarf, bemerkte sie, dass er die Stirn runzelte.

»Aber du wählst deinen Zukünftigen nicht nur nach dem Vermögen und der gesellschaftlichen Stellung aus, hoffe ich?«

»Natürlich nicht.« Wieder kam ohne ihr Zutun das merkwürdige Kichern aus ihrem Mund. »Du hast doch selbst gesagt, dass er fesch ist.«

»In einer Ehe kommt es sehr darauf an, dass beide Partner bereit sind, sich aufeinander einzulassen. Dass sie ehrlich zueinander sind und natürlich, dass sie sich von Herzen lieben.« Konrad steuerte den Wagen um eine Kurve und schaute dabei angestrengt nach vorn. Seine Worte klangen gewichtig, aber auch ein wenig traurig.

»Aha«, machte Isabella und wusste nicht, was sie antworten

sollte. Das Thema war ihr ein bisschen peinlich, und sie verstand nicht, warum Konrad sich in diese Sache einmischte. Normalerweise war ihre Mutter diejenige, mit der sie darüber sprach, welcher junge Mann aus ihrem Bekanntenkreis ein geeigneter Heiratskandidat sein könnte. Von Arthur waren sie beide hellauf begeistert. Seit er Interesse an Isabella zeigte und mit ihr flirtete, wusste ihre Mutter sich vor Freude kaum zu lassen.

»Wenn ich an Arthur denke, kribbelt es, als hätte ich zu viel Sekt getrunken«, fügte Isabella hinzu, als sie spürte, dass ihr Stiefvater eine ausführlichere Antwort erwartete.

Konrad nickte, und damit schien für ihn das Thema erledigt zu sein. Mittlerweile hatten sie Bischofswerder erreicht, und Konrad parkte den Wagen in der Graudenzer Straße in Zentrumsnähe. Isabella stieß die Beifahrertür auf, schwang die Beine aus dem Auto – und landete mit ihren hellen Lederschuhen in einer Lache, die nach dem gestrigen Sommerregen auf dem Gehweg stand. Hektisch sprang sie zur Seite, doch natürlich waren ihre Füße in den nagelneuen Seidenstrümpfen längst nass.

Isabella verrenkte den Kopf, um nach hinten über ihre Schulter zu schauen, und stellte erleichtert fest, dass das Wasser in der Pfütze offenbar recht sauber war. Ihre Schuhe zeigten lediglich einen feuchten Rand, und an den Strümpfen war kaum etwas zu erkennen.

Konrad, der das kleine Malheur nicht bemerkt hatte, kam um den Wagen herum und bot ihr seinen Arm. »Dann darf ich heute also überall mit meiner hübschen Tochter angeben«, stellte er fröhlich fest.

»Ich bitte darum«, erwiderte Isabella ebenso heiter und spazierte an seiner Seite die Straße entlang.

Zwar hatte Bischofswerder nicht einmal zweitausend Einwohner, Isabella war jedoch bei jedem Besuch von den zahlreichen prächtigen Gebäuden beeindruckt. Ins Hotel *Europa* und ins *Deutsche Haus* war sie mit ihrer Mutter schon mehrmals zum Mittagessen oder auf einen Tee eingekehrt. Gemeinsam mit ihren Eltern hatte sie auch schon Veranstaltungen in der Stadthalle besucht.

Die Großgrundbesitzer und Bauern kamen wegen ihrer Geschäfte und Verhandlungen mit der Dampfmolkerei, dem Schlachthaus und dem Getreidehändler nach Bischofswerder. Zudem gab es eine Maschinen- und eine Tuchfabrik und einige Läden für Landwirtschaftsbedarf.

Die Milch und ein großer Teil der Getreideernte wurden regelmäßig von den Gütern und Höfen aus der Umgebung nach Bischofswerder gebracht. Hier wurden die Produkte weiterverarbeitet, abgewogen, verpackt. Vom Bahnhof aus gelangten die Erzeugnisse der fruchtbaren westpreußischen Landschaft schließlich ins gesamte Deutsche Reich. Neben Bischofswerder gab es natürlich noch andere solcher kleinen Wirtschaftszentren, wie beispielsweise Marienwerder oder die Kreisstadt Rosenberg. Auch dort war Isabella schon einige Male gewesen. Doch sie liebte besonders Bischofswerder, das so etwas wie ihre Heimatstadt war.

»Nachher führe ich dich in die Konditorei am Markt aus«, versprach Konrad und lächelte Isabella stolz an. »Wie wäre es mit einem großen Stück Erdbeerkuchen mit Sahne? Das magst du doch so gern.«

»Jaaa«, erwiderte sie gedehnt. »Aber ich will nicht, dass du dir meinetwegen Umstände machst. Normalerweise triffst du dich doch mit deinen Bekannten im *Königlichen Hof* auf einen Schoppen Wein und ein Schwätzchen.«

»Aber das sind ausschließlich Herren. Du würdest dich schrecklich langweilen, und es wäre auch nicht ganz passend, dich dorthin mitzunehmen. Dieses eine Mal kann ich durchaus auf das Treffen verzichten.«

»Dann hätte ich aber ein schlechtes Gewissen«, beharrte Isabella. »Ich werde ganz still in einer Ecke sitzen und einen Tee trinken. Da bemerkt mich überhaupt niemand. Du wirst sehen.«

Konrad lachte amüsiert auf, sagte aber nichts weiter.

Natürlich wusste er, dass Isabella nicht zu den jungen Frauen gehörte, die übersehen wurden. Und genau darauf setzte sie. Arthur sollte sie bemerken, mit ihr reden, lachen und flirten. Er sollte sie bis zum Ball auf Gut Falkensee nicht mehr aus dem Kopf bekommen, damit er ihr den ersehnten Antrag machte.

Eine Weile gingen Isabella und ihr Vater schweigend nebeneinanderher. Dann sagte Konrad nachdenklich: »Manchmal frage ich mich, was geworden wäre, wenn die Abstimmung von 1920 ein anderes Ergebnis gehabt hätte. Ob es dann hier genauso zuginge und aussähe wie jetzt auch.«

»Du meinst, als in unserer Gegend abgestimmt wurde, ob wir weiter zu Deutschland gehören wollen oder lieber zu Polen?« Isabella erinnerte sich nur noch vage an die Aufregung nach dem verlorenen Krieg, als sich die Bevölkerung im Abstimmungsbereich Marienwerder, zu dem sowohl Bischofswerder als auch Gut Falkensee gehörten, für eines der beiden Länder entscheiden sollte.

Sie runzelte die Stirn. »Wenn die Abstimmung anders geendet hätte, wären wir dann heute Polen? So wie der Mann von Tante Charlotte?«

»Nicht ganz. Wir wären weiterhin Deutsche, aber Gut Falkensee läge in Polen.«

Isabella blieb mitten auf dem Gehweg stehen. »Das wäre seltsam. Wir sind doch Westpreußen. Schon immer.«

»In unseren Herzen wären wir ganz sicher Westpreußen geblieben. So wie dein Onkel Karol immer Pole war, auch als es kein freies Land Polen gab.«

»Ein komischer Gedanke.« Langsam ging Isabella weiter. Für einen Moment fühlte es sich an, als könnte sie dem Boden unter ihren Füßen nicht trauen. Offenbar war es gar nicht so selbstverständlich, dass sie eine Westpreußin war, die in Westpreußen lebte. »Diese Abstimmung – war das Ergebnis denn knapp? Ich war noch fast ein Kind und kann mich kaum erinnern.«

»Nein, es war nicht knapp«, sagte Konrad mit entschiedener Stimme.

Der Boden unter Isabella fühlte sich augenblicklich wieder fester an.

»Siebenundneunzig Prozent der Stimmberechtigten sprachen sich für eine Zugehörigkeit Westpreußens zu Ostpreußen und damit zum Deutschen Reich aus«, erklärte Konrad feierlich.

Sie pustete erleichtert die Luft aus. »Das kann man wirklich nicht knapp nennen. Nicht dass ich etwas gegen Polen hätte. Onkel Karol ist ein sehr netter Mensch. Aber wir sind doch nun mal Westpreußen, nicht wahr?« Sie drückte den Arm ihres Vaters.

»Das sind wir. Aber da wir den Krieg verloren haben, hätte es uns durchaus passieren können, dass wir plötzlich in Polen gelebt hätten. Falls die Polen uns hier weiterhin hätten wohnen lassen. Vor dem Krieg hat sich die deutsche Regierung gegenüber den Polen in unserem Land schließlich nicht besonders freundlich verhalten. Ihnen wurde verboten, ihre Kinder in polnischer Sprache unterrichten zu lassen. Und zeitweise durften sie keine Häuser auf deutschem Land bauen, obwohl sie hier Grundstücke besaßen und dieses Land ursprünglich ihnen gehört hatte. Dein Onkel Karol kann dir eine Menge darüber erzählen. Er war während der ersten dreißig Jahre seines Lebens ein Mann ohne Vaterland.«

»Dann ist er sicher froh, dass er jetzt wieder eine richtige Heimat hat«, stellte Isabella zufrieden fest. Sie konnte sich nicht vorstellen, ohne Zuhause zu sein. Es war für sie immer selbstverständlich gewesen, einen Ort zu haben, an den sie gehörte. Nicht nur das: Falkensee war das Eigentum ihrer Familie. Die Felder und der kleine Wald, der See, die Wirtschaftsgebäude, der Park und natürlich das Herrenhaus – all das umgab sie seit ihrer Geburt wie eine schützende Hülle.

Auch wenn sie hoffte, bald Herrin eines anderen Besitzes zu werden, würde Falkensee immer der Ort sein, an den sie zurückkehren konnte, wenn sie Kummer hatte und sich vor der Welt verstecken wollte. Der sichere Hafen, wenn sonst alles zusammenbrach. Weil sie das wusste, konnte sie getrost in ein anderes Haus ziehen.

Inzwischen hatten Isabella und ihr Stiefvater den Marktplatz erreicht. Hier kauften nicht nur die Bürgersfrauen aus Bischofswerder ein, sondern auch die Köchinnen und Küchenmädchen von den umliegenden Gütern. An zahlreichen Ständen boten Bauern und Händler aus der Umgebung ihre Produkte feil. Viele von ihnen hatten auf kleinen Handkarren nur ein wenig Gemüse ausgelegt – drei oder vier Bund Möhren und einige Knollen Kohlrabi etwa. Ein alter Mann wartete neben einer Kiste mit Frühkartoffeln auf Kundschaft. Eine verhärmt wirkende Frau bot Papiertüten mit Kirschen und den ersten Johannisbeeren an. Auf den großen Verkaufstischen dazwischen türmten sich jedoch unter buntgestreiften Markisen die verschiedensten Obst- und Gemüsesorten. Vereinzelt gab es auch Töpferwaren, Streichwurst in Dosen und grob gewebte Stoffe zu kaufen.

Isabella blieb neben der Frau mit den Kirschen stehen, griff nach einer der Tüten und sah Konrad fragend an. Er zog seinen Geldbeutel hervor und bezahlte das Obst. Die Händlerin bedankte sich mit heiserer Stimme und entblößte beim Lächeln eine große Zahnlücke. Erst jetzt sah Isabella das Kleinkind, das zu ihren Füßen hockte und sich mit schmutzigen Fingern am Rock der Mutter festkrallte. Ebenso wie die Frau trug das Mädchen zerschlissene Kleidung. Aus weit aufgerissenen Augen starrte die Kleine Isabella ängstlich an.

Die Inflation, die erst im vergangenen Jahr durch die Währungsreform gestoppt worden war, hatte Arm und Reich hart getroffen. Doch den meisten Landwirten waren nach der schwierigen Zeit ihr Land, die Gebäude und das Vieh geblieben. Sie hatten sich und ihre Tiere von ihren eigenen Erträgen ernähren können. Wer selbst Weizen anbaute, konnte schließlich so viel Brot backen, wie er brauchte, um seinen Hunger zu stillen.

Die Arbeiter und Tagelöhner jedoch hatten schon vorher Schwierigkeiten gehabt, sich und ihre Familien durchzubringen. Und während der furchtbaren Zeit der Inflation, als ein Brot bis zu einhundertfünf Milliarden Mark gekostet hatte, hatten sie alles eintauschen müssen, was irgendwie entbehrlich war. Geld wollte niemand, denn es war nichts wert und taugte quasi nur zum Feueranzünden. Also gaben arme Leute buchstäblich ihr letztes Hemd, nachdem Tischtücher und Bettlaken, das Silberkettchen von der Konfirmation und oft sogar die Eheringe gegen Essbares eingetauscht worden waren. Mit dem kleinen Geldbetrag, der im Rahmen der Währungsreform pro Kopf ausgezahlt worden war, konnten Leute, die sonst nichts hatten, keinen Neuanfang finanzieren. Die Frau mit den Kirschen hatte offenbar immer noch kein neues Kleid für sich und ihr Kind kaufen können. Ihre gute Kleidung, falls sie denn welche besessen hatte, hatte sie während der Zeit der Inflation wahrscheinlich gegen ein Stück Brot für ihr Kind eintauschen müssen.

Entschlossen holte Isabella den kleinen Lederbeutel aus ihrer Handtasche. Sie bekam von ihren Eltern monatlich eine großzügig bemessene Summe für Schals, Gürtel, Schuhe, Bücher und andere Kleinigkeiten, nach denen ihr der Sinn stand. Die Schneiderin und die Kleidung an sich bezahlte ihre Mutter.

Isabella fischte einige Münzen aus dem Beutel und betrachtete sie auf ihrer Handfläche. Zwischen den Pfennigen schimmerten zwei Silbermünzen. Eine zu einer und eine zu zwei Reichsmark. Sie hatte ihr Portemonnaie für den Fall eingesteckt, dass sie in der Stadt etwas Schönes sah, was sie sich kaufen wollte. Da der Monat sich dem Ende entgegenneigte, war nicht mehr allzu viel Geld übrig. Trotzdem gab sie der Frau alles, was sie besaß.

»Kaufen Sie etwas Schönes für Ihr Kind«, murmelte sie verlegen, denn in diesem Moment schämte sie sich, dass es ihr so gut ging. Selbst wenn sie all ihr Geld weggab, würde sie bekommen, was sie wollte. Denn dann zahlte ihr Vater für sie.

Die Händlerin wurde rot, als sie ihr das Geld in die Handfläche schüttete. Ob aus Freude oder aus Scham, weil sie Almosen annehmen musste, wusste Isabella nicht zu sagen.

»Dafür können Sie all meine Kirschen haben«, murmelte die Frau und sah auf die Münzen in ihrer Hand hinunter.

»So viele Kirschen kann ich nicht essen«, lachte Isabella, schob wieder die Hand unter Konrads Arm und zog ihn mit sich.

»Danke. Vielen Dank«, rief die Frau hinter ihnen her.

»Du hast ein gutes Herz«, sagte Konrad leise. »Ich habe ihr schon viel mehr gegeben, als sie für das Tütchen haben wollte.«

»Das Kind tat mir leid«, erwiderte Isabella.

»Wenn du nachher etwas einkaufen möchtest, gebe ich dir Geld«, unterbrach Konrad ihre Gedanken.

»Ich brauche nichts.« Isabella ließ ihren Blick suchend über den belebten Platz wandern. In dem Gewimmel auf dem Marktplatz würde es schwierig sein, Arthur zu entdecken. Wenn sie ihm wie erhofft begegnete, dann wahrscheinlich dort, wo auch ihr Vater seine Erledigungen machte. Oder anschließend beim Treffen der Herren im *Königlichen Hof.*

Bei diesem Gedanken fing es in ihrem Bauch an zu vibrieren. Andere Mädchen sprachen von Schmetterlingen, doch bei Isabella war das Gefühl nicht so zaghaft wie der Hauch zarter Flügel. Bei ihr war es ein ganzer Schwarm summender Hummeln.

»Dann gehen wir erst einmal in die Getreidehandlung«, beschloss Konrad. »Ich bin mir mit dem Händler zwar so gut wie einig, aber ein paar Kleinigkeiten gibt es noch mit Kirchner zu besprechen. Dann kann ich nächste Woche unseren Notar beauftragen, den Vertrag über den Verkauf der diesjährigen Weizenernte aufzusetzen. Dieses Mal werde ich im Voraus an Kirchner verkaufen. Das mindert das Risiko und lässt mich ruhiger schlafen. Kirchner scheint eine gute Ernte zu erwarten und erhofft sich den entsprechenden Gewinn bei dem Geschäft. So ist uns beiden geholfen.«

Seite an Seite gingen sie auf die *Getreidehandlung Julius Kirchner* zu. »Julius Kirchner hat im vergangenen Jahr die Geschäftsräume vom alten Bunthoff übernommen«, erzählte Konrad. »Bevor ich ihn kennenlernte, hatte ich Sorge, so einem jungen Mann könnte die Erfahrung fehlen. Doch er ist äußerst fachkundig und sicher in dem, was er tut. Es ist fast angenehmer, mit ihm Geschäfte zu machen, als mit dem alten Bunthoff. Wobei Kirchner durchaus auf seinen Vorteil bedacht ist. Doch solange er sich an die Absprachen und Verträge hält und bei den Verhandlungen keine Finten nutzt, ist es genau so, wie es sein soll.«

»Stammt dieser Julius Kirchner aus Bischofswerder?«, erkundigte sich Isabella interessiert.

»Er ist in Marienburg geboren und aufgewachsen. Nach dem Unfalltod seiner Eltern hätte Kirchner sich ein bequemes Leben machen können, indem er von dem kleinen Vermögen lebte, das sie hinterlassen haben. Es war nicht viel, doch es sicherte der Familie ein bescheidenes Auskommen. Er zog es jedoch vor, von dem Geld die Getreidehandlung zu kaufen. So lebt er von seiner Arbeit und kann das ererbte Vermögen vermehren, wenn er gut wirtschaftet. Eine lobenswerte Einstellung, will ich meinen.«

Isabella nickte, obwohl sie nicht recht verstand, was so löblich daran sein sollte, eine Getreidehandlung zu führen.

Sie betraten die Geschäftsräume, in denen ihnen der typische Geruch von reifem Korn entgegenschlug. Isabella war mit diesem Duft aufgewachsen. Während der Erntezeit wehte das Aroma der Ähren an warmen, sonnigen Tagen durch die geöffneten Scheunentüren über den ganzen Hof. Für Isabella war es der Duft des scheidenden Sommers. Schon als sie noch ein kleines Mädchen gewesen war, hatte Konrad ihr erklärt, dass Getreide wie Gold war, das Gold von Gut Falkensee. Neben der Pferdezucht lebten sie davon, dass sie Weizen verkauften.

Isabella füllte ihre Lunge mit dem vertrauten Duft. Der große Raum an der Vorderseite der Getreidehandlung war warm und lichtdurchflutet. Im Eingangsbereich standen ein Tresen und einige ledergepolsterte Stühle.

»Einen guten Tag den Herrschaften!« Ein Männlein im grauen Kittel tauchte hinter einer der halbhohen Zwischenwände auf und huschte wie ein Wiesel hinter den Tresen, von wo aus es nach den Wünschen der Kunden fragte.

Erstaunt starrte Isabella den Mann an. War das der junge Getreidehändler, über den ihr Vater sich so anerkennend geäußert hatte? Er wirkte gar nicht wie ein erfolgreicher Kaufmann.

»Ich würde gern Herrn Kirchner persönlich sprechen«, sagte Konrad freundlich. »Es geht um den Verkauf unseres Weizens.«

»Selbstverständlich. Ich sage Herrn Kirchner Bescheid, dass der Herr von Sandtberg ihn zu sprechen wünscht.« Ebenso rasch, wie der kleine Mann aufgetaucht war, verschwand er wieder.

»Kirchners Gehilfe«, erklärte Konrad mit gesenkter Stimme. »Sehr bemüht, aber er darf so gut wie nichts entscheiden. Kirchner gehört zu den Geschäftsleuten, die gern alles selbst in der Hand haben.«

Isabella trat von einem Fuß auf den anderen. Ihr taten jetzt schon die Füße weh, was weniger am Weg durch die Stadt lag, als an der schmerzhaften Eleganz ihres Schuhwerks.

»Herr von Sandtberg! Was kann ich für Sie tun?«

Der junge Herr im hellen Sommeranzug, der nun auf sie zutrat, besaß eine dunkle, volltönende Stimme. Er überragte Isabella um fast zwei Köpfe, und sie war immerhin nicht so klein wie ihre zierliche Mutter. Seine glatten, seitlich gescheitelten Haare schimmerten goldbraun wie reifer Roggen in einem sehr trockenen Sommer. Trotz seines schlanken Körperbaus wirkte er kräftig und zupackend.

»Wie ich sehe, sind Sie heute in reizender Begleitung.« Der junge Kaufmann verzog den Mund zu einem Lächeln, das von einem kaum merklichen Augenzwinkern begleitet wurde.

Isabella zog die Brauen hoch, denn schließlich gehörte es sich nicht, fremden jungen Damen zuzuzwinkern. Dennoch ertappte sie sich dabei, dass sie das Lächeln des Händlers erwiderte.

»Das ist Herr Julius Kirchner. Und das ist meine Tochter, Isabella von Bargelow«, stellte Konrad sie einander vor. Dabei ließ er wie üblich eine Erklärung weg, warum Isabella einen anderen Nachnamen trug als er. Sie war seine Tochter, mit dieser Information musste der Gesprächspartner sich begnügen.

»Sehr erfreut, Fräulein von Bargelow.« Der Getreidehändler deutete eine knappe Verbeugung an. Dabei musterte er sie aufmerksam, und obwohl sie nichts zu verbergen hatte, machte sein Blick sie unsicher. Er hatte kein Recht, sie so anzusehen.

Sie wollte ihn zornig anfunkeln, doch dann erinnerte sie sich, was ihre Mutter ihr schon als kleines Mädchen eingeschärft hatte. »Eine Dame erreicht sehr viel mehr mit einem charmanten Lächeln als mit bösen Blicken und scharfen Worten.«

Auch wenn sie längst nicht alle Ratschläge ihrer Mutter annahm, hatte sich dieser als sehr wirkungsvoll erwiesen. Also verzog sie den Mund zu einem Lächeln, senkte anmutig den Kopf, blinzelte unter ihren Wimpern hervor und hauchte: »Angenehm, Herr Kirchner. Es ist ja so interessant hier.«

»Tatsächlich?« Der Kaufmann kniff überrascht die Lider zusammen.

Isabella verlieh ihrem Lächeln noch ein wenig mehr Strahlkraft. Dieser Mann forderte ihren Ehrgeiz heraus. Es wäre doch gelacht, wenn sie ihn nicht dazu bringen konnte, etwas mehr Begeisterung über ihren Besuch in seinem staubigen Laden an den Tag zu legen.

»Was kann ich für Sie tun?« Julius Kirchner wandte sich wieder Konrad zu.

2. Kapitel

Isabella
Getreidehandlung Julius Kirchner, Bischofswerder, Westpreußen,
Juni 1924

Während Konrad und Kirchner über die bevorstehende Weizenernte fachsimpelten, stand Isabella gelangweilt daneben und fragte sich, wie lange man eigentlich über Getreide reden konnte. Außerdem war sie ein bisschen ungehalten darüber, dass Kirchner sie derart ignorierte. Aus irgendeinem Grund hatte sie geglaubt, so ein junger Händler müsste ziemlich aus dem Häuschen sein, wenn sich eine hübsche Frau in seinen Laden verirrte. Zumal sich besagte Frau an diesem Tag sehr viel Mühe mit ihrem Äußeren gegeben hatte. Zumindest einen Stuhl und etwas zu trinken hätte er ihr anbieten können.

Auf der Suche nach einer Beschäftigung schaute sie sich um und entdeckte auf dem Tresen einen kleinen Stapel bedruckter Blätter. *Einladung* lautete die fett gedruckte Überschrift. Neugierig trat Isabella näher und überflog den Text auf dem obersten Zettel.

Am 26. Juni um 20:00 Uhr findet, wie aus früheren Zeiten gewohnt, im Hinterzimmer des Gasthauses Biedermann eine politische Versammlung statt. Es soll über die Möglichkeiten diskutiert werden, die Belange des zur Festungshaft verurteilten Adolf Hitler zu vertreten. Erscheinen Sie zahlreich! Deutschland muss eine neue starke Regierung erhalten, wenn nicht heute oder morgen, dann übermorgen!

Isabella kräuselte die Nase. Ihr Stiefvater hatte schon mehrmals beim Abendessen abfällige Bemerkungen über Hitler gemacht. Was er wohl dazu meinte, dass Julius Kirchner in seiner Getreidehandlung solche Zettel auslegte? Ob der Händler selbst auch zu der Versammlung gehen würde? Sie konnte sich nicht vorstellen, dass dieser ruhige, selbstsichere Mann etwas mit Hitler zu tun haben wollte, den sie schon einmal in der Wochenschau gesehen hatte. Dort hatten sie eine Versammlung gezeigt, wo Adolf Hitler mit schnarrender Stimme herumgebrüllt hatte. Er war ein kleiner, eher unansehnlicher Kerl, ganz anders als Julius Kirchner. Bestimmt hatte Kirchner anderes im Kopf, als sich für Hitlers Belange einzusetzen, der noch dazu wegen eines Putsches inhaftiert worden war.

»Dann werde ich veranlassen, dass mein Notar Ihnen einen Vertrag zukommen lässt. Und da ich gerade hier bin … Ich würde gern noch etwas Kraftfutter für die Pferde hinzukaufen«, sagte Konrad soeben. »Unser Hafervorrat wird nicht bis zur nächsten Ernte ausreichen.«

»Ich habe hinten im Lager Goldhafer und Schwarzhafer«, erklärte der Händler sofort. »Beides gereinigt. Der Goldhafer ist zusätzlich entspelzt und deshalb auch für empfindliche Pferde bestens geeignet.«

Du liebe Güte. Isabella unterdrückte einen Seufzer. Dieser Mann schwärmte von langweiligen Haferkörnern wie von einer Geliebten.

In ihre Unterhaltung vertieft, setzten sich die beiden Männer in Bewegung und gingen in den hinteren Teil des riesigen Raums. Isabella folgte ihnen notgedrungen. Sie hatte keine Lust, allein und vergessen vorn im Empfangsbereich herumzustehen.

Schon nach wenigen Schritten stellte sie fest, dass ihre Schuhe, die von der unliebsamen Begegnung mit der Pfütze noch feucht waren, den Staub von den Bodendielen anzogen wie ein Magnet. Das feine Leder war innerhalb kurzer Zeit stumpf und grau. Blieb nur zu hoffen, dass Arthur von Willinghausen, wie die meisten Männer, keinen Blick für Details hatte. Falls sie jemals aus dieser staubigen Getreidehandlung herauskam und Arthur tatsächlich begegnete.

»Es tut mir leid, dass es heute so schmutzig ist«, riss Julius Kirchner sie aus ihren Gedanken. Hatte er ihren entsetzten Blick auf die Schuhe bemerkt? Dann schenkte er ihr mehr Aufmerksamkeit, als er sich anmerken ließ.

»Es ist tatsächlich etwas staubig«, sagte sie mit unbewegter Miene.

»Wir haben Getreide für eine größere Lieferung abgewogen, und Emil ist noch nicht zum Fegen gekommen. Das ist sicher unangenehm für Sie, Fräulein von Bargelow. Ich kann mich nur für die Unannehmlichkeit entschuldigen. Wenn Sie möchten, rufe ich ihn und lasse das sofort erledigen.«

Plötzlich so höflich und besorgt? Das gefiel ihr.

»Aber das ist doch kein Problem.« Sie belohnte ihn mit einem strahlenden Lächeln. »Ich begleite meinen Vater aus Interesse an seiner Arbeit. Und in einer Getreidehandlung staubt es nun einmal. Leider habe ich das bei der Wahl meiner Garderobe nicht bedacht.«

Kirchner lachte. »Das mag ärgerlich sein, doch ich weiß diesen Irrtum zu schätzen, denn sonst wäre mir ein zauberhafter Anblick entgangen.«

Isabella senkte mit einem gemurmelten Dank für das Kompliment den Kopf. Neben ihr räusperte sich Konrad. »Würden Sie mir dann bitte den Hafer zeigen, Herr Kirchner?«

Während sich die beiden Männer über einen offenen Sack beugten und in den Körnern wühlten, sah Isabella durch das schmale seitliche Fenster hinaus auf die Straße. Soeben überquerte ein Mann die Fahrbahn in Richtung der Getreidehandlung. Als Erstes fiel ihr sein außergewöhnlich gut sitzender Anzug auf. Dann trat er aus dem Schatten, und sie erkannte sein Gesicht unter der Hutkrempe.

Obwohl sie darauf gehofft hatte, Arthur zu begegnen, schnappte sie überrascht nach Luft. Ihr Herzschlag beschleunigte sich, während sie überlegte, was sie tun sollte, wenn er auf der Suche nach dem Inhaber womöglich in den Lagerraum trat. Nervös zupfte sie an ihrem Kleid und strich sich das Haar glatt.

Sie hüstelte leicht, um ihre Stimme zu klären, damit sie hell und klar klang, wenn sie Arthur begrüßte. Offenbar hatte Julius Kirchner ihr Hüsteln gehört, denn er wandte den Kopf. »Möchten Sie ein Glas Wasser, Fräulein von Bargelow? Diese staubige Luft kann in der Kehle kratzen, wenn man sie nicht gewohnt ist.«

Sie wollte soeben verneinen, als sie aus dem Augenwinkel den Schatten in dem schmalen Durchgang bemerkte. Plötzlich fiel ihr ein, dass es nicht schaden konnte, Arthurs Eifersucht zu erregen.

»Das wäre schrecklich nett von Ihnen«, wandte sie sich mit ihrem strahlendsten Lächeln an Kirchner. »Es ist sooo interessant, Ihr Lager zu sehen und all die Getreidesorten, aber Sie haben recht – die Luft kratzt in meiner Kehle.«

Sie berührte den Ärmel des Händlers und sah ihm von unten in die Augen. In diesem Augenblick fiel ein Sonnenstrahl schräg durchs Fenster, und sie fuhr zusammen, weil das Nebelgrau seiner Iris grün aufleuchtete.

»Wo ist denn nur Emil? Er soll rasch …« Kirchner schaute sich suchend um.

»Ich hole Ihnen selbst ein Glas Wasser«, beschloss er gleich darauf. »Entschuldigen Sie mich bitte für einen Moment, Herr von Sandtberg?«

Konrad nickte. »Sicher. Vielen Dank, dass Sie meiner Tochter etwas zu trinken besorgen.«

»Darf ich Ihnen auch etwas mitbringen?«, erkundigte sich Kirchner höflich.

Isabella war angesichts seiner Zuvorkommenheit überrascht. Zu Beginn hatte er längst nicht so wohlerzogen auf sie gewirkt.

Konrad lehnte dankend ab, und der Getreidehändler wollte sich entfernen.

»Am besten komme ich gleich mit.« Isabella hüstelte noch ein bisschen, um die Dringlichkeit ihres Anliegens deutlich zu machen.

Das geschah genau in dem Augenblick, in dem Arthur, den Hut in der Hand, zu der kleinen Gruppe trat.

»Oh«, machte Isabella und riss die Augen auf, als wäre sie höchst verwundert. »Guten Tag, Herr von Willinghausen. Was für ein Zufall! Ich hätte nie damit gerechnet, Sie hier in Bischofswerder zu treffen.«

»Ich bin jeden Donnerstag hier. Ebenso wie Ihr Herr Vater. Sie allerdings hätte ich nicht in einer Getreidehandlung vermutet, Fräulein von Bargelow.« Arthur strich sich über das Haar, als wollte er sichergehen, dass er einen erfreulichen Anblick bot.

»Meine Interessen sind vielfältig.« Sie erwiderte sein Lächeln bewusst verhalten, während sie gleichzeitig ihren Arm unter den von Julius Kirchner schob. »Wenn Sie dann bitte so freundlich wären, Herr Kirchner?«

Aus dem Augenwinkel registrierte sie befriedigt Arthurs erstaunte Miene. Sie lehnte sich ein wenig mehr in Kirchners Richtung und sah ihn von unten an. Zwar schien er ihren Blick nicht zu bemerken, aber das spielte keine Rolle. Es ging einzig und allein darum, was für einen Eindruck diese Szene auf Arthur machte.

»Gedulden Sie sich bitte einen Moment, Herr von Willinghausen? Wir sind gleich wieder da.« Kirchner setzte sich so hastig in Bewegung, dass Isabella fast ins Stolpern geraten wäre, hätte sie sich nicht ohnehin schon an ihm festgeklammert.

»Haben Sie hier so eine Art Küche oder einen Aufenthaltsraum?«, erkundigte sie sich im Plauderton bei ihrem Begleiter.

»Nun ja, Küche würde ich es nicht nennen. Es ist ein kleiner Raum, in dem wir gelegentlich einen Happen essen oder etwas trinken. Ich fürchte, auf Damenbesuch sind wir nicht vorbereitet. Aber ein Glas Wasser kann ich Ihnen anbieten.«

Nebeneinander gingen sie einen schmalen Gang entlang und durchquerten den hinteren Teil des Raums, in dem bis zur Decke gefüllte Säcke aufgetürmt waren. Hoch aufgestapelte Kisten bildeten parallel zur Wand eine mannshohe Mauer.

Isabella schaute sich überrascht um. »Was ist das alles?«

»Getreide«, erklärte Kirchner in heiterem Ton. »Ich bin Getreidehändler.«

Sie verdrehte die Augen. »Ich weiß. Aber so viel von dem Zeug?«

»Das hier ist schon bereit für die Auslieferung. Dieses Jahr wurde das Wintergetreide größtenteils schon im Juni geerntet. Die Witterung war günstig.«

»Ich weiß«, wiederholte Isabella und dachte, dass Kirchners Geschäfte sehr gut zu gehen schienen, wenn er derartige Mengen an Getreide kaufte und verkaufte.

»Zusätzlich habe ich Rohrzucker aus Übersee eingeführt. Nur versuchsweise. Das könnte eine interessante Einnahmequelle werden.« Im Vorbeigehen deutete Kirchner auf die Kisten.

Rohrzucker. Das klang schon spannender. Isabella liebte Süßes. »Schmeckt der anders als unser heimischer Zucker aus Rüben?«, erkundigte sie sich neugierig.

»Möchten Sie probieren? Ich habe hinten eine Probe abgefüllt, die …«

Kirchner kam nicht dazu, seinen Satz zu beenden, weil Isabella aufschrie, sich von ihm losriss und einen Sprung zur Seite machte. Mit zitternden Händen versuchte sie, den Stoff ihres Kleids vorn zusammenzuhalten. Das Oberteil war bis zur Taille aufgerissen, weil der zarte Stoff am rauen Holz einer Kiste hängengeblieben war und ein Span die Seide praktisch aufgeschlitzt hatte. Ihr Oberkörper wurde nur noch notdürftig von ihrem weißen Mieder bedeckt.

»Das tut mir wirklich leid.« Bestürzt betrachtete Kirchner sie. »Wie konnte das passieren?«

»Das war eine Ihrer Kisten«, erklärte sie mit schwacher Stimme. Sie presste die verschränkten Arme vor die Brust, weil sie wusste, dass ihr Mieder fast durchsichtig war.

Er zog die Brauen hoch und musterte sie schon wieder auf jene Weise, die sie von Anfang an irritiert hatte. Als wäre sie ein exotisches Tier im Zoo. Eine aussterbende Gattung. Was möglicherweise daran lag, dass er selten mit jungen Damen der guten Gesellschaft zu tun hatte.

»Kommen Sie mit«, kommandierte er schließlich. »Ich gebe Ihnen etwas zum Überziehen. Und natürlich das versprochene Glas Wasser.«

Isabella folgte ihm schweigend. Etwas zum Überziehen klang gut. Dieser Meinung war sie jedenfalls, bis er ihr in dem kleinen Kabuff, das als Pausenraum diente, einen langen grauen Kittel reichte. Genauso einen, wie sein Gehilfe Emil ihn trug.

»Es tut mir leid«, entschuldigte er sich, als er ihren entsetzten Blick sah. »Etwas anderes kann ich Ihnen leider nicht anbieten.«

Sie presste die Arme noch fester gegen ihre Brust und betrachtete unglücklich das sackartige Kleidungsstück.

Wortlos hängte Julius den Kittel zurück an den Wandhaken, schlüpfte aus seinem hellen Jackett und hielt ihr das hin. Wieder zögerte sie.

»Auch nicht besser?« Jetzt sah er fast unglücklich aus.

Plötzlich hatte Isabella eine ganz enge Kehle. Das hier war ein Albtraum. Sie stand halbnackt mit einem fremden Mann im Hinterzimmer einer Getreidehandlung, ihr Kleid war vollkommen zerrissen, und sie hatte keine Ahnung, wie sie jemals wieder dieses Gebäude verlassen sollte, ohne sich dem Spott der Öffentlichkeit preiszugeben.

»Geben Sie mir bitte die Jacke, und drehen Sie sich um.« Sie war den Tränen nahe und bemühte sich verzweifelt um Fassung.

Mit abgewandtem Kopf hielt Kirchner ihr das Jackett hin, und sie nahm es und schlüpfte hinein. Die helle Jacke war viel zu weit, und die Ärmel reichten bis zu den Fingerspitzen.

Hastig schloss sie die Knöpfe. Als ihr Blick zufällig auf den Spiegel an der Wand fiel, wandte sie sich schaudernd ab. Ihr schöner Plan, Arthur vor dem Ball noch einmal zu zeigen, wie begehrenswert sie war, war damit grandios gescheitert. Auf keinen Fall durfte sie ihm in diesem Aufzug unter die Augen treten.

Während sie mit bebenden Fingern an der Jacke herumzerrte, stieg ihr ein vager Geruch nach Tabak und Kernseife in die Nase. Ein sehr männlicher Duft. Für einen Moment hielt sie erschrocken die Luft an, dann atmete sie resigniert weiter, weil sie es ohnehin auf Dauer nicht vermeiden konnte. Inzwischen hatte Julius Kirchner sich im Hintergrund mit einer Wasserkaraffe zu schaffen gemacht. Auf dem Tisch stand die Erfrischung für sie bereit, die sie angeblich so dringend benötigte. Hastig griff sie nach dem Glas, stürzte die Hälfte des Wassers herunter und ließ sich anschließend auf einen der Stühle am Tisch fallen.

»Ich warte hier«, verkündete sie.

»Worauf?«, fragte Kirchner verblüfft.

»Darauf, dass Arthur ... Herr von Willinghausen Ihre Getreidehandlung verlässt. Und wenn er fort ist, sagen Sie bitte meinem Vater, dass er den Wagen holen muss. Ich werde schwerlich in diesem Aufzug durch Bischofswerder bis zu unserem Parkplatz spazieren.«

»Und ... Herr Kirchner.«

Der Getreidehändler stand schon in der Tür, als sie ihn nochmals ansprach.

»Ja?« Er drehte sich wieder um.

»Erzählen Sie bitte weder Herrn von Willinghausen noch sonst irgendjemandem außer meinem Vater hiervon«, sie deutete auf die Jacke, die an ihr herunterhing wie an einer Vogelscheuche.

»Oh.« Er runzelte die Stirn und starrte sie einen Moment verblüfft an. »Natürlich nicht. Ich werde schweigen wie ein Grab. Sie können sich auf mich verlassen.«

Bevor sie noch etwas sagen konnte, hatte er die Tür hinter sich ins Schloss gezogen, und sie fragte sich, ob sie ihm vertrauen konnte.

3. Kapitel

Linda
Gut Falkensee, Westpreußen, Juni 1924

Linda zupfte ihr weinrotes Kleid auf dem Bügel zurecht und hängte es in den schmalen Kleiderschrank, der in der engen Mansarde gerade eben Platz zwischen der Dachschräge und der Tür fand. Fräulein Bruhns, die Hausdame, hatte ihr vorhin ihre Unterkunft gezeigt. Dabei hatte die ältere Frau stolz betont, dass inzwischen jedes der Hausmädchen ein eigenes Zimmer bewohnte.

»Früher lebten immer zwei Frauen in einer Mansarde«, hatte sie verkündet. »Aber die Zeiten haben sich geändert. Es gibt insgesamt weniger Personal, und viele der Leute wohnen jetzt lieber im Dorf oder noch weiter weg.«

Linda hatte sich die Bemerkung verkniffen, dass sie im Grunde auch nicht freiwillig hier war. Sie hätte bei ihrer Mutter im Dorf wohnen können. Aber dann hätten sie beide sich die Schlafkammer teilen müssen. Ihre Mutter lebte in zwei Zimmern im Anbau ihres ehemaligen Hauses. Den kleinen Hof der Familie hatte sie verpachtet, weil sie immer älter wurde und die Arbeit allein nicht mehr schaffte. Also war das hier tatsächlich die bessere Lösung, so eng das Kämmerchen auch war.

Bevor Linda die Schranktür schloss, strich sie noch einmal fast verstohlen über den Ärmel ihres Sonntagskleids. Sie hatte es mit ihrem Personalrabatt im Kaufhaus Sternfeld in Danzig gekauft. Es war ein Kleid für die Großstadt. Um dort an einem Sommerabend die Straße entlangzuspazieren oder in einem Café zu sitzen. Hier auf dem Gut oder in dem kleinen Dorf Falkensee würde sie es kaum tragen können. Selbst für den sonntäglichen Kirchenbesuch war es viel zu elegant.

Linda unterdrückte einen Seufzer, während sie an das kleine Fenster trat und hinunter auf den Wirtschaftshof des Guts sah. Die Entscheidung, ihr altes Leben aufzugeben, hatte ihr fast das Herz zerrissen. Letztlich war ihr jedoch keine andere Wahl geblieben.

Ein leises Klopfen an der Tür unterbrach gerade noch rechtzeitig ihre Gedanken, bevor sie wieder in Trübsinn versank.

»Ja?« Sie wandte sich um.

Die Klinke wurde heruntergedrückt, und eine Frau mit streng zurückgekämmten Haaren und einer fast knöchellangen weißen Schürze über dem grauen Kleid steckte den Kopf ins Zimmer.

»In zehn Minuten gibt's Essen in der Leutestube. Möchten Sie mit nach unten kommen? Oder sind Sie noch nicht mit dem Auspacken fertig?« Ihr Blick wanderte neugierig zu dem offenen Koffer auf dem Bett, in dem noch etwas Unterwäsche lag.

»Das kann ich später machen.« Im Vorbeigehen klappte Linda den Kofferdeckel zu und trat zu der molligen Frau hinaus auf den fensterlosen Flur, der nur von einer schwachen Wandlampe beleuchtet wurde.

»Danke, dass Sie mir Bescheid sagen. Ich bin Linda.« Sie hielt der Frau die Hand hin. Der Griff, mit dem die neue Kollegin ihre Finger umklammerte, war so fest, dass Linda sich zusammennehmen musste, um nicht schmerzlich das Gesicht zu verziehen.

»Ich bin die Grete. Sag ruhig du. Ich bin Küchenhilfe hier auf Falkensee. Schon sehr lange bin ich das, aber nun ...« Sie stockte und schüttelte mit unzufriedener Miene den Kopf.

»Hast du vor, in die Stadt zu ziehen?« Prüfend sah Linda sie von der Seite an, während sie nebeneinander auf die schmale Dienstbotentreppe zugingen.

»Himmel. Nein! Ganz sicher nie nich!« Dieses Mal war das Kopfschütteln sehr energisch. »Ich tät mich zu Tode fürchten in der großen Stadt. Du kommst aus Danzig, hat das Fräulein Bruhns gesagt.«

»Ja.« Linda unterdrückte einen sehnsüchtigen Seufzer. »Ich bin wegen meiner Mutter zurückgekommen. Sie lebt im Dorf und kann kaum noch etwas sehen. Grauer Star. Deshalb kommt sie nicht mehr allein zurecht. Ich wollte sie überreden, zu mir nach Danzig zu ziehen, aber das will sie nicht. Hat Angst vor der Stadt. Vielleicht wäre es auch schwierig geworden. Sie hätte den ganzen Tag allein in der Wohnung sitzen müssen, während ich im Kaufhaus gewesen wäre. Ich war dort Verkäuferin. Bei Sternfeld.«

»Sternfeld«, wiederholte Grete ratlos. Offenbar hatte sie noch nie etwas von diesem großen Kaufhaus gehört. »In Danzig is es schön, nich? Wenn ich jung wär und es schon dahin geschafft hätt, ich glaub, dann wär ich nich zurückgekommen. Ich mag es hier auf Falkensee, aber in Danzig, das is schon was anderes. Und dann in einem großen Laden arbeiten …«

Kurz vor der Treppe blieb Grete stehen und starrte eine Weile in die Luft, als würde sie dort Bilder von einem Leben sehen, das ihr auf ewig verwehrt bleiben würde.

»Na ja, es kann auch anstrengend sein. Die Kundinnen sind manchmal furchtbar unfreundlich.« Auch wenn Linda das Leben in Danzig gefallen hatte, wollte sie nicht, dass die Küchenhilfe sich eine Art Himmel auf Erden vorstellte. Tatsächlich hatten ihre Tage im Kaufhaus nicht selten aus schmerzenden Füßen, Kopfweh und einer unterdrückten Wut bestanden, weil die wohlhabenden Kundinnen sie teilweise schrecklich herablassend behandelt hatten. Trotzdem vermisste sie ihre Arbeit als Verkäuferin schon jetzt und war sicher, dass es ihr auf keinen Fall besser gefallen würde, hier im Herrenhaus zu putzen und die Familie zu bedienen.

»Hattest du in Danzig keinen Liebsten?«, erkundigte Grete sich neugierig.

Diese Frage ging entschieden zu weit. Linda zuckte mit den Schultern, dachte an Albert und schwieg. So wie er geschwiegen hatte, als sie ihn beim Abschied gefragt hatte, ob er auf sie warten würde. Denn sie hatte ihm nicht sagen können, wie lange es dauern würde, bis ihre Mutter sich an den Gedanken gewöhnt hatte, in Danzig zu leben. Oder bis irgendeine andere Lösung gefunden war.

»Aber du weißt doch gar nicht, ob du überhaupt zurückkommst«, hatte er nach einer so langen Zeit gesagt, dass sie schon gar nicht mehr mit einer Antwort gerechnet hatte. »Wenn deine Mutter sich in einem Jahr immer noch weigert, mit dir in die Stadt zu ziehen, wirst du bei ihr bleiben. Sie ist dir wichtiger als ich.«

»Das ist sie nicht«, hatte Linda verzweifelt protestiert. »Aber sie ist meine Mutter. Sie hat mich nach dem Tod meines Vaters allein durchgebracht. Hat sich auf unserem kleinen Hof den Rücken krumm geschuftet, damit ich einen Schulabschluss machen konnte. Andere Kinder mussten während der Ernte und auch sonst zu Hause bleiben und helfen. Ich sollte anständig lesen, schreiben und rechnen lernen. Und sie hat niemals von mir verlangt, dass ich den Hof übernehme, weil sie wusste, dass ich mir für mein Leben etwas anderes erträume. Wenn sie mich nicht unterstützt hätte, hätte ich nie die Stelle hier in Danzig bekommen. Jetzt braucht sie mich, und ich kann sie nicht einfach im Stich lassen.«

Sein Bild war vor ihren Augen verschwommen, doch sie wusste auch so, dass Albert sie verständnislos angesehen hatte. Er konnte nicht begreifen, dass sie niemals mit ihm hätte glücklich werden können, während ihre Mutter blind und einsam, angewiesen auf die gelegentliche Hilfe der Nachbarn, in ihrer winzigen Wohnung dahinvegetierte.

Vielleicht hatte er geglaubt, sie würde sich umentscheiden, wenn er ihr sagte, dass er nicht vorhatte, auf sie zu warten. Aber sie war bei ihrem Entschluss geblieben. Auch wenn es noch so sehr schmerzte.

Seit dem Abschied sagte sie sich immer wieder, dass Albert nicht der Richtige für sie gewesen sein konnte, wenn er so leicht bereit war, ihre Liebe wegzuwerfen. Und das, obwohl sie geplant hatten, im Herbst zu heiraten. Sollte er doch eine andere nehmen! Auf einen Mann, der nicht zu ihr stand, konnte sie verzichten.

»Du hattest also einen«, stellte Grete vergnügt fest und ging mit festen Schritten vor Linda die Treppe hinunter.

»Was meinst du?« Verwirrt folgte Linda ihr.

»Einen Liebsten. Ich hab's an deinem Gesicht gesehn. Bist du noch in ihn verliebt, oder hast du ihn schon vergessen?« Grete stellte über ihre Schulter hinweg weiter lästige Fragen. Dass sie nur ein Schweigen zur Antwort bekam, schien sie nicht zu stören.

Hinter der unablässig redenden Grete stieg Linda im rückwärtigen Treppenhaus unzählige Stufen hinab. Eine Extratreppe für die Angestellten hatte es im Kaufhaus auch gegeben. Aber sie war breiter und besser beleuchtet gewesen und hatte sich nicht in schmalen Kurven nach unten geschlängelt. Als sie endlich im Souterrain ankamen, wo die Küche und die Leutestube lagen, war Linda ganz schwindelig.

»Da ist sie ja! Die Bruhns hat mir gesagt, dass du heute ankommst.« Am Fuß der Treppe wartete Alex auf sie. Sie kannte ihn noch von früher aus dem Dorf. Er war der älteste Bruder ihrer ehemals besten Freundin Elli, die im vergangenen Jahr geheiratet hatte und nach Bischofswerder gezogen war.

Linda zwang sich zu einem Lächeln und blieb stehen, während Grete in Richtung Küche eilte, wo sie wohl gebraucht wurde. Schon als Kind hatte Linda den Bruder ihrer Freundin nicht sonderlich gemocht. Er war irgendwie großkotzig. Als wäre er etwas Besonderes, dabei war er letztlich genau wie alle anderen jungen Männer aus dem Dorf. Nur dass die meisten von ihnen sich eine Stelle in der Stadt gesucht hatten, während Alex es vorzog, im Herrenhaus als Diener zu arbeiten. Was natürlich keine Schande war. Sie selbst, dachte Linda, hatte ja auch hier eine Stellung angenommen. Weil es keine andere Arbeit in der Nähe gab, musste sie über diese Möglichkeit sogar froh sein.

»Nun, wie gefällt dir dein neues Zuhause?«, erkundigte sich Alex und rückte ihr dabei viel zu eng auf die Pelle.

Linda, die seinen Atem auf ihrer Wange spürte, versuchte auszuweichen, doch der Flur war zu eng. »Hm«, machte sie als Antwort auf seine Frage unbestimmt.

»Du kannst froh sein, dass sie dich hier genommen haben. Hast du nur mir zu verdanken.« Alex musterte sie mit zusammengekniffenen Augen und fuhr mit gesenkter Stimme fort: »Hab dich empfohlen und nicht etwa gesagt, was damals passiert ist. Du weißt schon. Dann hätten sie dich im Leben nicht eingestellt.«

»Danke«, sagte sie, ohne ihn anzuschauen. Immerhin lag Falkensee näher bei der Wohnung ihrer Mutter als alle anderen Gutshöfe in der Umgebung.

Kurz vor der offenen Tür, durch die Stimmengemurmel in den engen Flur drang, blieb Alex stehen und packte sie am Arm. »Ein bisschen Dankbarkeit hab ich schon erwartet.«

Sie wandte den Kopf ab, weil sie sich vor seinem Atem ekelte, der nach Zwiebeln und Leberwurst roch. Er hatte wohl zwischen den Mahlzeiten Brote gegessen.

»Ich hab doch danke gesagt«, erwiderte sie barsch und befreite sich mit einem Ruck aus seinem Griff.

»Du bist ein freches Luder«, rief er ihr hinterher, als sie schon fast in der Leutestube verschwunden war.

Sie kümmerte sich nicht um seine Worte, sondern trat an den großen Tisch. Die meisten Plätze waren schon besetzt.

Grete, die in diesem Moment mit einem großen Suppentopf in den Händen aus der Küche kam, übernahm die Vorstellung.

»Das is Linda«, rief sie in die Runde. »Das neue Stubenmädchen. Sagt ihr, wie ihr heißt!«

Offenbar hatte Grete hier etwas zu sagen, denn tatsächlich murmelten reihum die Diener und die Hausmädchen und auch diejenigen vom Stallpersonal, die mit im Haus aßen, ihre Namen. Die meisten sagten auch gleich dazu, wo sie auf dem Gut arbeiteten.

Linda lächelte und grüßte schüchtern zurück.

»Mich kennst du ja schon.« Als sich von hinten ein Arm um ihre Schultern legte, fuhr sie zusammen. Schon wieder Alex! Er hielt sie so fest, dass sie sich nur hätte befreien können, indem sie ihn mit Gewalt wegschupste. Und das wäre ihr vor so vielen fremden Gesichtern peinlich gewesen.

»Ja, Alex. Wir kennen uns schon lange«, sagte sie deshalb mit einem gezwungenen Lächeln. »Und du hast mich hier empfohlen. Vielen Dank dafür.«

»Gern geschehen«, erwiderte er fröhlich.

Wieder roch sie die Zwiebeln, und ihr wurde ein bisschen übel.

»Ist Fräulein Bruhns nicht da?« Suchend sah sie sich nach der ältlichen Hausdame um, die sie eingestellt hatte.

»Sie hat wahrscheinlich Migräne«, sagte Adam, der sich als »der alte Stallmeister« vorgestellt hatte, in mildem Ton. Er wirkte selbst im Sitzen so gebrechlich, dass Linda sich fragte, ob er überhaupt noch arbeiten konnte. Er war mindestens siebzig.

Seine Worte quittierten einige andere Bedienstete mit einem Prusten, das klang, als würden sie das Leiden der Hausdame nicht sonderlich ernst nehmen.

»Sie isst meistens in ihrem Zimmer«, bemerkte Grete. »Lange bleibt sie wohl nicht mehr bei uns. Man munkelt, sie geht bald in den Ruhestand und zieht zu ihrer verheirateten Schwester nach Hamburg.«

»Und wo soll ich sitzen?« Linda war davon ausgegangen, dass die Hausdame ihr einen Platz am Tisch zuweisen würde.

»Du darfst neben mir sitzen«, erklärte Alex großspurig. Er wollte sie mit sich ziehen, doch Linda ignorierte seine Worte und eilte auf die andere Seite des Tischs, wo sie einen freien Stuhl erspäht hatte.

»Ist der Platz hier frei?«, erkundigte sie sich bei der etwa achtzehnjährigen Sabine, die wie sie Hausmädchen war, soweit sie sich von der flüchtigen Vorstellungsrunde her erinnerte.

Die Kleine nickte schüchtern und rutschte ein wenig zur Seite, damit Linda sich setzen konnte. Bevor diese jedoch ein Gespräch mit ihrer neuen Kollegin beginnen konnte, stapfte eine beleibte Frau mit einer bodenlangen weißen Schürze ins Zimmer.

»Wer wird haben die Klopse geklaut?«, rief sie mit dem Dialekt in den Raum, den in Marienwerder die alten Leute sprachen. Linda hatte dort eine Großtante, die fast ebenso klang. »Ich tät gern wissen, wer das wird gewesen sein. Dem würd ich dann tun die Hammelbeine langzieh'n.«

Linda sah sich verblüfft am Tisch um. Wurde hier tatsächlich Essen aus der Küche gestohlen? Die anderen Bediensteten schauten so gelassen drein, als würde das ständig geschehen.

»Wer ist das?«, flüsterte sie Sabine zu.

»Emma Schubbke, die Köchin«, kam es ebenso leise zurück.

Die alte Frau schien ein gutes Gehör zu haben. Sie richtete ihren drohenden Blick auf Linda. »Du da! Dich tu ich nich kennen. Wirst du so eine sein, die in meiner Küche rumschleichen tut und Sachen nimmt?«

Linda öffnete den Mund, um empört zu protestieren, doch Grete kam ihr zuvor. Sie trat neben die aufgeregte Köchin und nahm sie beruhigend beim Arm.

»Die Klopse stehen zum Warmhalten im Backofen«, sagte sie ruhig. »Wir holen sie nachher. Wenn wir die Suppe gegessen haben.«

»Das kann nie nich sein! Wer sollt sie da hingestellt ham?« Frau Schubbke eilte zurück in die Küche, wohl um Gretes Behauptung zu überprüfen.

Nach ihrem Abgang herrschte sekundenlang Stille.

»Es wird immer schlimmer«, sagte Grete schließlich mit gesenkter Stimme und machte dabei ein besorgtes Gesicht. »Ich geb mir wirklich Mühe, aber sie vergisst einfach alles. Nur das mit dem Kochen funktioniert noch ganz gut. Ihre Rezepte, die sind in ihrem Kopf. Aber wo sie was hinstellt, oder was sie vor einer halben

Stunde gemacht hat – das ist oft weg. Und dann regt sie sich auf und gibt mir die Schuld. Oder irgendjemandem, der angeblich in die Küche geschlichen is. Die Klopse hat sie vor zehn Minuten selbst in den Ofen gestellt.«

»Dann muss man das den Herrschaften sagen, damit die sie entlassen.« Alex machte sich nicht die Mühe, leise zu sprechen. »Eine Köchin, die nicht mehr weiß, wo sie die Klopse gelassen hat, ist keine müde Mark wert, will ich meinen.«

Wieder herrschte einen Moment ratloses Schweigen. Dann schüttelte Adam langsam den Kopf. »Unsere Frau Schubbke war fast ihr ganzes Leben Köchin hier auf Falkensee. Ich denk nich, dass die alte Gnädigste sie einfach wegschickt, wenn sie nicht mehr so funktioniert, wie es sein müsste.«

Alex kniff die Augen zusammen und starrte Adam mit einem seltsamen Blick an. »Nun ja …«, begann er, doch Grete kam ihm zuvor.

»Ich helf ihr ja, so gut ich kann.« Sie unterdrückte einen Seufzer. »Aber leicht is das nich.«

»Ich weiß, dass ich selber auch so ein altes Gerümpel bin«, sagte Adam langsam und sah Alex ruhig an. »Ich kann schon lange nicht mehr so zupacken, wie es sein müsste. Aber ich bin zur Stelle, wenn Hilfe gebraucht wird. Und dankbar, dass ich hier noch wohnen darf. Es is mein Zuhause, so wie es das Zuhause von der Emma Schubbke is.«

»Wer tät hier reden über mich?«, kam die kräftige Stimme der Köchin aus dem Hintergrund. Sie war unbemerkt wieder eingetreten, und fast alle Köpfe am Tisch fuhren herum. Nur Alex betrachtete unbeteiligt den Suppentopf.

»Niemand. Ich red über mich«, erwiderte Adam ruhig. »Bin doch im Ruhestand und wohn noch hier.«

»Was mir gut gefällt«, ließ sich ein jüngerer Mann vernehmen, der nicht weit von Adam entfernt am Tischende saß.

Linda runzelte die Stirn. Dann erinnerte sie sich. Er hatte sich als Wilfried vorgestellt und etwas davon gemurmelt, dass er der zweite Stallmeister sei. Wie es aussah, war er eigentlich der erste und einzige Stallmeister. Da aber Adam noch da war und immer noch gelegentlich mit anpackte, waren die Verhältnisse kompliziert. Wenn es auch schien, als wäre die Situation in der Küche weitaus verfahrener.

»Ich hab aber meinen Namen gehört«, beharrte Emma Schubbke und stemmte die Hände in die breiten Hüften.

»Weil wir anfangen wollen. Die Suppe wird kalt.« Grete schob der Köchin einen Stuhl zurecht.

Die dachte aber nicht daran, sich zu setzen. Stattdessen runzelte sie die Stirn und zeigte auf den gedeckten Tisch. »Und das Brot? Wer ...«

»Bitte, Frau Schubbke, setzen Sie sich doch. Ich hole das Brot. Es steht noch in der Küche.« Grete verschwand eilig, während Emma Schubbke immer noch den Kopf über ihr vermeintlich vergessliches Küchenmädchen schüttelte.

»Wer tät heut die Suppe auftun?«, fragte sie und blickte streng in die Runde.

Niemand rührte sich. Schließlich stand Linda auf. »Ich bin noch ganz neu, aber wenn es niemanden stört, mach ich das.«

Sie hörte, wie Sabine neben ihr aufatmete.

»Aber nichts verschütten tun«, sagte die Köchin streng.

Nun wusste Linda, warum keiner von den anderen Dienstboten diese Aufgabe übernehmen wollte. Sie ließ sich als Erstes den Teller der Köchin reichen und füllte ihn bis zu den blassblauen Ranken am Rand. Kein Tropfen Brühe ging daneben. Linda dachte nicht daran, sich von einer schlecht gelaunten alten Köchin ins Bockshorn jagen zu lassen.

Starke
FRAUEN
in bewegten
ZEITEN

**Jetzt unsere neuen und bewegenden
Familiensagas entdecken!**

Weitere Informationen finden Sie unter
luebbe.de/starkefrauen

lübbe

Diese Geschichte lässt einen nicht so schnell los

»Diese fesselnde Geschichte von Liebe und Überlebenswille wird Sie atemlos zurücklassen«

SUNDAY POST

»Das eindringliche Porträt einer Liebe, die der Unterdrückung standhält – ja, sogar über sie triumphiert«

SUNDAY TIMES

»Lecoat webt eine mitreißende Erzählung von Kraft und Mut, die von der ersten spannenden Szene bis zu ihrem überzeugenden Ende fesselt«

Noelle Salazar, Bestseller-Autorin

4. Kapitel

Isabella
Gut Falkensee, Westpreußen, Juni 1924

»Eine Blume in meinen Haaren wäre schön. Vielleicht eine Rose?«
Vorsichtig strich Isabella über den lockeren Dutt, den Linda ihr am
Hinterkopf gesteckt hatte. Sie probierten verschiedene Frisuren für
das Fest auf Falkensee aus. Nun waren es nur noch sechs Tage bis zu
dem großen Abend.

Manchmal bedauerte Isabella, dass es keine Zofen mehr gab. Sie
erinnerte sich an die junge Frau, die ihre Mutter selbst während des
Kriegs noch beschäftigt hatte. Ilses einzige Aufgabe war es gewesen,
sich um Alices Kleidung, ihre Haare und ihre persönlichen Bedürf-
nisse zu kümmern. Es hatte Zeiten gegeben, da war es Frauen aus
ihren Kreisen kaum möglich gewesen, sich ohne die Hilfe einer
Zofe an- und auszukleiden. Zum Glück waren die Korsetts mittlerweile viel leichter und wurden nicht mehr geschnürt, sondern vorn
mit Häkchen geschlossen. Und in die modernen Kleider konnte
eine Frau innerhalb von Sekunden schlüpfen.

Seit der schwierigen Nachkriegszeit und der großen Inflation
gab es auf Falkensee ohnehin nicht mehr so viele Dienstboten.
Auch die Anzahl der Hausmädchen und der Diener war dezimiert
worden. Bei der Feldarbeit wurde ein Teil der Arbeit inzwischen
durch Maschinen übernommen, und im Haus schränkte man sich
eben ein. Selbst Alice hatte gelernt, ohne Zofe klarzukommen,
wenn sie sich auch manchmal darüber beklagte, dass die Stubenmädchen niemals von allein ein Kleid bügelten oder einen Knopf
annähten.

»Jede Kleinigkeit muss man ihnen extra auftragen«, pflegte sie in jenem selbstmitleidigen Ton zu bemerken, den sie kultiviert hatte. »Sie haben einfach keinen Blick dafür.«

Da es mittlerweile statt vier Stubenmädchen nur noch zwei gab, die beim großen Hausputz von einigen Frauen aus dem Dorf unterstützt wurden, war selbst Isabella klar, dass die Dienstboten sehr viel Arbeit hatten. Zu viel Arbeit, um nebenbei zu kontrollieren, ob die Kleidung in den Schränken der Hausherrin und ihrer Tochter eine Auffrischung benötigte oder ob ein Saum aufgerissen war.

Es war jedoch schwierig, ganz allein eine Abendfrisur hinzubekommen. Zum Glück hatte Isabella herausgefunden, dass das neue Stubenmädchen Linda sehr geschickt in solchen Dingen war und zudem über einen sicheren Geschmack verfügte. Vielleicht weil sie mehrere Jahre in Danzig gelebt hatte, bevor sie in ihren Geburtsort zurückgekehrt war, um bei ihrer Mutter nach dem Rechten zu sehen.

Linda trat einen Schritt zurück und betrachtete Isabella von hinten im Spiegel. »Die Blüte dürfte aber nicht zu groß sein.«

»Ich schaue mich nachher im Park um.« Isabella zog nachdenklich die Brauen zusammen. »Tragen die Frauen in der Großstadt Blumen im Haar, wenn sie abends ausgehen?«

Ein bisschen beneidete sie das Stubenmädchen, das mehr als fünf Jahre in der Stadt gelebt hatte. In einer großen Stadt wohlgemerkt, die auf Bildern sehr glanzvoll wirkte. »Oder ist in Danzig alles ganz anders als hier? Weil es doch heißt ›Freie Stadt Danzig‹ und Danzig seit dem Versailler Vertrag ein eigener kleiner Staat unter Aufsicht des Völkerbunds ist. Wenn man dort lebt, ist es vielleicht ein Gefühl, als wäre man im Ausland.« Isabella, die sich sonst nicht sehr für Politik interessierte, hatte vor einiger Zeit in einer Zeitschrift ihrer Mutter einen langen Artikel über das gesellschaftliche Leben in Danzig gelesen.

Linda zuckte mit den Schultern. »Es ist 'ne Stadt. Die Frauen sind ein bisschen eleganter als hier auf dem Land. Also, ich wollt nicht sagen, eleganter als die wohlhabenden Damen wie Sie oder

Ihre Mutter … die gnädige Frau Mutter …« Sie stockte und verzog das Gesicht, als hätte sie auf eine Zitrone gebissen. Weil dies ihre erste Stelle in einem Herrenhaus war, kannte sie sich mit den Anreden und Gepflogenheiten noch nicht so gut aus.

Isabella winkte ab. »Das mit der gnädigen Frau und dem gnädigen Herrn ist nicht mehr so wichtig wie früher. Meine Großmutter wird noch so genannt, aber sogar meine Mutter kann es ertragen, wenn sie einfach mit Frau von Sandtberg angesprochen wird. Obwohl sie ab und zu auch gern die gnädige Frau ist.« Sie zwinkerte Linda zu. Aus irgendeinem Grund fühlte sie sich dem neuen Hausmädchen näher als den anderen Bediensteten. Was vielleicht daran lag, dass Linda ihr erfahrener und klüger erschien. Und natürlich verstand sie etwas von Mode und Frisuren.

»Es war schön, in Danzig zu leben«, sagte Linda leise. »Aber ich konnte meine Mutter nicht mehr allein lassen. So kann ich wenigstens jeden Abend nach ihr sehen. Aber Heimweh hab ich doch, obwohl ich ja eigentlich von hier stamm.«

Gern hätte Isabella das neue Stubenmädchen noch ein wenig über Danzig und das Leben dort ausgefragt, doch sie wurden durch ein Klopfen an der Tür unterbrochen.

Auf Isabellas Aufforderung hin trat ihre Tante Charlotte ein. »Ich wollte dich fragen, ob du Lust hast, einen Spaziergang …«, begann sie, stockte aber beim Anblick von Isabellas Hochsteckfrisur. »Wie elegant! Eine Abendfrisur, nicht wahr?«

»Für den Ball anlässlich deines Hochzeitstags. Ich meine, deines und Onkel Karols Hochzeitstags.« Sie betrachtete sich noch einmal im Spiegel und stand dann auf. »Danke, Linda. Ich lasse das bis heute Abend so.«

Linda lächelte freundlich und verließ das Zimmer.

»Sie ist nett und anstellig«, stellte Charlotte anerkennend fest und musterte Isabella erneut. »Du wirst auf unserem Ball Furore machen. Es war Karols Idee, dieses Mal unseren Hochzeitstag hier auf Falkensee zu feiern. Er wollte mir eine Freude machen, doch ich fand es umständlich. Inzwischen gefällt mir der Gedanke von Tag zu Tag besser. Wenn wir auf Gut Darranowski feiern, können wir nur einen ganz kleinen Teil der alten Freunde und Bekannten einladen. Ich freue mich sehr, sie alle bei dieser Gelegenheit wiederzusehen. Und auch die Familie ist diesmal fast vollzählig versammelt. Bis auf unsere eigene Tochter. Hedda hat Prüfungen in ihrem Schweizer Internat.« Charlotte trat neben die Frisierkommode und betrachtete das vergoldete Puderdöschen, das Isabella zu ihrem letzten Geburtstag von ihrer Mutter bekommen hatte.

Charlotte war schon in der vergangenen Woche zusammen mit ihrem Mann Karol aus Polen angereist, um das große Fest anlässlich ihres Hochzeitstags vorzubereiten. Seit die beiden vor vierzehn Jahren gezwungenermaßen im kleinsten Kreis geheiratet hatten, feierten sie jeden ihrer Hochzeitstage mit einem großen Fest. Dieses Mal sollte der Ball mit der Familie und den westpreußischen Freunden und Bekannten auf Gut Falkensee stattfinden.

»Wer ist Arthur von Willinghausen?«, fragte Isabellas Tante unvermittelt. »Ich habe mir eben noch einmal die Tischordnung und die Notizen deiner Mutter dazu angesehen. Sie hat drei Mal unterstrichen, dass er dein Tischherr sein *muss*.«

»Er ist … Ich hoffe …« Isabella spürte, dass sie unter dem forschenden Blick ihrer Tante rot wurde. »Ich hoffe, dass er mein künftiger Ehemann ist«, platzte sie dann heraus.

»Oh. Ich wusste gar nicht, dass es mit dir und dem jungen Mann schon so ernst ist.« Irritiert runzelte Charlotte die Stirn.

»Er gefällt mir, und ich hoffe, dass er mir sehr bald einen Antrag macht.« Isabella konnte selbst hören, dass sie fast trotzig klang. Dass sie ihre Hoffnung auf Charlottes Ball gesetzt hatte, behielt sie vorsichtshalber lieber für sich.

»Dann kennt ihr euch noch gar nicht so gut?«, fragte Charlotte vorsichtig.

»Natürlich kennen wir uns! Wir begegnen uns schon seit Jahren auf fast jeder Abendeinladung hier in der Gegend und …«

»Du bist noch so jung, Isabella. Wieso hast du es denn mit dem Heiraten so eilig? Sieh dich um, nimm dir Zeit, diesen Arthur oder wen auch immer richtig gut kennenzulernen. Vielleicht möchtest du vor der Ehe noch etwas erleben, zum Beispiel für eine Weile verreisen. Ich würde mich freuen, wenn du uns für ein paar Wochen in Polen besuchen würdest.«

»Hast du nicht auch in meinem Alter geheiratet?« Isabella verschränkte die Arme vor der Brust. Die Einladung ihrer Tante war nett gemeint, und sie hätte sie auch gern angenommen, aber momentan hatte sie andere Dinge im Kopf. »Glaubst du, ein so guter Fang wie Arthur wartet ewig auf mich? Hinter ihm sind praktisch alle unverheirateten jungen Frauen hier in Westpreußen her. Außerdem will ich auf keinen Fall mit fünfundzwanzig als alte Jungfer dasitzen. Kennst du Zita von Assmannshausen? So möchte ich jedenfalls nicht enden, während alle anderen Mädchen, mit denen ich aufgewachsen bin, längst ihren eigenen Haushalt und ihre eigene Familie haben.«

»Zita? Ach, das waren doch ganz andere Zeiten. Und ich habe damals so jung geheiratet, weil ...« Charlotte seufzte. »Es waren wirklich andere Zeiten. Sei froh, dass wir in den zwanziger Jahren leben. Du hast mittlerweile als Frau viel mehr Möglichkeiten und Freiheiten. Und fünfundzwanzig ist nun wirklich kein Alter.«

»Dann habe ich auch die Freiheit, den Mann zu heiraten, den ich heiraten will. Dann, wenn ich es möchte, nicht wahr?«

»Du bist ein ziemlicher Trotzkopf, Isa«, stellte Charlotte lachend fest. »Das kommt mir bekannt vor. Ich war wohl so ähnlich, wenn auch mit anderen Zielen und Träumen. Aber ich denke, du wirst deinen Weg machen. Und hoffentlich auch die wahre Liebe finden.«

Charlotte wollte noch weitersprechen, wurde jedoch durch ein neuerliches Klopfen an der Tür unterbrochen. Dieses Mal war es Alex Simke.

»Fräulein Margarete von Beck bittet, das gnädige Fräulein sprechen zu dürfen«, meldete der Diener mit einer leichten Verbeugung.

»Margarete?« Erstaunt runzelte Isabella die Stirn. Sie hatte nicht mit einem Besuch der Freundin gerechnet.

»Führen Sie Fräulein von Beck in den Salon. Ich komme gleich nach unten.«

Der Diener nickte und verschwand.

»Dann werde ich wohl meinen Spaziergang verschieben. Ohnehin ziehen Wolken auf«, stellte Charlotte mit einem Blick aus dem Fenster fest. »Alice brauche ich gar nicht erst zu fragen. Sie lässt sich so gut wie nie überreden, ins Freie zu gehen. Aber das war im Grunde schon so, als wir noch Kinder waren. Meine Schwester blieb am liebsten im Haus.«

Isabella nickte. »Mama geht gern in der Stadt bummeln, aber hier draußen auf dem Land macht sie höchstens mal ein paar Schritte durch den Park. Es tut mir leid, Tante Charlotte. Ich wäre gern mitgekommen. Aber über den Besuch meiner Freundin freue ich mich natürlich auch. Ich bin gespannt, was sie herführt. Wahrscheinlich geht es um den Ball. Vielleicht möchte sie herausfinden, wer ihr Tischherr sein wird. Doch das bleibt geheim. Nur wer mich zu Tisch führen soll, ist schon bekannt.« Isabella zwinkerte ihrer Tante zu, die mit einem Lächeln das Zimmer verließ.

Wie gewöhnlich warf Isabella vor dem Verlassen ihres Zimmers einen Blick in den Spiegel. Sie zupfte den Kragen ihrer Bluse und ihren Rock zurecht und strich sich noch einmal über die locker aufgesteckten Haare. Die Frisur sah hübsch aus, aber es gab auch noch eine Menge anderer Möglichkeiten, ihr lockiges, schulterlanges Haar zu tragen. Deshalb war es gar nicht so schlecht, dass Margarete unverhofft zu Besuch gekommen war. Die Freundin war geradeheraus und hatte gar keinen so schlechten Geschmack. Gerade deshalb fragte Isabella sich oft, wieso Margarete nicht mehr aus sich machte.

Margarete und sie waren seit vielen Jahren beste Freundinnen.

Sie vertrauten einander ihre kleinen Geheimnisse an, alberten herum und träumten von der Zukunft. Einer Zukunft, in der sie beide mit wunderbaren Männern verheiratet sein und in ihren eigenen prächtigen Häusern wohnen würden. Sie würden sich immer noch häufig besuchen, später mit ihren Kindern im Park spazieren gehen und sich gegenseitig bei der Planung glanzvoller Abendeinladungen unterstützen.

Natürlich hätte sie Margarete das nie gesagt, aber insgeheim war Isabella überzeugt, dass sie die bessere Partie machen würde. Denn bereits bei den ersten Bällen, die sie mit der Freundin besucht hatte, hatte sich gezeigt, dass die kluge, charakterstarke Margarete ein Mauerblümchen war. Isabella dagegen konnte sich nicht über einen Mangel an Tanzpartnern beklagen. Vielleicht lag es daran, dass sie nach ihrer Mutter Alice kam, die nicht müde wurde zu betonen, dass sie früher die unangefochtene Ballkönigin gewesen war.

Ganz so unangefochten war Isabella leider nicht. Da gab es schließlich noch Dora von Bernsdorff, mit der sie sich bei den Bällen, zu denen sie beide eingeladen waren, die Verehrer teilen musste. Doch darüber wollte sie jetzt nicht nachdenken. Wenn sie erst einmal mit Arthur von Willinghausen verlobt war, hatte sie Dora gesellschaftlich überflügelt, so viel stand fest. Immerhin war Arthur nicht nur wohlhabend und gutaussehend, er trug auch einen Grafentitel. Dora dagegen musste sich bei ihrem Verlobten, obwohl er aus einer reichen Familie stammte, mit einem schlichten ›von‹ begnügen.

Natürlich waren diese ständigen Vergleiche ein bisschen albern, und bei jeder anderen jungen Frau aus der Umgebung wäre es Isabella egal gewesen, wer diesen heimlichen Wettkampf gewann. Wenn es jedoch um Dora ging, trieb der Ehrgeiz sie an. Sie wollte, dass ihr leiblicher Vater endlich auch sie wahrnahm und nicht nur seine kleine Prinzessin Dora.

Isabella eilte die Treppe hinunter, durchquerte die Halle und riss die Tür zum Salon auf. Margarete stand wartend mitten im

Zimmer. Sie war das, was man gemeinhin als Bohnenstange bezeichnete, denn sie überragte klein gewachsene Männer um einen ganzen Kopf und war schrecklich dünn. Keine Spur von den sanften Rundungen, die Männern so gut gefielen. Zudem ging ihr jedes Talent zur Koketterie ab.

Als wollte sie sich unsichtbar machen, tendierte sie zudem dazu, graue oder beigefarbene Kleider anzuziehen. Ihr Haar hatte einen seltsamen Ton irgendwo zwischen Braun und Mittelblond, und Margarete trug es meistens streng zurückgekämmt mit einer großen schwarzen Schleife im Nacken.

Als Isabella auf die Freundin zuging, bemerkte sie zu ihrer Überraschung, dass Margarete an diesem Nachmittag trotz ihres perlgrauen Kleids mit der tiefangesetzten Taille und dem braven Schleifchen am Ausschnitt kein bisschen unscheinbar wirkte. Sie schien von innen heraus zu leuchten. Ihre Wangen glühten, und die Augen funkelten. Dennoch schaute sie Isabella fast verlegen entgegen und bewegte dabei nervös den rechten Fuß auf dem Perserteppich vor und zurück, als hätte sie vor, im nächsten Moment die Flucht zu ergreifen.

»Was für eine Überraschung, meine Liebe!« Isabella hauchte den üblichen Kuss auf Margaretes Wange. »Du kommst gerade recht. Was meinst du …« Sie deutete mit einer Hand auf ihre hochgesteckten Haare, kam aber nicht dazu, den Satz zu beenden.

»Ich habe Neuigkeiten.« Margaretes sonst so ruhige Stimme klang seltsam gepresst. »Lass uns einen Spaziergang im Park machen, ja?«

»Gut.« Isabella war ein wenig beleidigt, dass Margarete ihre elegante Frisur ignorierte. Doch sie war zu neugierig auf die Neuigkeiten ihrer Freundin, um auf einem Gespräch über ihre Haare zu bestehen.

Gemeinsam gingen sie durch den Wintergarten hinaus in den Park. Von Westen her bezog der Himmel, die Sonne war längst hinter dicken Wolken verschwunden.

»Wir sollten vielleicht lieber einen Schirm …«, begann Isabella, doch wieder achtete Margarete nicht auf das, was sie zu sagen hatte. Sie lief einfach los, eilte auf dem breiten Mittelweg in den Park hinein, sodass Isabella nichts anderes übrigblieb, als ihr zu folgen. Sie holte die Freundin erst ein, als diese schon in einen schmalen Gang zwischen hohen Hecken eingebogen war. Hier, wo man sie vom Haus aus nicht sehen konnte, schien sie sich wohler zu fühlen. Sie wurde langsamer, und eine Weile spazierten die beiden jungen Frauen nun in gemächlichem Tempo über den feinen Kies.

»Es ist Folgendes …«, sagte Margarete endlich, als Isabella schon drauf und dran war, sie ungeduldig zum Reden aufzufordern.

»Schieß los.« Isabella wedelte mit der Hand durch die Luft.

»Ich bin sehr glücklich, fürchte aber, dich wird meine Neuigkeit nicht sonderlich froh machen.« Margarete blieb stehen und sah Isabella an. Als diese fragend ihren Blick erwiderte, schaute sie rasch wieder weg.

Was war nur mit ihr los? Isabella konnte sich nicht vorstellen, was Margarete für eine Neuigkeit haben könnte, die sie unglücklich machen könnte. Denn auch wenn sie beide sich mochten und viel Zeit zusammen verbrachten, verliefen ihre Leben doch unterschiedlich. Isabella sah sich als eine jener jungen Frauen, die durchs Leben tanzten und aus ihren vielen Möglichkeiten die besten auswählten. Margarete hingegen las Bücher, träumte vor sich hin – und wartete, was das Schicksal ihr bot. Da Isabella sie gernhatte, hoffte sie, dass das Leben tatsächlich etwas Gutes für die Freundin bereithielt. Weil die jungen Männer sie auf Bällen und Abendeinladungen oft übersahen, würde Margarete mit ihrem unauffälligen Äußeren und ihrer zurückhaltenden Art es vielleicht schwer haben, ihr Glück zu finden.

»Wieso sollte ich mich nicht mit dir freuen, wenn dir etwas Schönes widerfahren ist?«, erklärte Isabella energisch. »Schließlich sind wir Freundinnen. Nun sag schon!«

»Ich …« Margarete atmete tief durch und richtete entschlossen ihren schiefergrauen Blick auf Isabella. »Ich habe mich verlobt.«

Nun war es an Isabella, nach Luft zu schnappen. Das kam tatsächlich überraschend. Äußerst überraschend. Sie öffnete den Mund, obwohl sie nicht recht wusste, was sie dazu sagen sollte, doch Margarete kam ihr zuvor.

»Es ist noch nicht offiziell. Aber er hat mir einen Antrag gemacht, und ich habe Ja gesagt. Meine Eltern sind auch einverstanden, also geht es nur noch darum, die Sache öffentlich zu machen und eine Verlobungsfeier zu organisieren. Ich kann das alles gar nicht fassen.« Es war, als wäre ein Damm gebrochen. Die Sätze sprudelten nur so aus Magaretes Mund.

Mittlerweile hatte Isabella Zeit gehabt, sich von ihrer Überraschung zu erholen. Mitten auf der Rasenfläche, die sie soeben auf dem Weg zum Gartenpavillon überquerten, blieb sie stehen und lächelte die Freundin an.

»Wie kannst du nur glauben, dass ich mich nicht mit dir freue?«, erkundigte sie sich streng. »Ich freue mich sehr! Nur weil du dich ein paar Tage vor mir verlobst, bin ich doch nicht neidisch! Du weißt, wie sehr ich auf einen Antrag von Arthur von Willinghausen auf dem Ball meiner Tante hoffe. Ach, ich würde mich wirklich freuen, wenn wir gemeinsam einen großen Verlobungsball feiern würden.«

Sie lächelte und wunderte sich über den seltsamen Blick, den Margarete ihr zuwarf. Im selben Moment platzte ein dicker Regentropfen auf Isabellas Nase.

»Es regnet!« Lachend packte sie die Freundin beim Arm und zog sie zum Pavillon. Sie erreichten ihn in letzter Minute. Kaum waren sie bei der überdachten Plattform mit der Polsterbank und den passenden Stühlen angelangt, stürzte das Wasser herunter, als würde jemand einen riesigen Waschzuber ausleeren.

Isabella schüttelte ihren Rock aus, ließ sich auf dem blauen Kissen der Bank nieder und klopfte auf den Platz neben sich. »Setz dich und erzähl mir alles. Vor allem: Wer ist es, und wie kam das so plötzlich? Kenne ich ihn?«

Zögernd hockte Margarete sich neben sie auf die Kante der Sitzfläche. »So plötzlich kam es eigentlich gar nicht, wenn ich es im Nachhinein betrachte. Natürlich war ich überrascht, denn ich hätte nie zu hoffen gewagt, dass er auf diese Weise an mich denkt. Und doch – wir haben uns immer sehr gut unterhalten, wenn wir uns auf einer Gesellschaft trafen. Manchmal nur ein paar Minuten, manchmal aber auch länger. Er ist ein Mann, der sich Gedanken macht. Über die Welt und das Leben. Er liest viel, genau wie ich. Wir haben sogar dieselben Lieblingsbücher.«

Isabella runzelte die Stirn. Das klang nicht sonderlich aufregend. Aber es passte natürlich zu Margarete, sich mit einem Bücherwurm zu verloben.

»Nun sag endlich!«, drängte sie. »Wie ist sein Name?«

»Du kennst ihn.« Margaretes Stimme war nun so leise, dass ihre Worte fast im Rauschen des Regens untergingen.

»Na, du machst es ja spannend!« Isabella schüttelte lachend den Kopf. »Lass dir doch nicht jedes Wort aus der Nase ziehen. Sein Name bitte!«

»Arthur von Willinghausen.« In Margaretes Augen standen mit einem Mal Tränen. »Es tut mir leid, Isabella.«

Irritiert schüttelte Isabella den Kopf. Sie musste sich verhört haben. Der Regen trommelte viel zu laut auf das Dach des Pavillons.

»Wer?«, fragte sie und hatte plötzlich eine ganz enge Kehle.

Margarete wiederholte den Namen nicht. Sie nickte nur.

»Aber ... Du machst Scherze, nicht wahr? Wieso sollte Arthur denn plötzlich dir einen Antrag machen? Er hat die ganze Zeit mit mir geflirtet und mir Komplimente gemacht. Er hat ...«

Sie stockte, weil ihr einfiel, dass Arthur schon im vergangenen Jahr bei Abendeinladungen und anderen Gelegenheiten oft lange Gespräche mit Margarete geführt hatte. Jene Art von Unterhaltungen, die schon von Weitem so langweilig wirkten, dass sich niemand freiwillig dazugesellte und Isabella niemals auf den Gedanken gekommen wäre, auf die Freundin eifersüchtig zu sein.

Mit einem unterdrückten Aufschrei sprang sie auf die Füße und baute sich vor Margarete auf. »Wie konntest du nur? Du wusstest doch, dass ich ihn will! Du hast dich hinter meinem Rücken an ihn herangemacht. Mit deinen Büchern und diesen Gesprächen, die so harmlos wirkten! So etwas tut keine echte Freundin!«

Plötzlich war ihr ganz übel. Die Worte verklumpten sich in ihrer Kehle und wollten nicht mehr heraus.

Langsam stand Margarete nun ebenfalls auf, sodass sie einander ins Gesicht sahen, Isabella funkelte die Freundin zornig an, während die einen Kopf größere Margarete verlegen dreinblickte. Dennoch konnte sie den Glanz in ihren Augen, den Arthur von Willinghausen dorthin gezaubert hatte, nicht verbergen.

»Ich habe ihn nicht umgarnt«, behauptete Margarete mit fester Stimme. »Du weißt doch, dass ich gar kein Talent zum Flirten habe. Arthur hat mir gesagt, dass ihm das besonders gut an mir gefällt. Dass ich immer nur ich bin.«

»Was soll denn das bitte heißen?« Empört stemmte Isabella die Hände in die Hüften. »Bloß weil eine Frau charmant ist, heißt das nicht, dass sie nicht sie selbst ist. Ich bin immer ich, und ich verstehe überhaupt nicht … «

Wie konnte Arthur sie links liegenlassen, um sich mit der unscheinbaren Margarete zu verloben? Wie konnte Margarete, die sie lieb gehabt hatte wie eine Schwester, sie derart hintergehen?

»Ich bin gekommen, damit du noch vor dem Ball deiner Tante Bescheid weißt. Ich fürchte, die Sitzordnung muss geändert werden. Es wäre sonst irgendwie … seltsam.«

Dies war der Augenblick, in dem Isabella das Gefühl hatte, jemand würde ihr mit einem spitzen Messer das Herz aus der Brust schneiden und in das schmerzende Loch einen faustgroßen Stein legen.

Arthur war als ihr Tischherr vorgesehen gewesen. Doch natürlich konnte sie den inoffiziellen Verlobten ihrer Freundin nun nicht mehr für sich beanspruchen.

Sie würde nicht an dem Fest teilnehmen können! Auf keinen Fall konnte sie das tun. Schließlich hatte sie all ihren Freundinnen erzählt, dass Arthur ihr Tischherr sein würde. Einigen von ihnen hatte sie anvertraut, dass sie für den Abend des Fests auf einen Antrag von ihrem Tischherrn hoffte. Und nun würde Margarete als Verlobte neben Arthur sitzen. Es war noch nicht offiziell, aber natürlich würde Margaretes Mutter dafür sorgen, dass alle es erfuhren. Der Gedanke an diese Schmach war geradezu unerträglich.

Isabella drehte sich um und lief die Treppen des Pavillons hinunter in den strömenden Regen hinein.

»Wo willst du denn hin, Isabella? Du wirst ganz nass. Dann erkältest du dich. Bitte, Bella. Liebste Bella. Bleib doch hier und sprich mit mir!« Margaretes Stimme klang flehend, aber Isabella drehte sich nicht um.

Mit großen Schritten lief sie durch die niederströmenden Wassermassen zurück zum Haus. Schon nach wenigen Metern war sie bis auf die Haut durchnässt. Doch das kümmerte sie nicht. Ihr war auch egal, dass Margarete, die schließlich Gast auf Falkensee war, allein und ohne Regenschirm im Pavillon zurückblieb. Sollte sie sich doch von Arthur retten lassen!

5. Kapitel

Isabella
Gut Falkensee, Westpreußen, Juni 1924

Isabella drehte sich auf die Seite und zog die Bettdecke so weit hoch, dass sie ihr bis über die Ohren reichte. Durch einen Spalt im Vorhang schien bereits die Vormittagssonne, und sie musste ihre verquollenen Augen zusammenkneifen, weil das helle Licht sie blendete. Nach dem Regenschauer gestern Nachmittag hatte es sofort wieder aufgeklart, und es versprach, ein warmer Tag zu werden.

Doch das war Isabella vollkommen egal. Sie hatte nicht vor, ihr Bett zu verlassen. Seit Margaretes gestriger Eröffnung hatte sie fast ununterbrochen geweint. Gleich nachdem sie aus dem Pavillon ins Haus zurückgekehrt war, hatte sie schlimme Kopfschmerzen vorgeschützt, war in ihr Zimmer gegangen und hatte sich im Bett verkrochen.

Vor dem Abendessen war ihre Mutter gekommen, um sich nach ihrem Befinden zu erkundigen, doch Isabella hatte es nicht über sich gebracht, ihr zu sagen, dass Arthur sich mit einer anderen verlobt hatte. Alice hatte sich große Hoffnungen auf eine Hochzeit mit dem Grafensohn gemacht, und nun würde Margarete die Glückliche sein. Mit angehaltenem Atem, damit ihr kein Schluchzer entwischte, hatte Isabella ihr tränennasses Gesicht im Kissen verborgen und etwas von Kopfweh gemurmelt.

Später war Sabine gekommen und hatte ihr Pfefferminztee und Toast gebracht. Isabella hatte geglaubt, sie würde nie wieder etwas essen können, doch mitten in der Nacht war ihr Hunger so groß gewesen, dass sie den längst harten Toast verschlungen und mit kaltem Tee heruntergespült hatte.

Dennoch konnte sie nicht aufhören zu weinen. Ihr Herz schmerzte, und sie wusste nicht, was schlimmer war: die Schmach, weil sie nun keinen Tischherrn haben würde, oder die Tatsache, dass Arthur ihre Liebe zurückgewiesen hatte. Er musste doch von ihren Gefühlen und Hoffnungen gewusst haben! Daran, was ihre Mutter sagen würde, wenn der Erbe der Willinghausens nun nicht Isabella, sondern Margarete heiraten würde, durfte sie gar nicht denken.

Ein leises Klopfen an der Zimmertür brachte Isabella dazu, die Decke noch ein Stück höher zu ziehen, sodass sie gerade eben noch Luft bekam.

»Ja?«, sagte sie dann mit schwacher Stimme.

Zu ihrem Erstaunen war es nicht ihre Mutter, sondern ihre Großmutter, die leise das Zimmer betrat. Ohne hinzusehen, erkannte Isabella sie an dem zarten Hauch von Lavendel und Zitrone, den Veronika stets verströmte. Alle in der Familie wussten, dass sie diesen Duft seit ihrer Jugend benutzte und niemals etwas anderes genommen hatte.

»Dein Großvater liebte dieses Aroma«, hatte sie zu Isabella gesagt. »Deshalb will ich mein ganzes Leben lang so riechen.«

Selbst nach Adalbert von Bargelows Tod vergaß seine Witwe niemals, morgens etwas von dem Duftwasser aufzutragen. Allerdings umgab sie nun auch häufig das süßliche Aroma von Sherry, dem sie gern und oft zusprach, seit sie ihren Mann verloren hatte.

»Isabella, meine Liebe«, sagte Veronika leise und ließ sich auf der Bettkante nieder.

Da es unhöflich war, ihrer Großmutter den Rücken zuzukehren, drehte Isabella sich um und blinzelte durch ihre geschwollenen Lider.

»Du weinst. Und du hast eigentlich niemals Kopfweh«, sagte Veronika. »Was quält dich so, dass du das Bett nicht verlassen willst?« Ihre Großmutter strich so zart über ihr zerzaustes Haar, dass Isabella die Berührung kaum spürte. Dennoch fühlte sie sich ein kleines bisschen getröstet.

»Es ist ... Migräne«, flüsterte sie nach kurzem Zögern, obwohl ihr klar war, dass ihre Großmutter ihr nicht glauben würde. Sie wusste nicht, was sie sonst sagen sollte, denn über die Wahrheit konnte sie einfach nicht sprechen. Und vor lauter Kummer tat ihr auch der Kopf weh. Es war also keine wirkliche Lüge.

»Ich habe dich gestern von meinem Fenster aus im Garten mit deiner Freundin Margarete sprechen sehen. Habt ihr euch gestritten? Du bist einfach davongelaufen und hast sie dort stehenlassen. Ich habe ihr jemanden vom Personal mit einem Regenschirm geschickt.«

»Danke, Großmama«, stieß Isabella hervor. »Das war nett von dir.«

Eine Weile herrschte Schweigen im Zimmer. Nur das Ticken der Uhr auf dem Kaminsims war zu hören.

»Willst du mir nicht sagen, was geschehen ist?«, fragte Veronika schließlich.

»Ich kann nicht.« Ein Schluchzen löste sich aus Isabellas Brust.

»Du hast Liebeskummer, nicht wahr?« Veronika zupfte an einer von Isabellas tränenfeuchten Locken.

»Woher weißt du das?« Erstaunt musterte Isabella das Gesicht ihrer Großmutter. Trotz der Falten um Mund und Nase und der Trauer in den Augen war Veronika immer noch schön.

»Wenn jemand, der so jung und hübsch ist wie du, so sehr weint, kann es nur der Liebe wegen sein. Doch in deinem Alter geht das vorbei. Viel schneller, als du jetzt denkst.« Veronika blickte so entschlossen drein, als könnte sie mit ihren nachdrücklichen Worten Isabellas Jammer sofort abstellen.

»Es ist aber nicht nur deswegen. Es ist auch so schrecklich peinlich.«

»Auch Peinlichkeiten gehen vorbei«, behauptete Veronika. »Schon in ein paar Tagen denkt niemand mehr daran.«

»Ich habe meinen Freundinnen erzählt, dass Arthur von Willinghausen mein Tischherr sein wird. Schlimmer noch: Ich habe auch Andeutungen gemacht, dass er mich sicher schon bald fragen wird …« Isabella wischte sich mit dem Handrücken über die feuchte Wange.

»Was ist mit dem Grafen?«

Weder Großmutter noch Enkelin hatten bemerkt, dass Alice durch die offene Tür ins Zimmer getreten war. Als sie Isabellas verquollenes Gesicht sah, wurde sie blass.

»Hast du irgendeine Dummheit gemacht, die ihn abgeschreckt hat? Habt ihr euch geschrieben? Gesehen hast du ihn während der vergangenen Tage nicht, weshalb liegst du also im Bett und weinst dir seinetwegen die Augen aus?« Die Worte stürzten nur so aus Alices Mund, während sie näher kam und sich neben dem Bett aufbaute.

Obwohl ihre Mutter klein und zierlich war, erschien sie Isabella riesig und angsteinflößend, wie sie mit funkelnden Augen dastand und sie ansah. Nun gab es kein Zurück mehr. Sie musste auch ihrer Mutter gegenüber mit der ganzen Wahrheit herausrücken.

»Ich kann nichts dafür«, flüsterte sie. »Arthur von Willinghausen hat Margarete einen Antrag gemacht.«

»Margarete? Deiner Freundin Margarete?« Es war nicht ganz klar, ob Alice so entsetzt dreinblickte, weil Arthur nun vergeben war oder weil ausgerechnet Margarete das Rennen um seine Gunst gemacht hatte. Als würden ihre Beine sie nicht mehr tragen, ließ Alice sich neben Veronika auf der Bettkante nieder.

»Ja. Margarete von Beck.« Mühsam hielt Isabella die Tränen zurück. Auch für sie war es doppelt schwer, dass ausgerechnet Margarete ihr Arthur weggenommen hatte. Margarete, die gewusst hatte, wie sehr sie auf Arthurs Antrag gehofft hatte. Margarete, die behauptet hatte, ihre Freundin zu sein. Margarete, die vorher noch nie einen richtigen Verehrer gehabt hatte.

»Wie konntest du das zulassen?« Alice schüttelte wieder und wieder den Kopf.

»Ich bitte dich, Alice!«, mischte sich Großmama ein. »Ich glaube nicht, dass der junge Graf Isabellas Erlaubnis eingeholt hat, bevor er ihrer Freundin seine Liebe gestand.«

»Aber er hat Isabella monatelang Avancen gemacht. Und er ist die einzige wirklich gute Partie weit und breit. Isabella hätte sich mehr Mühe geben müssen und nicht ihrer unansehnlichen Freundin das Feld überlassen dürfen«, jammerte Alice. »Wenn der junge Graf eine andere heiratet, wird es richtig schwierig, Isabella gut zu verheiraten. Es gibt einfach viel zu viele junge Frauen, die auf einen Erstgeborenen aus einer angesehenen Familie aus sind. Dora von Bernsdorff hat sich einen geschnappt, und Margarete von Beck ist es aus völlig unverständlichen Gründen gelungen, Arthur von Willinghausen zu einem Antrag zu bewegen – da bleibt nicht mehr viel.«

»Isabella ist eine reizende junge Frau«, sagte Veronika ruhig. »Selbstverständlich wird sie einen guten Ehemann finden.«

»Wo denn bitte? Unter den Großgrundbesitzern in der Umgebung gibt es praktisch keinen passenden Erben mehr. Wir müssten uns auf junge Männer ohne Adelstitel konzentrieren, die wenigstens genug Geld mitbringen, um Isabella ein angemessenes Leben zu bieten. Ich habe ihr nicht alles beigebracht, was die Ehefrau eines wohlhabenden Mannes wissen muss, um am Ende zuzusehen, wie sie irgendeinen dahergelaufenen Habenichts heiratet.«

»Es tut mir leid«, sagte Isabella und spürte, wie ihre Augen nun doch wieder überliefen. »Ich habe wirklich alles getan, was ich konnte, um Arthur von Willinghausen von mir zu überzeugen. Ich mag ihn sehr, und ich dachte ja auch, dass er in mich verliebt ist.«

»Die Verlobung mit Margarete ist noch nicht offiziell. Vielleicht ist noch nicht alles verloren.« Alice überlegte so angestrengt, dass sie die Stirn in Falten legte, was sie sonst nicht tat, weil sie es hässlich fand. Auch Isabella hatte sie strikt verboten, so verkniffen dreinzublicken.

»Du solltest deine Tochter nicht anhalten, ihrer Freundin den Mann wegzunehmen«, sagte Veronika in tadelndem Tonfall.

»Wie bitte? Es ist doch wohl andersherum! Margarete hat Isabella den Mann weggenommen. Wie auch immer sie das angestellt hat, so unscheinbar, wie sie ist.«

»Das finde ich auch«, meldete sich Isabella zu Wort. »Margarete wusste genau, dass ich auf einen Antrag von Arthur hoffte. Alle meine Freundinnen wussten das.« Bei dem Gedanken an diese Peinlichkeit musste sie erneut heftig schlucken. In Zukunft würde sie niemals mehr von ihren Träumen herumerzählen, solange sie nicht ganz sicher war, dass sie auch wahr wurden.

»Und doch hat Margarete ihn irgendwie becirct. Ich verstehe einfach nicht, wie sie das gemacht hat«, setzte sie mit gepresster Stimme hinzu und sah ihre Mutter fragend an. Alice erwiderte ihren Blick ebenso irritiert.

»Wie gesagt, es ist noch nicht offiziell«, wiederholte Alice. »Eine winzige Möglichkeit gibt es noch, dass Arthur von Willinghausen zu Verstand kommt. Ansonsten müssen wir uns dringend nach neuen Heiratskandidaten umsehen. Und wir müssen einen anderen Tischherrn für den Ball finden.«

»Wenn ich neben irgendeinem alten Knacker sitzen muss, werde ich nicht zu diesem Ball kommen.« Heftig schüttelte Isabella den Kopf.

»Darüber reden wir noch«, sagte Alice streng. »Wie du weißt, ist jedes Fest und jede Abendeinladung eine Gelegenheit, einen passenden Mann kennenzulernen. Erst im vergangenen Jahr hat Zita von Assmannshausen einen Cousin zu einem Diner bei den Lehnbergs mitgebracht. Der junge Mann war nur für einige Tage bei ihrer Familie in der Sommerfrische. Georgina von Lehnberg hat ihre Chance genutzt, wie wir alle nur zu gut wissen. Sie ist inzwischen hervorragend verheiratet.«

»Was macht ihr denn hier? Geht es Isabella so schlecht? Soll ich einen Arzt rufen?« Charlottes Stimme, die von der Tür kam, klang erschrocken.

Isabella unterdrückte einen Seufzer. Wollte sich das ganze Haus um ihr Bett versammeln? Jetzt fehlten nur noch ihr Vater und vielleicht ein paar der Dienstboten, die allesamt angeregt darüber diskutierten, was sie Schlimmes getan hatte, dass Arthur sich für Margarete und nicht für sie entschieden hatte.

»Ein Arzt kann uns auch nicht helfen«, beantwortete Alice mit schmalen Lippen die Frage ihrer Schwester. »Der Mann, auf dessen Antrag wir fast sicher gezählt haben, hat sich mit Isabellas Freundin verlobt.«

»Oh«, machte Tante Charlotte und kam ebenfalls zum Bett. »Bist du wirklich so sehr in ihn verliebt, Isabella?«

»Ich weiß nicht«, antwortete sie kläglich. »Ich sollte wohl nicht, wo ich ihn sowieso nicht haben kann.«

»Das Herz fragt nicht danach, ob Liebe vernünftig ist.« Charlotte ging auf die andere Seite des Betts und berührte tröstend Isabellas Schulter. »Man sagt, wenn genug Zeit vergeht, wird der Kummer kleiner. Bei den meisten Menschen funktioniert das auch.«

»Bei mir nicht«, behauptete Isabella. Sie erschauderte innerlich bei dem Gedanken, dass Margarete sie wahrscheinlich zu ihrer Hochzeit einladen würde.

»Natürlich vergeht der Kummer. Darum geht es doch gar nicht!« Seit ihre Schwester aufgetaucht war, klang Alice noch ärgerlicher als zuvor. »Entweder muss Isabella den jungen Grafen dazu bringen, es sich anders zu überlegen, oder wir müssen einen anderen Ehemann für sie finden. Und zwar schleunigst. Es gibt hier in der Gegend eine Menge entschlossener Mütter und Töchter und sehr wenige passende Söhne. Wenn wir uns diese Kandidaten auch noch wegschnappen lassen, weiß ich nicht, was werden soll.«

»Aber Isabella ist noch so jung. Lass ihr doch Zeit. Vielleicht möchte sie für einige Zeit ins Ausland gehen. Studieren oder einfach nur …«

»Bitte, Charlotte!«, unterbrach Alice sie genervt. »Das kann doch nicht dein Ernst sein. Ich weiß, dass du als junge Frau solche

Flausen im Kopf hattest, aber was hat es dir gebracht? Letztlich hast du geheiratet, wie wir alle es tun müssen. Noch dazu einen Witwer, der um einiges älter war als du.«

»Mein Studiensemester in Paris hat mir die Erinnerung an eine schöne und interessante Zeit gebracht«, antwortete Charlotte, ebenfalls in scharfem Ton. »Und vielleicht etwas Reife und Lebenserfahrung. Baldur habe ich mir als Ehemann übrigens unter einigen Bewerbern selbst ausgesucht. Und ich habe nur geheiratet, weil wir sonst unser Gut verloren hätten. Das alles hat jedoch nichts mit Isabella zu tun. Soweit ich weiß, steht Falkensee finanziell gut da. Sie muss also nicht unbedingt einen reichen Mann heiraten. Sie muss überhaupt nicht heiraten, schon gar nicht so schnell. Sie ist nicht mal zwanzig Jahre alt.«

Alice seufzte demonstrativ. »Ich habe eben erklärt, dass passende junge Männer hier in unserer Gegend äußerst knapp sind. Wenn Isabella sich noch ein oder zwei Jahre Zeit lässt, sind sie alle vergeben. Ich kann mir nicht vorstellen, dass meine Tochter glücklich wird, wenn sie einen Lehrer oder einen Finanzbeamten heiratet, in einem kleinen Häuschen in Bischofswerder wohnt, jeden Morgen ein paar Kartoffeln und etwas Gemüse einkaufen geht, wobei sie jeden Pfennig umdrehen muss, und ihrem Mann dann höchstpersönlich das Mittagessen kocht. Wenn Isabella ein solches Schicksal erleidet, war all die Mühe umsonst, die ich mir mit ihr gemacht habe.«

»Das ist doch … «, setzte Charlotte zum Protest an, doch Isabella hatte genug von den Diskussionen an ihrem Bett. Sie setzte sich mit einem Ruck auf.

»Ich werde dich nicht enttäuschen, Mama«, verkündete sie energisch. »Vielleicht gibt es tatsächlich noch einen Weg, Arthur für mich zu gewinnen. Und wenn das nicht möglich ist, finde ich einen anderen wohlhabenden Mann.«

»Vergiss die Liebe nicht, mein Kind«, sagte ihre Großmutter leise, und Charlotte nickte dazu.

»So ist es richtig, Isabella«, lobte Alice, ohne auf die Worte ihrer Mutter und ihrer Schwester zu achten. »Wasch dir das Gesicht und kühle deine Augen. Du siehst schrecklich verquollen aus. Wir erwarten dich unten zum Mittagessen.«

Damit verließ Alice, gefolgt von ihrer Mutter und ihrer Schwester, das Zimmer.

6. Kapitel

Julius
Gut Falkensee, Westpreußen, Juni 1924

Obwohl soeben ein Sommerregen niedergegangen war, schimmerte das Herrenhaus von Gut Falkensee strahlend weiß vor dem Grün des Parks, der an der Rückseite des Gebäudes lag.

Julius Kirchner steuerte seinen Wagen die lange Auffahrt entlang und umrundete schwungvoll das Rondell vor dem Eingangsportal. Die Sommerblumen auf dem ovalen Beet, vor dem sich der breite Kiesweg teilte, leuchteten nach dem Regen wie frisch gewaschen. Und als sich ein erster Sonnenstrahl zwischen den Wolken hervorstahl, funkelten die roten, gelben und blauen Blüten, als hätten fleißige Hände sie mit schimmernden Perlen bestickt.

Julius parkte das Automobil vor der breiten Freitreppe, stieg aus und warf schwungvoll die Fahrertür zu. Er hätte nichts dagegen gehabt, wenn einer der Hausbewohner einen neugierigen Blick aus dem Fenster geworfen und seinen Wagen gesehen hätte. Der silberfarbene Mercedes-Zweisitzer war sein ganzer Stolz. Er hatte das Automobil, das über sagenhafte 95 PS verfügte, erst im vergangenen Jahr gekauft. Leider hatte er bei dem regnerischen Wetter das Faltdach nicht öffnen können, aber auch so würde Isabella von Bargelow sicherlich vom Anblick des schnittigen Wagens beeindruckt sein. Vorausgesetzt natürlich, sie war anwesend und bekam ihn und den Wagen zu Gesicht. Was er sehr hoffte.

Er sah hinauf zum Balkon über dem Haupteingang des Gebäudes und wünschte sich, sie würde dort stehen und ihm zuwinken. Was für einen herrlichen Anblick die schlanke, goldblonde

Frau mit den dunkelblauen Augen dort oben bieten würde. Julius atmete tief durch. Er musste sich wirklich zusammennehmen. Immerhin war er kein grüner Junge mehr, sondern ein erfolgreicher Geschäftsmann von fünfundzwanzig Jahren. Er war stolz auf sein kaufmännisches Geschick, mit dem er innerhalb kurzer Zeit das von seinen Eltern geerbte Geld verdoppelt hatte. Sein Vater hatte ein ganzes Leben gebraucht, um durch Aktienkäufe aus einem sehr kleinen Vermögen ein etwas größeres zu machen.

Da er als erfolgreicher Geschäftsmann stets einen kühlen Kopf bewahrte, fand Julius es umso erstaunlicher, dass neuerdings Tag und Nacht Isabella vor seinem geistigen Auge auftauchte.

Beim Gedanken an die kleinen runden Brüste, die sich über dem Spitzenrand des tief ausgeschnittenen Korsetts gewölbt hatten, musste er schlucken. Unter dem Schlüsselbein hatte sie einen hässlichen roten Fleck gehabt, offenbar eine alte Brandwunde. Durchaus ein Makel, den er einer so schönen Frau jedoch verzeihen konnte.

Julius zog den mit pastellfarbenen Blüten bedruckten Seidenschal aus der Jackentasche und lief jeweils zwei Stufen auf einmal nehmend die Treppe hinauf. Isabella hatte ihm sein Jackett, das er ihr wegen des zerrissenen Kleids geliehen hatte, schon am Tag nach dem Vorfall frisch gereinigt bringen lassen. Zu diesem Zeitpunkt hatte er ihren Seidenschal bereits gefunden gehabt und hätte ihm dem Bediensteten mitgeben können. Doch er hatte spontan beschlossen, Isabella ihr Eigentum höchstpersönlich zurückzubringen.

Energisch betätigte er den blankgeputzten Messingklopfer.

Der Diener, der ihm nach kurzer Zeit öffnete, war groß und schlaksig, aber untadelig gekleidet. Auf seinem perfekt sitzenden schwarzen Anzug war kein einziges Stäubchen zu sehen.

Julius nannte seinen Namen und nahm sich gleichzeitig vor, bald auch einen Diener einzustellen. In seiner Junggesellenwohnung in der Stadt versah eine stämmige Haushälterin in mittleren

Jahren alle anfallenden Arbeiten. Gäste empfing sie mürrisch und wortkarg, denn sie hielten sie von ihren täglichen Aufgaben ab. Oft verursachten diese Gäste auch zusätzliche Mühe, wenn Julius auf den Gedanken kam, ihnen Kaffee anzubieten oder gar nach belegten Broten zu verlangen.

»Sie wünschen?«, erkundigte sich der Diener mit einer angedeuteten Verbeugung und unbewegter Miene. Genau so stellte man sich einen vornehmen Diener vor.

Isabella würde wissen, wo man so einen Bediensteten fand, um ihn im eigenen Haushalt einzustellen. Überhaupt war sie nicht nur eine Frau, die ein wunderbares Erbgut an ihre Kinder weitergeben würde. Sie gehörte auch zu jenen weiblichen Wesen, die wegen ihrer Herkunft und ihrer guten Erziehung wussten, wie man einen Haushalt führte und Gäste bewirtete. Genau die Ehefrau, die ein ehrgeiziger Mann brauchte, der nicht nur in der Geschäftswelt, sondern auch in der Politik Karriere machen wollte.

Energisch rief Julius sich zur Ordnung. Ein Schritt nach dem anderen, sagte er sich.

»Mein Besuch gilt Fräulein von Bargelow«, teilte er dem Diener mit. »Ich würde sie gern sprechen.«

»Sie sind nicht angemeldet, nehme ich an?« Der Dienstbote zog die Brauen hoch, behielt aber ansonsten seine ausdruckslose Miene bei.

»Ich bringe dem gnädigen Fräulein etwas, das ihr gehört.« Als Julius sah, dass sich die rechte Hand des Dieners leicht hob, fügte er rasch hinzu: »Und ich bestehe darauf, es ihr selbst zu überreichen.«

Der Diener trat zurück und machte den Eingang frei. »Bitte folgen Sie mir. Ich werde das gnädige Fräulein fragen, ob sie Sie empfängt.«

Julius wurde in ein großes, zum Park hin gelegenes Zimmer geführt und gebeten, sich einen Moment zu gedulden. Während er wartete, schaute er sich aufmerksam um. Der Raum war mit kostbaren, wunderbar gepflegten Antiquitäten eingerichtet. Allein diese Möbel zeigten, aus welch guter Familie Isabella von Bargelow stammte. Sicher konnten die Bargelows ihre Vorfahren um fünf oder mehr Generationen in die Vergangenheit zurückverfolgen.

Bei seiner Familie, den Kirchners, war es nicht ganz so. Selbstverständlich waren sie gute deutsche Bürger. Aber sein Großvater hatte eine Frau von recht zweifelhafter Herkunft geheiratet. Man sprach nicht offen darüber, doch die schwarzen Haare und der wilde Ausdruck ihrer dunklen Augen auf dem Hochzeitsbild ließen darauf schließen, dass es sich möglicherweise um eine Zigeunerin handelte. Dieses Bild existierte nicht mehr. Julius hatte es verbrannt, und er würde die besagte Person gegenüber anderen Parteimitgliedern unter keinen Umständen erwähnen.

Während er noch die Aussicht auf den weitläufigen Park bewunderte, wurde hinter ihm die Tür geöffnet. Er wandte sich um und setzte ein strahlendes Lächeln auf.

»Fräulein von Bargelow! Herzlichen Dank, dass Sie mich empfangen.« Er schob die Hand in seine Jackentasche und entfaltete mit einer raschen Bewegung den Seidenschal, als würde er speziell für sie einen Zaubertrick vorführen.

»Mein Tuch«, stellte sie mit einem zurückhaltenden Lächeln fest. »Das ist sehr freundlich von Ihnen, wäre aber nicht nötig gewesen. Im Grunde brauche ich es nicht mehr, nachdem das passende Kleid zerrissen ist.«

»Dann darf ich es behalten?« Er hob den kühlen Stoff vor sein Gesicht und atmete tief ein.

Ihre dunkelblauen Augen begannen zu funkeln. Mit wenigen großen Schritten durchquerte sie das Zimmer und nahm ihm den Schal aus der Hand. »Danke für Ihre Mühe, Herr Kirchner.« Ihre dunkelblauen Augen erinnerten ihn an einen Waldsee im tiefen Schatten.

Als sie nun so dicht vor ihm stand, traf ihn ihre Schönheit mitten ins Herz. Plötzlich stieg Angst in ihm auf. Die Furcht, dass es ihm nicht gelingen würde, diese Frau von sich zu überzeugen. Er musste sie haben. Und das hatte nicht nur mit ihrer Herkunft zu tun, sondern auch mit ihren ebenmäßigen Gesichtszügen, ihrer schönen Gestalt, der stolzen Art, mit der sie den Kopf in den Nacken warf, und mit ihren verführerischen Lippen. Anders als bei den meisten Frauen, die er kannte, würde es bei dieser nicht einfach sein, sie zu erobern. Er beschloss, alles zu geben, um diese Lippen küssen zu dürfen.

»Außerdem bin ich gekommen, um mich förmlich für das Ungemach, das Ihnen in meinen Räumlichkeiten zugestoßen ist, zu entschuldigen.« Er verbeugte sich und verharrte sekundenlang in dieser unterwürfigen Haltung, die ihm normalerweise zuwider war. Doch da er bereit war, mit vollem Einsatz zu spielen, war ihm jedes Mittel recht.

Als er den Kopf hob, ruhte ihr aquamarinfarbener Blick nachdenklich auf ihm. Nach ein oder zwei atemlosen Augenblicken verzog sie ihren schönen Mund zur Andeutung eines Lächelns.

Dennoch begriff er in diesem Moment, dass Begegnungen mit heiratsfähigen Männern für Isabella von Bargelow ein Spiel waren. Sie spielte, und sie liebte es zu gewinnen. So wie er den Sieg liebte. Ein Spiel konnte sie haben, und es würde ihm gelingen, dass sich sein Sieg für sie wie der Hauptgewinn anfühlte. Denn wenn Isabella auch keine dumme Frau war, so war sie doch naiv, und es würde ein Leichtes für ihn sein, sie zu führen.

»Wenn Sie mir sagen, wie ich diese schreckliche Sache wiedergutmachen kann, werde ich es tun«, erklärte er theatralisch.

Normalerweise konnten Frauen ihm nicht widerstehen, wenn er sich auch nur ein kleines bisschen Mühe gab. Schon mehr als einmal hatte er von seiner verblüffenden Ähnlichkeit mit dem berühmten Filmschauspieler Douglas Fairbanks gehört. Und seit er vor einigen Monaten im Kino den Film *Der Dieb von Bagdad* gesehen hatte, teilte er diese Meinung. Zwar war sein Haar ein wenig heller, doch die Gesichtsform und der athletische Körperbau stimmten überein. Da Douglas vorrangig echte Helden spielte – auch als Robin Hood hatte Julius ihn schon im Lichtspielhaus gesehen –, konnte er mit diesem Vergleich recht gut leben. Zudem gab es kaum eine Frau, die nicht für Douglas schwärmte, und demzufolge auch für ihn. Isabella von Bargelow würde da sicher keine Ausnahme bilden.

»Sie wollen Ihre Unaufmerksamkeit wiedergutmachen?« Sie spitzte auf unwiderstehliche Weise den Mund.« Am Funkeln ihrer Augen erkannte er, dass das alles zu dem Spiel gehörte, das sie gemeinsam spielten.

»Sehr verehrtes gnädiges Fräulein …« Er hob die Hand zu einer demütigen Geste. »Ich bin *wirklich vollkommen untröstlich.*«

Isabella legte den Kopf auf die Seite und betrachtete ihn erstaunt. »Immerhin sind Sie in der Lage, sich nicht nur angemessen zu entschuldigen, sondern verfügen auch über eine gewisse Zuvorkommenheit und über Benehmen«, gab sie mit erstaunter Miene zu.

»Ich habe eine gute Erziehung genossen«, behauptete er. Was nicht ganz stimmte. Denn in Wahrheit hatte er sich alles, was nötig war, um sich in der Gesellschaft von Menschen wie den Bargelows und Sandtbergs zu bewegen, selbst beigebracht. Wer es im Leben zu etwas bringen wollte, musste wissen, was in jeder nur erdenklichen Situation zu tun war.

Julius' Eltern waren Kleinbürger gewesen, die es mehr durch Fleiß und glückliche Umstände als durch Ehrgeiz, Geschick und Planung zu etwas gebracht hatten. Ohne das Vermögen, das sie ihm nach ihrem frühen Tod hinterlassen hatten, wäre es für ihn wesentlich schwieriger gewesen, sich als Geschäftsmann einen Namen zu machen. Es erfüllte ihn mit Stolz, dass seine Eltern zwar ein wenig wohlhabend gewesen waren, er sich jedoch mit Fug und Recht bereits in seinem jungen Alter als reichen Mann bezeichnen konnte.

Und da sich die Gesellschaft seit Kriegsende stark verändert hatte, sprach nichts dagegen, eine Frau aus einer Familie des westpreußischen Landadels zur Gattin zu nehmen. Noch vor zwanzig oder dreißig Jahren hätten Isabellas Eltern ihn wahrscheinlich kaum als Schwiegersohn in Betracht gezogen. Heute sah das anders aus. Wenn sie nicht dumm waren, begriffen sie, dass ein großes Vermögen und geschäftliches Geschick die Zukunft einer Ehefrau sicherer machten als die Herkunft aus einem längst verarmten Adelsgeschlecht.

Beste Voraussetzungen also – falls er Isabella von Bargelow von sich überzeugen konnte. Denn die neue Zeit hatte es auch mit sich gebracht, dass so gut wie keine höhere Tochter mehr gegen ihren Willen verheiratet wurde. Die jungen Frauen wollten sich verlieben. Also war es die Aufgabe der Männer, ihre Wunschkandidatin in sich verliebt zu machen.

»Setzen Sie sich bitte.« Zu Julius' Überraschung ging mit Isabellas einladender Handbewegung ein strahlendes Lächeln einher, als würde sie sich plötzlich über seinen Besuch freuen. »Wenn Sie mich einen Augenblick entschuldigen würden? Ich bin gleich wieder da.«

Noch bevor er etwas erwidern konnte, war sie verschwunden. Er lehnte sich in dem zierlichen, mit mattrotem Samt bezogenen Sessel zurück und wartete. Dabei fragte er sich, was ihren offensichtlichen Meinungsumschwung bewirkt hatte, denn zunächst war sie enttäuschend zurückhaltend gewesen.

Isabella kehrte nach kurzer Zeit in Begleitung einer gutaussehenden Dame um die vierzig zurück, bei der es sich jedoch nicht um ihre Mutter handelte. Julius kannte Alice von Sandtberg, der Isabella wie aus dem Gesicht geschnitten war. Die Frau, die mit ihr das Zimmer betreten hatte, war einen ganzen Kopf größer als Frau von Sandtberg, hatte statt goldblonder Haare einen dunklen Bubikopf und eine entspannte Art.

»Das ist Julius Kirchner, Getreidehändler aus Bischofswerder. Und das ist meine Tante Charlotte«, stellte Isabella ihre Begleiterin vor. »Charlotte Darranowski. Die Schwester meiner Mutter.«

Julius schluckte. Wieso trug Isabellas Tante einen polnischen Namen? Offenbar hatte sie einen Ausländer geheiratet, was aber keine entscheidende Rolle spielte, da es sich um eine geborene von Bargelow handelte, wenn diese Frau die Schwester von Isabellas Mutter war.

Er verbeugte sich, lächelte und erklärte, er sei sehr erfreut über die Bekanntschaft.

Charlotte Darranowski betrachtete ihn sekundenlang nachdenklich, dann wandte sie den Kopf und nickte ihrer Nichte zu. Gleichzeitig griff sie in die Tasche ihres Hauskleids und zog einen länglichen, cremefarbenen Büttenumschlag hervor, den sie Julius hinstreckte.

»Leider kommt meine Einladung kurzfristig, aber ich würde mich freuen, wenn Sie uns hier auf Gut Falkensee die Ehre erweisen würden. Datum und Uhrzeit finden Sie auf der Karte.«

Julius war so verblüfft, dass er einen Moment brauchte, bis er den Umschlag von Charlotte Darranowski entgegennahm.

»Herzlichen Dank.« Er lächelte die ältere Frau an, bevor sein Blick wie magisch angezogen in Isabellas Richtung wanderte. Eindeutig war sie diejenige, der er die Einladung zu verdanken hatte. Sie war fortgegangen, um ihre Tante zu holen und sie zu bitten, ihm eine Einladungskarte zu geben. Natürlich hatte er damit gerechnet, Isabella mit seinem Charme und seinem guten Aussehen letztlich für sich zu gewinnen. Dass es so einfach gewesen war, überraschte ihn aber doch.

Er erklärte, er habe noch einen wichtigen Termin und müsse sich nun leider verabschieden.

»Wir sehen uns ja bald wieder«, sagte Isabella lächelnd, und ihre Tante nickte dazu, während sie zur Wand ging und an einer seidenen Kordel zog. Gleich darauf erschien der schlaksige Diener, der Julius ins Haus gelassen hatte.

»Begleiten Sie Herrn Kirchner bitte zur Tür, Simke«, forderte Isabella den Diener in einem Ton auf, der gleichzeitig freundlich und herrisch klang. So selbstverständlich konnte nur jemand mit Personal umgehen, der von frühster Kindheit an daran gewöhnt war.

Julius lächelte den Damen noch einmal zu und folgte dem Diener. Simke hatte die Tür schon fast hinter sich geschlossen, als im Zimmer Charlotte Darranowskis Stimme erklang. Sie sprach leise, doch Julius verfügte über ein außerordentlich gutes Gehör.

»Und jetzt verrätst du mir, warum du ausgerechnet ihn als Tischherrn haben willst.«

Julius tat, als müsse er seinen Schnürsenkel binden, und bückte sich direkt hinter der Tür, um Isabellas Antwort zu hören.

Ihre Stimme war hell und klar, und da sie ihn bereits auf dem Weg zum Ausgang wähnte, gab sie sich auch keine Mühe, leise zu sprechen. »Der Ball ist meine letzte Chance, Arthur von Willinghausen vielleicht doch noch zu überzeugen, dass ich die Richtige für ihn bin. Deshalb brauche ich auf dem Fest einen Tischherrn, den ich mit Stolz präsentieren kann. Julius Kirchner sieht gut aus, ist charmant und erfolgreich. Er hat so eine Art ... Ich kann es gar nicht recht beschreiben. Mit ihm an meiner Seite wird das Gerede der anderen Frauen verstummen, und Arthur wird sehen, dass es auch andere aufregende Männer gibt.«

»Aber Isabella, hältst du es wirklich für richtig ...«, begann Charlotte Darranowski in einem Ton, der protestierend klang.

Julius richtete sich auf und konnte sich ein triumphierendes Lächeln nicht verkneifen, während er den Weg zur Eingangstür fortsetzte. Vielleicht hätte er beleidigt sein sollen, weil Isabella mit seiner Hilfe lediglich einen anderen Mann eifersüchtig machen wollte. Da sie ihn für diese Rolle ausgewählt hatte, bedeutete dies jedoch, dass er ihrer Meinung nach alle Eigenschaften eines begehrenswerten Mannes besaß. Genauer gesagt: Alle Eigenschaften eines künftigen Ehemanns. Beste Voraussetzungen also.

7. Kapitel

Isabella
Gut Falkensee, Westpreußen, ein Jahr später, im Juni 1925

»Du bist wunderschön, und ich beneide dich ein bisschen. Der Hochzeitstag ist der großartigste Tag im Leben einer Frau.«

Isabella hob den Kopf und sah im Spiegel ihre Mutter an, die den zarten Spitzenschleier zurechtzupfte, der mit einem Kranz aus roséfarbenen Blüten auf Isabellas Locken befestigt war. Alices Blick war verträumt, als könnte sie hinter dem Glas des Spiegels weit in die Vergangenheit blicken.

»Weißt du, mein Kind …«, fuhr sie fort, während sie beide Hände unter den Schleier schob und ihn über Isabellas Schultern legte, von wo aus er bis zum Boden hinabfloss. »Als ich damals am Arm des Mannes, in den ich so sehr verliebt war, aus der Kirche trat, dachte ich, nun würde das große Glück folgen. Ich hatte keine Ahnung, wie viele Stolpersteine es im Leben gibt.«

Isabella begriff sofort, dass ihre Mutter von ihrer ersten Trauung sprach. Der Hochzeit mit Isabellas leiblichem Vater, die zu einer Ehe mit einem unglücklichen Ende geführt hatte.

Beim Gedanken an Ronald von Bernsdorff, ihren Vater, der bis zum heutigen Tag kein persönliches Wort mit ihr gewechselt hatte, schnürte es Isabella die Kehle zu. Vor allem, wenn sie daran dachte, dass er Dora, seine Tochter aus zweiter Ehe, wie eine Prinzessin behandelte.

Energisch warf sie den Kopf in den Nacken und schaute auf die zierliche Uhr, die auf dem weißen Marmor der Kaminumrandung in ihrem Schlafzimmer emsig tickte.

»Noch zehn Minuten«, stellte sie fest. »Ich will nicht zu früh nach unten kommen, aber auch nicht zu spät.«

Pastor Klawitter hatte sich bereiterklärt, für die kirchliche Feier ins Herrenhaus zu kommen, wo Alice in der blumengeschmückten Halle einen kleinen Altar hatte aufbauen lassen. Auch Isabella fand, dass es bequemer und persönlicher war, wenn die Trauung dort stattfand. Die kleine Dorfkirche bot auch nicht mehr Platz und wirkte mit den schlichten Holzbänken und dem gekreuzigten Jesus hinter dem Altar streng und karg.

Für das große Fest war schon vor einer Woche im Park ein riesiges weißes Zelt errichtet worden. Darin warteten drei lange weißgedeckte Tafeln, eine quadratische Tanzfläche und eine siebenköpfige Kapelle auf die hundertfünfzig Gäste.

Isabella aber wurde unten in der Halle von dem Mann erwartet, der seit der ersten Begegnung ihr Herz zum Klopfen gebracht hatte. Er war anders als alle Männer, die sie vorher kennengelernt hatte. Deshalb war sie verwirrt gewesen und hatte kaum verstanden, was das Prickeln in ihrem Körper ausgelöst hatte. Bis zu ihrem ersten Tanz mit ihm auf dem Ball ihrer Tante. Nie zuvor hatte ein Mann sie gleichzeitig so entschlossen und sicher über die Tanzfläche geführt und dabei so aufmerksam angesehen, als wollte er sich keine ihrer Regungen entgehen lassen. Er war charmant und klug und sehr erwachsen. Anders als bei den Söhnen der westpreußischen Landjunker gab es keinen Vater, der ihm Anweisungen gab, und keine Mutter, die sich in seine Zukunftspläne einmischte. Er entschied selbst, was er tat.

Und als er entschieden hatte, dass er sie zur Frau nehmen wollte, hatte sie sich geehrt gefühlt und seinen Antrag im Herbst letzten Jahres ohne jedes Zögern angenommen. Manchmal erinnerte sie sich schon gar nicht mehr daran, dass sie nicht lange zuvor von einem Leben mit einem anderen Mann geträumt hatte.

»Du wirst es besser machen als ich.« Alices Stimme klang fast beschwörend. »Du wirst von heute bis in alle Ewigkeit eine glückliche Ehefrau sein.«

»Das werde ich«, stimmte Isabella ihr inbrünstig zu.

»Jetzt ist es aber Zeit! Am Ende überlegt es sich dein Bräutigam noch anders.« Nervös klatschte Alice in die Hände und eilte zur Tür.

Isabella lachte. »Das wird er nicht. Er hat mir gestanden, er war sich schon bei unserer zweiten Begegnung sicher, dass er mich heiraten will. Damals hatte ich noch vor, mit ihm Arthur eifersüchtig zu machen.«

Sie hielt inne und biss sich auf die Unterlippe. Margarete und Arthur hatten im Frühling geheiratet. Isabella und ihre Familie waren zwar eingeladen gewesen – ebenso wie alle anderen Nachbarn und Bekannten aus dem Drei-Werder-Gebiet –, aber Margarete hatte sie nicht gefragt, ob sie ihre Brautjungfer sein wollte. Während Margaretes kurzer Verlobungszeit hatten sie kaum ein Wort gewechselt. Also hatten zwei entfernte Cousinen der Braut die Rollen der Brautjungfern übernommen.

Obwohl sie zu diesem Zeitpunkt längst mit Julius verlobt gewesen war, hatte es sich für Isabella angefühlt, als wäre sie in diesem Spiel die Verliererin gewesen, als sie gesehen hatte, wie Margarete neben Arthur vor den Altar trat. Was natürlich nicht stimmte. Denn sie würde den aufregenderen und charmanteren Mann heiraten.

Langsam folgte Isabella ihrer Mutter zur Tür und den Flur entlang zur Treppe, blieb aber etwa zehn Schritte von der obersten Stufe entfernt stehen, sodass man sie von der Halle aus nicht sehen konnte. Sie konnte ebenfalls nicht nach unten schauen, hörte jedoch das Gemurmel und das Scharren der Stuhlbeine auf dem Fliesenboden, wenn verspätete Gäste sich setzten.

Derweil schaute Alice über das Geländer der Galerie hinunter, um festzustellen, ob alles für den großen Auftritt der Braut bereit war. Isabella würde vor aller Augen allein die breite Treppe hinuntergehen, an deren Fuß Konrad stand, der sie zwischen den Stuhlreihen zu dem kleinen, blumengeschmückten Altar führen würde, wo ihr künftiger Mann auf sie wartete.

Auf Zehenspitzen kam Alice zu Isabella zurück. Ihre Augen leuchteten, während sie ein letztes Mal den Brautschleier richtete und ihrer Tochter einen Kuss auf die Stirn hauchte.

»Es ist alles bereit«, flüsterte sie. »Der Pastor ist da, und dein Bräutigam steht neben dem Altar und sieht umwerfend aus.«

Isabella nickte und spürte, dass ihr Herz klopfte, als wollte es im nächsten Moment vor Aufregung zerspringen. Konnte man vor lauter Glück sterben? Nein, beschloss sie. Sie würde diesen wunderbaren Tag, den Anfang ihres Lebens voller Liebe, nicht verpassen.

Sie atmete tief durch, straffte die Schultern, reckte das Kinn vor und ließ sich von ihrer Mutter den Strauß aus weißen und roten Rosen geben, der auf dem runden Tischchen in der Flurnische gelegen hatte. Sie faltete die Hände um die mit einem breiten Seidenband umwickelten Stiele und trat an die Treppe heran.

In dem Augenblick, in dem sie von der Halle aus zu sehen war, stieg ein bewunderndes Raunen zu ihr auf. Viel wichtiger aber war das Wissen, dass dort unten ein Mann stand, der sie liebte. Von zahllosen Blicken begleitet, stieg sie Stufe für Stufe hinab in die Halle, wo sie in einer kurzen, feierlichen Zeremonie zur Ehefrau werden würde.

Ebenso wie zuvor Alice küsste Konrad sie auf die Stirn, bevor er ihr den Arm reichte und sie zum Altar führte. Isabellas Cousin Ludwig, der schon vor einigen Tagen mit Tante Charlotte und Onkel Karol angereist war, spielte auf dem Klavier den Hochzeitsmarsch. Die Klänge perlten durch die weitgeöffneten Doppeltüren des Salons hinaus in die Halle.

Isabella hatte das Gefühl, sie würde zur Musik dahinschweben; als würden ihre Satinschuhe den Boden kaum berühren.

Mit jedem ihrer Schritte sah sie Julius' Gesicht ein bisschen deutlicher. So ebenmäßig und doch so männlich. Der ruhige Blick seiner grauen Augen ruhte liebevoll auf ihr, als wolle er sie auf ihrem Weg zum Altar zu sich leiten.

In diesem Moment fühlte sich Isabella unendlich geborgen, glücklich und sicher. Fortan würde Julius immer für sie da sein, würde ihr beistehen, wenn sie Probleme hatte, und ihr die Richtung weisen, wenn sie nicht weiterwusste.

Pastor Klawitter begann mit seiner Predigt, von der sie kaum ein Wort mitbekam, und schließlich sagten sie beide laut und deutlich »Ja«.

Im Anschluss an die Trauung begab sich die Festgesellschaft nach draußen, wo auf Silbertabletts Sekt gereicht wurde. Glückwünsche prasselten auf Isabella herab, es regnete Umarmungen und gute Wünsche. Sie nickte, lächelte und ließ die ganze Zeit Julius' Arm nicht los.

Zunächst bemerkte Isabella nur aus dem Augenwinkel, wie Grete ihrer Mutter von den Terrassenstufen aus aufgeregt zuwinkte. Offenbar hatte sie Alice etwas Wichtiges mitzuteilen, denn normalerweise sollte sich das Küchenpersonal bei feierlichen Gelegenheiten nicht vor den Gästen zeigen.

Isabella beobachtete, wie ihre Mutter zu Grete trat, die ihr etwas zuflüsterte, woraufhin Alice erblasste, sich umdrehte und mit der Küchenhilfe im Haus verschwand. Was war da los?

»Alles, alles Gute für Sie, liebe Isabella«, sagte soeben Josefine Meyerhoff und drückte die Braut für einen Moment fest an sich. Sie war eine alte Freundin ihrer Tante Charlotte. Isabella hatte die freundliche und gleichzeitig ernste Fine bereits im vergangenen Jahr bei dem Fest von Tante Charlotte kennengelernt.

Zunächst hatte Isabella das Verhalten der etwa vierzigjährigen Frau irritierend gefunden. Sie war sehr direkt und sagte genau das, was sie meinte. Inmitten der anderen Gäste hatte sie wie eine Außenseiterin gewirkt. Später hatte Charlotte ihr erzählt, dass Fine als Pflegekind von Tagelöhnern aufgewachsen war und erst spät ihre leibliche Mutter kennengelernt hatte – eine Komtess, deren Tochter sie war. Friederike von Bielau hatte sich erst nach dem Tod ihrer eigenen Eltern zu dem illegitimen Kind bekannt. Inzwischen lebten die Komtess und Josefine zusammen im Herrenhaus derer von Bielau. Beide unverheiratet, doch offensichtlich glücklich und zufrieden.

Fast gegen ihren Willen war Isabella von Fine beeindruckt gewesen. Diese hatte mit Unterstützung ihrer Mutter das Lehrerinnenseminar besucht und somit einen Teil der Bildung nachgeholt, die ihr als Kind von Taglöhnern verwehrt geblieben war.

»Vielen Dank«, sagte Isabella und lächelte Fine zu.

Die nickte und strich ihr liebevoll über den Arm. »Machen Sie es wie Ihre Tante. Folgen Sie der Liebe.«

»Das habe ich schon getan, und ich werde es auch weiterhin tun«, erwiderte Isabella und lächelte in Julius' Richtung. Er stand wenige Schritte entfernt und unterhielt sich mit einem Mann in seinem Alter, den Isabella nicht kannte. Offenbar handelte es sich um einen von Julius' Freunden, die er der Liste der Hochzeitsgäste hinzugefügt hatte.

»Charlotte erzählte mir, dass für Ihren Ehemann und Sie ein Flügel hier im Herrenhaus umgebaut wurde und Sie dort Ihren eigenen Hausstand haben werden«, bemerkte Josefine Meyerhoff soeben freundlich.

Isabella nickte stolz. »Der Westflügel. Er ist gerade fertiggeworden. Ich bin überglücklich, dass Julius bereit ist, hier auf Falkensee einzuziehen. Schließlich hat er bis jetzt in Bischofswerder in der Nähe seiner Getreidehandlung gewohnt. Aber er sagt immer wieder, dass ihm mein Glück über alles geht. Und ich wollte natürlich am allerliebsten weiterhin hier auf Falkensee leben.«

»Das kann ich gut verstehen.« Fine nickte lächelnd. »Ich habe hier auch einmal gewohnt, wenn auch unter vollkommen anderen Bedingungen. Es ist ein wunderschönes Haus. Ein Zuhause wie dieses hätten Sie woanders nicht so leicht gefunden.«

Isabella verstand Fines Andeutung, dass sie unter anderen Bedingungen auf Falkensee gelebt hatte. Von Charlotte wusste sie, dass Fine von Kindheit an die Freundin ihrer Tante gewesen war.

Schließlich hatte Charlotte dafür gesorgt, dass Fine eine Anstellung im Herrenhaus bekam. Und damit, hatte ihre Tante ihr erklärt, war die Freundschaft fast beendet gewesen.

»Damals war es für die erwachsene Tochter des Gutsherrn praktisch unmöglich, mit einem Hausmädchen befreundet zu sein«, hatte Charlotte gesagt.

»Tante Charlotte hat mir erzählt, dass Sie auch in einem sehr schönen Haus wohnen«, sagte Isabella im Plauderton zu Fine. »Und dass Sie auf Schloss Bielau ein Pensionat für Mädchen aus armen Familien eröffnet haben.«

Bei der Erwähnung des Pensionats strahlte Fine. »Als ich eine Zeitlang in der Dorfschule unterrichtet habe, sind mir immer wieder wissbegierige, kluge Mädchen aufgefallen. Es schmerzte mich in der Seele, dass diese Kinder niemals die Möglichkeit haben würden, die nötige Bildung zu erhalten, um später einen guten Beruf zu ergreifen. Also gründete ich das Pensionat, das die Mädchen für drei Jahre nach ihrem Schulabschluss besuchen können. Es läuft gut. Leider traf uns die Inflation sehr hart.«

Ein Schatten glitt über das Gesicht der rothaarigen Frau, in deren üppiger Mähne kaum ein weißes Haar zu erspähen war.

»Was fehlt denn? Ich könnte meinen Vater fragen …«

»Oh nein, es geht nicht um eine Spende oder dergleichen. Wir brauchen ganz praktische Hilfe. Den meisten Unterricht erteile ich selbst. Zusätzlich kommt ein oder zwei Mal in der Woche eine pensionierte Lehrerin aus Bischofswerder. Aber wenn Sie einigen der Mädchen Hilfestellung in Rechtschreibung geben könnten …« Erwartungsvoll sah Fine sie an.

»Gern.« Die Idee gefiel Isabella, obwohl sie selbst nicht sonderlich gern zur Schule gegangen war. Doch nun würde sie Lehrerin sein. Jedenfalls fast.

»Wie wunderbar! Was halten Sie davon, wenn Sie vorerst an zwei Tagen in der Woche jeweils zwei Stunden geben?« Vor Aufregung wurde die cremeweiße Haut der rothaarigen Frau rosig.

»Wie bitte, du willst Unterricht erteilen, Isabella?« Unversehens war Julius neben ihnen aufgetaucht. Der junge Mann, mit dem er eben noch gesprochen hatte, unterhielt sich in einiger Entfernung mit zwei weiteren männlichen Gästen, die Isabella ebenfalls unbekannt waren.

»Ich denke schon.« Isabella nickte und lächelte ihren nagelneuen Ehemann strahlend an. »Wenn in einigen Wochen unser eigener Hausstand richtig läuft, werde ich eine Menge Zeit haben. Ich könnte den Wagen meines Vaters nehmen, dann wäre ich schnell in Deutsch Eylau.«

»In Deutsch Eylau? Du kannst doch nicht ständig eine so weite Strecke fahren. Das möchte ich nicht!«

»Das möchtest du nicht?«, wiederholte Isabella erstaunt. Soweit sie sich erinnerte, hatte Julius ihr noch nie etwas abgeschlagen. Wollte er ausgerechnet am Tag ihrer Hochzeit damit anfangen? »Ich finde es aber interessant, ab und zu Unterricht zu erteilen. Und ich fahre gern mit dem Automobil. Mein Vater hat mich oft ans Steuer gelassen. Ich habe schon seit einiger Zeit eine Fahrerlaubnis.«

»Aber jetzt hast du doch mich. Ich bringe dich überallhin.« Julius lächelte sie auf jene Weise an, die stets dafür gesorgt hatte, dass ihre Knie weich wurden. Nicht jedoch in diesem Moment. Sie stellte ihr leeres Sektglas so energisch auf einen der kleinen Tische, die auf dem Rasen verteilt waren, dass es klirrte.

»Soweit ich weiß, arbeitest du den ganzen Tag in deiner Getreidehandlung. Wie willst du mich dann in der Gegend herumfahren?«, erkundigte sie sich und legte den Kopf schief. Julius hatte ihr einmal gesagt, dass er ihr einfach nicht widerstehen konnte, wenn sie das tat.

»Ich fahre dich, wenn ich Zeit habe«, erklärte er freundlich. »Tagsüber wirst du ebenfalls beschäftigt sein, denke ich. Du hast den Haushalt, um den du dich kümmern musst. Und bald schon unsere Kinder.«

»Unsere Kinder?«, wiederholte sie verblüfft. Bis auch nur das erste Kind da war, würde es eine ganze Weile dauern, so viel wusste sie über diese Sache. Und er sprach gleich in der Mehrzahl von Kindern. In den letzten Wochen hatte Isabella öfter in sich hineingehorcht und überlegt, ob sie so eilig Nachwuchs haben wollte. Schließlich gab es eine Menge Dinge, die sie dann nicht mehr tun konnte. Oder zumindest nicht so häufig. Sie wollte auch als junge Ehefrau mit Julius tanzen oder in Restaurants gehen. Wollte mit ihm romantische Urlaube verbringen. Und vielleicht auch Unterricht in einem Pensionat erteilen.

Wenn Julius von Kindern sprach, hörte es sich immer an, als würde er von ihr erwarten, dass sie sich von morgens bis abends persönlich um ihren Nachwuchs kümmerte. Eine Kinderfrau schien in seiner Vorstellung nicht zu existieren. Auch aus diesem Grund wäre es ihr lieb gewesen, mit dem ersten Kind noch mindestens zwei Jahre zu warten. Soweit sich das beeinflussen ließ. Sie hatte über dieses Thema vorsichtig mit ihrer Mutter gesprochen, doch Alice hatte mit hochrotem Kopf abgewehrt. Vielleicht sollte sie Tante Charlotte fragen. Die war in solchen Dingen viel offener und moderner.

»Denken Sie in Ruhe darüber nach und melden sich dann, falls Sie Zeit und Lust haben. Wir haben einen Telefonanschluss.« Fine strich ihr leicht über den Arm und spazierte weiter über den Rasen, um mit anderen Gästen zu plaudern.

Isabella wandte sich ihrem Mann zu. »Meintest du das ernst?«, fragte sie mit einem unsicheren Lächeln.

»Ich meine es todernst.« Seine Mundwinkel hoben sich auf jene bezaubernde Weise, die nur ihr galt. Julius lächelte viel und gern. Er lächelte Mama an, Papa und all ihre Verwandten. Doch wenn er für sie lächelte, war es anders. Dann lag in seinen Augen ein Schimmer, den sie sonst nicht hatten. Dann schienen seine Lippen voller und weicher zu sein, und wenn Isabella sich konzentrierte, meinte sie seinen Kuss zu spüren.

»Wie sollte ich es nicht ernst meinen, dass ich möglichst viel Zeit mit meiner wunderschönen Ehefrau verbringen möchte?«, fuhr Julius fort, und es fühlte sich an, als würde er sie mit seiner weichen Stimme streicheln. »Und natürlich meine ich es ernst, wenn ich mich sorge, dir könnte etwas passieren, wenn du allein in einem Automobil über Land fährst. Du weißt, dass ich meine Eltern bei einem Autounfall verloren habe, als ich siebzehn war. Ich könnte nicht ertragen, wenn mir dasselbe mit dir passierte. Ich will ein langes, gemeinsames Leben mit dir. Willst du das nicht auch, mein Liebling?«

Er zog sie an sich und hauchte ihr einen zarten Kuss auf die Lippen. Julius konnte sie auf eine Weise küssen, die überwältigend leidenschaftlich war und doch so vorsichtig, als hätte er Angst, sie zu zerbrechen.

»Natürlich will ich das auch«, flüsterte sie. »Immer mit dir zusammen sein und mit dir alt werden.«

»Und meine Kinder bekommen.«

»Und deine Kinder bekommen.« Die Worte waren heraus, bevor sie noch darüber nachgedacht hatte. Sie erschrak ganz kurz, doch dann fiel ihr ein, dass es normal und natürlich war und dass sie es sich selbstverständlich wünschte, wünschen musste. Weil sie nun eine Ehefrau war, *seine* Frau. Und eine Frau wünschte sich Kinder von dem Mann, den sie liebte. Alles war gut, und alles würde wunderbar sein.

Da war es wieder: das Kribbeln in ihrem Magen, das manchmal bis in ihre Schenkel hinablief. Oft genügte Julius' Blick oder seine leichte Berührung, um diese Reaktion auszulösen. Wenn sie an die kommende Nacht dachte, ihre Hochzeitsnacht ... Rasch rief sie sich zur Ordnung. Erst wollte sie ihre Hochzeitsfeier genießen. Das köstliche Essen, den Eröffnungstanz mit ihrem Bräutigam. Den Tanz mit ihrem Stiefvater. Viele andere Tänze. Die meisten von ihnen mit Julius. Und dann, wenn ihr ganz schwindelig vor Glück war, dann würde die Nacht kommen, die Nacht mit ihm.

Sie sah ihren Mann an und wusste, dies war nicht nur der glücklichste Tag ihres Lebens. Es war der Beginn einer unendlichen Reihe wunderbarer Tage.

»Sind das Freunde von dir?«, erkundigte sie sich mit einem Blick in Richtung der drei jungen Männer, die die Köpfe zusammengesteckt hatten und sich mit gesenkten Stimmen unterhielten. Das Ganze erinnerte ein wenig an ein konspiratives Treffen. »Oder Verwandte? Cousins vielleicht?«

Julius hatte ihr zu Beginn ihrer Verlobungszeit gesagt, dass ihm nach dem frühen Tod seiner Eltern nur wenige nahe Verwandte geblieben waren. Es gab noch seinen Patenonkel und eine Tante, die leider zu gebrechlich war, um an der Hochzeitsfeier teilzunehmen. Eine Tatsache, die Isabella bedauerte. Sie hätte es schön gefunden, wenn ihr Mann wenigstens einige entferntere Verwandte gehabt hätte, die ihm am Herzen lagen.

»Es sind Parteifreunde«, erklärte Julius. »Männer, mit denen ich dafür sorgen werde, dass es in diesem Land wieder aufwärtsgeht.«

Isabella runzelte die Stirn. »Ich wusste gar nicht, dass du in einer Partei bist. Welche ist es? Die Zentrumspartei?« Das war die einzige Partei, die ihr gerade einfiel, weil Papa so oft von ihr sprach.

Julius lachte hart und kurz, dann schüttelte er den Kopf. »Also wirklich, meine Kleine! Da werde ich dir wohl noch beibringen müssen, welche Partei die einzig richtige ist.«

Verlegen sah Isabella hinunter auf ihre weißen Satinschuhe. Sie hatte sich nie für Politik interessiert. Manchmal hatte sie Angst, Julius, der so viel wusste und zu so vielen Dingen eine feste Meinung hatte, könnte sie für dumm halten. Sie musste schweigsam sein und genau zuhören, wenn er ihr etwas erzählte.

»Mach dir keine Sorgen, Schönste der Schönen«, sagte Julius, als hätte er ihre Gedanken erraten. »Du musst dir nicht dein hübsches Köpfchen zerbrechen und alles wissen. Dafür hast du jetzt mich.«

Plötzlich erinnerte sie sich an die Einladung zu einer Versammlung, die sie damals in Julius' Getreidehandlung gesehen hatte. An jenem Tag, an dem sie ihm zum ersten Mal begegnet war. Auf dem Zettel war Adolf Hitler erwähnt worden. Und welche Partei dieser Mann führte, wusste Isabella ganz genau – auch wenn Julius sie in politischer Hinsicht für unwissend hielt.

»Die NSDAP«, stieß sie stolz hervor. »Dann ist es die NSDAP.«

»Wie es aussieht, weißt du ja doch einiges, meine Liebe.« Wieder dieses Lächeln und das Kribbeln und das Gefühl, dass es eigentlich egal war, was er sagte, solange er sie so ansah.

Sie nickte, und plötzlich fiel ihr wieder ihre Mutter ein, die seltsamerweise immer noch nicht wiederaufgetaucht war. Es war längst Zeit, die Gäste zu Tisch zu bitten. Die Sektgläser waren geleert und in manchen Fällen bereits mehrmals nachgefüllt worden. Wenn das so weiterging, war die Hälfte der Anwesenden betrunken, wenn endlich die Vorspeise serviert wurde.

»Entschuldigst du mich bitte, Julius?« Sie berührte seine Hand. »Ich muss mich darum kümmern, dass das Essen aufgetragen wird.«

»Tu das, meine Liebste.« Lächelnd ließ er sie gehen, und noch während sie mit wehendem Schleier die Terrasse überquerte, meine sie, seinen Blick auf ihrem Rücken zu spüren.

Durch die weitgeöffneten Glastüren trat sie in die Kühle des Hauses, und da niemand in der Nähe war, raffte sie ihr Brautkleid bis fast zu den Knien hoch, um schneller laufen zu können. Ihre Absätze klapperten über den Fliesenboden der Halle und über die schmalen Stufen der Dienstbotentreppe hinunter ins Souterrain.

Sie war noch nicht ganz unten, als sie laute, aufgeregte Frauenstimmen hörte. Isabellas Herzschlag beschleunigte sich. Was sollten sie tun, wenn das Essen ungenießbar war und sie ihren Gästen nicht wie geplant ein erlesenes Menü anbieten konnten? Damit wäre ihre Hochzeitsfeier verdorben.

Isabella eilte den schmalen Gang entlang und stieß die Küchentür auf. Ihr erster Blick fiel auf die tränenüberströmte Emma Schubbke. Die Köchin war knallrot im Gesicht und schluchzte herzzerreißend.

»Aber …«, stieß sie hervor, » … aber ich tät doch wissen, dass ich sollt keine Gemüsesuppe kochen. Wie sollt ich denn …« Der Rest ihres Satzes ging in neuerlichen Schluchzern unter.

Alice stand neben der Köchin und versuchte, offenbar erfolglos, die Frau zu beruhigen. Im Hintergrund drängelten sich Grete, der Aushilfskoch aus Marienwerder und eine Küchenhilfe aus dem Dorf um den sechsflammigen Herd.

»Was ist denn los?«, fragte Isabella entsetzt, und sofort wurde Emma Schubbkes Weinen noch lauter. Alice wandte sich um, nahm Isabella beim Arm und zog sie zur Seite.

»Pass bloß auf, dass du keinen Fettfleck auf dein Kleid bekommst. Das würde uns gerade noch fehlen.« Misstrauisch sah Alice nach links und rechts, als müsste sie befürchten, dass jemand mit einer Schüssel voll Bratenfett in einer Ecke lauerte.

»Ist schon gut.« Isabella raffte ihren weiten Rock zusammen. »Was ist mit dem Essen? Ist alles verdorben? Wie kann das sein?«

»Nicht alles. Aber die Suppe …« Vorsichtig schaute Alice sich nach der Köchin um, die jedoch so in ihrem Kummer gefangen war, dass sie um sich herum nichts wahrzunehmen schien. »Frau Schubbke … Sie hat die Brühe genutzt, die sie gestern für die Hochzeitssuppe vorbereitet hat, um einen Gemüseeintopf zu kochen. So einen, wie ihn sonst immer die Dienstboten bekommen.«

»Keine Hochzeitssuppe? Aber die anderen Gänge des Menüs sind in Ordnung? Die gefüllte Lachsforelle, der glasierte Rinderbraten mit Rosmarinkartoffeln und Gemüseplatte, das Halbgefrorene mit Sahne und Früchten.« Isabella war gleichzeitig enttäuscht und erleichtert. Wenn es nur um die Suppe ging, würden die Gäste zwar merken, dass etwas fehlte, aber sie würden satt werden und die anderen Speisen loben.

»Nun ja …« Alice zögerte und warf einen Blick in Richtung

des Herds, wo die beiden Küchenmädchen heftig mit dem Aushilfskoch diskutierten. Es war nicht ganz klar, ob sie so laut sprachen, weil sie das Jammern der Köchin übertönen mussten, oder ob sie so verzweifelt waren.

»Was ist denn noch?« Fast hätte Isabella ihre Mutter am Ärmel ihres dunkelblauen Festkleids gepackt und geschüttelt, um endlich die ganze Wahrheit zu erfahren.

»Die jungen Bohnen, die Möhren, den Blumenkohl, kurz gesagt, sämtliche Beilagen, die für den Braten bestimmt waren, hat Frau Schubbke in die Brühe getan«, sagte Alice endlich. »Daraus hat sie ihren Gemüseeintopf gekocht.«

Isabella schlug sich die Hand vor den Mund. »Und jetzt?«, stieß sie hervor und sah sich hilflos um.

»Jetzt haben die Mädchen im Küchengarten alles an Gemüse geerntet, was noch da war. Es wird reichen. Muss aber noch geputzt und gegart werden. Das heißt, es wird noch eine Weile dauern, bis wir servieren lassen können. Ich weiß wirklich nicht, was wir den Gästen sagen sollen. Sie haben sicher längst Hunger. Was macht das nur für einen Eindruck?« Alice rang die Hände vor der blauen Seide ihres Festkleids.

»Wenn wir noch weiter Sekt auf leeren Magen servieren, gibt es eine Katastrophe.« Auch Isabella spürte, wie leise Panik von ihr Besitz ergriff.

»Was ist denn nur mit Frau Schubbke los?«, flüsterte sie ihrer Mutter zu. »Neulich war die Sauce nicht angedickt. Und in der Woche davor gab es am Freitag keinen Fisch zu den Kartoffeln und dem Gemüse. Den hatte sie schlichtweg vergessen. An dem Tag hatte Grete frei. Ich glaube, wenn die sich nicht um alles kümmern würde, hätten wir ständig solche Katastrophen. Meinst du nicht, Frau Schubbke sollte langsam ans Altenteil denken und …«

»Bitte, mein Kind … Nicht heute.« Alice machte eine abwehrende Handbewegung. Sie warf einen kurzen Blick in Richtung der weinenden Köchin und flüsterte: »Wir dürfen Frau Schubbke nicht noch mehr aufregen. Sonst wird die Katastrophe hier noch größer. Versuch lieber, sie zu beruhigen.«

Mit einem Ruck wandte Isabella sich der wieder der Köchin zu. Ihre Mutter hatte vollkommen recht.

»Liebe Frau Schubbke«, sagte sie mit sanfter Stimme, trat vor die schluchzende Frau und legte ihr die Hand auf die zuckende Schulter.

»Ich ... Es ... Wenn ich nur tät wissen, wie das konnte geschehen«, stammelte Frau Schubbke. »Es tut doch sein der Hochzeitstag von unserem Fräuleinchen und ...«

»Es ist alles gut, Emma.« Weil sie nun verheiratet war und es schließlich um ihre Hochzeitsfeier ging, nahm Isabella sich die Vertraulichkeit heraus, die Köchin mit ihrem Vornamen anzusprechen. »Dann gibt es eben keine Suppe. Und den Rest vom Menü können wir retten. Das ist doch alles nicht so wichtig.«

»Nicht so ... wichtig?« Aus ihren vom Weinen verquollenen Augen sah Emma Schubbke sie erstaunt an.

»Nein«, erwiderte Isabella mit fester Stimme. »Wichtig ist nur, dass ich heute den Mann geheiratet habe, den ich liebe. Ich bin glücklich, mit oder ohne Hochzeitssuppe.«

Sie drückte die sprachlose Köchin kurz an sich, raffte ihr Kleid und verließ die Küche. Auf dem Weg zurück nach oben stellte sie fast erstaunt fest, dass jedes Wort, das sie zu Emma gesagt hatte, der Wahrheit entsprach. Sie war glücklich. Daran konnte ein verdorbenes Hochzeitsmenü nicht das Geringste ändern.

8. Kapitel

Isabella
Gut Falkensee, Westpreußen, ein gutes Jahr später, im August 1926

Das schrille Läuten des Telefons zerriss die abendliche Stille im Herrenhaus. Isabella hob den Kopf, legte ihren Zeichenstift beiseite und zögerte. Wer rief abends um zehn Uhr noch an? Für Julius war der Anruf wahrscheinlich nicht, denn er befand sich auf einer Parteiversammlung in Bischofswerder. Außerhalb seiner Geschäftszeiten riefen ihn praktisch nur Parteifreunde an. Und sie selber erhielt in der Regel nur kurze Anrufe von ihren Freundinnen, die eine Verabredung mit ihr treffen wollten. Doch diese Anrufe fanden nicht zu nachtschlafender Zeit statt. Es konnte sich also nur um eine wichtige, möglicherweise schlimme Nachricht handeln.

Mit ängstlich klopfendem Herzen stand sie auf. Der Weg zum Telefon war nicht weit. Es stand in der kleinen Flurnische der separaten Wohnung im Westflügel, die Julius und sie seit ihrer Hochzeit bewohnten. Einmal am Tag, in der Regel abends, wenn auch Julius zu Hause war, aßen sie gemeinsam mit Veronika, Alice und Konrad unten im großen Speisezimmer. Die übrigen Mahlzeiten ließen sie sich aus der Küche nach oben schicken und von Linda, die nun Isabellas persönliches Stubenmädchen war, servieren.

»Isabella von … Kirchner«, meldete sie sich am Telefon. Wie so oft, wenn sie in Gedanken war, rutschte ihr ein Teil ihres alten Nachnamens heraus.

»Issabella?« Die Männerstimme klang verwaschen, aber natürlich erkannte sie sie sofort.

»Das sagte ich«, erwiderte sie und lächelte in sich hinein. Julius hatte definitiv zu viel getrunken. Und während andere Frauen böse wurden, wenn ihre Männer gelegentlich zu tief ins Glas schauten, gefiel es Isabella, wenn Julius durch den Alkohol entspannter wurde, als es der Alltag mit seinen Pflichten sonst zuließ.

»Kannssu dein Vater bittn, mich abssuholn?«

Sie konnte hören, dass er sich Mühe gab, klar und deutlich zu sprechen, doch der Versuch misslang. Nach fast einem Jahr Ehe kannte sie ihn zu gut, um sich hinters Licht führen zu lassen.

»Es ist schon nach zehn Uhr, Julius«, sagte sie sanft. »Mein Vater steht an Wochentagen früh auf, um sich mit dem Verwalter zu besprechen. Wahrscheinlich liegt er längst im Bett.«

Stille am anderen Ende der Leitung. Dann waren einige Männerstimmen zu hören, die im Hintergrund herumkrakeelten. Offenbar hatten sie auch zu tief ins Glas geschaut.

»Ich könnte mit dem Wagen meines Vaters kommen«, schlug Isabella vor. »Ich darf ihn jederzeit nehmen. Und ich weiß, wo der Schlüssel liegt.«

Das Schweigen dauerte an. »Ich gehe davon aus, deine Parteifreunde können sich ebenfalls nicht hinters Steuer setzen, um dich zu fahren. Bliebe alternativ nur ein Fußmarsch hier heraus. Der dürfte mindestens zwei Stunden dauern.« In Julius' Zustand wahrscheinlich sehr viel länger, doch das sagte sie nicht.

Geduldig wartete Isabella auf die Antwort ihres Ehemanns. Bisher hatte Julius darauf bestanden, dass sie nicht selbst Auto fuhr. Nach dem tödlichen Unfall seiner Eltern habe er einfach zu viel Angst um sie. Sein eigener Fahrstil passte überhaupt nicht zu dieser Aussage. Häufig war Isabella als Beifahrerin gezwungen, sich in den Kurven am Handgriff festzuklammern, um nicht zur Seite geschleudert zu werden. Wenn sie selbst hinter dem Steuer saß, fühlte sie sich definitiv sicherer. Auch wenn sie mittlerweile seit über einem Jahr kein Auto mehr gesteuert hatte.

Falls Julius heute seine Zustimmung gab, dass sie ihn persönlich abholte, würde sie sich zukünftig das Fahren nicht mehr verbieten lassen, so viel stand fest.

»Is denn sonss keiner mehr auf?«, nuschelte er nach einer langen Denkpause.

»Nein«, behauptete sie. »Die Zeiten, als den Herren von Falkensee rund um die Uhr Dienstboten zur Verfügung standen, sind vorbei, Julius. Es gibt nur mich oder einen Fußmarsch.« Im Spiegel gegenüber der Telefonnische sah sie ihr eigenes breites Lächeln. Sie wusste, wie Julius sich entscheiden würde.

»Dann machss. Komm her. Ich wart hier.«

Bevor sie fragen konnte, wo genau er auf sie wartete, hatte er schon aufgelegt. Zum Glück wusste sie, dass die Parteiversammlungen in einer kleinen Kneipe stattfanden, die sich versteckt in einer Seitengasse befand. Den Namen der Gaststätte hatte sie vergessen. Aber in etwa wusste Isabella, wo sie lag.

Rasch warf sie sich eine leichte Sommerjacke über und lief mit freudig klopfendem Herzen die Treppe hinunter. Der Schlüssel für den Opel ihres Stiefvaters hing wie üblich an dem kleinen Haken im Garderobenraum. Sie nahm ihn, verließ das Haus durch die Hintertür und lief quer über den Wirtschaftshof zur Remise, wo das schwarzlackierte Fahrzeug in der vordersten Reihe parkte.

Isabella stieg ein, ließ den Motor an und steuerte den Wagen seitlich am Haus vorbei, um das Rondell vor dem Haupteingang herum und die Auffahrt entlang in Richtung Tor. Schon nach wenigen Metern stellte sie vergnügt fest, dass sie nichts verlernt hatte. Sie hatte es vermisst, das Steuer in der Hand zu halten.

Das Licht der Scheinwerfer huschte über Baumstämme und Büsche am Straßenrand und beleuchtete die kleine Brücke über den Bach, die sie überqueren musste.

Während sie sich in flottem Tempo Bischofswerder näherte, hoffte Isabella, dass Julius' Parteifreunde mittlerweile fort waren. Sie mochte die meisten von ihnen nicht, und wahrscheinlich waren sie in betrunkenem Zustand noch unangenehmer.

Inzwischen wusste sie eine Menge über *Die Partei*, von der Julius ununterbrochen redete. Er erklärte ihr mit großer Ausdauer und ebensolcher Begeisterung, welch wunderbare Zukunft auf Deutschland zukäme, wenn das Land von der NSDAP regiert werden würde. Seltsamerweise schien außer Julius und seinen Parteigenossen niemand in Isabellas Umfeld die Nationalsozialisten sonderlich ernst zu nehmen. Schließlich war die Partei 1923 verboten worden. Und ihren Führer, Adolf Hitler, hatte man wegen Hochverrats zu fünfjähriger Festungshaft verurteilt. Allerdings war Hitler schon nach wenigen Monaten wegen guter Führung vorzeitig entlassen worden und hatte im Februar 1925 die NSDAP erneut gegründet. Julius zählte im Ortsverband der Partei in Bischofswerder zu den Gründungsmitgliedern und war zum Ortsgruppenleiter gewählt worden.

Eigentlich hätte Isabella wohl auf die Erfolge ihres Mannes stolz sein sollen. Doch insgeheim hoffte sie, dass Julius entweder bald das Interesse an der Politik verlor, die einen großen Teil seiner Freizeit auffraß – oder dass die NSDAP endlich wieder verboten wurde. Viele der Gedanken und politischen Ideen, die Julius von den zahlreichen Versammlungen mit nach Hause brachte, erschienen ihr seltsam. Alles wirkte so streng und militärisch, und Frauen schienen in der Welt der NSDAP vor allem dazu da zu sein, möglichst viele Kinder zu bekommen. Julius pflegte zu erläutern, man brauche viele reinrassige Deutsche, auch um die verlorenen Ostgebiete neu zu besiedeln.

Als das Licht der Scheinwerfer die kleinen Häuser am Rand von Bischofswerder erfasste, seufzte Isabella. Am liebsten wäre sie noch lange weitergefahren. Doch sie wusste nun, dass sie schon bald wieder eine Fahrt mit dem Automobil machen würde. Schließlich konnte es nicht angehen, dass sie fahren durfte, wenn Julius sie brauchte, sonst aber nicht. Sie wusste auch schon, wohin ihr erster Ausflug mit dem Opel ihres Vaters sie führen sollte. Nämlich an einen Ort, wo Julius sie aus irgendeinem unklaren Grund ebenso wenig sehen wollte wie hinter dem Steuer eines Wagens. Aber darauf konnte sie nicht länger Rücksicht nehmen. Auf Dauer war es ihr einfach zu langweilig, ständig zu Hause zu sitzen und höchstens mal einen Spazierging zu machen.

Schwungvoll steuerte sie den Wagen in die schmale Straße, in der die Kneipe lag. Julius lehnte lässig an einem Laternenpfahl. Das gelbliche Licht umgab seinen Kopf wie ein Heiligenschein. Isabella erkannte seine Züge nur vage, doch bei seinem Anblick war sofort der Zauber wieder da, der sie an ihrem Hochzeitstag umgeben hatte. Von Zeit zu Zeit kehrte dieses magische Gefühl ganz plötzlich zurück – als hätte ein Windstoß der Feuer neu entfacht.

Der Gedanke, dass sie mit diesem Mann verheiratet war, brachte ihr Herz zum Hüpfen. Er sah unfassbar gut aus, war selbstbewusst und erfolgreich. Jede Frau würde sich einen solchen Ehemann wünschen.

Isabella öffnete die Wagentür, sprang aus dem Automobil, stellte sich vor Julius auf und säuselte: »Ihre Droschke steht bereit, gnädiger Herr.«

»Issabella«, lispelte er und lachte. »Wie schön.«

Sie küsste ihn mitten auf den Mund, und der Geschmack nach Bier und Schnaps störte sie kaum. »Es gefällt mir, wenn du einen Schwips hast«, erklärte sie übermütig.

»Ich hab kein Schwips«, widersprach er, stieß sich vom Laternenpfahl ab und steuerte auf die Beifahrertür von Konrads Wagen zu.

»Und warum kannst du dann nicht selbst fahren?« Sie deutete auf sein Automobil, das nur zwei Laternen entfernt am Straßenrand parkte.

»Männer ham kein Schwips. Männer trinken ein übern Durssrt«, erklärte er mit einem breiten Grinsen.

»Meinetwegen. Auf jeden Fall gefällt es mir, wenn du lustig bist.« Isabella setzte sich wieder hinter das Steuer und wartete, bis Julius ebenfalls umständlich eingestiegen war.

»Mein schöne Frau fährt mich heut«, verkündete Julius in einem seltsamen Singsang, während sie den Motor anließ.

»Das kannst du öfter haben. Ich fahre dich gern.« Geschickt steuerte Isabella das Fahrzeug die schmale Straße entlang, bog ab und befand sich auf dem Weg zum Stadtrand.

»Das iss nix für Frauen. Frauen solln zu Hauss alles schön machen. Sie solln für die Kinder und den Mann da sein. Sie solln ... «

Isabella unterdrückte einen Seufzer. Nicht wieder diese Leier. Bei jeder passenden und unpassenden Gelegenheit fing Julius davon an, dass er Kinder wollte. So schnell wie möglich und so viele wie möglich. Meistens schwieg sie dazu. Oder sie erklärte, die Natur werde schon dafür sorgen, dass sie zum richtigen Zeitpunkt Kinder bekäme. Sie seien ja beide noch jung.

»Habb ich dir schon gesagt, wie wunderbarr du biss? Ich sag das nich oft genug, meine schöne Frau, mein Lieblin'.« Julius streichelte ihr zärtlich über die Schulter.

»Danke.« Wie immer, wenn Julius seinen beträchtlichen Charme spielen ließ, ging Isabella das Herz auf. Sie lächelte ihn von der Seite an und wünschte sich, sie hätten mehr Zeit miteinander. Dann würde sie viel häufiger in den Genuss von Julius' Aufmerksamkeit und Zärtlichkeiten kommen.

Isabella steuerte den Wagen die schnurgerade Straße entlang, die der fast volle Mond in silberblaues Licht tauchte. Die Spitzen der Bäume zeichneten sich schwarz vom grauen Himmel ab. Von der nächsten Hügelkuppe aus würde sich ein weiter Blick über die Ländereien von Falkensee bieten.

Sie gab ein wenig Gas und genoss die Vorfreude auf den Anblick des Herrenhauses. Bei Mondschein schimmerte es schneeweiß wie ein Feenschloss.

»Du biss eine Rennfahrerin«, nuschelte Julius nach einer Weile, lachte dabei aber erstaunlicherweise.

»Bin ich«, bestätigte sie und steuerte den Wagen durch das weit offenstehende schmiedeeiserne Tor, die breite Auffahrt entlang und ums Blumenrondell herum zur Remise. Vor dem flachen Gebäude hielt sie an.

»Du steigst besser hier draußen aus«, erklärte sie Julius. »Dadrinnen ist es dunkel und eng. Ich parke nur schnell den Wagen und komme dann nach.«

»Gut, meine wunderschöne Rennfahrerin«, erwiderte er gefügig. Die Worte kamen nicht mehr ganz so verwaschen aus seinem Mund. »Ich geh vor und wart auf dich.«

Er öffnete die Beifahrertür, stieg mit erstaunlich sicheren Bewegungen aus und schloss mit einem sanften Klicken die Tür.

Isabella horchte in sich hinein. Offenbar wünschte sich Julius zum Abschluss dieses Abends ein zärtliches Tete-a-Tete. Und sie wollte es auch. Denn der Julius, der eben noch neben ihr gesessen hatte, war genau jener Mann gewesen, in den sie sich einmal Hals über Kopf verliebt hatte.

In der Hast des Alltags war Julius oft streng, sogar hart. Dann monierte er Kleinigkeiten, die im Haushalt nicht so abliefen, wie er es sich vorstellte. Oder er schüttelte tadelnd den Kopf wie bei einem unartigen Kind, wenn Isabella zu spät zum Essen auftauchte, weil sie einen Spaziergang gemacht oder ein Schwätzchen unten in der Küche gehalten hatte. Und politische Vorträge kamen leider viel häufiger vor als Komplimente und Liebesgeflüster. Ganz zu schweigen von den Regeln, die er ihr auferlegt hatte und über die er nicht zu diskutieren wünschte. Frauen fuhren nicht einfach so mit dem Auto durch die Gegend.

Isabella stellte den Wagen in der Remise ab und machte sich auf den Weg ins Haus. Die Eingangshalle war leer. Julius befand sich wahrscheinlich schon oben in der Wohnung.

Sie eilte die schmale Dienstbotentreppe ins Souterrain hinab. Als sie sich der geschlossenen Küchentür näherte, hörte sie drinnen die erhobenen Stimmen von Linda und Alex, die sich offenbar stritten.

Isabella zögerte. Sie wollte nicht lauschen, andererseits wollte sie mit ihrem Anliegen aber auch nicht einfach in die Küche hineinplatzen. Linda würde genau wissen, warum Isabella zu später Stunde Essig brauchte. Schließlich stammte der Tipp von dem Hausmädchen. Es war schwierig genug gewesen, das Thema »Verhütung« Linda gegenüber anzusprechen.

An jenem Abend hatte Linda ihr in ihrem Schlafzimmer geholfen, sich für die Nacht fertigzumachen. Sie hatte Isabellas langes blondes Haar zu einem dicken Zopf geflochten und es auf irgendeine Weise geschafft, dass diese hausbackene Frisur verführerisch wirkte. Linda wusste genau, an welchen Stellen sie kleine Löckchen und lange, seidige Strähnen aus der strengen Ordnung befreien musste, sodass sie Isabellas Hals streichelten oder sich neckisch um ihr Ohr kringelten.

»Sie haben in der Stadt gelebt, und Sie sind eine moderne junge Frau«, hatte Isabella begonnen und den Kopf gesenkt, während Linda mit dem Kammstiel die Haare am Hinterkopf auflockerte. Als Linda außer einem zustimmenden Ton nichts antwortete, fuhr Isabella entschlossen fort: »Deshalb frage ich mich, ob Sie irgendeinen Weg kennen, wie eine verheiratete Frau erreichen kann, dass sie nicht sofort ein Kind bekommt, sondern vielleicht erst in zwei oder drei Jahren.«

Linda legte den Kamm zurück auf die Marmorplatte der Frisierkommode, vor deren Spiegel Isabella saß. »Ich nehme an, es soll eine Methode sein, mit der der Mann nichts zu tun hat, von der er vielleicht nicht einmal etwas bemerkt?«

Isabella nickte stumm.

»Es ist nicht vollkommen sicher, natürlich nicht. Aber es kann mit ein bisschen Glück die … Angelegenheit hinauszögern.«

»Was ist es?«, drängte Isabella.

Und dann hatte Linda ihr die Sache mit der Frauendusche erklärt. »Sofort aufstehen, wenn es vorbei ist«, hatte sie gesagt. »Sich im Bad einschließen, die Gummiblase mit Essigwasser füllen und damit unten alles ausspülen.«

Isabella hatte genickt, ihr Gesicht mit den glühenden Wangen abgewandt und sich fortan an Lindas Anweisungen gehalten.

Sie wusste, dass in der Essigflasche, die sie im Bad versteckt hatte, nur noch ein kleiner Rest war. Wahrscheinlich nicht genug für eine Füllung der Gummiblase der Frauendusche. Deshalb musste sie sich jetzt dringend Essig aus der Küche holen.

»Ich finde es ungerecht, dass du nicht bereit bist, mir auch nur ein einziges Mal deine Dankbarkeit zu beweisen«, sagte Alex soeben drinnen in der Küche. In seiner Stimme schwang Zorn mit.

»Ich habe dir sogar Geld angeboten, um den kleinen Dienst zu bezahlen, den du mir geleistet hast«, zischte Linda. »Wenn auch niemals die Rede davon war, dass du einen Gegendienst für ein paar Worte verlangen würdest, die du zur Hausdame gesagt hast. Ich dachte, das würdest du tun, weil wir Schulkameraden waren.«

»Nun ...« Der Diener sprach das Wort gedehnt aus und machte anschließend eine lange Pause, die bedrohlich klang.

Isabella legte die Hand auf die Klinke. Wenn Alex ihrem Stubenmädchen gegenüber handgreiflich wurde, musste sie eingreifen. Allerdings traute sie Linda durchaus zu, sich selbst zu verteidigen.

»Nun«, wiederholte Alex. »Es ist schließlich nicht so, dass es nur um die Empfehlung geht, die ich bei Fräulein Bruhns für dich ausgesprochen habe. Es geht vor allem darum, was ich *nicht* gesagt habe.«

Linda schwieg, und Isabella spürte, dass sich dort drinnen die Stimmung geändert hatte.

»Sobald ich Fräulein Bruhns oder deiner lieben Herrin davon erzähle, bist du deine Stellung los. Wenn es etwas gibt, das bei Hauspersonal nicht geduldet wird, dann ist es genau eine solche Vergangenheit, wie du sie hast.«

»Die Sache ist ewig her.« Durch das dünne Holz hörte Isabella, wie Linda tief durchatmete. »Du kannst nichts beweisen. Außerdem wird das niemanden mehr interessieren. Damals war ich vierzehn Jahre alt.« Sie klang unglücklich.

»Das glaubst du doch selbst nicht!« Alex lachte hämisch. »Unser alter Lehrer lebt noch. Kaum zehn Minuten von hier, in dem kleinen Haus am Dorfrand. Er wird sich erinnern und alles bestätigen. Aber wenn du tust, was ich will, erfährt niemand etwas.«

Eine Weile war es still in der Küche. Isabella presste das Ohr gegen die Tür, bis ihr klarwurde, wie unwürdig es war, auf diese Weise zu lauschen. Sie richtete sich auf und legte die Hand auf die Klinke. Bevor sie sie jedoch herunterdrücken konnte, hörte sie aus der Küche einen Schrei. Er kam von Alex.

»Das wirst du noch bereuen«, keuchte er.

Linda antwortete mit einem verächtlichen Ton.

Gleich darauf wurde die Tür aufgerissen, und Isabella sprang zur Seite. Alex, der stöhnend in den schwach beleuchteten Flur herausstürzte, schien sie gar nicht zu bemerken. Vornübergebeugt, die Hände zwischen den Schenkeln, lief er an ihr vorbei und verschwand die Treppe hinauf.

Zögernd betrat Isabella die Küche. Mitten im Raum stand Linda. Hochaufgerichtet, mit funkelnden Augen, aber auffallend blass.

»Was …?«, begann Isabella, stockte aber, weil sie nicht zugeben wollte, gelauscht zu haben.

»Alles in Ordnung?«, verbesserte sie sich. »Ist irgendwas mit Alex?«

Linda presste die Lippen aufeinander und schüttelte den Kopf.

»Er hat sich nur … gestoßen. An der Tischkante«, behauptete sie nach einer langen Pause. Natürlich glaubte Isabella ihr nicht. Linda hatte sich gegen Alex' Zudringlichkeit gewehrt, und das fand Isabella nur richtig. Obwohl sie zu gern gewusst hätte, mit welchem Wissen aus der gemeinsamen Schulzeit Alex versuchte, Linda zu erpressen. Vielleicht würde sie ihr Stubenmädchen bei passender Gelegenheit fragen, aber darüber musste sie erst nachdenken.

»Falls Sie irgendwelche Schwierigkeiten hätten, mit Alex oder

mit sonst jemandem, würden Sie es mir doch sagen, nicht wahr?«
Forschend sah sie Linda ins Gesicht.

Die nickte wortlos. »Womit kann ich Ihnen helfen?«, erkundigte sie sich dann.

Für einen Moment war Isabella verwirrt. »Essig«, stieß sie schließlich verlegen hervor. Einige Lebensmittel waren oben in der kleinen, zur Wohnung gehörenden Küche stets vorhanden. Dafür sorgte Linda persönlich. Nur den Essig hatte Isabella sich zu später Stunde immer selbst von hier unten geholt.

»Oh. Natürlich.« Die sonst so gelassene Linda errötete. Auch Isabella spürte, dass ihre Wangen glühten.

»Frau Schubbke hat schon wieder alles umgeräumt«, murmelte Linda vor sich hin, während sie vor einem der Küchenschränke hockte und darin herumwühlte.

Schließlich fand das Stubenmädchen den Essig in dem Schrank, in dem sonst das Geschirr für das Personal gestanden hatte, und reichte Isabella eine der Flaschen.

»Vielen Dank.« Ohne Linda anzusehen, nahm Isabella den Essig entgegen. »Und gute Nacht.«

Sie ging nach oben in ihre Wohnung. Dort brachte sie zunächst die Flasche ins Bad und versteckte sie im Wandschrank hinter den Handtüchern, wo auch ihre Frauendusche in einem Leinenbeutel lag.

Dann wusch sie sich und schlüpfte in ihr Nachthemd, das an einem Bügel neben der Tür bereithing. Als sie gleich darauf das Schlafzimmer betrat, lag Julius mit gespreizten Beinen und ausgebreiteten Armen auf dem Doppelbett. Er hatte sich die Schuhe und eine der schwarzen Socken ausgezogen, weiter war er jedoch nicht gekommen. Hinter seinen geschlossenen Lidern bewegten sich die Augäpfel im Traum, und er schnarchte leise.

Isabella stand eine Weile da und betrachtete ihn. Selbst wenn er mit halboffenem Mund schlief, war er ein auffallend gutaussehender Mann. Sie stellte fest, dass sie es tatsächlich bedauerte, ihn nicht mehr munter angetroffen zu haben. Dann eben morgen, dachte sie, strich ihm zärtlich die Haare aus der Stirn und hauchte ihm einen Kuss auf die Lippen, bevor sie sich im Gästezimmer zur Ruhe legte.

9. Kapitel

Isabella
Landbesitz derer von Bielau, Westpreußen, Mai 1927

Isabella schaute auf ihre Armbanduhr und runzelte die Stirn. Wenn sie vor Julius zu Hause sein wollte, musste sie sich bald auf den Heimweg machen. Konrads Wagen stand jedoch in der Einfahrt von Schloss Bielau, und bis dahin war es noch mindestens eine halbe Stunde zu laufen.

»Weiß er immer noch nicht, dass Sie mindestens zwei Nachmittage in der Woche hier verbringen?«, erkundigte sich Fine Meyerhoff, der Isabellas Blick auf die Uhr nicht entgangen war. Sie hatte Isabella schon zu Beginn ihrer Tätigkeit als Hilfslehrerin im Pensionat ans Herz gelegt, ihrem Ehemann davon zu erzählen. Aber Fine bestimmte schon seit vielen Jahren ganz allein über ihr Leben. Sie konnte nicht ahnen, wie es war, verheiratet zu sein.

»Ich muss eine passende Gelegenheit abwarten«, murmelte Isabella. Sie wollte vermeiden, dass eine der drei Schülerinnen, die sie auf ihrem Ausflug begleiteten, sie hörten.

Die Mädchen himmelten Isabella an und nahmen sie zum Vorbild, was recht schmeichelhaft für sie war. Emilia und Annelore, die mit ihren fünfzehn Jahren zu den älteren Schülerinnen im Pensionat gehörten, hatten sogar angefangen, sich die Haare ähnlich wie Isabella im Nacken einzuschlagen. Auf diese Weise wirkte die Frisur auf den ersten Blick wie ein modischer Bubikopf, ohne dass seine Trägerin den Mut finden musste, die Haare tatsächlich abschneiden zu lassen.

Die vierzehnjährige Lotte trug noch Zöpfe, die beim Gehen

lustig auf ihrem Rücken wippten. Dafür knotete sie jedoch ihr Halstuch so, wie Isabella es bei ihren Seidenschals zu tun pflegte.

Alle drei Schülerinnen trugen ihre Zeichenblöcke und Stifte in Leinenbeuteln bei sich. Sie waren mit Isabella und Fine unterwegs, um Skizzen von blühenden Wildpflanzen anzufertigen. Seit über einem halben Jahr erteilte Isabella den Mädchen im Pensionat nun bereits Unterricht. Neben den Unterweisungen in Rechtschreibung hatte sie begonnen, mit einigen der Mädchen zu zeichnen. Diejenigen, die sie auf dem Ausflug begleiten durften, hatten sich als wahre Talente entpuppt. Sie besaßen einen Blick für Perspektive, und es gelang ihnen fast mühelos, naturnahe Abbilder der Wirklichkeit aufs Papier zu bannen.

Die kleine Gruppe überquerte eine Lichtung. Die Mädchen gingen schwatzend voran, Fine und Isabella folgten ihnen in einigem Abstand.

»Erkundigt er sich nie, was Sie den ganzen Tag tun?«, nahm Fine das für Isabella unangenehme Thema wieder auf.

»Nein.« Isabella zuckte mit den Schultern. »Er ist der Meinung, eine Frau gehöre ins Haus. Wie sie sich dort die Zeit vertreiben soll, wenn sie sogar ein Hausmädchen hat, scheint er sich überhaupt nicht zu fragen.«

»Wahrscheinlich rechnet er damit, dass früher oder später ein Kind kommt. Und dann noch weitere.« Ebenso wie Isabella versuchte Fine, die Adonisröschen und das Barbarakraut nicht zu zertreten. Beide Pflanzen bildeten strahlend gelbe Inseln im Grün der Wiese. Eigentlich formte eher das Gras grüne Flecke im Gelb.

Isabella nickte stumm.

»Auf jeden Fall bin ich sehr froh über Ihre Hilfe«, erklärte Fine mit fester Stimme. »So lange es eben geht, bevor andere Aufgaben Sie in Anspruch nehmen.«

»Ich wäre schon viel früher einmal hergekommen, nachdem Sie mich auf unserer Hochzeitsfeier wegen des Unterrichts angesprochen hatten. Doch mein Mann wollte auf keinen Fall, dass ich selbst Auto fahre. Seit ich ihn aber einmal abends nach einer Parteiversammlung abholen musste, nehme ich diesen Wunsch nicht mehr wichtig. Wenn ich ein Automobil steuern darf, weil er eine Fahrerin braucht, darf ich auch sonst fahren, nicht wahr? Mein Vater hat jedenfalls nichts dagegen, dass ich seinen Wagen benutze. Er braucht ihn fast nie.«

»Möglicherweise sollte Ihr Mann auch wissen, dass sie sich an seinen Wunsch wegen des Autofahrens nicht halten wollen«, sagte Fine vorsichtig. »Ist es nicht besser, in einer Ehe ehrlich zueinander zu sein und Streitpunkte zu klären?«

Isabella warf ihr einen erstaunten Seitenblick zu. Alice sagte immer genau das Gegenteil, nämlich dass eine kluge Frau ihren Mann nicht unnötig aufregte, indem sie Meinungsverschiedenheiten vermied.

Plötzlich blieben die drei Mädchen vor ihnen ruckartig stehen, starrten auf den Boden und flüsterten aufgeregt miteinander.

»Was ist denn?« Fine eilte zu ihren Schülerinnen. Isabella folgte ihr.

»Da«, wisperte Annelore. Mit vor Aufregung zitternder Hand deutete sie auf einen hellgrauen Fleck zwischen den gelben Blumen, die im sachten Wind mit den Köpfchen nickten.

»Piiüüh!«, kam es unvermittelt von dem Fleck, der wie ein flusiges Wollknäuel wirkte.

Die Mädchen wichen erschrocken zurück, und auch Isabella zuckte zusammen. Nur Fine beugte sich interessiert vor, um das Phänomen am Boden zu mustern.

»Eine junge Eule«, stellte sie fest und hockte sich neben das Tierchen hin, das immer schriller und lauter seinen Ruf ausstieß. »Das könnte eine Waldohr-Eule sein. Möglicherweise ist sie aus dem Nest gefallen.«

»Dann sollten wir sie nicht anfassen«, warnte Isabella. »Wildtiere, die nach Menschen riechen, werden von den Eltern nicht mehr angenommen.«

»Wenn wir den Vogel hier liegenlassen, wird er nicht überleben. Ich bin mir ziemlich sicher, dass der rechte Flügel gebrochen ist«, erklärte Fine bekümmert. »Aber selbst wenn wir die Eule mitnehmen würden, wüsste ich nicht, was wir tun sollen.«

Isabella schaute genauer hin und sah nun auch, dass das Flusenbällchen eine kleine Eule war, deren einer Flügel weit abgespreizt neben ihr auf den gelben Blüten ruhte. Der Jungvogel hob den Kopf und wandte den fünf Köpfen, die sich über ihn beugten, ein fast menschlich anmutendes Gesicht mit riesigen bernsteinfarbenen Augen zu, über dem zwei kleine, spitze Öhrchen aufragten.

»Oh«, machten die Mädchen gleichzeitig. »Wie niedlich!«

Isabella holte ihren Skizzenblock hervor. »Der ist ziemlich fest. Wir können ihn unter die Eule schieben und sie darauf zurück zum Schloss tragen. Auf diese Weise tun wir ihr hoffentlich nicht allzu sehr weh.«

Ihr Vorschlag wurde in die Tat umgesetzt, und fünf Minuten später trug Emilia, stolz, dass ihr diese Aufgabe übertragen worden war, den Block mit der jungen Eule darauf. Die beiden anderen Mädchen liefen aufgeregt neben ihr und warnten sie vor jedem noch so kleinen Kieselstein oder Erdhügel, damit sie nicht unversehens stolperte.

Sie brauchten fast eine ganze Stunde, bis sie die Auffahrt zum Schloss erreichten. Als wüsste die kleine Eule, dass ihr geholfen werden sollte, saß sie still auf dem Zeichenblock. Ab und zu wandte sie den Kopf mit dem flachen Gesichtchen. Nach Eulenart konnte sie mühelos nach hinten schauen, und es sah aus, als wollte sie sich vergewissern, dass Emilia noch da war. Ansonsten stieß sie in regelmäßigen Abständen ihr lautes »Piiüüh« hervor.

Vor der Freitreppe zum Schloss stand nicht nur Konrads schwarzer Opel, mit dem Isabella gekommen war, sondern auch ein dunkelrot lackierter Wagen mit schwarzem aufgeklapptem Faltdach. Ein Anblick, der die Mädchen sehr zu erfreuen schien.

»Doktor Kampmann ist da!«, bemerkte Annelore.

»Was für ein Glück«, stellte Lotte fest.

Nur Emilia sagte nichts. Sie presste angestrengt die Lippen aufeinander und wandte kein Auge von der jungen Eule.

»Wer ist Doktor Kampmann?«, fragte Isabella erstaunt.

»Der Tierarzt, der sich gelegentlich um unser Pferd kümmert. Die Rechnungen für seine Arbeit sind auffallend niedrig. Er sagte einmal, unser Pensionat sei eine gute Sache. Ich glaube, er will uns ein wenig unterstützen.« Fine lächelte. »Was für ein Glücksfall, dass er gerade hier ist. Ich habe erst morgen mit ihm gerechnet.«

»Bringt die Eule in den Schuppen«, sagte Fine zu den Mädchen. »Wenn Doktor Kampmann im Stall fertig ist, kommt er zu euch.«

»Aber bitte schnell«, sagte Annelore aufgeregt. »Die kleine Eule hat bestimmt Schmerzen. Und Hunger. Und wir wissen nicht, womit wir sie füttern sollen.«

»So lange hält sie noch durch«, erklärte Fine resolut. »Ich muss jetzt erst mal ins Haus, um zu sehen, ob die Mädchen angefangen haben, das Abendessen vorzubereiten.«

»Ich könnte im Stall nachsehen, ob ich Doktor Kampmann finde, und ihn bitten, sich die Eule anzuschauen«, bot Isabella an.

»Das ist sehr freundlich. Vielen Dank.« Fine hatte sich schon halb in Richtung Schloss gewandt.

Während die Mädchen die Eule zum Schuppen brachten, trat Isabella in die offene Tür des kleinen Stalls direkt neben dem Hauptgebäude.

»Hallo? Doktor Kampmann?«, rief sie fragend in den Raum, aus dem ihr das schwere, warme Aroma der Pferdekörper entgegenschlug. Als Antwort erhielt sie nur ein fröhliches Schnauben von einem der beiden Brabanter.

Seufzend beschloss Isabella, sich hinter dem Stall umzuschauen. An der Rückseite des Gebäudes befand sich eine Koppel, auf der tagsüber die Pferde weideten.

Als sie den Mann sah, der sich mit dem Rücken zu ihr an dem

kleinen Brunnen neben dem Zaun wusch, blieb sie erschrocken stehen. Offenbar überraschte sie Kleinbach, das Faktotum von Schloss Bielau, bei seiner Feierabendtoilette. Soeben beugte er sich über den gefüllten Eimer, den er auf den Brunnenrand gestellt hatte, tauchte die Arme tief in die klare Flüssigkeit und spritzte sich Wasser in Gesicht und Haare. Dabei summte er mit tiefer, wohlklingender Stimme vergnügt vor sich hin.

Er war ein kräftiger Mann mit breiten Schultern, dem man ansah, dass er regelmäßig körperliche Arbeit verrichtete. Unter der gebräunten Haut konnte sie das Spiel der Rückenmuskeln sehen, während er sich vorbeugte und wieder aufrichtete.

Sie räusperte sich. »Kleinbach?«

Der Mann reagierte nicht.

»Kleinbach?«, rief sie mit erhobener Stimme. »Es tut mir leid, Sie zu stören, aber ich habe eine Frage.«

Er erstarrte mitten in der Bewegung. Sein Gesang brach ab. Dann griff er hastig nach dem Hemd auf dem Brunnenrand und schlüpfte hinein, bevor er sich zu ihr umdrehte.

»Sie sind nicht Kleinbach!«, sagte Isabella verwirrt.

Der Mann am Brunnen lächelte sie an. »Tut mir leid.« Es war nicht ganz klar, ob die Entschuldigung seinem halbentkleideten Zustand vorhin galt oder der Tatsache, dass er nicht Kleinbach war.

Isabella beobachtete, wie mehrere Wassertropfen auf seinem Gesicht einen Wettlauf veranstalteten. Auch in seinen Haaren funkelte es vor Feuchtigkeit. Hatte Fine einen neuen Angestellten? Den Mann am Brunnen hatte Isabella hier noch nie gesehen. Er wirkte freundlich und erstaunlich selbstbewusst für einen Stallburschen.

»Ich bin auf der Suche nach Herrn Doktor Kampmann. Wissen Sie, wo er ist?« Energisch warf sie den Kopf in den Nacken und sah ihn tadelnd an.

Das Lächeln des Fremden wurde breiter.

»Wie kann ich Ihnen helfen?«, erkundigte er sich, während er die letzten Knöpfe seines hellen Leinenhemds schloss.

»Ich sagte doch, dass ich auf der Suche ...« Isabella stockte. »Sie sind Doktor Kampmann, nicht wahr?«

Er nickte. Dann beugte er sich vor, schüttelte den Kopf, dass die Wassertropfen in alle Richtungen sprühten, richtete sich wieder auf und strich sich das dunkelblonde Haar zurück. Seine Gesichtszüge waren klar und kantig, die Augen dunkel.

»Hab mich bei der Arbeit schmutzig gemacht und laufe nicht so gern nach Pferdemist stinkend herum«, erklärte er ungefragt. Mit einer schwungvollen Bewegung goss er das Wasser aus dem Eimer ins Gras.

»Und wer sind Sie?« Kampmann sah sie prüfend an. »Ich habe Sie hier noch nie gesehen.«

»Ich Sie auch nicht«, erwiderte sie überflüssigerweise. »Ich bin Isabella von Bargelow ...« Ungeduldig schüttelte sie den Kopf und blinzelte nervös. »Isabella Kirchner natürlich. Ich vergesse das manchmal.«

Er lachte, ging aber mit keinem Wort auf ihren Irrtum ein.

»Freut mich«, sagte er stattdessen. »Was kann ich also für Sie tun, Frau ... Kirchner?«

Isabella fragte sich, ob er die kleine Pause vor ihrem Namen absichtlich gemacht hatte, beschloss aber, dass ihr das vollkommen egal war. Rasch erzählte sie von dem Fund am Rand der Lichtung und dass die Mädchen mit der kleinen Eule im Schuppen hinter dem Schloss waren.

»Es ist nur ein Vogel, aber die Kinder haben sofort ihr Herz an ihn verloren«, sagte sie entschuldigend, während sie neben dem Tierarzt in Richtung Schloss ging. »Deshalb wäre es furchtbar nett, wenn Sie nach seinem Flügel schauen könnten. Er scheint gebrochen zu sein. Sie können die Rechnung an mich nach Gut Falkensee schicken.«

Er warf ihr einen neugierigen Seitenblick zu. »Sie kommen von Gut Falkensee? Dort gibt es eine kleine, aber feine Pferdezucht, habe ich gehört.«

»So ist es«, erwiderte sie stolz. »Mein Großvater hat sie aufgebaut, und jetzt führt sie mein Stiefvater.«

»Frau Meyerhoff hat meine tiefste Bewunderung«, sagte er. »Sie tut so viel Gutes für die Mädchen, die sie in ihrer Schule aufnimmt. Und wenn diese Mädchen eine kleine Eule adoptiert haben, ist es mir eine Ehre, ihr zu helfen. Diese Kleinigkeit erledige ich kostenlos.«

»Das ist nett von Ihnen.« Isabella zwang sich zu einem Lächeln.

»Nun. Sie sind offenbar auch nett. Schließlich wollten Sie die Rechnung übernehmen.« Er zwinkerte ihr zu, und sie wurde zu ihrem Ärger rot.

Die Sonne stand schon schräg am Himmel und ließ seine hellbraunen Augen wie Bernstein leuchten.

»Dann hoffe ich, Sie können der Eule helfen.« Isabella deutete auf den Schuppen. Automatisch wanderte ihr Blick dabei zu seinen kräftigen Händen. Man sah ihnen an, dass er tagein, tagaus mit Rindern, Pferden und Schweinen zu tun hatte, die er manchmal wahrscheinlich sogar ohne Hilfe bändigen musste. Dennoch traute sie ihm zu, mit dem kleinen Vogel, dessen Knochen sicher zerbrechlich wie Zahnstocher waren, sanft und vorsichtig umzugehen.

»Das hoffe ich auch«, sagte er fröhlich.

»Es wird Zeit, dass ich mich auf den Heimweg mache. Auf Wiedersehen.« Sie nickte Kampmann knapp zu und wandte sich in Richtung Auffahrt, wo Konrads Wagen stand.

»Auf Wiedersehen, Frau Kirchner«, hörte sie ihn antworten, drehte sich aber nicht noch einmal um.

*

Als Isabella eine Stunde später in die Remise von Gut Falkensee fuhr, war die Zeit des gemeinsamen Abendessens mit der Familie längst verstrichen. Sie parkte den Wagen in der vorderen Ecke des großen Raums, stieg aus und schloss die Fahrertür so vorsichtig, dass nur ein leises Klicken zu hören war. Dann trat sie in die offene Tür und blinzelte gegen die tiefstehende Sonne.

»Es ist kurz vor acht. Wo kommst du um diese Uhrzeit her? Und wieso fährst du allein mit dem Auto herum, obwohl ich ausdrücklich gesagt habe, dass ich das nicht wünsche?«

Beim Klang der strengen Stimme ihres Ehemanns zuckte sie zusammen wie ein ertapptes Kind. Sie wandte den Kopf und sah Julius am Stamm der großen Eiche vor der Remise lehnen.

Trotz stieg in Isabella auf. Sie machte einige Schritte auf Julius zu, blieb dann aber stehen und kreuzte die Arme vor der Brust. »Wie lange stehst du da schon und wartest auf mich? Und woher wusstest du, dass ich mit dem Auto unterwegs bin?«

»Ich habe mir erlaubt, beim Abendessen meiner Verwunderung Ausdruck zu verleihen, dass meine Ehefrau abwesend ist, wenn ich von der Arbeit nach Hause komme. Daraufhin erklärte mir Konrad seelenruhig, du seist mit seinem Wagen unterwegs und ich müsse mir keine Sorgen machen.« Julius stieß sich von der rissigen Rinde des Baums ab und richtete sich zu seiner vollen Größe auf.

»Er weiß, dass ich eine gute Fahrerin bin. Schließlich hat er es mir selbst beigebracht.« Isabella schob die Lippen vor, weil sie sich erinnerte, dass Julius ihren Schmollmund mochte. Es hatte keinen Sinn, sich zu streiten. Ihre Mutter pflegte zu sagen, Männer dürften zwar alles essen, aber nicht alles wissen. Es würde eine Ehe nur verkomplizieren, wenn Frauen undiplomatisch vorgingen und ihren Männern jede Wahrheit uncharmant an den Kopf knallten.

»Dein Stiefvater hat dich verzogen«, erklärte Julius in so sachlichem Ton, als wäre das schlicht und einfach die Wahrheit. »Aber Konrad hat nicht mehr über dich zu bestimmen. Ich bin dein Ehemann, und ich möchte nicht, dass du Auto fährst. Ebenso wenig wie es mir gefällt, dass du abwesend bist, wenn ich von der Arbeit nach Hause komme.«

Isabella atmete tief durch, ging zu ihm und schob die Hand unter seinen Arm. »Es tut mir leid, dass ich das Abendessen versäumt habe. Ich gelobe Besserung«, sagte sie in jenem leichten Ton, den er schon einmal mit dem Klang des Glöckchens verglichen hatte, das Alice benutzte, um bei Tisch den Diener herbeizurufen.

»Das will ich hoffen«, brummte er, während sie nebeneinander zum Haus gingen.

»Wir könnten eine Flasche Wein öffnen und uns einen gemütlichen Abend machen«, schlug sie vor. Hoffentlich bemerkte Julius nicht, dass sie ihm kein konkretes Versprechen zum Thema »Autofahren« gegeben hatte. In Zukunft würde sie sich noch größere Mühe geben, pünktlich aus dem Pensionat zurück zu sein.

10. Kapitel

Isabella
Gut Willinghausen, Westpreußen, einige Monate später, im
Oktober 1927

Es war ein sonniger Herbsttag, und Isabella beschloss, den Weg nach Gut Willinghausen mit dem Fahrrad zurückzulegen. Das Laub leuchtete in sattem Rot und strahlendem Gelb von den Bäumen, und der Himmel erinnerte mit seinem milchigen Blau und den zarten Schleierwölkchen an eine marmorierte Glasmurmel.

»Goldener Oktober«, hatte Veronika von Bargelow erklärt und dabei so seltsam gekichert, dass Isabella ihre Großmutter erstaunt gemustert hatte. So kurz nach dem Frühstück hatte sie doch wohl noch keinen Sherry getrunken?

Mit Konrads Wagen wäre Isabella in zehn Minuten bei Margarete gewesen, und normalerweise ließ sie sich durch Julius' Anweisung nicht davon abhalten, das Automobil zu benutzen. Generell tat sie die Dinge, die ihm nicht gefielen, hinter seinem Rücken. Auf diese Weise ersparte sie sich Streitereien. Die Hoffnung, Julius würde eines Tages zugeben, dass eine moderne Frau die meisten Tätigkeiten genauso beherrschte wie ein Mann, hatte Isabella schon aufgegeben. Auch wenn Julius es nicht wahrhaben wollte – oder es nicht in das Weltbild seiner Partei passte: Frauen konnten studieren, sie konnten im Büro arbeiten, sie konnten ihre eigenen Entscheidungen treffen – und natürlich Auto fahren.

Vielleicht war es ein bisschen ihre Schuld, dass Julius sie zu Beginn der Ehe für eine jener Frauen gehalten hatte, die nichts anderes wollten als einen großen Haushalt und einen erfolgreichen

Mann, der ihnen den entsprechenden finanziellen Hintergrund bot. Das war tatsächlich einmal so gewesen. Als Isabella noch sehr jung gewesen war und vollkommen verklärte Vorstellungen vom Leben einer Ehefrau gehabt hatte. Ihre Mutter hatte auch damit zu tun. Alice hatte sie von Anfang an für die Ehe erzogen.

Doch dann hatte Isabella geheiratet und festgestellt, dass es langweilig war, immer zu Hause zu sitzen.

Die Vorstellung, mit ein paar Kindern zu Hause angebunden zu sein, erschien ihr auch nicht sonderlich spannend. Dazu fühlte sie sich noch zu jung. Julius und sich selbst als Eltern zu sehen fiel ihr schwer. Sie fürchtete sich sogar ein wenig davor, schwanger zu werden, und war froh, dass die Frauendusche bisher eine Empfängnis verhütet hatte.

Fine Meyerhoffs Bitte, im Pensionat auszuhelfen, hatte ihr nach einigen Monaten im Westflügel von Falkensee endlich etwas Abwechslung verschafft. Schließlich konnte sie nicht den ganzen Tag mit ihrer Mutter und Großmutter zusammensitzen und Tee trinken.

Zu ihrer Überraschung hatte sich herausgestellt, dass ihr die Arbeit mit den Mädchen Spaß machte. Eines Tages hatte Fine sie gefragt, warum sie nicht studierte. Sie hätte Talent fürs Unterrichten und könnte sicher auch Wissen auf anderen Gebieten als Rechtschreibung vermitteln.

Erst hatte Isabella über die Idee gelacht. Schließlich war sie eine verheiratete Frau. Andererseits – sie hatte eine Menge freie Zeit. Warum sollte sie diese Zeit nicht nutzen, um etwas zu lernen?

Sie hatte einen Abend abgepasst, an dem Julius nach einer Parteiversammlung besonders gut gelaunt gewesen war. Nach dem Essen hatte sie eine Flasche Rotwein geöffnet und vorsichtig die Frage angesprochen, ob es nicht möglich oder sogar sinnvoll wäre, wenn sie eine Ausbildung als Lehrerin machte. Schließlich würden gute Lehrer immer gebraucht, und sie könne sich auf diese Weise in der Gesellschaft nützlich machen.

Julius war schon nach ihren ersten Sätzen so wütend geworden, als hätte sie vorgeschlagen, als Schönheitstänzerin in einem Nachtclub aufzutreten. Was er ihr mit erhobener Stimme erklärte, hatte sie schon Dutzende Male von ihm gehört: dass ihr Platz als Ehefrau und künftige Mutter seiner Kinder zu Hause sei, dass er Angst um sie habe, wenn sie allein unterwegs sei, und so weiter und so fort.

Fest stand, dass Isabella ohne Julius' Wissen kein Studium beginnen konnte. Dieser Plan war wohl zu ehrgeizig. Doch das bedeutete nicht, dass sie nicht weiterhin als Aushilfslehrerin auf Schloss Bielau arbeiten konnte. Diese Tätigkeit war nicht nur eine Abwechslung in ihrem Alltag, sie gab ihr auch Kraft. Denn auf diese Weise hatte Isabella das Gefühl, etwas Sinnvolles zu tun. Genau jenen Sinn vermisste sie oft in ihrem ansonsten recht eintönigen Leben.

Ihre Abwesenheit während der paar Stunden, die sie jeweils im Pensionat verbrachte, war Julius noch nie aufgefallen. Und falls er es doch bemerkte, gab es immer eine harmlose Erklärung. Notfalls lieferte ihre Mutter eine passende Ausrede, indem sie behauptete, Isabella habe etwas für sie erledigt.

Denn Alice war eingeweiht. Zwar verstand sie nicht, was Isabella daran gefiel, mindestens zwei Nachmittage pro Woche im Pensionat zu verbringen, um ein paar Mädchen die korrekte Rechtschreibung zu erklären. Doch letztlich war sie der Meinung, dass alles besser war als offene Rebellion und die daraus folgenden Unstimmigkeiten zwischen Mann und Frau.

Mehr noch als Alice war Konrad auf Isabellas Seite. »Dummkopf«, pflegte er über den Schwiegersohn zu sagen, der Isabella das Autofahren verbieten wollte. »Du bist eine hervorragende Fahrerin. Schließlich habe ich es dir selbst beigebracht. Und wer einmal bei Julius im Auto gesessen hat, weiß, dass du sehr viel besser fährst als er.«

Und so hielt Isabella weiterhin ohne Julius' Wissen ihren Unterricht in Fines Pensionat ab und legte den Weg dorthin mit Konrads Wagen zurück.

An diesem Oktobertag entschied sie sich jedoch, für ihren Besuch bei Margarete das Fahrrad zu nehmen. Julius hatte angekündigt, früher als üblich nach Hause zurückzukehren, weil in seinem Laden Malerarbeiten durchgeführt wurden.

Isabella hätte den Besuch auf Gut Willinghausen auf einen der nächsten Tage verschieben können. Doch sie wollte diese Sache mit Margarete hinter sich bringen. Julius hatte erstaunlicherweise nichts dagegen, dass sie Fahrrad fuhr. Und ein Besuch bei einer Freundin gehörte in seinen Augen zu den Dingen, die braven Ehefrauen erlaubt waren.

Margaretes Brief war schon vor einigen Tagen auf Gut Falkensee eingetroffen. Er hatte neben Isabellas Teller auf dem Frühstückstisch gelegen, wo Linda morgens die Post deponierte. Obwohl sie Margarete seit ihrer Hochzeit nicht gesehen hatte, erkannte Isabella die leicht verschnörkelte Handschrift auf dem Umschlag sofort. Schließlich hatte sie in der Schule viele Jahre neben Margarete gesessen.

Sekundenlang starrte sie das Kuvert an und wagte nicht, es zu öffnen. Warum schrieb Margarete ihr plötzlich? Und vor allem, was schrieb sie? Dass es keine treulosere Freundin auf der Welt gab und sie von Isabella maßlos enttäuscht war? Schließlich hatte Isabella kaum mehr ein persönliches Wort mit Margarete gesprochen, nachdem Arthur sich für die Freundin entschieden hatte. Jener Ärger schien weit in der Vergangenheit zu liegen. Schließlich war sie längst mit Julius verheiratet.

Spätestens nach ihrer Hochzeit hätte Isabella den ersten Schritt auf Margarete zugehen sollen. Hätte sie um Verzeihung bitten und die alte Freundschaft wiederaufleben lassen sollen. Denn sie hatte Margarete vermisst. Dennoch hatte sie es nicht über sich gebracht, zu ihr zu gehen. Inzwischen hatte sie begriffen, dass ihre damalige Wut auf Margarete unangebracht gewesen war. Sie schämte sich für ihr Verhalten. Ihre Freundin hatte sich in Arthur verliebt, und er sich in sie. Das Herz ging seine eigenen Wege, und es wäre falsch gewesen, wenn Margarete ihrer Freundin zuliebe Arthurs Antrag abgelehnt hätte.

Und nun dieser Brief. Nach langem Zögern hatte Isabella ihr Messer genommen und den Umschlag aufgeschlitzt. Die Nachricht, die Margarete ihr sandte, bestand aus wenigen Sätzen.

Gut Willinghausen, 14. Oktober 1927

Liebe Isabella,

kannst Du mich bitte auf Gut Willinghausen besuchen? Wir haben uns lange nicht gesehen, und ich würde gern mit Dir reden. Da ich derzeit das Bett hüten muss, triffst Du mich jederzeit zu Hause an. Es ist nicht nötig, dass Du Deinen Besuch ankündigst. Komm, wann immer es Dir passt.
  Deine Freundin Margarete

Die Mitteilung, dass Margarete zu Bett lag und das Haus nicht verlassen konnte, erschreckte Isabella. Offenbar war die Freundin krank. Vielleicht so schwer, dass sie ein letztes Mal mit Isabella reden wollte.

Noch mehrmals las Isabella den Brief und beschloss dann, dass dies nicht wie die letzte Bitte einer Sterbenden klang. Vor allem hielt sie sich an dem Wort ›derzeit‹ fest. Das hörte sich an, als würde sich Margarete demnächst wieder vom Krankenlager erheben.

Also ließ Isabella sich mit ihrem Besuch noch ein paar Tage Zeit. Weil sie schrecklich unsicher war, wie sie sich der Freundin gegenüber verhalten sollte. Doch heute würde sie diese Angelegenheit endlich hinter sich bringen. Nach ihrem Besuch auf Gut Willinghausen würde sie entweder ihre Freundin wiederhaben, oder aber Margarete und sie würden nie mehr miteinander reden.

Als Isabella vor dem Herrenhaus von Gut Willinghausen vom Rad stieg, betrachtete sie für einen Moment das riesige Gebäude, denn sie war sehr lange nicht hier gewesen. Der Wohnsitz der Grafen von Willinghausen wirkte wie ein Schloss, umgeben von einem prächtigen Park. Die Wirtschaftsgebäude lagen mehr als einen Kilometer entfernt, sodass nichts den vornehmen Eindruck störte.

Isabella klappte den Ständer ihres Fahrrads aus, stellte es seitlich von der breiten Freitreppe ab und stieg hinauf zu der Doppeltür aus poliertem Mahagoni. Sie hatte sich einmal gewünscht, die Herrin dieses Hauses zu werden, doch das war lange vorbei. Nun war sie mit Julius verheiratet. Einem Mann, der eine große Zukunft vor sich hatte, sowohl im Geschäftsleben als auch in der Politik.

Isabella betätigte den Türklopfer aus glänzendem Messing. Es dauerte höchstens eine Minute, bis ihr von einem Butler geöffnet wurde. An seiner ausdruckslosen Miene erkannte sie die hervorragende Ausbildung. Die Willinghausens konnten sich immer noch teures Personal leisten. Auf Gut Falkensee litten sie beileibe keinen Hunger. Dennoch hatten sie schon seit einiger Zeit keinen Butler mehr, der im Grunde nur das Personal beaufsichtigte und gelegentlich Gäste in Empfang nahm. Diese Aufgaben konnte ebenso gut der erste Diener erledigen, der jedoch nebenbei auch zupackte, beim Servieren half oder dergleichen. Und mit hochmütigem Gesichtsausdruck die Tür öffnen konnte Simke auch.

Isabella nannte ihren Namen, und sofort nickte der ältere Mann im untadeligen schwarzen Anzug. »Sie werden erwartet, gnädige Frau. Wenn Sie mir bitte folgen wollen.«

Offenbar war das Personal instruiert, sie sofort zu Margarete zu führen, wann auch immer sie auftauchte.

Der Butler geleitete sie durch die Halle, öffnete eine der hohen, breiten Türen und verkündete: »Frau Isabella Kirchner von Gut Falkensee.«

Du liebe Güte! Das klang, als wäre sie die Thronfolgerin eines ausländischen Königshofs. Isabella wusste nicht recht, ob sie lachen oder sich angesichts dieser Förmlichkeiten eher unbehaglich fühlen sollte.

Aus dem Zimmer hörte sie Margaretes leise Stimme, konnte aber nicht verstehen, was sie sagte.

»Bitte sehr, gnädige Frau.« Der Butler trat zur Seite, sie trat über die Schwelle, und er schloss die Tür hinter ihr.

Das Zimmer war groß und sonnendurchflutet. Die bodentiefen Fenster gingen auf den Park hinaus. Auf einem Beet direkt am Haus blühten dunkelrote Astern, und die hohen Bäume im Hintergrund schienen im Flammen zu stehen, so farbenprächtig leuchteten die herbstbunten Blätter.

Isabella musste im ersten Moment die Augen zusammenkneifen, bis sie sich nach dem Aufenthalt in der dämmerigen Halle an das helle Licht gewöhnt hatte. Dann sah sie Margarete, die auf einem Sofa vor der Bücherwand ruhte. Trotz der Sonne, die ins Zimmer schien, loderte im Kamin ein Feuer, und zusätzlich war Margarete in eine Wolldecke gehüllt. Ihre schiefergrauen Augen hatten einen fiebrigen Glanz und wirkten in dem blassen, schmalen Gesicht riesengroß.

Erschrocken eilte Isabella zum Lager der Freundin, ließ sich davor auf den Knien nieder und griff nach Margaretes Hand. »Was ist mit dir? Bist du krank? Kann ich dir helfen?«

Sie hatte damit gerechnet, dass die erste Begegnung nach so langer Zeit peinlich sein würde. Immerhin hatte das letzte Treffen mit einigen bösen Worten geendet. Doch als sie Margarete so blass und elend dort liegen sah, war sofort die alte Vertrautheit wieder da. Sie machte sich einfach nur Sorgen um ihre Freundin.

Margarete schüttelte mit einem feinen Lächeln den Kopf. Es war jenes kaum merkliche Heben der Mundwinkel, das typisch für Margaretes Bescheidenheit und Zurückhaltung war. Am liebsten hätte Isabella sie in den Arm genommen und fest gedrückt. Aber so matt wie die Freundin dort lag, wagte Isabella nicht, den Arm um sie zu schlingen. Sie drückte nur ihre Hand ein wenig fester, während ihr Tränen in die Augen stiegen und sie heftig schlucken musste.

»Margarete … Gretchen«, stammelte sie. »Es tut mir so leid, dass ich mich so lange nicht habe blicken lassen. Was ist denn nur mit dir?«

Margaretes Lächeln wurde ein wenig breiter, und ihre Augen leuchteten auf. »Ich bin nicht krank, Isabella. Es ist nur …« Anstatt ihren Satz zu beenden, schob die Freundin die Wolldecke weg und strich über ihren Bauch, der sich unter dem weiten Kleid sanft rundete.

»Du erwartest ein Kind!« Isabella wusste nicht recht, wie sie reagieren sollte. Natürlich war dies eine freudige Nachricht. Aber Margarete wirkte so furchtbar schwach und krank.

»Herzlichen Glückwunsch«, fuhr Isabella nach einer Denkpause fort. »Arthur und du, ihr freut euch sicher sehr.«

Margarete antwortete mit einem leisen Seufzer. »Arthur ist wunderbar. Und er wäre ein wunderbarer Vater. Außerdem braucht Gut Willinghausen einen Erben.« In Margaretes Augen schimmerte ein verdächtiger Glanz.

Isabella richtete sich auf und zog einen Stuhl neben das Lager ihrer Freundin. »Dann könnt ihr euch doch freuen. Oder ist etwas nicht in Ordnung mit dir oder dem Kind?«

»Ich habe solche Angst, dass es wieder schiefgeht«, flüsterte Margarete. Sie klammerte sich an Isabellas Hand wie eine Ertrinkende. »Doktor Hinrichsen macht uns nicht besonders viel Mut.«

»Wieso denn nicht?« Ihre Finger schmerzten, weil Margarete sie so heftig zusammenpresste, doch Isabella zog die Hand nicht weg.

»Ich habe unser erstes Kind verloren. Drei Monate vor dem Geburtstermin. Und ich habe schreckliche Angst, dass es wieder passiert.« Jetzt kullerten dicke Tränen über Margaretes Wangen. Mit der freien Hand strich sie wieder und wieder über die Rundung ihres Bauchs unter der Wolldecke.

»Ich bin sicher, dieses Mal geht es gut. Warum denn auch nicht?«, versuchte Isabella, sie zu trösten.

»Doktor Hinrichsen hat uns davon abgeraten, es noch einmal zu versuchen. Unser kleiner Junge, unser Friedrich, ist in meinem Bauch verhungert, meint der Doktor. Mein Körper hat ihn nicht richtig ernährt. Ist das nicht schrecklich? Ich schäme mich so, dass ich nicht in der Lage bin, ein Kind zu bekommen wie jede andere Frau.«

»Aber das steht doch noch gar nicht fest!«, sagte Isabella energisch. »Es ist ein einziges Mal schiefgegangen. Das heißt nicht, dass du es nicht kannst. Es gibt so viele Frauen, bei denen es erst nicht klappt, und am Ende habe sie zehn gesunde Kinder.«

Margarete musste lachen. Sie wischte sich mit dem Handrücken das Gesicht trocken. »Ich kenne keine einzige Frau mit zehn Kindern. Trotzdem … Genau deshalb wollte ich dich sehen, Isabella. Ich wusste, dass du mir Mut machen würdest. Du glaubst daran, dass die Dinge gut ausgehen.«

»Natürlich tue ich das. Weil es meistens so ist.«

Als Isabella hörte, wie hinter ihr die Tür geöffnet wurde, wandte sie sich auf ihrem Stuhl nur halb um. »Können wir bitte Tee haben? Mit einer Menge Zucker und Sahne.«

»Gern.«

Beim Klang der Männerstimme, die ihr antwortete, zuckte sie unwillkürlich zusammen und sprang auf.

»Herr von Willinghausen! Entschuldigung. Ich dachte, es sei ein Dienstbote.« Sie bemühte sich um ein harmloses Lächeln, während Arthur näher trat.

»Es ist gar nicht so abwegig, mich mit einem der Diener zu verwechseln. Ich habe es mir zur Aufgabe gemacht, Margaretes ganz persönlicher Butler zu sein. Ganz gleich, welchen Wunsch sie hat, ich erfülle ihn, so schnell es geht.«

Arthur kam näher, um Isabella zu begrüßen. Wohlerzogen beugte er sich über ihre Hand, berührte aber selbstverständlich ihre Haut nicht mit den Lippen. »Wie nett von Ihnen, Margarete zu besuchen und ihr etwas Gesellschaft zu leisten. Sie kann Aufmunterung gut gebrauchen. Und Sie sind jemand, der Optimismus nur so versprüht.«

»Danke«, erwiderte Isabella verdutzt.

Arthur trat neben den Diwan und hauchte Margarete einen zärtlichen Kuss auf die blassen Lippen.

»Wie geht es dir, Liebste?«, fragte er leise. »Wenn du irgendetwas brauchst, sagst du es mir sofort. Rote Rosen, Erdbeeren, eine wärmere oder eine dünnere Decke. Ich besorge es dir.«

Als Isabella den Blick sah, mit dem er Margarete anschaute, spürte sie einen kurzen Schmerz. Es fühlte sich an wie Zahnschmerzen im Herzen. Nicht jene Sorte, die zu einer geschwollenen Wange und schlaflosen Nächten führte, sondern jenes unangenehme Ziehen, wenn sie zu viel Eiscreme im Mund hatte.

Margarete lachte leise und wandte Isabella den Kopf zu. »Dieser Mann ist ein Phänomen. Neulich habe ich ganz nebenbei erwähnt, dass ich mich auf den Frühsommer freue, wenn es wieder Erdbeeren gibt. Ein paar Tage später brachte er mir ein Körbchen mit Erdbeeren. Mitten im September. Ist das zu fassen?«

»Erdbeeren im September?« Ungläubig runzelte Isabella die Stirn.

Mit einem verlegenen Lächeln zuckte Arthur die Schultern. »Margarete nimmt so viel auf sich. Sie riskiert ihr Leben für unser Kind. Da sollte es mir nicht zu viel sein, ihr Kleinigkeiten zu besorgen, die sie sich wünscht. Ich hatte von einem Gewächshaus gehört, in dem ein Gutsherr in der Nähe von Marienburg exotische Früchte züchtet. Dort werden bis weit in den Herbst hinein Erdbeeren geerntet. Also bin ich hingefahren und habe ihm ein Körbchen Beeren abgeschwatzt.«

»Das ist sehr … freundlich von Ihnen«, murmelte Isabella. Ob Julius jemals solche Mühe auf sich nehmen würde, um ihr einen Wunsch zu erfüllen? Vielleicht wenn sie endlich ein Kind von ihm bekäme. Andererseits betonte er ständig, dass es ihre Pflicht war,

Kinder zu gebären. In diesem Fall wurde man wahrscheinlich nicht mit Erdbeeren im Herbst belohnt.

»Margarete riskiert ihr Leben?«, fragte sie vorsichtig und beschloss bei sich, dass es dumm war, ihren Ehemann mit dem von Margarete zu vergleichen. Arthur führte gemeinsam mit seinem Vater und einem Verwalter das elterliche Gut, was definitiv nicht allzu viel Arbeit bedeutete. Dagegen war Julius in seinem eigenen Geschäft von früh bis spät beschäftigt. Und engagierte sich nebenbei in der Politik. Natürlich hatte ein solcher Mann keine Zeit, in der Gegend herumzufahren, um Obst einzukaufen.

»Ja«, erwiderte Arthur nach einer langen Pause auf Isabellas erschrockene Frage. »Margarete riskiert ihr Leben, indem sie noch einmal versucht, ein Kind zu bekommen. Ich konnte es ihr nicht ausreden, ebenso wenig wie Doktor Hinrichsen.«

Margarete legte den Kopf in den Nacken und sah Arthur von unten an. »Du wünschst dir ein Kind, und ich wünsche mir ein Kind. Deshalb würde ich mir nie verzeihen, es nicht wirklich versucht zu haben. Und da ich es beim ersten Mal überlebt habe, kann ich das auch beim zweiten oder dritten Mal.«

»Drittes Mal!«, stieß Arthur mit gepresster Stimme hervor, und als Isabella ihn ansah, stellte sie fest, dass er leichenblass war.

»Wenn ich es dieses Mal schaffe, verzichte ich auf eine dritte Schwangerschaft«, sagte Margarete fast heiter. »Das verspreche ich dir. Aber wenigstens ein Kind müssen wir haben. Als Beweis unserer Liebe, weil es einen Erben geben muss und weil dein Name nicht ausgelöscht werden darf.«

Verblüfft starrte Isabella die Freundin an. Wie entschlossen und mutig Margarete war! Sie konnte sich nicht vorstellen, freiwillig ihr Leben zu riskieren, um ein Kind zu bekommen.

Arthur wandte sich hastig ab. Doch Isabella hatte bereits die Tränen in seinen Augen gesehen.

»Ich schicke einen der Diener mit Tee und Kuchen«, sagte er auf dem Weg zur Tür, ohne sich noch einmal umzudrehen.

Nachdem er den Raum verlassen hatte, schwiegen die beiden Frauen eine Weile.

»Ich wollte dich um Verzeihung bitten, Margarete«, sagte Isabella schließlich leise.

»Das musst du nicht.« Lächelnd schüttelte Margarete den Kopf. »Wir haben beide Fehler gemacht. Denn natürlich kam Arthurs Antrag damals nicht vollkommen aus heiterem Himmel. Ich habe es kaum zu hoffen gewagt – und doch habe ich mir heimlich Hoffnungen gemacht.« Das leise Lachen, das Margarete hervorstieß, klang verlegen.

»Ich hatte keine Ahnung.«

»Das mache ich mir zum Vorwurf. Ich hätte mit dir über meine Gefühle und die Art der Gespräche, die ich am Rand der Bälle mit Arthur geführt habe, sprechen sollen. Schließlich waren wir Freundinnen und hatten uns geschworen, einander alles zu sagen.«

Erneut griff Isabella nach Margaretes Hand. »Lass uns wieder Freundinnen sein. Auch wenn wir jetzt erwachsen sind und sich vieles geändert hat.«

»Ja. Lass uns wieder Freundinnen sein.« Margarete erwiderte den Druck von Isabellas Fingern.

Sie lächelten einander an, und Isabella spürte, wie das Schweregefühl verschwand, das sie auf dem Weg nach Gut Willinghausen gespürt hatte.

»Arthur ist sehr besorgt um dich«, sagte sie nach einer Weile.

»Ich weiß.« Margarete nickte. »Deshalb versuche ich, ihm meine Angst nicht zu zeigen. Es ist eine Erleichterung für mich, dass ich mit dir offen sprechen kann, nun da wir wieder Freundinnen sind. Auch über eine Zukunft, in der es mich vielleicht nicht mehr geben wird.«

»So etwas darfst du nicht sagen!«, rief Isabella entsetzt.

»Doch.« Margarete nickte mit ernster Miene. In ihren Augen lag wilde Entschlossenheit. »Ich hoffe nur, dass ich nicht umsonst sterbe, falls es denn passieren sollte. Wenn ich ihm ein Kind als mein Vermächtnis hinterlasse, hat sich alles gelohnt.«

Das war doch verrückt! Isabella biss sich auf die Unterlippe, um der Freundin ihre Erkenntnis nicht ins Gesicht zu sagen.

»Kümmere dich um Arthur, falls mir bei der Geburt etwas zustößt und ich ihn allein lassen muss. Hilf ihm, eine passende Kinderfrau zu finden. Und später eine neue Ehefrau.«

»Du bist nicht ganz bei Sinnen«, murmelte Isabella.

»Versprich es mir«, drängte Margarete. »Wir waren immer beste Freundinnen und sind es nun wieder. Ich weiß nicht, wen ich sonst fragen soll.«

Es gab keine andere Möglichkeit. Isabella musste ihrer Freundin dieses schreckliche Versprechen geben, was sie dann auch tat.

»Aber jetzt reden wir nicht mehr davon«, erklärte sie anschließend in energischem Ton. »Du wirst es schaffen. Das befehle ich dir!«

Margarete verzog ihr Gesicht zu einem kaum merklichen Lächeln, blieb aber stumm.

Nach kurzem Anklopfen betrat ein Diener mit einem großen Tablett das Zimmer. Während er den Tisch neben dem Diwan deckte und Tee, Kaffee, Kuchen und hauchzarte Sandwiches bereitstellte, forderte Margarete ihn auf, anschließend Lissy zu ihr zu bringen.

»Wer ist Lissy?«, fragte Isabella erstaunt.

»Du wirst schon sehen. Während der traurigen Phase, als wir beide uns nicht mehr getroffen haben, war sie meine beste Freundin.«

»Und wieso musste ich dir dann dieses Versprechen geben?«, platzte Isabella heraus.

»Lissy würde alles für mich tun. Zu manchen Dingen ist sie nur leider nicht in der Lage.« Margarete lachte leise.

Nach wenigen Minuten kehrte der Diener mit besagter Lissy zurück. Als Isabella Margaretes andere Freundin sah, musste sie lachen.

Schweifwedelnd trabte eine dunkelbraune Setterhündin ins

Zimmer. Um sie herum sprangen drei muntere Welpen. Beim An-blick der tapsigen Wesen stieß Isabella einen entzückten Schrei aus. Keiner der Welpen sah aus wie der andere. Offenbar handelte es sich um Mischlingshunde.

Die Hündin stürmte zu Margaretes Lager, blieb wohlerzogen mit den Pfoten auf dem Boden, legte den Kopf auf den Schoß ihrer Herrin und sah sie mit seelenvollen braunen Augen an. Während-dessen liefen die Welpen wild um die Tisch- und Stuhlbeine. Einer von ihnen, ein wuscheliges schwarz-weißes Tierchen mit entzü-ckenden Schlappohren, entschied sich für Isabellas Fuß als Spiel-kameraden. Er stupste mit der Nase gegen die Spitze ihres Schuhs, warf sich auf den Boden, streckte alle vier Beine in die Luft und be-arbeitete das glatte Leder so heftig mit den Pfötchen, als wollte er Funken daraus schlagen.

Lachend nahm Isabella das Hündchen hoch. Auch in der Luft zappelte es noch heftig mit den Beinen, während sie ihm fasziniert in die kugelrunden Augen schaute.

»Er hat zweifarbige Augen«, stellte sie entzückt fest. »Eins ist braun und das andere blau.«

»Das stimmt.« Margarete lachte ebenfalls und klang für einen Moment fast unbeschwert »Er ist aber eine Sie.«

»Ich bin verliebt.« Isabella bettete das Tierchen in ihren Schoß und sah lächelnd zu, wie es zappelnd versuchte, wieder auf den Boden zu gelangen.

»Die Welpen sind noch nicht stubenrein«, warnte Margarete sie.

»Das macht nichts«, sagte Isabella leichthin und wuschelte mit den Fingerspitzen vorsichtig im weichen Fell der winzigen Hündin.

»Wenn du möchtest, kannst du sie haben. Sie ist alt genug, um von der Mutter getrennt zu werden.«

Beim Gedanken, das zauberhafte Hündchen mit nach Hause zu nehmen, schlug Isabellas Herz vor Freude schneller. Sie hatte als kleines Mädchen einen Hund gehabt, der nach wenigen glücklichen Monaten im Pferdestall in eine Box gelaufen war. Die erschrockene Stute hatte Harro totgetrampelt. Damals hatte Isabella sich tagelang die Augen ausgeweint und erklärt, sie wolle nie, nie wieder einen Hund oder überhaupt irgendein Tier haben. Doch inzwischen war sie erwachsen, und die Dinge sahen ein wenig anders aus. Der Gedanke, Gesellschaft zu haben, wenn sie allein in ihrer Wohnung war, gefiel ihr außerordentlich.

»Wir haben auf Falkensee einige Hunde, aber sie leben in einem Zwinger oder im Stall, und keiner davon ist meiner«, erklärte sie nachdenklich. »Ich glaube, ich würde die Kleine wirklich gern mitnehmen.«

»Das freut mich. Für das Hündchen und für dich. Weißt du schon einen Namen für sie?«

»Maggy.« Die Idee kam wie aus dem Nichts. Es war eine Kurzform von Margaretes Namen, auch wenn niemand sie so anredete.

»Gut. Dann wird dich der Hund immer an mich erinnern«, stellte Margarete ruhig fest.

Der Schreck, der Isabella durchzuckte, war eisig. Hastig setzte sie den Welpen auf den Boden, als wollte sie doch nichts mit dem Tierchen zu tun haben.

»Nenn sie, wie du willst. Ich weiß, sie wird es gut bei dir haben«, sagte Margarete lächelnd.

11. Kapitel

Julius
Gut Falkensee, Westpreußen, ein knappes Jahr später, im April 1928

»Im Flur ist schon wieder eine Pfütze!« Strafend blickte Julius seine Frau an, die ihre Zeit mit dem albernen Hund vertrödelte. Isabella saß im Salon und ließ einen Ball über den Boden rollen, dem das zottelige Vieh hinterherjagte.

»Ich habe Linda schon gebeten, es wegzuwischen«, erklärte seine Frau gleichgültig. »Eigentlich ist Maggy stubenrein. Aber wenn sie sich freut oder aufgeregt ist, geht manchmal noch was daneben. Nicht wahr, meine Süße?«

Sie vergrub beide Hände in dem langen Fell der Hündin und redete mit ihr, als wäre sie ein Kleinkind. Das war es, was Julius besonders ärgerte: Anstatt ihre Zeit zu nutzen, Kinder aufzuziehen, die mit ihren hervorragenden Erbanlagen ein großer Gewinn für das deutsche Volk gewesen wären, spielte sie mit einem Hund herum.

Er würde sich nach einem Spezialisten umhören. Einem Arzt, der Unfruchtbarkeit kurierte. Dort würde er Isabella hinschicken. Vielleicht sollte er aber vorher seine Anstrengungen verdoppeln, sie zu schwängern. Oft war er abends nach einem langen Tag im Kontor und stundenlanger Arbeit für die Partei so müde, dass er in Minutenschnelle einschlief. An solchen Tagen, und davon gab es viele, hatte er weder Kraft noch Lust, sich auf jene Weise um Isabella zu kümmern, die notwendig war, um für Nachwuchs zu sorgen.

»Der Hund macht mich nervös«, erklärte er missmutig. »So ein Tier gehört in die Stallungen und nicht in unsere Wohnung.«

»Maggy ist ein *Haustier*.« Isabella lächelte ihn mit scheinbar harmloser Miene an. »Sie ist weder ein Jagdhund, noch habe ich sie mitgebracht, damit sie im Stall Ratten jagt. Dafür haben wir schon genug andere Hunde und Katzen.«

Julius warf einen nervösen Blick auf die Wanduhr. Er hatte um zehn Uhr einen wichtigen Termin mit einem Großgrundbesitzer aus dem Kulmer Land, der ihm Weizen zu günstigen Konditionen verkaufen wollte. Bis dahin war noch etwas Zeit, doch im Grunde erübrigte sich die Diskussion mit Isabella. Aus Erfahrung wusste er, dass seine Frau bei Dingen, die ihr wichtig waren, niemals nachgab. Manchmal erweckte sie für ein oder zwei Tage den Anschein, sie würde sich an seine Anweisungen halten. Doch das hielt meistens nicht lange an, und dann tat Isabella wieder, was sie tun wollte.

Das beste Beispiel war ihre fixe Idee, Fine Meyerhoff zu helfen und im Pensionat die Mädchen in Rechtschreibung zu unterrichten. Lange war sie hinter seinem Rücken nach Deutsch Eylau gefahren. Und als er ihr endlich auf die Schliche gekommen war, hatte sie sich so hartnäckig seinem Verbot widersetzt und immer wieder angefangen, von der Schule zu reden, dass er schließlich nachgegeben hatte. Auch weil ihm klar gewesen war, dass sie sonst heimlich mit der Sache weitermachen würde, gedeckt von ihren Eltern. Also hatte er sich lieber großzügig gegeben und erklärt, sobald sie eigene Kinder habe, werde damit auf jeden Fall Schluss sein.

So viel Eigensinn hatte er nicht von der jungen Frau erwartet, die bei ihrem Kennenlernen den naiven Charme einer Fünfzehnjährigen gehabt hatte und im Leben kein anderes Ziel zu kennen schien, als das sorgenfreie Leben einer Hausfrau und Mutter. Und nun war alles anders.

Mit einem Seufzer griff Julius nach seiner Aktentasche. Er vergewisserte sich, dass er darin die Papiere verstaut hatte, die er am vergangenen Abend zu später Stunde noch im heimischen Arbeitszimmer durchgesehen hatte. Dann beugte er sich über Isabella und drückte ihr den üblichen Abschiedskuss auf die Wange.

»Bleibst du heute zu Hause?«, erkundigte er sich vorsichtig.

»Ich muss ins Pensionat. Das weißt du doch. Fine ist immer noch schrecklich krank, und die Mädchen haben deshalb ohnehin viel zu selten Unterricht. Kinderlähmung ist eine äußerst gefährliche Krankheit, sagt Fines Arzt. Sie darf immer noch nicht ihr Zimmer verlassen, um keine der Schülerinnen anzustecken.« Isabella runzelte besorgt die Stirn.

»Lass dir nicht einfallen, sie am Krankenbett zu besuchen«, erwiderte Julius streng. »Obwohl ich nicht verstehe, wie eine Frau in dem Alter an Kinderlähmung erkranken kann, noch dazu so schwer.«

»Es kommt eben vor, meint der Arzt«, sagte Isabella. »Fine hat ein Dorfkind gepflegt, weil die Eltern vor dem drohenden Regen die Ernte einbringen mussten. Da hat sie sich wohl angesteckt. Das Kind ist wieder gesund, aber Fine liegt nun schon seit Wochen im Bett. Möglicherweise wird sie nie wieder laufen können. Aber sie ist mittlerweile wenigstens außer Lebensgefahr.«

»Sie kann unmöglich von dir erwarten, dass du nun an ihrer Stelle die alberne Schule führst«, stellte Julius streng fest.

»Sie erwartet gar nichts, aber ich helfe gern. Leider kann ich sowieso nur Unterricht in Rechtschreibung geben und den Mädchen ein bisschen was über Literatur erzählen.« Isabella hob den kleinen Ball vom Boden auf und legte ihn in die Schublade, in der sie die Hundesachen aufbewahrte. Stattdessen holte sie die Leine aus rotem Leder hervor, bei deren Anblick Maggy sich selbst in eine Art Gummiball verwandelte. Die Hündin hüpfte unermüdlich auf und nieder, weil sie wusste, dass es jetzt nach draußen ging.

»Zum Glück gibt es noch ein paar andere Menschen, die die Schule für sinnvoll halten und helfen, solange Fine so krank ist. Immerhin ist das Pensionat für begabte Mädchen aus armen Familien die einzige Möglichkeit, eine gute Ausbildung zu erhalten«, belehrte ihn Isabella.

Julius runzelte die Stirn. Es hatte ihm gerade noch gefehlt, dass seine niedliche Ehefrau sich anhörte wie eine vertrocknete Lehrerin. Dummerweise gab es keine gute Begründung, um ihr das Unterrichten im Pensionat zu verbieten. Wenn sie ein Kind hätte, wäre das etwas anderes. Immer wieder kam er zu dem gleichen Ergebnis.

Auch die Tatsache, dass sie ständig mit dem Wagen ihres Stiefvaters herumfuhr, missfiel ihm gewaltig. Dadurch kam sie ohne sein Wissen mit Leichtigkeit überallhin, nicht nur zum Pensionat. Leider war er schon mehrmals gezwungen gewesen, sich von ihr mit dem Auto abholen zu lassen, wenn er zu viel getrunken hatte. Deshalb zog die Begründung, er würde sich um ihr Leben und ihre Gesundheit sorgen, wenn sie selbst fuhr, leider nicht mehr.

»Wer, um alles in der Welt, unterrichtet die Gören denn außer dir noch freiwillig und ohne Bezahlung?«, erkundigte er sich missmutig.

»Die pensionierte Lehrerin aus dem Dorf Bielau kommt jede Woche für ein paar Stunden. Und der Pastor auch«, erzählte Isabella in munterem Ton.«

Sie ging mit der Hündin an der Leine zur Tür.

»Warum besuchst du nicht lieber deine Freundin Margarete, wenn dir langweilig ist?«, unternahm er einen weiteren Versuch, ihre Fahrt nach Schloss Bielau zu verhindern. Fast noch mehr als die Tatsache, dass sie dort als Lehrerin arbeitete, störte ihn der Einfluss, unter den sie im Pensionat geriet. Diese Josefine Meyerhoff war so etwas wie eine aus der Zeit gefallene Suffragette. Sie war nie verheiratet gewesen, bestimmte als Frau über ihr Leben selbst und war durch ihre ebenfalls unverheiratete Mutter auch noch zu Geld gekommen. Mit ihrem Vermögen wusste sie nun nichts Besseres anzufangen, als junge Mädchen zu ihrem Abbild zu formen. Und Isabella half ihr dabei. Keine Wunder, dass seine süße Frau langsam so stur wurde, dass er oft das Gefühl hatte, gegen eine Wand anzureden.

»Ich bin vor ein paar Tagen bei Margarete vorbeigefahren«, erklärte Isabella. »Zum Glück geht es ihr wieder besser. Sie war vollkommen am Boden zerstört, als ihr kleiner Junge im November drei Monate vor dem Geburtstermin zur Welt kam. Viel zu schwach, um selbst zu atmen. Schon das zweite Kind, das sie verloren hat.« Plötzlich schimmerten Isabellas Augen feucht, und sie wischte sich hastig mit dem Handrücken über die Wange.

»Aber wenigstens Margarete hat überlebt«, fuhr sie mit gepresster Stimme fort. »Nur muss man befürchten, dass sie schon bald noch einmal versucht, ein Kind zur Welt zu bringen. Es ist regelrecht tragisch. Ihr Mann hat furchtbare Angst um sie, und ihr Arzt warnt sie auch. Doch Margarete … «

»Deine Freundin ist eine echte Frau«, unterbrach Julius sie. »Eine Frau, die weiß, dass die Mutterschaft ihre wichtigste Aufgabe ist, ihr Lebensziel und Lebensinhalt. Du solltest sie darin bestärken. Das Deutsche Reich braucht arische Kinder. Und es braucht Frauen, die wissen, wo ihr Platz ist. Nämlich zu Hause, wo sie – als treusorgende Gefährtin des Ehemanns – die Kinder zu wertvollen deutschen Bürgern erziehen.«

Isabella schnappte nach Luft. »Das ist doch wohl nicht dein Ernst! Ganz bestimmt werde ich Margarete nicht zureden, wieder und wieder ihr Leben aufs Spiel zu setzen.«

»Was das betrifft – *du* müsstest dein Leben nicht riskieren, um ein Kind zu bekommen.« Er sah sie herausfordernd an.

Isabella starrte zurück, ohne mit ihren langen dunklen Wimpern zu zucken. »Das mag sein«, entgegnete sie schließlich vage.

Dann wandte sie sich ab und verließ das Zimmer. Julius stand lange bewegungslos da und sah die geschlossene Tür an. Erst als er unten die Haustür zuschlagen und wenig später von der Remise her Motorengeräusch hörte, setzte er sich in Bewegung, um ebenfalls das Haus zu verlassen. Kaum hatte er die Eingangshalle erreicht, hörte er den spitzen Aufschrei einer Frauenstimme aus dem Souterrain.

Er zögerte, machte einige weitere Schritte in Richtung Ausgang und blieb erneut stehen, als sich der Schrei wiederholte, dieses Mal noch lauter und schriller. Gleich darauf schepperte es dort unten, als wäre ein ganzer Stapel Teller auf den Boden gefallen.

Julius machte kehrt, eilte die Dienstbotentreppe hinunter, stürmte den schmalen Gang entlang und riss die Küchentür auf. Der Anblick, der sich ihm bot, ließ ihn erstarren.

In dem großen Raum befanden sich die Köchin Emma und die Küchenhilfe Grete. Beide standen einander schwer atmend gegenüber, während um sie herum das pure Chaos herrschte. Auf dem Fliesenboden waren zahlreiche Scherben verteilt, dazwischen lagen Lebensmittel herum. Julius erkannte gekochte Kartoffeln, die zum Teil zu Matsch zertreten waren, Brotscheiben und Stücke von rohem Fleisch.

»Was ist hier …«, begann er, doch in diesem Moment kam wieder Leben in die beiden Frauen. Er sah, dass Emma Schubbke ein großes Fleischmesser in der Hand hielt, das sie gleich darauf vor Gretes Gesicht durch die Luft schwang. Die Klinge des Messers war blutbefleckt, und er hoffte inständig, dass die roten Tropfen nicht von Grete stammten, sondern von den Gulaschresten, die auf dem Schneidebrett lagen.

»Dich werd ich lehren«, kreischte Emma und fuhr mit dem Messer schwungvoll durch die Luft, offenbar in der Absicht, Grete damit zu durchbohren. Zum Glück war die Küchenhilfe um einiges jünger und beweglicher als die beleibte Köchin. Grete duckte sich und wich zurück. Auf diese Weise gelang es ihr, die Ecke des großen Tischs zwischen sich und Emma zu bringen.

»Sofort aufhören!«, befahl Julius. Während Grete den Kopf wandte und in seine Richtung sah, schien Emma in ihrer Wut nichts gehört zu haben.

»Helfen Sie mir«, flehte Grete. »Sie will mich umbringen, weil sie glaubt, ich hätte irgendwelche Sachen vor ihr versteckt. Dabei räumt sie selbst immer alles um und vergisst, wo sie es hingelegt hat.«

»Lügengesindel, verdammtes«, kreischte Emma. »Wenn ich

würd räumen wollen, tät ich das. Aber ich tu's nich.« Sie umrundete den Tisch und fuchtelte schon wieder mit dem Messer vor Gretes Gesicht herum. Als diese versuchte wegzulaufen, packte die Köchin sie mit der freien Hand beim Ärmel.

»Schluss jetzt!« Julius trat hinter Emma, packte ihre Hand mit dem Messer und nahm ihr das blutbesudelte Ding weg.

In diesem Moment schien Emma zu sich zu kommen und zu begreifen, was sie getan hatte. Sie fing an zu weinen, sank auf einem der Küchenstühle in sich zusammen und hielt sich beide Hände vors Gesicht.

»Sind Sie verletzt?«, erkundigte sich Julius bei Grete.

Die zeigte auf ihren Handrücken. »Nur ein Kratzer. Das meiste Blut stammt vom Gulasch.« Sie schnappte nach Luft, dann fing auch sie an zu weinen. »Ich hatte solche Angst. Ich dachte, sie bringt mich um.« Vor lauter Schluchzen konnte sie nicht weitersprechen.

Julius packte sie beim Arm und zog sie mit sich hinaus auf den dämmerigen Flur. Dann drehte er von außen den Schlüssel im Schloss der Küchentür um. »Durchs Fenster passt sie bestimmt nicht.«

»Wer? Frau Schubbke?« Erstaunt starrte Grete ihn an und hörte sogar auf zu weinen.

»Wer sonst? Sie bleibt dadrinnen, bis ich jemanden gerufen habe, der sie abholt. Ganz gleich, was sie sagt oder tut, die Tür bleibt zu, ist das klar?«

»Den Teufel werd ich tun, sie da rauszulassen! Bin ja froh, dass ich noch leben tu.« Grete verschränkte die Arme vor der Brust.

Julius stieg die Treppe zur Halle hinauf, ging zum Telefon und wählte die Nummer von Doktor Hinrichsen. Zum Glück erreichte er den Arzt sofort. Was gut war, denn aus dem Souterrain waren schon wieder schrille Schreie und das Scheppern von zerbrechendem Steingut zu hören.

»Alice?«, rief er die Treppe hinauf, weil er seine Schwiegermutter noch oben in ihrem Zimmer vermutete. Sie pflegte dort zu frühstücken und tauchte meistens erst nach zehn Uhr unten auf.

Natürlich würde er die Sache mit der messerschwingenden Köchin selbst lösen. Aber ein paar gute Worte von Alice würden die schreiende Frau hinter der Tür vielleicht etwas beruhigen. Der Umgang mit dem Personal oblag schließlich der Hausherrin.

»Alice!«, rief er noch einmal, doch nichts tat sich. Wie immer, wenn man sie brauchte, waren die Dienstboten plötzlich verschwunden. Also konnte er jetzt keinen von ihnen nach seiner Schwiegermutter schicken. Und seine Ehefrau war unterwegs, weil sie sich um fremder Leute Bälger kümmerte, statt um den eigenen Hausstand. Es war wirklich zum Verzweifeln.

Wieder krachte es im Souterrain, und Julius eilte nach unten. Auf halber Treppe warf er einen nervösen Blick auf seine Armbanduhr. Wenn das so weiterging, würde er seinen Zehn-Uhr-Termin verpassen. Zum Glück war Doktor Hinrichsen zuverlässig, und der Weg von Bischofswerder nach Gut Falkensee dauerte mit dem Automobil nur gut zehn Minuten.

Erleichtert stellte Julius fest, dass Grete immer noch zitternd vor der verschlossenen Tür stand, während drinnen in der Küche Emma randalierte und herumschrie.

»Ist sie zum ersten Mal so?«, erkundigte er sich bei der Küchenhilfe.

Grete schüttelte den Kopf. »Schon lange«, wisperte sie. »Nur nich so schlimm. Sie vergisst schon ewig alles, verräumt Sachen in den Schränken, und immer bin ich angeblich dran schuld. Dann wieder is sie furchtbar nett zu mir und weint, weil sie plötzlich versteht, dass sie so viel vergisst. Dann sagt sie, ich soll's keinem sagen. Weil sie sonst aus dem Haus geworfen wird. Und sie hat doch niemanden, wo sie hingehn kann.«

Erstaunt musterte Julius die Küchenhilfe. Wieso hielt diese Frau schon so lange Beschimpfungen und Bedrohungen aus und sorgte nicht dafür, dass die Köchin aus dem Haus verschwand?

Als hätte sie seinen fragenden Blick verstanden, zuckte Grete mit den Schultern. »Emma gehört doch hierher, nach Falkensee. Ich wüsst auch nich wohin, wenn ich meine Stellung hier verlieren tät.«

In der Küche schien Emma sich nun die Töpfe vorgenommen zu haben. Es krachte laut und metallisch, während sie offenbar einen nach dem anderen auf den Boden warf.

Auf der Dienstbotentreppe waren leichte Schritte zu hören. Gleich darauf tauchte Alice im Flur auf. »Hast du nach mir gerufen, Julius? Was ist denn hier los?« Sie schaute ihn fragend an. »Das ist ja ein furchtbarer Lärm.«

Alice streckte die Hand nach der Klinke der Küchentür aus, doch Julius trat ihr energisch in den Weg. »Das ist deine Köchin, die da randaliert«, sagte er. »Sie ist vollkommen verrückt geworden und mit dem Messer auf Grete losgegangen.«

Alice wurde kreidebleich. »Und was machen wir jetzt?«

»Ich habe Doktor Hinrichsen angerufen. Er sagte, er wird sie wohl einliefern müssen.«

»Einliefern? Wen? Ist das dadrinnen Emma Schubbke?« Unversehens war auch Veronika erschienen, sodass es in dem schmalen Flur eng wurde. Der Lärm, den die Schubbke veranstaltete, war offenbar im ganzen Haus zu hören.

»Ja«, antwortete Julius knapp. Er musste die Stimme heben, um das Krachen zu übertönen.

»Doktor Hinrichsen kommt gleich«, erklärte Alice ihrer Mutter in gehetztem Ton. »Julius sagt, er will Emma einweisen lassen.«

»Einweisen? Wohin denn einweisen?«, rief Veronika empört. »Frau Schubbke ist *meine* Köchin. Sie ist mit mir zusammen hier auf Gut Falkensee eingezogen, nachdem ich geheiratet hatte. Und solange ich hier bin, gibt es hier einen Platz für sie.«

Die alte Dame schwankte leicht und stützte sich an der Wand ab. Als sie sprach, roch Julius Sherry in ihrem Atem. Es wurde immer schlimmer mit Veronika. Offenbar war sie schon vor zehn Uhr morgens beschwipst.

Julius und Alice wechselten einen stummen Blick. Grete wandte den Kopf ab und tat, als ginge die ganze Sache sie nichts an.

»Mamachen«, flötete Alice schließlich und berührte ihre Mutter sanft an der Schulter. »Du hörst doch, wie sie dadrinnen wütet. Und sie schafft es kaum noch, ihre Arbeit zu verrichten.«

»Darum geht es nicht.« Veronika warf energisch den Kopf in den Nacken. »Emma Schubbke ist *meine* Köchin, sie steht unter meinem Schutz, und sie bleibt hier«, wiederholte sie und sah Julius drohend an.

»Mama. Wir müssen wirklich … «, begann Alice hilflos.

In diesem Moment tauchte Doktor Hinrichsen auf. Begleitet wurde er von zwei kräftigen Männern in weißen Jacken. Vor der verschlossenen Küchentür entstand ein Gedränge.

»Wie wäre es, wenn du deine Mutter nach oben begleitest?«, schlug Julius seiner Schwiegermutter vor, ließ jedoch keinen Zweifel daran, dass dies keine Bitte, sondern eine Aufforderung war.

Alice nickte und nahm Veronikas Arm. Diese versuchte vergeblich, sich aus dem Griff ihrer Tochter zu befreien. Schließlich blieb ihr nichts anderes übrig, als sich in Richtung Treppe mitziehen zu lassen. Dabei erklärte sie immer wieder, dass nur sie allein zu bestimmen habe, ob und wann die Köchin das Gut verließ. Während Alice sie die Treppe hinaufbugsierte, wurde Veronikas Stimme immer leiser.

»Sie hören, was dadrinnen los ist, nicht wahr?«, wandte Julius sich an den Arzt.

»Allerdings.« Doktor Hinrichsen stellte seine Arzttasche auf den kleinen Tisch an der Wand, der normalerweise zum Abstellen von Schüsseln und Platten diente, die mit dem Speisenaufzug nach oben geschafft werden sollten. Der Arzt nahm eine Spritze aus der Tasche und zog aus einer Ampulle eine gelbliche Flüssigkeit auf.

Dann nickte er den beiden Männern zu, die sich im Hintergrund gehalten hatten. Sie traten neben ihn, er drehte den Schlüssel um, und alle drei verschwanden in der Küche. Drinnen stieß Emma einen spitzen Schrei aus, es krachte, dann war alles still.

»O Gott«, ächzte Grete. Als Julius sich zu ihr umwandte, lehnte sie an der Wand und weinte leise vor sich hin.

Gleich darauf öffnete sich die Küchentür wieder. Der Arzt trat als Erster in den Flur, machte aber sofort den beiden Pflegern Platz, die Emma zwischen sich hatten. Jeder hielt einen ihrer kräftigen Arme gepackt, und erstaunlicherweise ließ sich die Köchin lammfromm den Gang entlangführen. Im nächsten Moment waren die Männer bereits mit Emma auf der Treppe.

»Wo bringen Sie sie hin?«, fragte Grete. Ihre Augen waren vor Schreck weit aufgerissen. »Sie hatte doch immer solche Angst, dass sie Falkensee verlassen muss. Es geht nicht ... «

»Sie sollten froh sein«, fiel Julius ihr ins Wort. »Ist Ihnen nicht bewusst, dass Frau Schubbke Sie fast umgebracht hätte? Die Frau ist nicht bei Sinnen.«

»Aber ... «, setzte Grete erneut an, doch Doktor Hinrichsen legte ihr die Hand auf die Schulter.

»In der Nervenheilanstalt wird man sich gut um sie kümmern«, erklärte er.

»Nervenheilanstalt?«, hauchte Grete, und ihre Augen wurden noch ein wenig größer. »Wann kommt sie da wieder raus?«

Der Arzt schüttelte stumm den Kopf.

»Das ist Ihre Chance, gute Frau«, sagte Julius streng zu Grete. »Wir werden eine neue Köchin brauchen. Und wenn ich es richtig sehe, haben Sie schon eine ganze Weile die Verantwortung für die Küche getragen.«

»So will ich das aber nich«, stieß Grete mit gepresster Stimme hervor.

»Ich fahre dann zurück nach Bischofswerder.« Das Klicken, mit dem der Arzt seine Tasche schloss, hallte durch den schmalen

Flur. »Wenn keine zusätzliche Bezahlung erfolgt, wird die Patientin in einem der großen Säle untergebracht. Das ist manchmal nicht ganz so angenehm für die Kranken. Sie können es sich überlegen.«

»Das sieht man dann«, erwiderte Julius vage.

Das Küchenmädchen brachte einen erstickten Ton hervor. Dann drehte sie sich um und ging in die Küche. Was nur gut war, dachte Julius. Dort gab es eine Menge aufzuräumen.

Er begleitete Doktor Hinrichsen hinauf in die Halle. Die Pfleger waren bereits mit Emma verschwunden. Auch der Arzt verabschiedete sich eilig.

Zufrieden mit sich und seiner Art, die Dinge zu regeln, machte Julius sich, zum Glück nur leicht verspätet, auf den Weg in seine Getreidehandlung.

12. Kapitel

Isabella
Bischofswerder, Westpreußen, fünf Jahre später, am 5. März 1933

Isabella stand in einer abgelegenen Ecke des Saals und hoffte zwei Dinge: Erstens, dass dieser Abend schnell vorübergehen möge, und zweitens, dass Julius sie hinter der staubigen Zimmerpalme nicht entdeckte.

Nur allzu bald stellte sich heraus, dass beide Wünsche nicht in Erfüllung gehen sollten.

»Was machst du denn hier? Ich habe dir doch gesagt, dass du dich als Frau des Ortsgruppenleiters an meiner Seite zeigen musst. Die Leute sollen sehen, dass ich eine Frau habe. Eine wunderbar arische Frau.« Julius packte sie beim Arm und zog sie mit sich in die Mitte des Raums.

Isabella runzelte die Stirn. »Was meinst du damit?«

Ihr Mann blieb stehen und sah sie verblüfft an. »Was meine ich womit? Mit arisch?«

Sie nickte.

Das Erstaunen in Julius Augen wurde noch stärker. »Hörst du mir eigentlich niemals zu? Du bist blond und blauäugig, deutsch-blütig und erbgesund. Mit anderen Worten: nicht nur eine wunderschöne Frau, sondern auch die ideale Mutter für meine Kinder.«

Wäre es möglich gewesen, hätte Isabella ihre Stirn noch mehr in Falten gelegt. Sie hatte nichts dagegen, wenn ihr Mann sie schön fand. Wenn es aber darum ging, dass ihre blonden Haare auf irgendeine Weise, die sie nicht verstand, den Zielen der NSDAP dienten, fand sie das merkwürdig.

»Natürlich höre ich zu«, behauptete sie rasch, als sie Julius' skeptischen Blick bemerkte. Tatsächlich dachte sie oft an etwas anderes, wenn er einen seiner endlosen politischen Vorträge hielt. Hastig fuhr sie fort: »Du erzählst so viele interessante Dinge, dass ich mir gar nicht alles merken kann.«

Bei den letzten Worten hatte sie heimlich die Finger in den Falten ihres weiten Rocks überkreuzt. Das hatte sie schon als Kind getan, weil dadurch eine Lüge angeblich weniger schlimm war. Allerdings hatte ihre Mutter ihr zu verstehen gegeben, dass es für eine Ehefrau praktisch dazugehörte, ihren Mann anzuschwindeln. Wichtiger als alles andere war, dem Ehemann zu zeigen, wie wunderbar er war. Das diente dem Erhalt der Ehe. Eine Frau musste Interesse an den Worten und Taten ihres Mannes haben. Und falls es sie nicht interessierte, was er sagte oder tat, musste sie dieses Interesse eben heucheln.

Und an einem Tag wie diesem, an dem sie mit ihrem Mann in der Öffentlichkeit auftrat, war es erst recht ihre Aufgabe, zu all seinen Worten zu nicken und ihn bewundernd anzusehen.

Die Ortsgruppe der NSDAP hatte für den Abend der Reichstagswahl den Ballsaal des größten Hotels von Bischofswerder gemietet. Man hoffte auf die absolute Mehrheit für die Partei und wartete nun gespannt auf die Auszählung der Stimmen. Julius' Stellvertreter, ein glatzköpfiger Mann mit einer unangenehm schnarrenden Stimme, verharrte seit über einer Stunde am Telefon im Flur vor der Saaltür. Seine Aufgabe war es, das deutschlandweite Ergebnis sofort weiterzugeben. Andere Parteimitglieder liefen zwischen dem Hotel und dem örtlichen Wahllokal hin und her, um auf diese Weise möglichst schnell die Wahlergebnisse von Bischofswerder zu erhalten.

Isabella blieb nun folgsam neben Julius in der Mitte des großen Raums. Während er sich in ein Gespräch mit einem Parteikollegen vertiefte, ließ sie gelangweilt ihren Blick durch den Saal wandern. In einer Fensternische standen ihre Mutter und ihr Stiefvater. Nicht weit von ihnen entfernt erspähte sie Ronald von Bernsdorff mit seiner Frau, einer nichtssagenden Blondine, deren wässrig blaue Augen an den Porzellanblick einer Puppe erinnerten.

Als Ronald zufällig in ihre Richtung sah und ihre Blicke sich begegneten, wandte er ruckartig den Kopf ab und betrachtete interessiert den Kronleuchter unter der Decke.

Isabella ballte die rechte Hand und bohrte ihre Fingernägel ins Fleisch. Immer wieder aufs Neue versetzte ihr seine Gleichgültigkeit einen schmerzhaften Stich. Und jedes Mal nahm sie sich vor, keinen Gedanken mehr an ihn und sein Verhalten zu verschwenden. Er war ihr leiblicher Vater, und hatte in ihrem ganzen Leben noch kein einziges persönliches Wort mit ihr gewechselt. Mehr noch – wann immer er sie versehentlich ansah, wandte er sich hastig ab.

Wenn man Alice betrachtete, war dieses seltsame Verhalten nicht verwunderlich. Auch Isabellas Mutter ignorierte Ronald, ihren ersten Ehemann, mit dem sie kaum ein Jahr zusammengelebt hatte, nach Kräften. Und sie weigerte sich, mit Isabella über ihn und die Gründe, die zum Scheitern dieser Ehe geführt hatten, zu sprechen. Auch von ihren Nachbarn und Bekannten hatte Isabella niemals ein Wort über die erste Ehe ihrer Mutter gehört. Alle taten nach Kräften, als hätte es dieses Intermezzo im Alices Leben niemals gegeben. Was natürlich auch daran lag, dass niemand gewagt hätte, in Gegenwart von Alices Vater, Adalbert von Bargelow, ein schlechtes Wort über seine jüngste Tochter zu verlieren. Und inzwischen war die Geschichte so lange her, dass sie bei einigen Menschen vielleicht wirklich in Vergessenheit geraten war.

Womöglich hätte Isabella das Verhalten ihres leiblichen Vaters nicht so sehr verletzt, wenn sie nicht mitbekommen hätte, wie er Dora, seine Tochter aus zweiter Ehe, verwöhnte. Schon oft hatte Isabella sich gefragt, ob Dora überhaupt wusste, dass sie eine Halbschwester hatte. Jedenfalls ließ Dora sich nichts anmerken, wenn sie hier und da ein Wort mit Isabella wechselte.

Wenigstens waren Dora und ihr Ehemann an diesem Wahlabend nicht anwesend. Sie hatten wahrscheinlich genug mit ihren mittlerweile vier Kindern zu tun. Außerdem war Doras Mann kein Parteimitglied. Von Ronald wusste sie es nicht. Vielleicht war er, ebenso wie ihre Eltern, nur von irgendwelchen Leuten aus der NSDAP eingeladen worden, um den erhofften Wahlsieg zu feiern.

Da Julius und sein Freund sich immer noch angeregt unterhielten, zog sich Isabella vorsichtig zurück und schlenderte zu Alice und Konrad hinüber. Im Vorbeigehen nahm sie sich ein Glas vom Tablett eines Kellners. Sie nippte daran und stellte fest, dass sie den Weißwein nicht mochte. Er war ihr zu süß und schmeckte wie ausgepresste Rosinen.

»Ich finde es zu schade, dass Julius sich nicht für den Reichstag hat aufstellen lassen«, sagte Alice, als Isabella neben sie trat. »Stellt euch nur vor, ich hätte überall herumerzählen können, dass mein Schwiegersohn Mitglied der Reichsregierung ist.«

»Dann würde er seinen Getreidehandel aufgeben müssen, und wir könnten auch nicht mehr auf Falkensee leben«, gab Isabella zu bedenken. »Außerdem gefällt es ihm ganz gut, Ortsgruppenleiter zu sein. Hier hat er das Sagen, im Reichstag wäre er einer unter vielen.«

»Trotzdem.« Alice seufzte sehnsüchtig. »Ich hätte ihn gewählt. Und, wer weiß, vielleicht wäre er eines Tages Reichskanzler geworden. Aber das kann er ja immer noch. Er würde eine hervorragende Figur in einem hohen politischen Amt abgeben mit seinem guten Aussehen und seiner energischen Art.«

»Hoffentlich geht es in der Politik noch um anderes«, bemerkte Konrad. Der strafende Seitenblick seiner Frau schien ihn nicht zu kümmern.

»Geht es im Leben nicht meistens um Beziehungen?«, dachte Alice laut nach. »Und kann man bessere Beziehungen haben als welche zur Regierung? Ich hätte jedenfalls gern einen Schwiegersohn in der Regierung sitzen.«

»Nun …« Konrad räusperte sich, sah sich prüfend um, als

wollte er feststellen, ob jemand in der Nähe stand, und fuhr mit gesenkter Stimme fort: »Was mich betrifft, bin ich ein bisschen wählerisch, was die Regierung betrifft, zu der ich gute Beziehungen unterhalten möchte.«

»Ach du!« Alice schlug ihm spielerisch mit den Fingerspitzen auf den Oberarm, als hätte er einen Scherz gemacht.

Allerdings war Isabella sicher, dass Konrad seine Worte ernst meinte. Er hielt nicht viel von der NSDAP und war schon zwei oder drei Mal in eine heftige politische Diskussion mit Julius geraten.

Isabella wusste nicht recht, auf wessen Seite sie sich stellen sollte. Im Grunde fand sie Politik sterbenslangweilig. Sie hatte schlichtweg keine Lust, sich damit zu beschäftigen. Allerdings erschienen ihr manche Ziele der NSDAP, die Julius ihr erläuterte, seltsam oder gar absurd. Aber das behielt sie wohlweislich für sich.

Sie schreckte aus ihren Gedanken hoch, als Julius neben sie trat und ihr besitzergreifend den Arm um die Schultern legte.

»Weiß man schon Näheres über die Wahlergebnisse?«, fragte Konrad und schaute dabei so ausdruckslos drein, dass nicht einmal Isabella seine Gedanken erraten konnte.

»Leider noch nicht. Aber es kann sich nur noch um Minuten handeln. Und ich rechne mit einem hervorragenden Ergebnis«, erwiderte Julius.

»Die Partei hat sich zwar durch ihr Vorgehen gute Voraussetzungen geschaffen, doch das garantiert nicht automatisch den Erfolg«, stellte Konrad gelassen fest, leerte sein Weinglas und stellte es auf einem kleinen Tisch in der Nähe ab.

»Welches Vorgehen meinst du?« Julius' Blick war lauernd.

»Soweit man hört, wurden Mitglieder der KPD und der SPD während des Wahlkampfs verfolgt und teilweise für angebliche Vergehen in Haft genommen. Ihre Plakate wurden überklebt.«

Julius starrte Konrad feindselig an. »Ich wäre dir dankbar, wenn du aufhören würdest, derartige Gerüchte in die Welt zu setzen. Immerhin bist du mein Schwiegervater. Solches Gerede könnte auf mich zurückfallen.«

»Wer sollte von dir glauben, dass du auch nur ein kritisches Wort über deine Partei verlierst?« Konrads Brauen wanderten so weit in die Höhe, dass sie fast unter seinem Haaransatz verschwanden.

Die beiden Männer maßen einander mit Blicken. Aus dem Augenwinkel bemerkte Isabella, wie ihre Mutter unruhig wurde. Gleich würde sie versuchen, zwischen ihrem Mann und ihrem Schwiegersohn zu vermitteln. Was aus irgendeinem Grund ebenfalls eine der Aufgaben von Ehefrauen zu sein schien.

»Worüber regst du dich auf?«, erkundigte sich Konrad äußerlich gelassen. »Reichspräsident von Hindenburg hat bereits am 30. Januar Adolf Hitler zum Reichskanzler ernannt. Und wie wir wissen, hat sich Hitler mit dem Ermächtigungsgesetz nach dem Reichstagsbrand die gesetzgebende Gewalt angeeignet. Wegen eines Attentats, das möglicherweise nur ein einzelner Mann geplant und begangen hat, sind die Grundrechte außer Kraft gesetzt. Es ist nun ein Leichtes für Hitler, die politische Opposition zu unterdrücken.«

Bevor Julius etwas erwidern konnte, hängte Alice sich an den Arm ihres Mannes. »Streitet doch nicht, ihr beiden!«, flötete sie. »Wir sind eine Familie. Deshalb sollten wir alle Julius' politische Karriere nach Kräften unterstützen.«

»Da hörst du es, Konrad!« Julius lachte amüsiert auf.

Konrad hingegen schien die ganze Sache nicht so lustig zu finden. Er verzog keine Miene. »Hast du eigentlich das Buch deines verehrten Parteiführers gelesen?«

»*Mein Kampf*? Natürlich habe ich das gelesen. Band eins und Band zwei.« Anstatt Konrad anzusehen, betrachtete Julius seine Frau. Er hob den Arm und berührte eine ihrer blonden Locken.

Isabella zuckte zusammen. Ging es schon wieder um das arische Erbgut? Langsam fand sie diese Sache ärgerlich. Sie mochte ihre Haare und auch ihre blauen Augen. Doch es war nicht ihr Verdienst, und wenn sie dunkle Haare gehabt hätte, wie zum Beispiel ihre Tante Charlotte, wäre sie wahrscheinlich immer noch eine hübsche Frau gewesen. Hatte Charlotte andere Erbanlagen als sie? War sie nicht *arisch*? Und wer legte überhaupt Wert darauf, arisch zu sein?

»Und du stimmst mit den Meinungen deines Parteiführers überein?« Über Konrads Nase bildete sich eine tiefe Falte.

»Sicher. Sollte ich nicht?« Julius' Blick war herausfordernd.

»Über einige Punkte solltest du zumindest nachdenken.«

»Keine Sorge. Ich denke, und ich handle.« Julius reckte energisch das Kinn vor.

In diesem Moment sah Isabella wieder überdeutlich den Mann vor sich, in den sie sich Hals über Kopf verliebt hatte. Seine entschiedene Art trug zu seiner männlichen Ausstrahlung bei. Bei ihm konnte eine Frau sich geborgen fühlen, so viel stand fest. Wenn sie sich im Saal umsah, entdeckte sie zahlreiche Frauen jeden Alters, die Julius mehr oder weniger auffällig anhimmelten. Selbst ihre Mutter war höchst eingenommen von dem gutaussehenden Ortsgruppenleiter.

Isabella schmiegte sich ein wenig fester in Julius' Arm, der immer noch um ihre Schultern lag. Es war ein gutes Gefühl, zu ihm zu gehören, beschloss sie, auch wenn es oft nicht ganz einfach war.

»Die Reichstagsbrandverordnung wurde von Hindenburg, dem Reichspräsidenten, zum Schutz von Volk und Staat erlassen«, setzte Julius die Unterhaltung mit seinem Schwiegervater fort. Dabei sprach er so langsam und deutlich, als könnte Konrad ihm sonst geistig nicht folgen. »Damit hatte die NSDAP nichts zu tun.«

»Die Partei wusste die Situation aber wunderbar zu nutzen. Außerdem kann ich mir nicht vorstellen, dass Hitler bei dieser Verordnung nicht in irgendeiner Weise mitgewirkt hat. Er will eine Diktatur, und da passt es ganz wunderbar, wenn man den Menschen die Grundrechte nimmt.« Konrads Wangen röteten sich leicht, und seine Augen funkelten. Isabella konnte erkennen, dass er nur mühsam seine Wut im Zaum hielt.

»Sei vorsichtig, was du sagst!« Julius klang gefährlich ruhig. »Du gehörst zu meiner Familie, aber es könnte geschehen, dass ich dich eines Tages nicht schützen kann.«

»Was willst du damit sagen? Dass ich meine Meinung nicht mehr äußern darf, ohne in Gefahr zu geraten?« Konrad kniff die Lider zusammen.

»Jetzt hört doch bitte auf!«, mischte sich Alice erneut ein.

»Das Ergebnis!«, rief in diesem Moment Julius' Stellvertreter von der Telefonnische aus in den Saal.

Alle Köpfe wandten sich ihm zu, als er in die Tür trat.

»Nun sag schon!«, drängte Julius. »Ist es geschafft?«

Der kleine Mann zögerte. »Ein Stimmenzuwachs von mehr als zehn Prozent«, verkündete er dann. »Was ein beachtliches Ergebnis darstellt, wie auch aus Berlin zu hören ist.«

Isabella bekam mit, wie Julius neben ihr die Luft durch die Zähne ausstieß, sodass es leise zischte. Gleichzeitig ließ er sie los und fuhr sich mit beiden Händen durch die Haare.

»Verdammt«, hörte sie ihn leise murmeln.

»Wir haben die absolute Mehrheit verpasst«, erklärte gleichzeitig sein Stellvertreter. »Aber wir sind einen großen Schritt weitergekommen.«

Julius atmete noch einmal tief durch. Dann klatschte er mehrmals laut in die Hände. Der Großteil der Anwesenden fiel in den Beifall ein. Während der Applaus anhielt, murmelte Julius etwas vor sich hin, das möglicherweise nur Isabella hörte, weil sie immer noch direkt neben ihm stand: »Tja, wartet es nur ab. Bald schon wird es Wahlen geben, bei denen nur noch die richtige Partei zur Wahl steht.«

Erstaunt wandte sie den Kopf und sah ihn von der Seite an. Was sollten das für Wahlen sein, wenn es keine Alternativen gab? Dieses Mal hatte sie ihr Kreuz bei der NSDAP gemacht, weil Julius nun einmal zu dieser Partei gehörte und sie verpflichtet war, ihren Mann zu unterstützen. Wenn es aber gar keine andere Möglichkeit gab? Dieser Gedanke widerstrebte ihr.

Standen solche Ideen in dem Buch von Hitler, das Konrad erwähnt hatte? Wie hieß es noch? *Mein Kampf*? Ob sie einmal hineinschauen sollte? Es war sicher schrecklich langweilig, wenn es darin nur um Politik ging. Vielleicht wäre es besser, Konrad zu fragen. Davon durfte Julius allerdings nichts mitbekommen.

Sie gratulierte ihrem Mann zum Wahlerfolg seiner Partei und küsste ihn. Julius wirkte zufrieden, denn sämtliche Umstehenden lächelten angesichts der hübschen blonden Ehefrau, die ihren Ehemann nach Kräften unterstützte.

13. Kapitel

Julius
Ortsgruppendienststelle der NSDAP, Bischofswerder,
acht Monate später, Ende November 1933

»Das Ziel ist erreicht. Deutschland wird vom Führer regiert. Und zwar allein vom Führer und seiner, unserer Partei, der NSDAP. Nun ist es an uns, hier in Westpreußen dafür zu sorgen, dass die Ziele des Führers umgesetzt werden.«

Während er mehrmals energisch nickte, ließ Julius seinen Blick über die Köpfe der anwesenden Männer wandern. Da fehlten so einige. Er würde dafür sorgen, dass künftig sämtliche Haushaltsvorstände erschienen, wenn sie keinen wichtigen Grund für ihre Abwesenheit hatten. Immerhin war er für Moral und Ordnung in fast fünfhundert Haushalten zuständig, die zu seiner Ortsgruppe gehörten, und er dachte nicht daran, seine Aufgabe schleifen zu lassen.

Seit einiger Zeit fanden die Versammlungen der Ortsgruppe nicht mehr im *Deutschen Haus* statt. Julius hatte sich persönlich um die Anmietung einer Ortsgruppendienststelle gekümmert. Im gleichen Gebäude waren, wie es üblich war, auch die Vertreter der Deutschen Arbeitsfront, des Einheitsverbands der Arbeitnehmer und Arbeitgeber, der NS-Frauenschaft und der Nationalsozialistischen Volkswohlfahrt untergebracht.

Julius hatte Isabella mehrmals darauf angesprochen, der Frauenschaft beizutreten und dort am besten eine führende Rolle zu übernehmen. Sie weigerte sich jedoch standhaft, obwohl dies seinem Ansehen in der Partei äußerst förderlich gewesen wäre.

Immerhin war am 12. November endlich geschehen, worauf Julius und seine Parteifreunde seit Jahren hingearbeitet hatten: In einer neuerlichen Reichstagswahl hatten nur Mitglieder der NSDAP und einiger kleiner Parteien mit ähnlichen Zielen auf dem Wahlzettel gestanden. Die Monate seit der Wahl im März hatte die NSDAP als stärkste Kraft im Reichstag genutzt, um die anderen politischen Parteien, insbesondere die KPD und die SPD, zu entmachten. Nun konnte Hitler die Abrüstungsverhandlungen abbrechen und den Austritt aus dem Völkerbund bekanntgeben.

Mit Hitler gegen den Rüstungswahnsinn hatte ein höchst erfolgreiches Motto im Wahlkampf gelautet. Das Volk liebte den Führer und schien sich nicht daran zu stören, dass Hitler die anderen Parteien quasi von der Bildfläche verschwinden ließ. Allzu eifrige und lautstarke Mitglieder der kommunistischen und sozialistischen Vereinigungen wurden kurzerhand festgenommen und in Arbeitslager gesteckt.

Da nun Hitler endlich Deutschland allein und ohne lästige Einmischungen regierte, betrachtete Julius sich in seiner Eigenschaft als Ortsgruppenleiter als verlängerten Arm des Führers. Auch hier in Westpreußen musste dringend mit den Sozialisten und Kommunisten aufgeräumt werden.

»Wer von linken Umtrieben hört, setzt sich am besten sofort mit mir in Verbindung«, fuhr Julius mit seiner Rede fort.

Schüchtern hob ein Mann in der letzten Reihe den Arm. Er war erst vor kurzem der Partei beigetreten. »Was genau ist unter linken Umtrieben zu verstehen?«, erkundigte er sich mit gerunzelter Stirn.

Julius schlug so heftig mit der Faust auf das Stehpult vor sich, dass alle im Raum zusammenzuckten. »Wenn ich das erklären muss, kommt in mir der Verdacht auf, dass Sie nicht die moralische Festigkeit besitzen, ein Mitglied unserer Partei zu sein.« Er fixierte den Mann so drohend, dass dieser erschrocken den Kopf einzog und eifrig beteuerte, bei näherer Überlegung wisse er selbstverständlich Bescheid. Anschließend entschuldigte er sich mehrmals für seine dumme Frage.

Julius nickte gnädig, sprach noch einige abschließende Worte und löste die Versammlung auf. Während er seine Papiere zusammenschob, beobachtete er aus dem Augenwinkel Doktor Hinrichsen, der wie immer ganz vorn gesessen hatte. Der Arzt war schon fast so lange Parteimitglied wie Julius selbst. Er erhob sich soeben von seinem Stuhl, redete ein paar Worte mit seinem Sitznachbarn, einem der ortsansässigen Hoteliers, und wandte sich dann dem Ausgang zu.

»Herr Doktor Hinrichsen«, sprach Julius ihn an. »Wenn Sie bitte kurz warten würden. Ich habe eine Frage an Sie.«

Der Arzt nickte und trat zu Julius ans Pult.

Da es sich bei besagter Frage um eine höchst persönliche Angelegenheit handelte, musste Julius unter allen Umständen verhindern, dass jemand die Unterhaltung belauschte. Er holte seine Unterlagen noch einmal hervor, ordnete sie umständlich und schob sie dann wieder in die Tasche hinein. Erst nachdem er sich mit einem raschen Blick vergewissert hatte, dass alle anderen Männer den Versammlungsraum verlassen hatten, wandte er sich wieder Doktor Hinrichsen zu.

»Können wir uns kurz setzen?« Julius deutete auf die Tür zum Nebenraum.

Hinrichsen folgte ihm wortlos und ließ sich auf der anderen Seite des mit Papieren überhäuften Schreibtischs nieder. Julius setzte sich auf den hölzernen Drehstuhl und räusperte sich mehrmals.

»Um es kurz zu machen …« Er beugte sich so weit über die Tischplatte, dass er fast flüstern konnte und dennoch von dem Arzt verstanden wurde. »Ich möchte als Parteifreund und deutscher Bürger eine Frage an Sie richten.«

Hinrichsen nickte verblüfft. Offenbar irritierte ihn die Einleitung, die Julius sich im Voraus genau überlegt hatte.

»Es geht um … « Julius sagte sich wieder und wieder, dass Hinrichsen Arzt war. Der Mann war es gewohnt, persönliche Probleme von seinen Patienten anvertraut zu bekommen. Dennoch schnürte die Verlegenheit Julius die Kehle zu, und er musste sich mehrmals räuspern, bevor er fortfahren konnte.

»Nachwuchs«, stieß er schließlich hervor. »Es scheint bei meiner Frau nicht zu funktionieren. Wir sind seit fast acht Jahren verheiratet, und bis jetzt hat sich kein Kind angekündigt.«

Ohne eine Miene zu verziehen, nickte Hinrichsen. »War sie bei einem Spezialisten? Es gibt körperliche Gründe, die sich teilweise recht einfach beheben lassen.«

»Ich habe schon vor mehreren Jahren dafür gesorgt, dass sie sich von einem Arzt in Danzig untersuchen ließ. Er meinte, es wäre alles in bester Ordnung, soweit er es beurteilen konnte. Ich habe im Anschluss an die Untersuchung persönlich mit ihm gesprochen.«

»Meist leiden Frauen noch weitaus mehr unter Kinderlosigkeit als die Ehemänner. Wie geht es Ihrer Frau damit?« Hinrichsen schaute ihn aufmerksam an.

»Sie äußert sich nicht zu diesem Thema«, berichtete Julius. »Stattdessen lenkt sie sich mit allen möglichen Tätigkeiten ab. Zum Beispiel unterrichtet sie junge Mädchen in Rechtschreibung. Und sie hat sich einen Hund angeschafft, den sie verhätschelt und der in unserer Wohnung lebt.«

»Dieser Hund ersetzt ihr die Kinder, die sie nicht hat. Mit den Schülerinnen ist es wahrscheinlich genauso«, stellte Hinrichsen entschieden fest. »Dass sie nicht über das Problem redet, bedeutet nicht, dass es ihr nicht schwer auf der Seele liegt. Im Gegenteil. Wahrscheinlich schämt sie sich, dass sie Ihnen noch keine Kinder geschenkt hat.«

»Und da kann man wirklich nichts machen?« Wieder stockte Julius und sprach dann entschlossen weiter. Es fiel ihm jetzt ein wenig leichter, nachdem der Anfang gemacht war. »Ich muss zugeben, dass der … eheliche Verkehr ein wenig häufiger stattfinden könnte. Ich bin ein vielbeschäftigter Mann, komme abends spät nach Hause und bin dann erschöpft. Oft arbeite ich sogar an den Wochenenden für die Partei oder in meiner Firma. Zudem … « Er schaute in Hinrichsens entspanntes Gesicht und beschloss, dass er einem Arzt und Parteimitglied gegenüber vollkommen offen sein konnte. »Eine Dame aus den Kreisen, aus denen meine Ehefrau stammt, ist in Bezug auf besagten Verkehr oft nicht sehr entgegenkommend. Und dann wiederum ist sie sehr anspruchsvoll. Ich meine im Vergleich mit Frauen aus anderen Gesellschaftsschichten. Die versetzen ein kleines Geschenk und ein nettes Kompliment in eine entgegenkommende Stimmung.« Er zwinkerte dem Arzt zu.

»Nun … « Hinrichsen legte die Fingerspitzen beider Hände gegeneinander und sah über Julius' Kopf hinweg in Richtung Fenster. »Wenn der Verkehr allzu selten stattfindet, sinkt natürlich die Wahrscheinlichkeit, dass eine Frau empfängt. Allerdings sind Sie schon sehr lange verheiratet. In all diesen Jahren hätte es irgendwann funktionieren sollen.«

»Das ist auch mein Gedanke«, stimmte Julius, heimlich erleichtert, zu. »Also ist mit meiner Frau doch etwas nicht in Ordnung?«

Bedächtig wiegte Hinrichsen den Kopf. »Eine körperliche Untersuchung hat stattgefunden, sagten Sie. Nun, es könnte sozusagen auch am Kopf liegen.«

»Am Kopf? Sie meinen … « Julius hatte keine Ahnung, was der Arzt ihm mitteilen wollte, und hoffte auf weitere Erklärungen. »Isabella ist in gewisser Hinsicht ein wenig … verdreht. Aber ich würde nicht sagen, dass mit ihr geistig etwas nicht stimmt.«

»Das wollte ich damit auch nicht ausdrücken. Manchmal sind Frauen im Kopf nicht frei für die Mutterschaft. Fahren Sie für einige Zeit mit ihr an einen ruhigen Ort ohne Ablenkungen. Machen Sie Urlaub zu zweit. Umwerben Sie Ihre Frau wie ganz zu Beginn der Beziehung. Dann wird sie sich entspannen und sich auf die Freuden ihrer angestammten Rolle als Frau und Mutter besinnen.«

Julius war enttäuscht. Er hatte auf einen Rat gehofft, der einfacher umzusetzen war.

»Gibt es nicht irgendein Medikament, mit dem wir es versuchen könnten?«, erkundigte er sich unzufrieden.

Der Arzt zwinkerte ihm zu. »Versuchen Sie es mit Verführung und Romantik. Wir Männer verstehen das nicht, aber ein solches Verhalten kann wirkungsvoller sein als jedes Pulver. Frauen brauchen manchmal das Gefühl, dass der Mann, dem sie Kinder gebären sollen, ganz für sie da ist. Dass er sie liebt und beschützt.«

Julius unterdrückte einen Seufzer. »Dann werde ich für das nächste Frühjahr wohl eine gemeinsame Reise organisieren.«

Zufrieden nickte der Arzt. »Überraschen Sie Ihre Frau damit. Frauen lieben Überraschungen, die ihnen zeigen, dass der Ehemann sich um sie bemüht.«

»Na schön«, erwiderte Julius. »Wenn es der Sache dient, werde ich es tun.«

14. Kapitel

Linda
Gut Falkensee, Westpreußen, Februar 1934

Linda füllte den Wassereimer an der Pumpe in der Waschküche, fügte einen kräftigen Schuss Schmierseife hinzu und griff nach Schrubber und Wischlappen. Mit einem unterdrückten Seufzer hob sie den schweren Eimer hoch und ging zur Tür. Ihre Füße und ihr Rücken schmerzten, denn sie war seit mehr als zehn Stunden auf den Beinen. Mittwochs erledigte sie immer die Wäsche für Isabella und Julius Kirchner. Die Bettwäsche, die Handtücher und die persönliche Kleidung der Eheleute hingen inzwischen schon fein säuberlich im Trockenraum. Jetzt galt es nur noch, den Kellerflur und die Waschküche aufzuwischen, dann konnte sie endlich Feierabend machen.

Linda wandte den Kopf und hätte fast den Eimer fallen lassen, als sie den Mann sah, der im Türrahmen stand. Sie hatte ihn nicht kommen hören und musste sich zusammennehmen, um nicht entsetzt zurückzuweichen. Stattdessen machte sie einen entschlossenen Schritt auf die offene Tür zu, blieb aber in sicherer Entfernung von Alex stehen.

»Ich hab's eilig«, sagte sie mit fester Stimme und umklammerte den Stiel ihres Schrubbers.

»Hier unten ist niemand außer uns«, teilte Alex ihr grinsend mit, ohne auf ihre Worte zu reagieren.

»Geh mir aus dem Weg!« Es fiel ihr schwer, doch sie sah ihm starr in die Augen. Wenn etwas gegen die Zudringlichkeiten dieses Kerls half, war es Entschiedenheit. Er genoss es geradezu, wenn sie ängstlich reagierte, und wurde dann noch aufdringlicher.

»Ich hab zu tun«, fauchte sie ihn an. »Wenn ich nicht gleich mit meinem Putzzeug auftauche, kommt Fräulein Bruhns mich suchen.«

»Irrtum.« Er zog seine Mundwinkel noch weiter auseinander. »Die Bruhns sitzt gemütlich in ihrem Zimmer. Ich hab ihr gerade einen Tee gebracht.«

Mit einem Ruck stieß er sich vom Türrahmen ab und kam langsam auf Linda zu. Einen Schritt, noch einen, dann stand er so dicht vor ihr, dass sie seinen Atem auf der Kopfhaut spürte.

Linda wandte sich ab und wollte um ihn herumgehen, doch sofort schoss seine Hand vor und umklammerte ihren Arm. »Nicht so eilig, meine Hübsche.«

Er zog sie so dicht an sich heran, dass sie den Geruch nach Leberwurstbrot mit Zwiebeln wahrnahm, seine tägliche Zwischenmahlzeit am Nachmittag. Sofort drehte sich ihr der Magen vor Ekel um, und sie hielt die Luft an. Das half ihr aber nichts, weil Alex ohne jede Vorwarnung seinen Mund auf ihren presste und seine nasse Zunge zwischen ihre Lippen zwängte.

Sie würgte und versuchte zu schreien, aber die verzweifelten Töne starben in ihrer Kehle, während sie nach Atem rang. Hier unten würde sie ohnehin niemand hören.

Endlich gab Alex ihre Lippen frei, hielt Linda aber mit beiden Händen umso fester an sich gepresst. Sie ließ den Schrubber los, der ihr als Waffe ohnehin nichts nützte, weil sie sich nicht bewegen konnte. Mit einem hohlen Ton krachte der Holzstiel auf den Betonboden. Im gleichen Moment spürte sie voller Entsetzen, wie der Diener seine Hände an ihrem Rücken abwärtsgleiten ließ, die Finger in ihren Rock grub und ihn hochzog.

»Nicht!«, keuchte sie. »Ich sag's den Herrschaften.«

Er lachte so laut an ihrem Ohr, dass es schmerzte. »Als würd es jemanden interessieren. Ich hab schon überall herumerzählt, wie verrückt du nach mir bist. Wenn du redest, sag ich außerdem, was ich über dich weiß. Keiner behält ein Stubenmädchen, das lange Finger macht. Du wirst entlassen und findest nie wieder eine Stelle.«

»Das ist mir egal«, stieß sie hervor und meinte es in diesem Augenblick auch so. Nachdem es ihr so schwergefallen war, Danzig zu verlassen, hatte sie sich mittlerweile einigermaßen an das Leben auf Falkensee gewöhnt. Die Arbeit war oft schwer, aber sie mochte Frau Kirchner, und es gab immer wieder Tage, an denen sie sich mit schönen Dingen beschäftigen durfte. Wenn sie Isabella Kirchners Kleider bügelte, Rüschen, Säume oder Knöpfe ausbesserte, erinnerte sie das an ihre Arbeit im Kaufhaus.

Aber Alex, der ihr immer wieder auflauerte, der sie begrapschte, ihr drohte und sie erpressen wollte, machte ihr so manch eine Woche zur Hölle. Es gab Zeiten, da ließ er sie in Ruhe. Sie hatte den Verdacht, dass er sich dann an ein anderes bedauernswertes Mädchen im Haus oder im Dorf heranmachte. Doch immer wieder versuchte er es auch bei ihr, als würde ihn ihre entschiedene Abwehr besonders reizen.

Jetzt hatte er ihren Rock so weit hochgezogen, dass er die Hände auf ihre leinenen Unterhosen legen konnte. Als sie spürte, wie der Gummizug an ihrer Hüfte abwärtsglitt, reichte es ihr. Sie schwang den vollen Blecheimer gegen Alex' Bein und ließ ihn dann fallen. Das kalte Seifenwasser platschte auf den Boden, schwappte wie eine Welle hoch und durchnässte Lindas Rock bis hinauf zu den Schenkeln. Das meiste aber bekam Alex ab.

Er stieß einen empörten Schrei aus und sprang zurück. »Du verdammtes Luder!«, brüllte er und holte aus, um sie ins Gesicht zu schlagen.

Doch Linda war schneller. Sie duckte sich weg, lief um ihn herum, stürzte aus der Waschküche und weiter die Treppe hinauf. Erst als sie schwer atmend vor der Tür zum Zimmer der Hausdame stand, hielt sie inne. Sie atmete tief durch, und ihr wurde klar, dass sie es dieses Mal tatsächlich tun würde. Die Angst musste aufhören. Sie würde Fräulein Bruhns sagen, dass Alex sie seit längerer Zeit belästigte.

Entschlossen klopfte sie an.

»Herein?« Fräulein Bruhns klang ungehalten. Sie wurde nicht gern gestört. Ihr Feierabend begann spätestens um sechs Uhr, ganz im Gegensatz zu dem der Mädchen, die so lange arbeiten mussten, bis alles Nötige erledigt war.

Linda drückte die Klinke herunter und trat ein. »Entschuldigung. Ich muss Sie sprechen, Fräulein Bruhns«, stieß sie hervor. »Es ist dringend.«

Die Hausdame, die an einem kleinen Tisch am Fenster saß und gerade dabei war, Zucker in ihren Tee zu rühren, zog die Brauen hoch. »Sie machen meinen Teppich nass!«

Linda sah an sich hinab. Von ihrem Rocksaum tropfte Wasser und hinterließ dunkle Flecke auf dem blaugemusterten Teppich. Doch sie rührte sich nicht von der Stelle, und sah Fräulein Bruhns fest in die Augen.

»Ich will mich beschweren. Über Alex Simke. Ständig belästigt er mich. Und heute in der Waschküche … Er hat meinen Rock hochgezogen und wollte meinen Schlüpfer … «

Mit einem Klirren legte die Hausdame den Löffel auf den Unterteller und gebot Linda Einhalt, indem sie die Hand hob.

»Verschonen Sie mich mit den unappetitlichen Einzelheiten! So lange sind Sie nun schon in Stellung und wissen es immer noch nicht?« Sie schüttelte den Kopf, als würde sie an Lindas Verstand zweifeln. »Wir Frauen müssen uns schützen, so gut wir können, und wenn die Männer doch einmal stärker sind, ertragen wir es und vergessen es möglichst schnell wieder. Es mag Sie erstaunen, aber ich war auch einmal jung und hübsch, und es ist mir mehr als einmal etwas widerfahren, woran ich heute lieber nicht mehr denke.«

»Ich will, dass die Herrschaften erfahren, was Alex für ein Mensch ist«, beharrte Linda trotzig. »So wie es ist, kann ich hier nicht bleiben.«

Die Hausdame lachte spöttisch auf. »Glauben Sie etwa, man wird Alex wegschicken, damit es Ihnen hier besser gefällt? Sorgen

Sie eben dafür, dass Sie ihm nicht in irgendwelchen finsteren Ecken begegnen. Männer sind, wie sie sind, jedenfalls viele von Ihnen. Denken Sie, Sie sind die Einzige vom Dienstpersonal, der Alex gelegentlich mal an die Brust packt oder unter den Rock?«

»Ich will das aber nicht mehr!« Linda schob das Kinn vor und kniff wütend die Augen zusammen.

»Ihnen wird nichts anderes übrigbleiben. Gehen Sie jetzt, Sie tropfen immer noch auf den Teppich.« Fräulein Bruhns hob ihre Teetasse zum Mund.

Linda drehte sie sich auf dem Absatz um und verließ das Zimmer. Bevor sie es sich anders überlegen konnte, hastete sie in den Westflügel, wo die Räumlichkeiten der Kirchners lagen. Fräulein Bruhns' Worte hatten sie noch wütender gemacht. Sie wusste, dass sie wahrscheinlich ihre Stelle verlieren würde, doch dann war es eben so. Sie wollte, dass Alex seine Strafe bekam, wollte es wenigstens versuchen und nicht länger verschämt schweigen.

Zum Glück wusste Linda, dass Julius Kirchner an diesem Abend erst spät nach Hause kommen würde. Er war selbst ein Mann. Mit ihm hätte sie nicht über Alex sprechen wollen.

Die junge Gutsherrin saß im Salon vor dem Radiogerät, aus dem Musik schallte, und blätterte in einer Zeitschrift. Als Linda sich räusperte und in die offene Tür trat, zuckte ihre Herrin leicht zusammen und machte eine Bewegung, als wolle sie aufspringen und das Rundfunkgerät ausschalten. Dann sah sie, wer gekommen war, und entspannte sich wieder. Offenbar hatte sie mit ihrem Mann gerechnet und wollte eine weitere Diskussion darüber vermeiden, dass sie am liebsten einen englischen Sender hörte. Linda hatte derartige Gespräche schon öfter mitbekommen. Sie wusste, dass Isabella Kirchner Lieder mit englischen Texten mochte, die Julius Kirchner als *Hottentottenkauderwelsch* bezeichnete.

»Ich dachte, Sie hätten schon Feierabend gemacht, Linda. Ich brauche Sie heute nicht mehr. Vielleicht möchten Sie im Dorf nach

Ihrer Mutter sehen.« Mit einem freundlichen Lächeln sah ihre Herrin sie an.

Linda schüttelte stumm den Kopf. Einen Moment stand sie da, die Fäuste in die Seiten gepresst, und sammelte sich.

»Ich will mich beschweren«, platzte sie dann heraus. »Über Alex Simke. Seit ich hier im Haus arbeite, belästigt er mich. Eben hat er mir unten in der Waschküche aufgelauert und mir unter den Rock gefasst. Wenn ich mich nicht wehren würde, würde er noch viel mehr mit mir machen. Sie wissen schon …« Linda spürte ein Brennen auf ihren Wangen. Doch jetzt musste alles heraus, auch wenn es peinlich war.

»Alex Simke?« Isabella Kirchner starrte Linda an, während sie ihre Zeitschrift auf den Tisch neben ihrem Sessel legte. Im Rundfunkgerät sang eine Männerstimme unverständliche Worte. Es klang fröhlich.

Linda beantwortete die Frage mit einem stummen Nicken.

»Und das passiert tatsächlich schon, seit Sie hier auf Falkensee sind? Warum haben Sie denn in all der Zeit nichts gesagt?« Die junge Gutsherrin stand auf, brachte das Radio zum Schweigen und wandte sich dann wieder Linda zu.

Die zuckte mit den Schultern und zupfte an ihrem feuchten Rock. »Fräulein Bruhns sagt, das ist eben so mit den Männern. Schließlich bin ich nur ein Stubenmädchen.«

Isabella Kirchner runzelte so angestrengt die Stirn, dass ihre Brauen fast den Haaransatz berührten. »Dass die eheliche Pflicht ein Zwang ist, finde ich schon seltsam genug. Aber dass jeder Mann einfach jede Frau … Nein!« Sie schüttelte heftig den Kopf, und die locker aufgesteckten goldblonden Haare an ihrem Hinterkopf gerieten in Schwingung.

»Nein?«, fragte Linda hoffnungsvoll. Sie spürte, wie sich die Verkrampfung ihres Körpers ein wenig löste.

»Mir ist ein oder zwei Mal Alex' Verhalten Ihnen gegenüber aufgefallen. Aber ich hatte das Gefühl, Sie setzen sich so energisch zur Wehr, dass er solche Ideen sehr schnell aufgeben würde«, fuhr Isabella Kirchner fort.

»Manchmal hat er mich für ein paar Monate in Ruhe gelassen, aber dann ging es wieder von vorn los.« Linda bohrte ihre Fingernägel in die Handflächen. Erst in diesem Augenblick wurde ihr klar, dass sie die ganze Wahrheit sagen musste. Es war besser, wenn ihre Herrin es von ihr erfuhr. Wenn sie nämlich mit Alex sprach, würde er es ohnehin erwähnen. Schon aus Rache, weil Linda ihn verraten hatte.

»Und er hat versucht, mich zu erpressen, damit ich nichts sage«, fügte sie nach kurzem Zögern hinzu.

»Womit hat er Sie erpresst?« Frau Kirchners Blick wurde misstrauisch, und Linda ahnte, dass alles ein Fehler gewesen war. Sie würde ihre Stellung verlieren.

»Ich hab gestohlen.« Sie biss sich so heftig auf die Lippe, dass es schmerzte. »Vor vielen Jahren, als ich noch zur Schule ging. Alex war eine Klasse über mir, darum weiß er davon. Und er hat mir immer wieder gesagt, dass ich sofort entlassen werde, wenn jemand davon erfährt.«

»Was haben Sie gestohlen?« Die junge Gutsherrin wandte für keine Sekunde den Blick ab. Es war, als wolle sie vom Gesicht ihres Stubenmädchens ablesen, ob sie jetzt die Wahrheit sagte.

»Ein paar Münzen«, gab Linda zu. »Es war kurz nachdem mein Vater gestorben war. Wir hatten kein Geld, weil durch die Krankheit meines Vaters unsere Felder nicht bestellt worden waren. Wenn die Nachbarn uns nicht ab und zu ein Stück Brot oder ein paar Kartoffeln gebracht hätten, wären wir verhungert. Dann bekam Mama einen schrecklichen Husten, und wir konnten die Medizin nicht bezahlen. Die Geldbörse von unserem Lehrer lag auf dem Pult, und da hab ich etwas Kleingeld genommen. Als der Lehrer nach der Pause gefragt hat, wer das war, hab ich mich gleich gemeldet und alles zurückgegeben.« Linda musste erst einmal nach Luft schnappen.

»Ich bin doch eigentlich keine Diebin. Es war nur wegen meiner Mutter. Trotzdem war es gestohlen, und ich weiß, dass in Herrenhäusern niemand geduldet wird, der klaut«, fügte sie unglücklich hinzu.

»So ist es«, sagte Isabella Kirchner langsam und starrte sie immer noch nachdenklich an.

Gleich wird sie sagen, dass ich hier nicht bleiben darf, dachte Linda. Plötzlich fragte sie sich, wieso sie so verrückt gewesen war, mit ihrer Beschwerde über Alex direkt zu Isabella Kirchner zu laufen. Schließlich hatte die Hausdame ihr klipp und klar gesagt, dass an dieser Sache nichts zu ändern war. Und jetzt hatte sie auch noch von dem Diebstahl erzählt. Sie musste von allen guten Geistern verlassen sein. Wo sollte sie nun Geld verdienen? Niemand würde sie mehr einstellen, wenn sie ein Arbeitszeugnis bekam, in dem stand, dass sie eine Diebin war.

Immer noch schaute die junge Gutsherrin sie unverwandt an. Linda senkte den Blick und blickte hinunter auf ihre nassen Lederschuhe. Als sie den Kopf wieder hob, ging Isabella Kirchner soeben zum Klingelzug neben der Tür und zog an dem bestickten Seidenband. Anschließend setzte sie sich schweigend wieder hin.

»Ihre Mutter hat sich hoffentlich recht bald von dem Husten erholt?«, erkundigte sie sich.

Linda nickte. »Zum Glück.«

Es war reiner Zufall, dass Alex selbst kam, um nach den Wünschen der jungen Herrin zu fragen. Als er die Tür öffnete und eintrat, zuckte Linda zusammen. Sie wich in eine Ecke zurück und versuchte verzweifelt, sich unsichtbar zu machen. Der Blick des Dieners huschte unruhig zwischen den beiden Frauen hin und her. Dann wandte er sich Isabella Kirchner zu und deutete eine knappe Verbeugung an. »Sie haben geläutet?«

»Ich habe mit Ihnen zu reden.« Frau Kirchners Stimme war klar und laut.

»Mit mir?« Wieder sah Alex kurz zu Linda hinüber. Er ahnte

wohl, worum es ging, denn er straffte die Schultern und reckte kampfeslustig das Kinn vor.

»Ich lasse nicht zu, dass in diesem Haus Frauen belästigt werden«, sagte Isabella Kirchner mit unbewegter Miene.

»Ich habe niemals jemanden belästigt, erst recht keine Frau«, behauptete Alex sofort. »Wenn Linda das sagt, lügt sie.«

»Woher wissen Sie, dass es um Linda geht?« Isabella Kirchner musterte ihn streng.

»Weil sie da steht und feixt.« Alex deutete in ihre Richtung, und voller Erstaunen sah Linda, dass seine Finger ein bisschen zitterten. »Außerdem ist sie hinter mir her, und nicht umgekehrt. Und weil ich sie nicht will, erzählt sie Lügengeschichten über mich.«

»Ach bitte, ich habe selbst schon mitbekommen, wie es wirklich ist.« Die Gutsherrin verdrehte die Augen auf eine Weise, die nicht sonderlich damenhaft war und gerade deshalb ihre Verachtung für Alex deutlich zeigte. »Es war unten in der Küche. Ich dachte nur, nachdem Linda sich offenbar sehr tatkräftig gewehrt hat, wäre die Sache ein für alle Mal erledigt. Doch offenbar war es ein Fehler, nicht energisch einzuschreiten. Das passiert mir nicht wieder.«

Isabella Kirchner richtete sich kerzengerade auf und schob das Kinn vor, als ginge es darum, sich selbst zu verteidigen und nicht nur ein Stubenmädchen. Erstaunt verfolgte Linda die Szene von ihrer Ecke aus.

»Linda ist nicht nur eine Lügnerin, sie ist auch eine Diebin«, spielte Alex seinen letzten Trumpf aus. »In der Schule hat sie den Lehrer beklaut. Er wohnt noch im Dorf. Sie können ihn fragen.«

»Nicht nötig«, antwortete die Gutsherrin kühl. »Ich weiß von der Geschichte. Linda hat sie mir gerade eben erzählt.«

»Dann muss sie also gehen«, stellte Alex zufrieden fest.

Isabella Kirchner schüttelte den Kopf und strich sich eine goldglänzende Haarsträhne aus der Stirn. »Linda bleibt. Sie jedoch brauchen morgen früh nicht zur Arbeit zu kommen. Im Laufe des

Tages können Sie Ihren restlichen Lohn abholen. Wenn Sie darauf bestehen, erhalten Sie auch ein Arbeitszeugnis. Ich werde allerdings dafür sorgen, dass Ihr Verhalten gegenüber dem weiblichen Dienstpersonal darin Erwähnung findet.«

»Sie können mich gar nicht entlassen!« Alex wirkte unsicher, obwohl er seine kerzengerade Haltung beibehielt. »Sie haben mich nicht eingestellt. Das war der gnädige Herr.«

»Ich werde mit meinem Stiefvater sprechen. Gehen Sie davon aus, dass er mir zustimmen wird. Und nun verlassen Sie bitte unser Haus.« Mit einer ruhigen Handbewegung deutete Isabella Kirchner auf die Tür.

»Ich hab es sowieso satt, Leute zu bedienen, die sich für was Besseres halten. Machen Sie doch Ihren Kram selbst! Ich geh in die Stadt und such mir Arbeit in der Fabrik. Wird besser bezahlt, am Sonntag hab ich frei, und ich muss mich nicht rumkommandieren lassen.« Alex schnaubte vor Wut, und seine Worte überschlugen sich fast, während er sie atemlos hervorstieß.

»Dann sind wir uns ja einig. Wir wollen Sie hier nicht mehr, und Sie wollen hier nicht mehr arbeiten«, stellte die junge Gutsherrin gelassen fest. Ein weiteres Mal zeigte sie auf die Tür, und dieses Mal ging Alex.

Erst als er schon fast aus dem Zimmer war, drehte er sich noch einmal um. Er sah an Isabella Kirchner vorbei in die Ecke, in der Linda sich unter seinem zornigen Blick ganz klein machte. Sofort war die Angst wieder da, die sie in seiner Gegenwart immer gespürt hatte. »Du Dreckstück! Brauchst dich gar nicht zu verstecken. Ich weiß genau, wem ich das zu verdanken habe. Sieh zu, dass ich dich nicht allein erwische.«

»Wenn Sie Linda noch einmal anfassen, zeige ich Sie bei der Polizei an.« Isabella Kirchner stand auf und machte einen Schritt in Alex' Richtung.

Er schnaubte wütend und verschwand endlich im Flur.

»Ich konnte ihn nie leiden«, stellte die Herrin fest, als er endlich fort war. »Das Leben hier im Haus wird ohne ihn angenehmer sein, auch wenn uns vorerst ein Diener fehlt.«

Linda brachte vor Erleichterung kein Wort heraus, sie konnte nur nicken.

15. Kapitel

Isabella
Zinnowitz, Usedom, Mai 1934

Isabella war glücklich. Barfuß lief sie in ihrem neuen Badeanzug durch den feinen Sand. Julius hatte sie mit der Einladung zu der Reise nach Usedom überrascht. Eines Morgens hatte sie die Fahrkarte neben ihrem Teller gefunden.

»Noch heute?«, hatte sie gerufen und ihren Mann überrascht angestarrt. Sie war es nicht gewohnt, dass sie spontan etwas unternahmen. Bei Julius wurde alles lange im Voraus geplant und besprochen. Und nun dieser Urlaub? So plötzlich?

»Kannst du denn deine Firma für ganze zwei Wochen alleinlassen? Und die Partei?« Isabella spürte ein aufgeregtes Kribbeln im Bauch. Sie liebte das Meer und war schon furchtbar lange nicht mehr außerhalb Westpreußens gewesen.

»Das ist alles geklärt«, sagte Julius lächelnd.

»Aber Fine braucht mich im Pensionat«, fiel Isabella ein. »Ich müsste erst einmal mit ihr besprechen, wie der Unterricht ablaufen soll, während ich nicht da bin.«

»Du bist nicht bei Frau Meyerhoff angestellt. Sie wird selbst sehen müssen, wie sie ihre Angelegenheiten regelt.« Julius runzelte die Stirn.

»Das wird schon irgendwie gehen«, beruhigte Isabella ihn und sich selber. »Bevor wir abreisen, muss ich aber unbedingt noch Doktor Kampmann anrufen. Die Stute, auf der ich gestern ausgeritten bin, lahmt ein wenig. Ich möchte dem Tierarzt selbst erklären, was ich beobachtet habe.«

Seit einigen Monaten ließ Konrad anstelle des alten Tierarztes aus Bischofswerder Doktor Kampmann kommen. Zwar berechnete Kampmann einen kleinen Betrag für die Anfahrt aus Deutsch Eylau, doch Isabellas Stiefvater war von seinen Qualitäten als Veterinär überzeugt. Der Tierarzt aus Bischofswerder hatte schon mehrmals offensichtliche Fehler bei der Behandlung trächtiger Stuten und kränklicher Fohlen gemacht.

Über den Frühstückstisch hinweg musterte Julius sie streng. »Kampmann ist Jude.«

Isabella zuckte mit den Schultern. »Ich habe keine Ahnung, welcher Religion er angehört. Er ist ein guter Tierarzt.«

»Ich will nicht, dass du mit Juden Kontakt hast«, hatte Julius ruhig gesagt. »Ruf im Pensionat an und sag Bescheid, dass du vorerst nicht kommst. Und für die Pferde ist der Stallmeister zuständig. Er kann selbst den Tierarzt benachrichtigen.«

In gewisser Weise gefiel es Isabella, wenn Julius ihr auf männlich-entschiedene Art sagte, was sie tun sollte. Und das war erst recht der Fall, wenn es um einen Urlaub am Meer ging. Zudem konnte man die Fahrkarte und die Hotelreservierung nicht verfallen lassen. Was die Pferde betraf, hatte er ebenfalls recht. Warum sollte nicht der Stallmeister bei Doktor Kampmann anrufen? Er würde bestimmt in der Lage sein, dem Tierarzt das Problem zu schildern, wenn sie vorher noch mal genau erklärte, was vorgefallen war.

Und so hatte sie sich dann für den Urlaub bereitgemacht: Sie hatte Fine angerufen, die verständnisvoll erklärt hatte, dass man die zwei Wochen schon irgendwie herumbekommen würde. Dann hatte Isabella in aller Eile von Linda die Koffer packen lassen und sich von ihren Eltern und ihrer Großmutter verabschiedet.

Maggy hatte sofort bemerkt, dass etwas nicht stimmte. Sie war Isabella nicht von der Seite gewichen und hatte ihr misstrauisch bei den Reisevorbereitungen zugesehen.

»Linda kümmert sich um dich«, hatte Isabella der Hündin erklärt, als diese dann auch noch anfing zu winseln. Als Isabella vor dem Haus in Konrads Wagen stieg, hörte sie Maggy oben im ersten Stockwerk laut heulen.

Ihr Stiefvater, der sie zum Bahnhof fuhr, lachte. »Ich kann nur hoffen, dass sie das nicht die ganze Zeit macht. Sie klingt wie ein Wolf, der sein Rudel herbeirufen will. Wahrscheinlich versammeln sich beim nächsten Vollmond zwei Dutzend Wölfe um unser Haus.«

Isabella wusste, dass Maggy tatsächlich ihr Rudel rief. Genauer gesagt: ihre geliebte Herrin. Auch sie würde Maggy vermissen. Dennoch freute sie sich auf ihren Urlaub am Meer.

In Marienburg bestiegen sie ihr Privatabteil. Isabella erschrak, als sie sah, wie Männer in ihr unbekannten Uniformen die Zugtüren und die Eingänge zu den Abteilen verschlossen.

»Der polnische Korridor«, sagte Julius mit einem demonstrativen Seufzer. »Er gewährt nach dem Versailler Vertrag Polen den Zugang zum Meer. Doch das wird sich ändern, genau wie die Überlassung der Ostgebiete. Der Führer ist nicht bereit, das hinzunehmen, wie es die schwache Regierung vor ihm getan hat.«

Natürlich hatte Isabella vom polnischen Korridor gehört und davon, dass West- und Ostpreußen durch dieses Landstück vom übrigen Deutschen Reich abgeschnitten waren. Doch in ihrem Alltag auf Gut Falkensee hatte sie nie etwas davon bemerkt.

Dann wurden für die Fahrt durch Polen auch noch die Fenster verhängt. Ängstlich schmiegte Isabella sich im schwach erleuchteten Abteil an Julius.

»Du musst keine Angst haben.« Er küsste sie erst auf die Stirn und dann auf den Mund. »Dir wird nichts geschehen, ich passe auf dich auf. Und denk immer daran, dass unser Führer diesen absurden Zustand sehr bald ändern wird.«

Isabella war froh, dass sie diese Reise nicht allein machen musste. An Julius' Seite fühlte sie sich sicher. Dennoch atmete sie auf, als an der westlichen Grenze des Korridors die Fensterscheiben wieder freigemacht und die Türen aufgeschlossen wurden.

Plötzlich freute sie sich über alle Maßen auf ihren Urlaub mit Julius. Auf die Tage und auf die Nächte. Auch wenn ihre Ehe schon einige Jahre andauerte, konnte sie sich noch genau erinnern, wie sehr sie zu Beginn in Julius verliebt gewesen war. Doch dieser Zauber schien in der Hetze des Alltags verlorengegangen zu sein. Nun würden sie Zeit haben – miteinander und füreinander – und herrliche Wochen am Meer verbringen.

Sie erreichten Usedom erst nach Mitternacht und fuhren mit einem Taxi in das Hotel, das Julius im Badeort Zinnowitz ausgesucht hatte. Es lag in Strandnähe, und er hatte ein Doppelzimmer mit Balkon gebucht.

Am nächsten Morgen erklärte Isabella, sie müsse als Erstes einen kleinen Einkaufsbummel machen. Da die Reise so überraschend gekommen war, besaß sie keine passende Kleidung für den Strand. Ihr alter Badeanzug war gerade eben noch gut genug, um im Falkensee zu schwimmen. Auf keinen Fall wollte sie sich damit am Strand zeigen.

Zwar war es noch zu kühl zum Baden, doch die Sonne schien schon am frühen Morgen von einem wolkenlosen Himmel. Vermutlich war es also warm genug, um sich am Strand zu rekeln und dabei dem Plätschern der Wellen zu lauschen. Deshalb betrachtete Isabella die Anschaffung eines neuen Badeanzugs als dringend notwendig.

Als Julius ihr seine Begleitung beim Einkaufsbummel anbot, zögerte sie kurz und nickte dann. Normalerweise hätte ihr der Gedanke nicht gefallen, gemeinsam mit ihrem Mann ein so intimes Kleidungsstück auszuwählen, doch sie musste immer noch an die Eisenbahnfahrt denken. Während der Durchquerung des polnischen Korridors hatte Julius sie die ganze Zeit im Arm gehalten, sie zärtlich gestreichelt und sanft geküsst. Und auch hinterher waren sie eng aneinandergekuschelt sitzen geblieben, hatten die Landschaft betrachtet und leise miteinander geredet.

Entschlossen hakte sich Isabella bei Julius unter und verließ an seiner Seite das Hotel.

Ein kleiner, feiner Laden, der Bade- und Strandkleidung anbot, war schnell gefunden. Die Verkäuferin, eine freundliche ältere Dame, schob Julius einen Stuhl vor den dunkelblauen Vorhang der Umkleidekabine ganz hinten im Geschäftsraum.

»Wir werden ganz gewiss etwas Schönes für Ihre bezaubernde Gattin finden«, sagte sie lächelnd zu Julius.

»Da bin ich sicher«, erwiderte er.

Gleich als Erstes schlüpfte Isabella in einen schwarzen Badeanzug mit schmalen gelben Streifen. Am Ausschnitt, der Isabellas Brustansatz erahnen ließ, befand sich eine große gelbe Schleife. Dieses Stück war ihr als Erstes aufgefallen, und als sie sich nun darin im Spiegel sah, war es Liebe auf den ersten Blick.

Der elastische Stoff schmiegte sich eng an ihren Körper. Für eine Frau knapp über dreißig war dieses Badekostüm recht freizügig. Sie musterte sich kritisch im Spiegel. Ihre Figur hatte sich seit der Hochzeit kaum verändert. Sie war immer noch schlank wie die Zwanzigjährige, die Julius damals zum Altar geführt hatte. Was natürlich auch daran lag, dass sie noch kein Kind zur Welt gebracht hatte.

Mittlerweile war nicht nur Julius in dieser Hinsicht beunruhigt. Auch ihre Mutter hatte sie schon einige Male beiseitegenommen und gefragt, ob sich nicht bald »etwas Kleines ankündigen würde«. Isabella hatte getan, was sie in diesem Fall immer zu tun pflegte: Sie hatte mit den Schultern gezuckt und vorgegeben, von diesem Thema so peinlich berührt zu sein, dass sie nicht darüber sprechen konnte.

Julius gegenüber hatte sie oft ein schlechtes Gewissen, weil sie immer noch regelmäßig die Frauendusche benutzte und sich direkt nach jedem Zusammensein mit ihm dort unten gründlich mit Essigwasser spülte. Hinzu kam, dass Julius oft bis spät in den Abend arbeitete und die Dusche deshalb ohnehin selten zum Einsatz kam.

Manchmal hatte Isabella überlegt, ob es nicht an der Zeit wäre, mit den Spülungen aufzuhören. Sie wusste selbst nicht, warum sie immer noch zögerte, endlich ein Kind zu bekommen. Oft überfiel sie eine unbestimmte Sehnsucht nach einem kleinen Wesen. Einem winzigen Menschlein, das sie versorgen und nähren würde und das ein Teil von ihr war. Doch gleich darauf zweifelte sie wieder daran, dass Julius und sie einem Kind jene Liebe geben konnten, auf die es ein Recht hatte. Sie hätte ihre Zweifel nicht näher erklären können, doch dieses Gefühl begann sie immer dann zu quälen, wenn sie schon fast beschlossen hatte, die Frauendusche wegzuwerfen.

Und weil Julius nur verächtlich über Frauen sprach, die sich von einem Kindermädchen unterstützen ließen, würde es mit dem Unterricht im Pensionat vorbei sein, sobald sie ein Kind hatte. Auf Schloss Bielau wurde sie aber gerade jetzt besonders benötigt, weil Fine nach der Kinderlähmung im Rollstuhl saß. Die Hoffnung, dass sie irgendwann so weit wiederhergestellt sein würde, dass sie wenigstens an Krücken laufen konnte, hatte sich mittlerweile zerschlagen.

Schon oft hatte Fine erwähnt, dass es ohne Isabellas Unterstützung schwierig gewesen wäre, das Pensionat weiterhin zu führen. Neben dem Unterricht in Rechtschreibung half Isabella nun auch bei der Organisation des Alltags der Mädchen, machte Ausflüge, Besorgungen und Arztbesuche mit ihnen. All das bereitete ihr viel Freude. Sie wusste, dass sie etwas Sinnvolles tat, und sie schöpfte Kraft aus dem Zusammensein mit den Mädchen.

»Was machst du denn dadrinnen?« Julius' Stimme riss sie aus ihren Gedanken. »Darf ich dich bewundern? Was probierst du gerade an?«

Unsicher betrachtete Isabella ein weiteres Mal ihr Spiegelbild in dem schwarz-gelben Badeanzug. Julius war in vielen Dingen schrecklich altmodisch und streng. Wahrscheinlich fand er dieses aufregende Kleidungsstück zu freizügig.

Zögernd schob sie den Vorhang beiseite. Julius war aufgestanden und wartete nur zwei Schritte von der Kabine entfernt. Die

Verkäuferin suchte im Hintergrund ein weiteres Stück zum Anprobieren für Isabella.

Als Julius sie sah, zog er die Brauen hoch und öffnete den Mund. Sie hielt die Luft an. Gleich würde er ihr etwas über die Züchtigkeit der deutschen Frau erzählen.

Doch nichts dergleichen geschah. Julius schloss den Mund wieder und verzog die Lippen zu einem verhaltenen Lächeln. Sie sah, dass er trocken schluckte. »Du siehst ... sehr verführerisch aus.«

Isabellas Hände flogen automatisch nach oben, als müsste sie ihren Brustansatz sogar vor ihm verbergen.

Julius lachte leise. »Aber es geht gerade noch eben als anständig durch. Such dir einen Bademantel zum Überziehen aus. Der Wind kann in dieser Jahreszeit noch kühl sein. Und natürlich brauchst du ein passendes Tuch. Du weißt schon.« Er deutete auf die Stelle unter ihrem Schlüsselbein.

Isabella wurde rot. Wie hatte sie ihre Brandwunde vergessen können? Schon tausend Mal hatte sie jenen Moment der Unaufmerksamkeit verflucht, als sie sich mit zwölf Jahren über eine brennende Kerze gebeugt und damit die Rüschen an ihrem Kleid in Brand gesetzt hatte. Zum Glück hatte Konrad sofort die Wasserkaraffe über ihr ausgeleert. Bis auf ihr angesengtes Kleid war nur dieser schreckliche rote Fleck geblieben. Ein Makel, den sie sich selbst zuzuschreiben hatte und der sie zwang, bei jedem neuen Kleidungsstück darauf zu achten, dass der Ausschnitt den Fleck verdeckte. War dies nicht der Fall, musste sie sich mit einem Tuch oder Schal behelfen.

»Entschuldige«, flüsterte sie, presste die Hand auf das Wundmal und floh zurück in die Kabine.

Eine halbe Stunde später verließen sie den kleinen Laden mit einer großen, bis oben hin gefüllten Papiertasche. Zusätzlich zum Badeanzug hatten sie gemeinsam einen Bademantel, ein Strandkleid und mehrere passende Seidentücher ausgesucht.

Sie gingen zurück zum Hotel und bereiteten sich auf den ersten Tag am Stand vor. Isabella war ganz aufgeregt, als sie sich im Bad in den schwarz-gelben Badeanzug schlängelte und das geblümte Strandkleid überwarf. Sie freute sich aufs Meer!

Als sie wieder ins Zimmer kam, war Julius verschwunden. Er kehrte aber wenige Minuten später mit einem kleinen Korb zurück, der mit einem karierten Handtuch abgedeckt war.

»Unser zweites Frühstück. Picknick am Meer«, verkündete er stolz. Unter dem Arm hielt er eine rote Decke, die er offenbar ebenfalls im Hotel besorgt hatte.

Zum Meer brauchten sie kaum zehn Minuten. Da die Saison noch nicht begonnen hatte, war der Strand menschenleer. Isabella streifte sofort die Schuhe ab und lief barfuß durch den Sand. Er war kühl und fein und rieselte kitzelnd zwischen ihre Zehen.

»Ich gehe zum Wasser«, rief sie Julius zu. »Nur schnell das Meer spüren.«

Während die flachen Wellen eiskalt und prickelnd über ihre Füße liefen, breitete Julius ein paar Meter hinter ihr die rote Decke aus. Als sie zu ihm zurückkehrte, hatte er das Picknick darauf arrangiert. Er saß auf einer Seite der Decke und deutete auf die gegenüberliegende Ecke. Isabella ließ sich darauf sinken.

»Erdbeeren? Oder lieber ein Stück Kuchen?« Mit einer galanten Handbewegung bot er ihr verschiedene Köstlichkeiten an. Neben Obst und Kuchen gab es kleine Sandwiches, ein Schüsselchen mit Kartoffelsalat sowie ein zweites mit feinen Pralinen.

»Oh, das sieht alles köstlich aus. Ich kann mich gar nicht entscheiden.« Isabella streckte die Beine aus und zog ihr Strandkleid ein wenig hoch, sodass sie die warme Sonne auf ihren nackten Knien spürte.

»Dann stoßen wir erst einmal an.« Er zog eine Sektflasche aus dem Korb. Sie war offenbar gekühlt. Kleine Wassertropfen funkelten wie Diamanten auf dem grünen Glas.

Staunend sah Isabella zu, wie Julius die Flasche entkorkte und die schäumende Flüssigkeit in zwei hohe Stielgläser füllte, die er ebenfalls hervorzauberte. Ihr Mann ging so gekonnt mit dem Sekt um, als würde er jeden Tag ein Sektfrühstück ausrichten. Dabei wusste sie, dass er bei den Parteiversammlungen nur Bier und gelegentlich Schnaps trank.

»Alkohol mitten am Tag?« Sie musste kichern, als sie das Glas entgegennahm. Sie hielt es unter ihr Kinn und spürte, wie die kleinen Bläschen prickelnd auf ihrer Haut zerplatzten. »Ich dachte, so etwas findest du dekadent?«

»Wir sind im Urlaub. Und gelegentlich muss es erlaubt sein, dass ich meine schöne Frau verwöhne.« Julius' Lächeln brachte ihr Herz zum Hüpfen. Wie kam es nur, dass sie sich plötzlich dauernd an ihre Verlobungszeit erinnerte?

Mit einem zarten Klingeln stießen die Gläser zusammen. Isabella nippte bedächtig an ihrem Sekt. Er war wunderbar kühl und spritzig. Am aufregendsten fand sie jedoch, dass Julius all das hier für sie tat – dass er sie überraschte und so verwöhnte. Sie nahm noch einen Schluck und spürte das Prickeln auch im Bauch, als Julius den Arm ausstreckte und mit den Fingerspitzen über ihren Handrücken strich. Mit der anderen Hand nahm er eine große Erdbeere aus der kleinen Schüssel und hielt sie ihr vor die Lippen.

»Probiere das mal zusammen mit Sekt. Man sagt, so wären die Erdbeeren besonders köstlich.«

Sie biss die Hälfte von der tiefroten Frucht ab und spürte, wie sich der süße Erdbeersaft in ihrem Mund mit den Resten des Sektaromas vermischte. Mit geschlossenen Augen schluckte sie.

»Gut, nicht wahr?«

»Mmh.« Isabella ließ sich genüsslich mit Erdbeeren füttern und nahm nach Julius' Anweisung nach jedem Bissen einen kleinen Schluck von dem Sekt. Es war einfach himmlisch.

Als er ihr anstelle einer Erdbeere eine der Pralinen zwischen die Lippen schob, stellte sie erstaunt fest, dass sich der Genuss sogar noch steigern ließ. Wie hatte sie nur dreißig Jahre alt werden können, ohne zu ahnen, wie wunderbar Erdbeeren, Schokolade und Sekt zusammen schmeckten?

Nach kurzer Zeit kribbelte ihr ganzer Körper vor Glück. Sie lachte ohne besonderen Grund, einfach nur weil alles so schön war.

»Auf uns«, sagte Julius, hob erneut seinen Sektkelch und sah ihr tief in die Augen, bevor er einen winzigen Schluck nahm. Männer mochten wohl einfach lieber Bier.

Zwischendurch probierte sie ein paar Happen von den dünnen Sandwiches, die mit saftigem Schinken belegt waren. Auch die Brote schmeckten noch besser, wenn man sie mit Sekt herunterspülte. Ebenso der Kuchen.

»Das ist der schönste Urlaub, den ich jemals hatte«, erklärte Isabella und blinzelte hinaus aufs Meer, das in der Sonne golden glitzerte. »Es ist alles so schrecklich schön.«

»Und du bist schrecklich schön.« Julius beugte sich vor und küsste sie lange auf den Mund. Das fühlte sich gut an und war aufregend.

»Is noch Sekt da?« Ihre Zunge war plötzlich seltsam ungelenk.

»Ein kleiner Schluck noch. Dann ist die Flasche leer, und wir sollten zurück ins Hotel gehen. Der Vormittag war anstrengend. Ich denke, es ist eine gute Idee, wenn wir uns in unser Zimmer zurückziehen und einen Mittagsschlaf machen.«

»Isch bin aber nich müde«, protestierte Isabella, während sie die letzten Tropfen genoss und Julius zusah, der die Reste vom Picknick in den Korb räumte.

»Wir gehen erst mal zurück, dann sehen wir weiter.« Julius reichte ihr seinen Arm, und sie spazierten zum Hotel. Dabei hatte Isabella das Gefühl, neben ihrem Mann zu schweben. Der Boden unter ihren Füßen war seltsam wattig, sie spürte ihn kaum.

»Isch geh auf Wolken«, nuschelte sie, und ihre Zunge schien sich bei jedem Wort ein bisschen mehr zu verknoten, was sie lustig fand.

Als sie in ihrem Hotelzimmer waren, war sie immer noch sehr

heiter. Und ein kleines bisschen müde. Doch das verging, als Julius sie auf diese besondere Art küsste, die sich fast so anfühlte wie der prickelnde Sekt.

»Schöner Urlaub«, murmelte sie, während ihr Mann ihr das neue bunte Strandkleid auszog und sie sanft in Richtung Bett drängte. »Wunderschöner Urlaub mit meinem wunderschönen Julius.«

Als sie den Rand der Matratze an den Kniekehlen spürte, ließ sie sich rückwärts fallen und breitete auf der gestärkten Bettwäsche die Arme aus. Julius beugte sich über sie, strich mit den Fingerspitzen an ihrem neuen Badeanzug entlang und schob dann energisch die Träger nach unten.

Isabella schloss die Augen. Ihr Mann lag plötzlich schwer auf ihr, doch das machte ihr fast gar nichts aus, weil rosige Nebel durch ihren Kopf waberten. Nicht einmal Julius' lautes Keuchen direkt neben ihrem Ohr störte sie.

*

Isabella schlug die Augen auf und tastete neben sich im Bett nach Julius. Er war wieder einmal als Erster aufgestanden – möglicherweise um eine seiner wunderbaren Überraschungen für sie vorzubereiten. Nur noch drei Tage, dann war ihr Urlaub an der Ostsee zu Ende. Am liebsten wäre sie noch viel länger geblieben. Selbst ihre Hochzeitsreise war nicht so romantisch gewesen wie die vergangenen Tage.

Julius hatte dafür gesorgt, dass sie fast immer eine Flasche gekühlten Sekt dabeihatten, wenn sie zum Strand gingen. An den wenigen regnerischen Tagen hatte er Sekt und Erdbeeren aufs Zimmer bestellt. Und wenn das prickelnde Getränk sie wie auf einer weichen, rosigen Wolke dahinschweben ließ, hatte er sie sanft geküsst und ausgezogen. Was sich zu Hause auf Falkensee manchmal ein bisschen unangenehm angefühlt hatte, war in diesem Urlaub wunderschön.

Nur selten schoss ihr der Gedanke durch den Kopf, dass sie ihre Frauendusche, die sie samt einer Flasche Essig mitgebracht und ganz hinten im Badezimmerschränkchen versteckt hatte, nicht regelmäßig benutzte. Oft war sie einfach zu matt und schläfrig, um sofort aufzustehen und heimlich im Nebenraum ihre Spülung zu machen. Außerdem war hier im Hotel die Gefahr größer, dass Julius Verdacht schöpfte, wenn sie ständig hinter der verschlossenen Badezimmertür hantierte. Die Gummiblase machte ein seltsames Geräusch, wenn sie benutzt wurde. Und Isabella war nicht sicher, ob Julius diese Töne nebenan im Zimmer hören konnte.

Als Isabella sich im Bett umdrehte, um noch ein halbes Stündchen zu schlafen, tauchte ihr Blick durch die halb geöffneten Vorhänge direkt in den strahlend blauen Morgenhimmel. Entschlossen setzte sie sich auf. Auf keinen Fall wollte sie einen der letzten kostbaren Urlaubstage im Bett vertrödeln. Außerdem knurrte bereits ihr Magen, und sie freute sich auf das köstliche Frühstück, das hier im Hotel serviert wurde.

Sie schlug die Bettdecke zurück und angelte mit den Zehen nach ihren bestickten Pantöffelchen. In diesem Moment öffnete sich die Tür, und Julius betrat das Zimmer. Neugierig schaute Isabella ihn an. Leider trug er keinen Picknickkorb in der Hand. Frühstück am Strand hätte ihr an diesem strahlenden Morgen gut gefallen.

»Es ist wunderschön draußen. Wir sollten unsere letzten Urlaubstage bestmöglich nutzen«, sagte sie. »Lass uns ans Meer gehen. Vielleicht traue ich mich sogar kurz ins Wasser. Na los! Kommst du mit?«

Sie schob sich die vom Schlaf zerzausten Löckchen aus der Stirn und lächelte Julius an. Er erwiderte ihr Lächeln, während er ans Bett trat.

»Der Tag ist noch lang. Außerdem ist das Wasser mittags vielleicht sogar etwas wärmer. Ich war kurz unten, um in der Getreidehandlung anzurufen und zu fragen, ob alles gut läuft. Aber jetzt komme ich noch mal ins Bett.« Julius machte sich an seinem Gürtel zu schaffen.

»Aber es ist so ein schöner Morgen. Und uns bleiben nicht mehr viele Gelegenheiten, an den Strand zu gehen.« Isabella schob ihre Füße in die Seidenpantoffeln.

»An den Strand können wir immer noch. Mit mir im Bett zu sein hat dir doch auch immer gut gefallen.« Mit zwei weiteren Schritten erreichte Julius die Bettkante, legte die Hand auf ihre Schulter und drückte sie zurück auf die Matratze.

Sie machte jenen Schmollmund, den ihr Mann so an ihr liebte – wie er ihr mehrfach versichert hatte. »Aber dich nehme ich mit nach Hause, Julius. Das Meer nicht. Jetzt möchte ich ans Meer.«

Als sie sah, wie er mit einem Ruck den Reißverschluss seiner Hose öffnete, riss sie verblüfft die Augen auf. Julius verhielt sich, als hätte sie nichts gesagt oder als würde ihn ihre Meinung gar nicht interessieren.

»Zuallererst möchte ich frühstücken. Ich habe Hunger«, protestierte sie. »Heute Abend können wir immer noch ... Oder morgen früh ...«

»So lange willst du nicht warten. Glaube mir.« Er streifte sein Hemd ab und ließ es neben dem Bett auf den Boden fallen.

Entschlossen richtete Isabella sich wieder auf. »Doch, will ich«, erklärte sie. »Jetzt habe ich irgendwie keine Lust. Weil ich hungrig bin und an den Strand möchte.«

»Zieh dein Nachthemd aus«, kommandierte er, als hätte er ihre Worte nicht gehört.

»Was ist denn los? Du bist so ... seltsam.« Sie setzte sich wieder auf und lehnte sich gegen das Kopfteil des Betts.

»Ich bin genau wie immer, du wirst sehen. Und genau wie immer wird es dir gefallen.« Julius strich mit den Fingerspitzen an ihrem Arm aufwärts. Sie musste sich beherrschen, seine Hand nicht ungeduldig abzuschütteln. Hörte er ihr denn nicht zu?

»Aber ich … Ich bin nicht in Stimmung«, sagte sie und schwang erneut die Beine aus dem Bett.

Sofort packte Julius sie wieder bei den Schultern und drückte sie nach unten. Inzwischen hatte er sich bis auf die Unterhose ausgekleidet.

Sie verspürte einen Anflug von Panik. »Kopfweh habe ich auch«, fügte sie hastig hinzu. Tatsächlich spürte sie plötzlich einen stechenden Schmerz oberhalb der Nasenwurzel.

»Das vergeht.« Er legte sich auf sie und presste seinen Mund auf ihre Lippen. Während der vergangenen Wochen hatte sie seine Zärtlichkeiten genossen, doch dieses Mal fand sie seinen Kuss unangenehm fordernd, hart und ein bisschen zu feucht. Sie versuchte, sich aus seiner Umarmung zu befreien, doch er hielt sie unerbittlich fest.

»Julius«, flehte sie. »Ich will jetzt wirklich nicht.«

Sein Lachen klang mit einem Mal unfreundlich und viel zu laut. »Ach so, du willst nicht? Dann lass mich dir mal etwas erklären: Du bist meine Frau. Ich muss nicht jedes Mal eine Flasche Sekt kaufen, wenn ich meine ehelichen Rechte ausüben möchte. Es ist deine Pflicht, mir zu Willen zu sein.« Er zerrte ihr Nachthemd hoch, sodass sie bis zur Taille nackt vor ihm lag.

»Nein! Bitte!« Mit beiden Händen versuchte sie, den Stoff wieder über ihre Schenkel zu ziehen.

Doch Julius packte ihre Unterarme und drückte sie über ihrem Kopf auf die Matratze. Dort kreuzte er ihre Handgelenke, sodass er sie mühelos mit der Linken festhalten konnte, während er mit der Rechten ihr Nachthemd wieder hochschob – dieses Mal bis über die Brüste. Der hochgeschobene Stoff legte sich wulstartig um ihren Hals und bedeckte den unteren Teil ihres Gesichts.

»Lass«, sagte er, als sie versuchte, mit dem Kinn den Stoff beiseitezuschieben, um besser Luft zu bekommen. »Mir gefällt es so. Es muss nicht immer nach deinem Kopf gehen. Heute gibt es keinen Sekt, und Extrawünsche werden auch nicht erfüllt. Sobald wir zurück im Alltag sind, wird dafür sowieso keine Zeit sein. Deine Brandnarbe ist so auch verdeckt.«

Bei seinen Worten fuhr sie zusammen, als hätte er einen Kübel Eiswasser über ihr ausgeschüttet.

»Ab sofort tust du deine Pflicht, wie es sich für eine anständige Ehefrau gehört. Und zwar so lange und so oft, bis wir endlich ein Kind haben«, stieß Julius keuchend hervor, während er mit dem Knie unerbittlich ihre Schenkel auseinanderschob. Er war so viel stärker als sie, sie hatte keine Chance.

In ihrem Kopf schossen die Gedanken wild durcheinander, während sie versuchte, die Panik zu unterdrücken, die Julius' rücksichtsloses Verhalten in ihr auslöste. Eines begriff sie in diesem Moment mit schmerzlicher Klarheit: Die romantischen Stunden, die Spaziergänge am Meer, der Sekt und die Erdbeeren – all das hatte Julius nicht getan, weil er sie liebte. Er hatte es getan, damit sie willig mitspielte und möglichst schnell schwanger wurde.

»Du tust mir weh!« Sie schrie auf, als er sich rücksichtslos in sie bohrte. Doch der Stoff vor ihrem Mund dämpfte ihre Stimme. Auch ein weiterer Schmerzenslaut, den sie ausstieß, wurde von dem schweren Leinen gedämpft.

Julius schien sie gar nicht mehr wahrzunehmen. Als wäre sie eine Puppe ohne jegliche Gefühle, bewegte er sich mit heftigen Stößen auf ihr. Dabei sah er sie nicht an, sondern starrte vor sich in die Luft.

Sie schloss die Augen, zog sich hinter ihre Lider zurück und flehte stumm, es möge schnell vorbei sein. Als Ehemann war es sein Recht, was er mit ihr tat, aber richtig war es dennoch nicht.

Als Julius sich mit einem letzten Stöhnen schwer auf sie fallen ließ, lag Isabella zitternd unter ihm und hatte sich die Lippen wundgebissen. Sie wartete einen Moment, dann schob sie sich seitlich unter seinem Körper hervor. Dieses Mal ließ er sie gehen. Er blieb einfach liegen und kommentierte mit keinem Wort, was soeben vorgefallen war. Dass sie an ihm vorbei ins Bad lief und die Tür hinter sich abschloss, schien ihn ebenfalls nicht zu kümmern.

Mit bebenden Händen suchte sie im Badezimmerschränkchen hinter den Handtüchern nach dem kleinen Leinenbeutel, in dem sie die Frauendusche aufbewahrte. Dann holte sie die Essigflasche hervor und mischte in der Gummiblase Wasser und Essig. Dieses Mal spülte sie äußerst gewissenhaft. Doch die Erinnerung an Julius' Rücksichtslosigkeit und daran, dass er sie mit Gewalt genommen hatte, ließ sich nicht wegspülen.

Ihr wunderbarer Urlaub war zu Ende. Es war alles eine Lüge gewesen.

16. Kapitel

Isabella
Pensionat Schloss Bielau, Westpreußen, Juli 1934

»Wir sehen uns am Donnerstag wieder«, verabschiedete sich Isabella von Cäcilie. »Denk bitte an die Rechtschreibübungen, die ich dir gegeben habe. Alles drei Mal abschreiben. Ich werde es kontrollieren.«

Das Mädchen, das an einem der kleinen Pulte im Schulzimmer saß, hob den Kopf, als ihre Lehrerin sie ansprach. Cäcilie war gut im Rechnen und wusste alles über Pflanzen und Tiere. Ihre große Schwäche war das Schreiben, doch sie gab sich unendlich viel Mühe, dieses Problem zu lösen.

»Wenn du weiterhin so fleißig übst, kannst du es bis zum Jahresende mit deinen Mitschülerinnen aufnehmen, was die Rechtschreibung betrifft, da bin ich ganz sicher.« Isabella lächelte ihr zu. Die Zwölfjährige mit den blonden Zöpfen war im Augenblick eine ihrer Lieblingsschülerinnen. In vielem erinnerte sie Isabella an Emilia, die schon vor Jahren ihren Abschluss gemacht hatte und nun, nach dem Besuch des Lehrerinnenseminars, in einem etwa hundert Kilometer entfernten Ort die Dorfschule leitete. Gelegentlich kam Emilia noch als Besucherin im Pensionat vorbei, trank eine Tasse Kaffee mit Fine und unterhielt sich lebhaft mit Isabella, wenn diese auch gerade da war.

Ebenso wie Emilia war Cäcilie liebenswürdig und fleißig. Beide stammten aus Tagelöhnerfamilien und wussten die Chance auf eine bessere Zukunft, die Fine ihnen ermöglichte, sehr zu schätzen. Auch Cäcilie liebte Tiere, genau wie Emilia es getan hatte. Noch jetzt, Jahre später, dachte Isabella manchmal lächelnd daran, wie stolz Emilia auf dem Skizzenblock die kleine Eule nach Hause getragen hatte. Damals hatte Doktor Kampmann den gebrochenen Flügel des Vögelchens fachmännisch geschient, und die Mädchen hatten die Eule, die sie auf den Namen Hugo getauft hatten, voller Liebe und Fürsorge gepflegt.

Als Hugo nach einigen Wochen wieder gesund und kräftig war, hatten sie die Eule freigelassen. Die Mädchen hatten ein bisschen geweint, als sie von ihrem Pflegling Abschied nehmen mussten. Sie waren aber auch froh gewesen, dass die Eule nun wieder gesund war und in die Freiheit entlassen werden konnte. Isabella hatte ein Lachen unterdrücken müssen, als Kampmann ihr im Flüsterton mitgeteilt hatte, dass es sich bei Hugo wahrscheinlich um eine Eulendame handelte.

Da es nach Fines Meinung das Verantwortungsbewusstsein der Mädchen förderte, sich um Tiere zu kümmern, erhielten im Anschluss stets einige Schülerinnen die Aufgabe, die Kaninchen zu füttern und ihren Verschlag zu säubern. Besonders Cäcilie kam diesem Auftrag mit Feuereifer nach. Manchmal fragte sich Isabella, ob ihr nicht klar war, dass die Tiere eines Tages als Festmahl für die Schülerinnen dienen würden. Cäcilie hatte ihnen allen Namen gegeben, und eines der Kaninchen war ihr erklärter Liebling, den sie stundenlang auf dem Schoß hielt und streichelte. Isabella hatte Fine auf dieses Problem angesprochen.

Die hatte nur leicht die Stirn in Falten gelegt. »Ich weiß«, hatte sie dann gesagt. »Das Leben ist hart. Manchmal müssen wir Dinge tun, die uns schwerfallen. Wer Fleisch essen will, muss akzeptieren, dass dafür Tiere sterben müssen. Die meisten Mädchen sind auf einem Bauernhof groß geworden. Sie wissen das. Wir bedanken uns bei den Tieren dafür, dass sie uns ein Festmahl bereiten werden, indem wir dafür sorgen, dass sie vorher ein gutes Leben haben.«

Jetzt verabschiedete Isabella sich von Cäcilie, die sich wieder eifrig über ihr Schreibheft beugte. Dann machte Isabella sich auf den Weg zu Fine. Sie wollte ihr sagen, dass sie die Unterweisung der Mädchen, die während der Ferien im Pensionat geblieben waren, beendet hatte. Cäcilie konnte nicht nach Hause fahren, weil ihre Mutter krank war. Ähnlich verhielt es sich bei Renate und Karla, die ebenfalls die Sommerwochen im Pensionat verbringen würden.

Obwohl Fine nach der Kinderlähmung mit ihrem verkrüppelten linken Bein endgültig auf den Rollstuhl angewiesen war, erledigte sie immer noch einen Teil der Arbeiten, die sie vor ihrer Krankheit getan hatte. Natürlich brauchte sie bei einigen Aufgaben Unterstützung, und Isabella half gern. Je mehr Verantwortung sie im Pensionat übernahm, umso wichtiger wurde ihr die Arbeit dort.

Fine ging so geschickt mit ihrem Rollstuhl um, dass sie sich auf dem Gelände rings ums Schloss und in den unteren Räumen ebenso schnell bewegte wie früher zu Fuß. Sonderbarerweise nahm sie ihre Behinderung fast fröhlich hin.

»Ich käme mir undankbar vor, wenn ich mich beschweren würde«, hatte sie schon mehr als einmal zu Isabella gesagt. »Ich habe genug Geld für diesen praktischen Rollstuhl und bin auch ansonsten versorgt. Was sollen die Leute sagen, die nicht laufen können, aber weder Geld noch sonstige Unterstützung haben? Unterrichten kann ich im Sitzen, ich bin von lieben Menschen umgeben, und ich kann mein Herzensprojekt weiterführen, das Pensionat.«

Wenn Isabella erlebte, wie Fine ihr Schicksal meisterte, schämte sie sich, dass sie selbst oft unzufrieden war, weil sie sich in ihrer Ehe unglücklich fühlte.

Seit dem Urlaub im Mai war Isabella traurig und verunsichert, was ihre Gefühle für Julius betraf. Während der Wochen am Meer hatte er sie so sehr verwöhnt, war zärtlich und rücksichtsvoll gewesen und auf all ihre Wünsche eingegangen. Aber dann hatte sich all das nur als Kalkül herausgestellt, um sie bei Laune zu halten und willig zu machen. Wobei … stimmte das wirklich? Als ihr Ehemann, der schließlich ein Recht auf ihren Körper hatte, hatte er das doch gar nicht nötig. Waren der Sekt und die romantische Verführung also doch nicht nur Teil eines perfiden Spiels gewesen? Doch wieso war es dann plötzlich damit vorbei? Sie verstand es einfach nicht.

Je mehr sie darüber nachdachte, umso verunsicherter wurde sie. Sie wusste nicht einmal mehr, was sie selbst fühlte. Eine Ehe wie diese wünschte sie sich auf keinen Fall. Doch hieß das, dass sie nicht mehr mit Julius zusammen sein wollte? Schließlich wusste sie, dass er ganz anders sein konnte, als er sich im Alltag auf Falkensee gab.

Bei ihrer Rückkehr aus dem Urlaub hatte Isabella befürchtet, dass sie ein Kind unter dem Herzen trug. Nach dem, was kurz vor ihrer Abreise zwischen Julius und ihr passiert war, war dieser Gedanke erschreckend für sie. Sie wollte kein Kind von Julius, dessen war sie sich plötzlich ganz sicher. Zum Glück stellte sich ihre Sorge wenige Tage später als unnötig heraus. Julius, der offenbar ebenfalls mit einer Schwangerschaft gerechnet hatte, machte daraufhin aus seiner Enttäuschung keinen Hehl.

Er ließ in seinen Bemühungen, sie zu schwängern, nicht nach. Es gab keinen Sekt mehr, und er machte sich auch sonst keine weiteren Umstände. Drei oder vier Mal in der Woche kam er in ihr Bett, und sie ließ es über sich ergehen, weil es nun einmal ihre ehelichen Pflichten waren. Manchmal war da noch der Hauch einer Erinnerung an die romantischen Stunden am Meer; meistens jedoch lag sie starr da und zählte die Minuten, bis es vorbei war. Und jedes Mal stand sie anschließend auf, gedemütigt und verletzt, verschwand im Bad und benutzte gewissenhaft ihre Frauendusche.

»Wo bist du denn mit deinen Gedanken, Isabella?«, riss Fines fröhliche Stimme sie aus ihrer Grübelei.

Isabella schreckte hoch und wandte sich um. Tatsächlich hatte sie in der großen Halle von Schloss Bielau gestanden und eines der Landschaftsgemälde an der Wand angestarrt. Nun wandte sie sich um und lächelte die ältere Frau an, die sie längst als Freundin betrachtete.

»Ach, es gibt doch immer etwas, worüber man sich den Kopf zerbrechen kann, nicht wahr?« Sie bemühte sich um ein harmloses Lächeln. Natürlich würde sie Fine gegenüber kein Wort über eheliche Pflichten und deren Erfüllung verlieren, sosehr sie ihr auch sonst vertraute. Immerhin war Fine nie verheiratet gewesen und schien das auch nicht zu bedauern. Ihre Schülerinnen waren ihre Kinder. Außerdem kümmerte sie sich hingebungsvoll um ihre leibliche Mutter, die immer gebrechlicher wurde, und ebenso liebevoll um die Eltern, die sie großgezogen hatten. Die Meyerhoffs lebten noch in ihrer kleinen Tagelöhnerkate im Dorf Falkensee. Fine besuchte sie regelmäßig und unterstützte sie finanziell. Auf diese Weise waren sie nicht mehr auf die kärgliche Ernte von ihrem winzigen Stück Land und auf den Verkauf von ein paar Eiern angewiesen.

»Ich freue mich auf unseren Urlaub. Es ist nicht weit bis ans Frische Haff, aber wir kommen heraus und sehen einmal etwas anderes«, sagte Fine mit einem strahlenden Lächeln. »Mama wird die Seeluft guttun, für meine Eltern sind Ferien immer noch etwas ganz Besonderes, und ich kann die Entspannung gut gebrauchen. Auch wenn die Arbeit mit den Mädchen mir viel Freude macht – manchmal ist es auch anstrengend.«

»Nach allem, was man hört, soll das Frische Haff sehr schön sein.« Isabella bemühte sich, nicht an ihre Wochen an der See zu denken, die sie erst so glücklich gemacht hatten und im Nachhinein nur eine Erinnerung waren, die ihr Unbehagen bereitete.

»Die drei Mädchen, die die Ferien nicht bei ihren Familien verbringen können, kommen mithilfe der Köchin und eines Stubenmädchens klar. Wenn du ab und zu vorbeikämst, um nach dem Rechten zu sehen, wäre das furchtbar nett.« Fine musterte sie aufmerksam, als hätte sie die Traurigkeit in ihren Augen bemerkt.

»Natürlich komme ich, sehr gern sogar«, versprach Isabella und bemühte sich um eine fröhliche Miene.

»Vielen Dank.« Fine reichte ihr zum Abschied die Hand.

Nachdem sie der älteren Freundin einen schönen Urlaub gewünscht hatte, verließ Isabella das Schloss. Sie war noch auf der oberen Hälfte der breiten Freitreppe, als unten ein rotlackiertes Automobil hielt. Hinter dem Steuer saß Doktor Kampmann.

»Guten Tag, Herr Doktor«, rief sie ihm zu, während er aus seinem Wagen stieg.

»Auch Ihnen einen wunderschönen Tag, Frau Kirchner«, erwiderte er fröhlich.

Sie trafen am Fuß der Treppe aufeinander und blieben beide stehen. Seit ihrem ersten Zusammentreffen am Brunnen hinter dem Stall waren sie sich gelegentlich über den Weg gelaufen – entweder im Pensionat oder auf Falkensee, wo der Tierarzt die Zuchtpferde betreute. Keiner von ihnen hatte allerdings die seltsame Szene von damals erwähnt.

In letzter Zeit sahen sie sich häufiger. Einer der Brabanter im Stall von Schloss Bielau litt unter einem hartnäckigen Sommerekzem. Teilweise waren die eitrigen Entzündungen so schlimm, dass das Tier kein Geschirr tragen und deshalb nicht als Zugpferd verwendet werden konnte. Oft kam Doktor Kampmann daher gegen Abend vorbei, um nach dem Wallach zu sehen. Meistens etwa um die Zeit, wenn Isabella nach ihrem Unterricht das Schloss verließ. So wie jetzt.

Isabella zögerte und sagte dann: »Haben Sie einen Moment Zeit?«

Lächelnd nickte er. »Bruno wird sich so lange gedulden, denke ich.«

Bruno war der Wallach mit dem Ekzem. »Hat sich sein Zustand mittlerweile gebessert?«, erkundigte sich Isabella.

»Auf jeden Fall. Die Salbe scheint anzuschlagen und vor allem gegen den Juckreiz zu helfen. Das Tier ist nicht mehr so schrecklich unruhig.«

»Das freut mich.« Isabella schaute ihn aufmerksam an. Er war ein mitfühlender Mensch. Genau deshalb wandte sie sich mit ihrer Sorge an ihn.

»Cäcilie, eine der Schülerinnen, hat ihr Herz an die Kaninchen gehängt«, begann sie. »Vor allem an eines. Sie hat es Max getauft.«

»Ich weiß. Neulich war eines der Tiere krank, und ich sah nach ihm, als ich wegen des Pferds da war. Cäcilie saß ganz besorgt vor den Kaninchenställen. Und sie stellte mir Max vor. Es ist ein weibliches Tier. Aber das verraten wir ihr besser nicht.« Er zwinkerte Isabella verschwörerisch zu, und sie wusste, dass er an die kleine Eule namens Hugo dachte, die ebenfalls weiblich gewesen war.

»Ja«, sagte sie knapp. »Das mit dem Namen für das Kaninchen ist Teil des Problems, über das ich mit Ihnen reden wollte. Da Sie sich mit Tieren und dem Umgang mit ihnen auskennen. Vielleicht haben Sie auch Erfahrung mit Kindern und Nutztieren.« Sie stockte, weil ihr plötzlich bewusst wurde, dass es wahrscheinlich unangemessen war, mit Kampmann über die Schülerinnen zu reden. Schließlich war er nicht als Pädagoge, sondern als Tierarzt tätig, und die Mädchen zählten nicht zu seinem Aufgabengebiet.

Er schaute sie aufmerksam an und wartete geduldig, was sie ihm sagen wollte.

»Max wird eines nicht fernen Tages als Braten auf dem Tisch der Mädchen stehen«, platzte sie heraus. »Vielleicht sollte man Cäcilie behutsam darauf vorbereiten.«

»Das weiß sie natürlich. Sie ist ein kluges Kind.« Kampmann strich sich das dunkelblonde Haar aus der Stirn, das oft ein wenig zerzaust war, weil er im Sommer fast immer im offenen Wagen fuhr.

»Natürlich weiß sie es im Grunde. Aber sie versucht wohl, nicht daran zu denken, es sozusagen zu verdrängen.« Hilflos zuckte Isabella mit den Schultern. »Sonst würde sie doch mit dem Kaninchen nicht wie mit einem Schmusetier umgehen. Neulich saß sie mit einem Zeichenblock vor dem Stall, um ein Bild von Max anzufertigen.«

Der Tierarzt nickte. »Das habe ich ihr vorgeschlagen. Als ich nach dem kranken Kaninchen gesehen habe, sagte Cäcilie mir, sie sei traurig, weil Max im Herbst sicher geschlachtet wird.«

»Sie hat mit Ihnen darüber gesprochen?« Isabella war erstaunt und ein bisschen verwundert, weil Cäcilie sich dem Tierarzt anvertraut hatte und nicht ihr. Gleichzeitig erleichterte es sie jedoch, dass das Mädchen sich des Problems bewusst war. Obwohl Cäcilie ganz bestimmt weinen würde, wenn der Abschied von Max kam. Dass das Kind auch nur einen Happen von dem Fleisch essen würde, konnte Isabella sich beim besten Willen nicht vorstellen.

»Sie wird schon damit klarkommen«, tröstete Kampmann sie, der wohl die immer noch vorhandene Sorge in ihren Augen sah.

»Sie wird es müssen.« Isabella seufzte. Da sie selber so sehr an Maggy hing, meinte sie, die Gefühle des Mädchens nachvollziehen zu können. Cäcilie hatte kein eigenes Haustier, deshalb hatte sie Max dazu gemacht.

Der Tierarzt nickte. »Und falls Cäcilie das Fleisch nicht essen möchte, ist es auch in Ordnung, denke ich. Es geht vor allem darum, dass sie auch die ernste Seite unseres Lebens begreift, nicht wahr?«

»Ja. So ähnlich hat Fine ... Frau Meyerhoff es auch ausgedrückt.« Isabella seufzte unterdrückt und fühlte sich ein wenig erleichtert.

»Ich muss dann wirklich nach Hause«, erklärte sie, nickte Kampmann zu und ging weiter zu ihrem Wagen. Als sie den Motor startete, bemerkte sie, dass der Tierarzt immer noch am Fuß der Treppe stand und ihr nachdenklich hinterherschaute.

*

Gut Falkensee, Westpreußen

Eine knappe Stunde später fuhr Isabella den Wagen in die Remise und stieg aus. Sofort bemerkte sie die außergewöhnliche Ruhe auf dem Wirtschaftshof. Es war – im übertragenen Sinne – die Ruhe vor dem Sturm. Im kommenden Monat begann die Ernte des Wintergetreides. Natürlich mussten auch in der jetzigen Ruhephase die Zuchtpferde versorgt werden, und der Verwalter hatte einen Mechaniker kommen lassen, der die Erntemaschinen und die Traktoren überholte. Ein großer Teil der Knechte und Mägde hatte jedoch Urlaub. Fast alle besuchten ihre Familien.

Selbst Isabellas Eltern waren auf Reisen. Alice und Konrad machten Urlaub am Fuß der Alpen. Veronika hatte sich überreden lassen, sie zu begleiten, jedoch energisch verkündet, sie werde sich die Berge nur aus sicherer Entfernung von der Hotelterrasse aus ansehen.

Auch ein großer Teil des Hauspersonals war für zwei Wochen in die Ferien geschickt worden. Außer Grete, die seit Emma Schubbkes Umzug in die Nervenklinik unumschränkte Herrscherin über die Küche war, befand sich zurzeit nur Linda im Haus. Da ihre Mutter immer schlechter sehen konnte, hatte Linda die Schlafkammer unter dem Dach aufgegeben und war ins Dorf gezogen. Morgens kam sie mit dem Fahrrad nach Falkensee und fuhr abends zurück ins Dorf.

Ohnehin war Linda nach Emmas Einlieferung in die Klinik die Letzte vom Personal gewesen, die im Haus geschlafen hatte. Weshalb Alice nicht davor zurückgeschreckt war, sie auch zu später Stunde noch aus dem Bett zu klingeln. Man musste ihr zugutehalten, dass sie es nicht wegen einer Kleinigkeit wie dem Wunsch nach einer Tasse Tee tat. Diese Zeiten waren endgültig vorbei. Aber wenn Alice beispielsweise ihre heiße Milch mit Honig im Bett ausschüttete, ließ sie Linda kommen. Gnadenlos wurde das Hausmädchen aus dem Schlaf gerissen und musste hinaufeilen, um die Wäsche zu wechseln.

Vielleicht war diese Einstellung, die auch Veronika teilte, einer der Gründe, weshalb sich sämtliche Dienstboten mittlerweile ein Zimmer außerhalb des Herrenhauses gesucht hatten. Einige von ihnen waren auch verheiratet und hatten Familie, was früher eher selten vorgekommen war.

Isabella schloss die Tür zum Wintergarten auf, um von dort direkt in die Halle zu gehen. Wenn sie den Weg durchs Souterrain nahm, musste sie befürchten, Grete in die Arme zu laufen, die aus jeder Frage zu einer Mahlzeit eine endlose Diskussion machen konnte. Da Alice nicht im Haus war, wandte Grete sich momentan mit allen wichtigen und noch mehr unwichtigen Fragen an Isabella.

Im Vorbeigehen überprüfte Isabella, ob die Palmen in ihren Kübeln genügend Wasser bekamen. Beim Betreten der Halle blieb sie erstaunt stehen, weil sie auf der Treppe von oben das Getrampel eiliger Schritte hörte. Da Julius nach einer abendlichen Parteiversammlung erst spät nach Hause kommen würde und Grete unten in der Küche unüberhörbar mit Töpfen klapperte, konnte es nur Linda sein. Wieso das sonst so leichtfüßige Hausmädchen jedoch einen solchen Lärm veranstaltete, verstand Isabella nicht ganz. Auch wenn sich mittlerweile vieles geändert hatte, die Regel, dass das Hauspersonal sich möglichst leise durch die Räume zu bewegen hatte, galt noch immer.

Isabella blieb stehen und spähte seitlich durch das gedrechselte Geländer auf die Stufen. Da tauchte Linda auch schon auf dem Treppenabsatz auf. Ihre sonst ordentlich zurückgekämmten Haare waren zerzaust, ihre Wangen gerötet und die Augen weit aufgerissen. Als sie Isabella sah, stürzte sie mit einem erleichterten Aufschrei auf sie zu.

»Frau Kirchner! Gott sei Dank!« Sie blieb dicht vor Isabella stehen und hob beide Hände, als wolle sie sich ängstlich an ihr festklammern. Erst als Isabella einen Schritt zurückwich, schien Linda zu sich zu kommen. Sie ließ die Arme sinken und murmelte etwas, das als Entschuldigung durchgehen konnte.

»Was ist denn passiert?«, erkundigte sich Isabella irritiert.

»Ich weiß nicht«, sagte Linda kläglich und strich sich die Haare glatt. »Vielleicht hab ich mich ja getäuscht. Aber da war so ein komisches Geräusch. Ein Scharren oder Schleifen. Und dann noch mal so was wie ein Husten. Aber so, als hätt sich jemand ganz viel Mühe gegeben, nicht zu husten, und es wär dann doch passiert.«

Isabella starrte das Hausmädchen verständnislos an. Was redete sie da für ein wirres Zeug? »Sie wollen etwas gehört haben? In unserer Wohnung? Da ist niemand.«

Linda schüttelte den Kopf. »Nicht in der Wohnung. Oben drüber. Sie haben mir doch gesagt, ich soll in den Mansarden nachsehen, ob ich ein neues Kissen für Maggys Korb finde, weil das alte zerrissen ist. Und da bin ich also nach oben gegangen. Mir war gleich ein bisschen unheimlich, weil ich neulich schon was gehört hatte, als ich in der Küche abgewaschen hab. So was wie Schritte über mir. Dabei ist doch in den Mansarden keiner mehr.«

»Vielleicht Ratten«, schlug Isabella vor und begriff erst im nächsten Moment, dass das für viele Menschen auch keine sonderlich beruhigenden Aussichten waren. Sie fügte hastig hinzu: »Vor ein paar Jahren hatten wir Marder auf dem Dachboden. Die machen ziemlich viel Lärm. Erinnern Sie sich nicht?«

Linda nickte verlegen. »Doch. Schon. Aber das mit den Mardern war anders. So ein Trippeln. Das neulich und das heute hörte sich an, als wär da ein Mensch.«

»Wer sollte denn bitte da oben sein? Und dann noch an mehreren Tagen hintereinander.«

»Ich weiß nicht. Aber ich hatte schreckliche Angst. Und ich geh da ganz bestimmt nicht mehr hoch.« Mit einer energischen Bewegung verschränkte Linda die Arme vor der Brust. »Es ist auch nicht meine Aufgabe, auf dem Boden rumzukramen.«

»Kommt es Ihnen nicht albern vor, sich vor dem Dachboden zu fürchten?«, fragte Isabella streng. »Sie sind doch eine couragierte Frau. Allein wie Sie sich gegen Alex zur Wehr gesetzt haben, da haben Sie gezeigt, wie tapfer Sie sind.«

Linda wurde rot. »Das war was anderes. Da wusste ich, mit wem ich's zu tun hatte. Das da oben könnte ein Geist sein. Genau so hörte es sich an. Wie ein Gespenst.«

»Es gibt keine Gespenster«, erklärte Isabella streng. Genau das sagte sie sich selbst auch immer, wenn sie gelegentlich ein Geräusch hörte, das ihr unheimlich erschien. Tatsächlich war ihr noch nie ein Geist begegnet, und sie kannte auch niemanden, der eine solche Erscheinung gehabt hatte. Aufmunternd fuhr sie fort: »Sehr mutig fand ich auch, dass Sie mir dann gesagt haben, was damals in der Schule passiert ist und womit Alex Sie erpresste.«

»Ja«, sagte Linda gedehnt. »Ich geh trotzdem nicht wieder auf den Dachboden.«

Fast hätte Isabella laut aufgelacht. »Dann hole ich bei Gelegenheit selbst ein Kissen herunter. Schon um Ihnen zu zeigen, dass da oben nichts Schlimmes ist.«

Linda zuckte mit den Schultern. »Ist vielleicht albern von mir. Aber ich fürchte mich nun mal.«

»Wenn sonst alles fertig ist, können Sie Feierabend machen. Wie ich höre, räumt Grete auch schon die Küche auf und wird sicher gleich gehen.« Mit einem Lächeln deutete Isabella auf den Boden unter ihren Füßen. Im Souterrain klapperte es immer noch. »Ich nehme an, das kalte Abendessen steht schon oben bereit?«

An den Tagen, an denen Julius von der Getreidehandlung direkt in die Ortsgruppendienststelle ging, orderte Isabella zum Abendessen kalten Braten und Salate, solange ihre Eltern und ihre Großmutter verreist waren. Sie aß dann allein, und Julius konnte noch etwas zu sich nehmen, wenn er spät nach Hause kam.

»Danke«, sagte Linda. »Meine Mutter freut sich, wenn ich etwas früher komme. Außerdem sind die Abende schrecklich diesig. Gestern bin ich mit dem Fahrrad unten am See in eine richtige Wand aus Nebel gefahren. War ziemlich unheimlich. Das passiert heut bestimmt nicht, wenn's früher am Abend ist.«

Beim Gedanken, in dichtem Nebel allein durch die Felder zu radeln, erschauderte Isabella. Doch dann rief sie sich sofort zur Ordnung: Sie war eine erwachsene Frau, die sich nicht bei jeder Kleinigkeit fürchtete. Nebel war etwas ganz Natürliches. Ebenso die

Geräusche in einem alten Haus. Wahrscheinlich las Linda in ihrer Freizeit Schauerromane und hatte deshalb eine allzu blühende Fantasie.

Isabella verabschiedete sich von ihrem Hausmädchen und ging in ihr Schlafzimmer, um sich für den Abend umzukleiden.

17. Kapitel

Isabella
Gut Falkensee, Westpreußen, Juli 1934

Zwei Stunden später – Isabella hatte in der Küche etwas gegessen und sich anschließend mit einem Buch in den Salon gesetzt – wurde sie unerwartet an das kleine Zwischenspiel mit Linda erinnert. Mittlerweile senkte sich die Dämmerung auf das Herrenhaus nieder. Als Isabella beim Umblättern zum Fenster hinüberblickte, hingen graue Nebelfetzen zwischen den Bäumen, und der Vollmond war hinter dahinjagenden Wolken nur vage zu erkennen. Wie Linda schon erwähnt hatte, waren es seltsame Sommerabende, die in diesem Juli auf die wolkenverhangenen, feucht-schwülen Tage folgten.

Mit einem Seufzer vertiefte sich Isabella wieder in ihren Roman. Nachdem Linda von den vermeintlichen Geräuschen auf dem Dachboden erzählt hatte, war Isabella seltsamerweise *Jane Eyre* eingefallen. Sie hatte Lust verspürt, das Buch wieder einmal zu lesen, das sie als junges Mädchen sehr geliebt hatte. Die Romanheldin Jane wurde zu nächtlicher Stunde von seltsamen Lauten und umherirrenden Schatten geängstigt. Manchmal genoss Isabella die Schauer, die eine unheimliche Geschichte beim Lesen in ihr auslöste.

Als sie über sich ein leises Scharren und Schleifen hörte, hob sie erstaunt den Kopf. Kam das tatsächlich vom Dachboden? Die Marder, die vor einigen Jahren dort oben eingezogen waren, hatten sich anders angehört. Dennoch mussten es irgendwelche Tiere sein. Etwas ganz Natürliches. Vielleicht hatte sich eine der Stallkatzen ins Haus geschlichen und war versehentlich in einer Mansarde eingesperrt worden.

Sie sah hinüber zu Maggy, die in ihrem Korb auf dem zerrissenen Kissen lag, das Linda durch eines vom Dachboden hatte ersetzen sollen. Die Hündin hatte den Kopf gehoben. Sie schien ebenfalls etwas gehört zu haben.

Da! Jetzt klang es von oben wie vorsichtige Schritte.

Maggy richtete die Schlappohren auf, soweit es ihr möglich war, und sah Isabella aufmerksam an, als wollte sie sich vergewissern, ob noch alles in Ordnung war.

Isabella legte ihr Buch weg und stand auf. Es gibt keine Gespenster, sagte sie sich energisch. Sie würde sich nicht ins Bockshorn jagen lassen. Es gab keinen Grund anzunehmen, dass dort oben Gefahr drohte. Schließlich war das hier kein Roman, sondern das wahre Leben in Westpreußen.

»Komm, Maggy«, sagte sie zu ihrer Hündin. Doch die lag nicht mehr in ihrem Korb, sondern hatte sich irgendwo im Zimmer versteckt. Wahrscheinlich hinter dem großen Lehnstuhl, wo sie immer verschwand, wenn Fremde kamen, deren Stimmen sie nicht mochte, oder wenn sie zu später Stunde keine Lust mehr hatte, noch einmal nach draußen zu gehen.

»Dann eben nicht«, sagte Isabella zu der lackschwarzen Nase, die sie hinter dem Stuhl erspähte. Sie hatte auch keine große Lust, dort oben auf der Suche nach Katzen oder Mardern herumzuschleichen. Andererseits war sie eine erwachsene Frau und würde der Sache auf den Grund gehen.

Entschlossen stieg sie die schmale Treppe hinauf, die früher die Dienstboten benutzt hatten, um in ihre Schlafkammern zu gelangen. Außer den nun unbenutzten Mansarden gab es dort oben nur noch einige Räume, in denen ausrangierte Möbel abgestellt wurden. Früher, als es noch mehr als genug Dienstboten gegeben hatte, waren die Stubenmädchen mindestens einmal im Jahr dorthin geschickt worden, um die alten Möbel abzustauben und die Spinnweben aus sämtlichen Ecken zu entfernen. Doch seit das Personal so knapp war, blieb dazu kaum noch Zeit.

Die alten Holzstiegen knarrten unter Isabellas Füßen, als würden sie sich über die ungewohnte Beanspruchung beklagen.

Dann betrat Isabella den schmalen Gang, der an den ehemaligen Dienstbotenzimmern vorbei bis zu den beiden großen Abstellräumen führte. Sie blieb stehen und lauschte angestrengt. Alles war still. Und doch war sie sicher, von unten etwas gehört zu haben. Wenn es sich tatsächlich um eine Katze oder einen Marder gehandelt hatte, fürchtete sich das Tier wahrscheinlich sehr viel mehr vor ihr als sie sich vor ihm.

»Miez, Miez«, rief sie probehalber. Nichts passierte. Natürlich nicht. Sie hatte nicht ernsthaft geglaubt, dass die Katze, falls hier oben tatsächlich eine war, ihr antwortete.

Sie würde wohl oder übel sämtliche Mansarden durchsuchen müssen, und falls sie dort nichts fand, auch die Abstellräume.

Wenn die Beleuchtung hier oben nur nicht so schwach gewesen wäre. Die Lampen hingen in viel zu großen Abständen an der Flurwand, und die elektrischen Birnen hinter den milchig weißen Schirmen malten nur kleine Lichtinseln auf den Boden. Der Rest des Gangs lag in tiefem Schatten, und sobald Isabella sich bewegte, wurde das Schwarz ringsum lebendig.

Natürlich war es nur ihre überreizte Fantasie, die ihr einen Streich spielte. Dennoch klopfte ihr Herz schneller, und das Blut in ihren Ohren rauschte wie ein Wasserfall. Energisch rief sie sich zur Ordnung. Sie würde sich nicht so albern wie Linda verhalten. Schließlich war sie momentan die Gutsherrin, und es war ihre Pflicht festzustellen, was hier oben los war. Mit raschen Schritten ging sie auf die nächstgelegene Mansardentür zu. Irgendwo musste sie ihre Suche ja beginnen.

Das seltsame Scharren kam so unerwartet, dass ihre Hand, die sie nach der Klinke ausgestreckt hatte, mitten in der Bewegung erstarrte. Das war kein Tier gewesen. Es hatte sich angehört wie ein Stuhl, der verschoben wurde. Jetzt klapperte es, als würde jemand Geschirr zusammenstellen. Isabella starrte die lange Reihe der Mansardentüren an. Hinter einer dieser Türen versteckte sich tatsächlich ein Mensch. Geister benutzten kein Porzellan. Katzen ebenfalls nicht.

»Hallo?«, rief sie mit zitternder Stimme. »Wer ist da?«

Keine Antwort, nur Stille, in der ihr eigener Atem klang wie eine Windböe an einem stürmischen Tag.

»Hallo?«, rief sie noch einmal, bekam aber erneut keine Antwort.

Vielleicht hatte sie sich das Geräusch doch nur eingebildet? Oder es war ein Fenster gewesen, das nicht richtig geschlossen worden war und im Abendwind schlug? Auf keinen Fall würde sie wie ein kleines Mädchen wegrennen und später Julius nach oben schicken. Wenn er dann feststellte, dass das Geräusch eine ganz natürliche Ursache hatte, würde er sie wieder wie ein dummes Frauchen behandeln.

Sie atmete tief durch und riss die erste Tür in der Reihe auf. Der kleine Raum lag dunkel vor ihr. Nur kurz drang durch das Dachfenster etwas Licht herein, bis sich wieder eine Wolke vor den Mond schob. Der schwache Lampenschein aus dem Flur reichte gerade aus, um direkt hinter der Tür einen kleinen hellen Kreis auf die abgetretenen Bodendielen zu werfen.

Isabella tastete nach dem Lichtschalter und betete im Stillen, dass die Lampen, die schon lange nicht mehr benutzt wurden, noch funktionierten. Zu ihrer Erleichterung flammte die Deckenlampe auf. Allerdings war auch sie so schwach, dass sie ebenso viel Schatten wie Licht erzeugte. Dennoch trat Isabella entschlossen weiter ins Zimmer hinein und schaute sich um.

Die Dachkammer war leer, das konnte sie selbst bei der mangelhaften Beleuchtung schon nach kurzer Zeit mit Sicherheit sagen. In dem kleinen Raum mit den schrägen Wänden standen zwei Holzbetten, zwei Kleiderschränke und ein quadratischer Tisch mit zwei

Stühlen. Die Schranktüren waren geöffnet, und als Isabella hineinschaute, erkannte sie, dass sich im Inneren niemand verbarg.

Da auf den Betten Matratzen und Decken fehlten, konnte sie durch die Lattenroste bis zum Boden sehen. Auch dort versteckte sich niemand. Ebenso wenig in einer der Ecken, wohin das Licht nur knapp reichte.

Isabella atmete auf, verließ die Kammer, machte sich mit einem weiteren tiefen Atemzug neuen Mut und betrat die nebenan gelegene Kammer. Wieder eine Lampe, die nicht viel mehr Licht verbreitete als eine einzelne Kerze. Dennoch war Isabella froh, dass sie überhaupt anging.

In dieser Mansarde, die deutlich kleiner war als die erste, gab es nur ein Bett und einen Schrank – sonst sah alles genauso aus. Vorsichtig schaute Isabella auch hier unter den Lattenrost, in den Schrank und in die Ecken. Doch ihre Suche blieb ergebnislos.

Wahrscheinlich war hier oben nichts und niemand. Kein Mensch und kein Tier. Und für die Geräusche gab es eine vollkommen natürliche Ursache, die sie hoffentlich entdecken würde, wenn sie weitersuchte.

Entschlossen öffnete sie die nächste Tür, nur um sofort erschrocken zurückzuweichen. Hier musste sie nicht nach dem Schalter tasten, die Deckenlampe brannte bereits. Auf den ersten Blick war niemand in der Kammer zu sehen. Es war eine der größeren Mansarden, eingerichtet für zwei Personen. Im Gegensatz zu den anderen Räumen, die Isabella schon durchsucht hatte, lagen hier auf einem Bett eine Matratze, Decken und Kissen, die ordentlich aufgeschüttelt und glattgestrichen waren. Vielleicht hatte jemand vergessen, die Wäsche mitzunehmen. Aber das Licht? Brannte es hier oben seit Monaten?

Auf dem Tisch standen ein leeres Wasserglas und zwei aufeinandergestellte Teller. Daneben lag ein abgegriffenes Buch. Isabellas Puls beschleunigte sich nochmals. Sie verharrte immer noch in der offenen Tür und musste sich zusammennehmen, um nicht einfach kehrtzumachen und wegzurennen. Nur der Gedanke, dass sich die betreffende Person vor ihr verbarg, machte ihr ein wenig Mut. Wer sich versteckte, hatte Angst. Was bedeutete, dass sie ihrerseits nicht so viel Angst haben musste. Sie machte einen halben Schritt vorwärts.

»Hallo? Ist hier jemand?« Isabella konnte selbst hören, dass ihre Stimme zitterte.

Sie lauschte angespannt. Waren das schnelle Atemzüge? Mit einem Ruck setzte sie sich in Bewegung und machte ein paar rasche Schritte zu den beiden schmalen Schränken. Zunächst riss sie die Tür des linken Schranks auf. Er war leer. Mit der anderen Hand zog sie am Griff der zweiten Schranktür und starrte die Kleidungsstücke an, die darin hingen. Zwei oder drei Blusen, ein Kleid, ein Rock.

Sie fuhr herum und beugte sich so weit vor, dass sie in die dunkle Ecke unter der Dachschräge schauen konnte. Dort war der schwärzeste Fleck in dem kleinen Zimmer. Dennoch ließ das schwache Deckenlicht das Weiße in zwei weit aufgerissenen Augen aufleuchten, die über die Bettkante schauten.

Isabella schnappte nach Luft und ballte die Hände zu Fäusten Energisch rief sie sich ins Gedächtnis, dass jemand, der sich verstecken musste, wahrscheinlich nicht gefährlich war.

»Kommen Sie da hervor! Sofort!«, herrschte sie die Person an, die in der dunklen Ecke kauerte und sich nicht rührte. Hektisch schaute sich Isabella nun doch nach einer Waffe um. Da sie nichts anderes sah als das Glas auf dem Tisch, griff sie danach.

Ein blonder Kopf tauchte hinter dem Bett auf. Er saß auf einem dünnen Hals und zwei schmalen Schultern, die in einer schlichten grauen Bluse steckten.

»Bitte verraten Sie mich nicht«, flüsterte die Frau und richtete sich vollständig auf, wobei sie die schmalen Finger in ihren Rock krallte.

»Was tun Sie hier?« Isabella umklammerte das leere Glas.

Wenn die Frau sie angriff, würde sie es notfalls auf ihrem Kopf zerschmettern. Zwar wirkte die Fremde verschreckt, aber in ihren Augen war ein entschlossenes Funkeln. Wie bei einer Katze, die bereit war, sich mit Zähnen und Krallen zu wehren, wenn sie in die Enge getrieben wurde.

»Ich …« Fast trotzig presste die Fremde die Lippen aufeinander.

»Was tun Sie hier?« Ungeduldig schob sich Isabella eine widerspenstige Locke aus der Stirn. »Sagen Sie mir wenigstens Ihren Namen.«

Keine Antwort. Die Frau drückte sich mit dem Rücken gegen die grob gekalkten Steine, als hoffe sie, mit der Wand zu verschmelzen und unsichtbar zu werden.

Isabella stellte bei sich fest, dass die Fremde trotz ihrer schlichten Kleidung und der streng zurückgekämmten Haare sehr hübsch war. Sie war ebenso blond und blauäugig wie sie selbst. Die Gesichtszüge ebenmäßig, der Körper schlank und biegsam.

»Gerlind«, flüsterte die junge Frau fast unhörbar. »Ich heiße Gerlind.«

»Und was …? Wieso …« Bevor Isabella noch einmal versuchen konnte, aus der Fremden herauszubekommen, was sie hier tat, öffnete sich die Tür.

Beide Frauen schrien leise auf, wandten gleichzeitig die Köpfe und starrten Julius an. Er starrte zurück. In der Hand hielt er einen Teller mit Käsebroten.

Entsetzt schlug sich Isabella die Hand vor den Mund. Ihr wurde übel, und die Beine drohten, unter ihr nachzugeben. Sie streckte die Hand nach einer der Stuhllehnen aus, um sich daran abzustützen. Plötzlich begriff sie. Ihr wurde auch klar, weshalb die Frau ihr so auffallend ähnlich sah. Das war Julius' Typ. Der arische Typ, für den er sich so sehr begeisterte.

»Du versteckst unter dem Dach meines Elternhauses deine Geliebte?«, fuhr sie ihn an. Ihre Augen brannten, doch es kamen keine

Tränen. Ihr Inneres war wie zugeschnürt. Kaum dass die Worte aus ihrer Kehle wollten. Sie hatte sich längst eingestanden, dass ihre Ehe nicht sonderlich glücklich war. Doch trotz der Vorfälle im Bett, die sie zu verdrängen suchte, hatte Julius sie bis jetzt nie öffentlich gedemütigt. Er hatte ihr sogar immer wieder Komplimente gemacht und war stolz gewesen, sich mit ihr vor seinen Freunden und Bekannten zu zeigen. Und nun das! Wenn ihre Eltern oder gar die Nachbarn davon erfuhren, wurde sie zum Gespött in ganz Westpreußen.

»Wie kannst du es wagen?«, stieß sie hervor, als sie wieder Luft bekam.

»Das verstehst du völlig falsch.« Julius hatte sein Erstaunen, sie hier anzutreffen, offenbar bereits überwunden. Mit sicheren Schritten ging er zum Tisch und stellte den Teller mit den Broten ab.

Isabella wusste, was jetzt kommen würde. Er würde so lange auf sie einreden, bis ihr der Kopf schwirrte und sie am Ende tatsächlich glaubte, im Unrecht zu sein.

Vor dem Urlaub an der Ostsee wäre ihm das wahrscheinlich noch gelungen. Doch seitdem war alles anders. Sie war bereit, ihre Pflicht zu tun, jedoch nicht mehr. Jene Gefühle, die noch in den vergangenen Jahren gelegentlich aufgeflammt waren, gehörten der Vergangenheit an. Von Julius erwartete sie im Gegenzug, dass er sich wie ein pflichtbewusster Ehemann verhielt und sie weder demütigte noch betrog.

»Da gibt es nichts zu verstehen«, sagte sie und war selbst erstaunt, wie fest und klar ihre Stimme klang. »Du versteckst unter dem Dach meines Elternhauses eine junge, hübsche Frau. Du besuchst sie heimlich und bringst ihr Essen. Das ist vollkommen … inakzeptabel!« Dieses Wort benutzte sie sonst nie, doch es war plötzlich da gewesen. Sie kannte es von Konrad, der damit Umstände in der Politik bezeichnete, die ihn wütend machten.

Isabella reckte das Kinn vor und funkelte ihren Mann so drohend an, dass er tatsächlich zusammenzuckte. Dann warf sie einen kurzen Blick hinüber zu Gerlind, die sich immer noch mit dem Rücken gegen die Wand presste und mit halb geöffnetem Mund die Szene verfolgte.

»Verlass sofort das Haus meiner Familie, und nimm diese Frau mit!« Isabella hatte gar nicht gewusst, dass sie so laut schreien konnte. Auch Julius war offenbar verblüfft.

»Ich denke nicht daran. Das hier ist auch mein Zuhause und … «

»Zwing mich nicht, die Knechte aus dem Stall zu holen, damit sie dich fortjagen. Ich könnte auch die Polizei rufen.«

»Beruhige dich bitte, Isabella.« Julius hörte sich fast flehend an. So hatte er noch nie mit ihr geredet. Das musste sein schlechtes Gewissen sein. Wenn Isabella bis zu diesem Moment noch daran gezweifelt hatte, dass Julius sie nicht nur belog, sondern auch betrog, so war sie jetzt ganz sicher.

Sie hob den Arm und deutete mit ausgestrecktem Zeigefinger auf die offene Tür. »Verschwinde! Sofort! Ich habe mir eine Menge von dir gefallen lassen, doch mit dem hier kommst du nicht durch. Du verlässt auf der Stelle dieses Haus, und nimmst dein Flittchen mit. Ich warte unten in der Halle, neben dem Telefon. Wenn du in einer Viertelstunde nicht weg bist, dann … Dann rufe ich die Polizei.«

Etwas Besseres fiel ihr auf die Schnelle nicht ein – obwohl sie keine Ahnung hatte, was sie den Polizisten sagen sollte, wenn sie tatsächlich kamen. Schließlich hatte ihr Ehemann jedes Recht der Welt, auf Falkensee zu leben. Erstaunt bemerkte Isabella, dass Julius sie dennoch seltsam erschrocken ansah. Erkannte er nicht, dass sie im Grunde eine leere Drohung ausgesprochen hatte?

»Lass dir doch erklären … «, sagte er, während die Frau im Hintergrund anfing, ihre Sachen aus dem Schrank zu zerren und in eine kleine Tasche zu stopfen.

»Wenn ihr in einer Viertelstunde nicht verschwunden seid,

rufe ich die Polizei«, wiederholte Isabella, drehte sich um und ging hocherhobenen Hauptes zur Tür, den schmalen Flur entlang und die Treppe hinunter. Sie bebte am ganzen Körper.

Irgendwie schaffte sie es bis in die Halle, wo sie sich auf den ledergepolsterten Stuhl in der Telefonnische sinken ließ. Vor Aufregung schlugen ihre Zähne gegeneinander. Doch sie wusste, sie würde stark sein und sich nichts anmerken lassen, wenn ihr Mann und seine Geliebte hoffentlich gleich an ihr vorbeigehen und das Haus verlassen würden. Dann gehörte ihr Zuhause wieder ihr und ihrer Familie. Plötzlich kam es ihr vor, als hätte sie die ganze Zeit darauf gewartet, dass das Kartenhaus ihrer Ehe mit Julius in sich zusammenfiel.

Obwohl sie sich immer wieder sagte, dass es besser war, sich nicht länger etwas vorzumachen, was ihre Ehe betraf, schmerzte ihr Herz wie eine offene Wunde.

18. Kapitel

Isabella
Gut Falkensee, Westpreußen, Juli 1934

Isabella lauschte in die Stille des Hauses. Noch nie war ihr bewusst gewesen, wie viele Zimmer das Herrenhaus von Gut Falkensee hatte. Räume, die auch sonst nur zum Teil benutzt wurden, die momentan aber alle menschenleer waren.

»Jedenfalls ist es gut, dass diese unerfreuliche Sache passiert ist, während meine Eltern und Großmama in den Ferien sind«, sagte sie zu Maggy, die zu ihren Füßen lag. Sie hatte beschlossen, dass *unerfreuliche Sache* eine gute Bezeichnung für die Geschehnisse des Abends war. Unerfreulich war eine zerbrochene Teekanne. Oder ein Fleck auf einem guten Kleid. Ein untreuer Ehemann? Sie würde es einfach so betrachten – und niemandem sagen, dass Julius seine Geliebte unter dem Dach von Falkensee versteckt hatte. Das war zu peinlich und schrecklich demütigend. Sie würde nach Kräften versuchen, so schnell wie möglich den Anblick zu vergessen, wie ihr Mann gemeinsam mit seiner Geliebten das Haus verlassen hatte.

Julius hatte eine Reisetasche in der Hand gehabt, als er nach etwa zehn Minuten mit Gerlind im Gefolge in der Halle aufgetaucht war. Er war vor Isabella getreten, wohl um noch einmal mit ihr zu reden. Sie hatte jedoch nur die Lippen zusammengepresst und den Kopf geschüttelt, während sie mit der rechten Hand krampfhaft den Telefonhörer festhielt, um klarzumachen, dass sie tatsächlich Hilfe rufen würde, wenn er nicht auf der Stelle ging.

Gerlind hatte offenbar versucht, sich unsichtbar zu machen, während sie hinter Julius zur Haustür schlich. Blass und schmal, mit gesenktem Kopf und unsicheren Schritten, hatte sie Isabella fast leidgetan. Wie hatte Julius sie nur dazu gebracht, dort oben in der Mansarde auf ihn zu warten? Mit Geld? Oder mit Drohungen? Liebte sie ihn etwa, und war deshalb bereit, diese Schmach zu erdulden?

Maggy hob den Kopf von den Pfoten und sah ihre Herrin treuherzig an, als diese einen tiefen Seufzer ausstieß. Nun waren sie beide allein in dem großen Haus. Isabella konnte sich nicht erinnern, schon jemals eine ganze Nacht hier verbracht zu haben, ohne dass ein Teil ihrer Familie oder einige Dienstboten in der Nähe gewesen wären.

Als irgendwo ein Balken knackte, zuckte sie zusammen. Oder war es eine Diele des Holzbodens gewesen? Maggy drängte sich an Isabellas Beine und winselte leise. Beruhigend strich sie der Hündin über den Kopf.

»Das ist nur das Haus«, sagte sie mit fester Stimme, auch weil sie wusste, dass es genau so war. »Alte Häuser machen Geräusche.«

Durch das geöffnete Fenster, dessen Gardinen sich im Abendwind blähten, meinte Isabella plötzlich Schritte zu hören. Die energischen Schritte eines Mannes, der sich nicht einmal Mühe gab, leise zu sein. Erst knirschte der Kies der Auffahrt, dann kamen die Schritte die Freitreppe herauf.

Als die Haustürglocke schrillte, fuhr Isabella zusammen und schrie leise auf. Sie warf einen Blick auf die Kaminuhr. Es war nach zehn Uhr. Das konnte nur Julius sein, der zurückgekehrt war, um ihr darüber Lügengeschichten aufzutischen, was die Frau dort oben in der Mansarde getan hatte.

Langsam stand Isabella von ihrem Stuhl im Salon auf und ging in den Flur der Wohnung. Dort starrte sie den kleinen Kasten an, der mit dem Knopf neben der Haustür verbunden war und ein unangenehm lautes Geräusch machte, wenn jemand läutete.

Als die Glocke erneut anschlug, wurde ihr bewusst, dass Julius wahrscheinlich nur klingelte, um sie milde zu stimmen. Sie hatte versäumt, ihm die Schlüssel für das Herrenhaus abzunehmen, was bedeutete, dass er ohnehin jederzeit hereinspazieren konnte.

Sie öffnete die Tür zur Treppe, verharrte vor der obersten Stufe und starrte hinunter in die leere Halle, in der die kleinen Lampen der Nachtbeleuchtung mattes Licht auf Boden und Wände warfen.

Ein weiteres Klingeln brachte sie dazu, die Treppe hinunterzusteigen. Unten angekommen, schaute sie sich nach Maggy um. Der kleine Hund, der eben noch neben ihr gestanden hatte, war verschwunden. Fast musste Isabella lächeln. Maggy war nun einmal kein Wachhund. Sie würde keiner Menschenseele etwas zuleide tun. Nicht einmal Julius, der sie stets schroff behandelte, wie Isabella schon oft beobachtet hatte.

Entschlossen durchquerte sie die Halle. Sie war allein auf dem Dachboden herumgeschlichen, hatte nach dem Eindringling gesucht und ihren Mann zusammen mit seiner Geliebten aus dem Haus geworfen. Also würde sie auch mit demjenigen fertigwerden, der dort vor der Tür stand und schon wieder klingelte. Vielleicht war es gar nicht Julius, sondern jemand, den sie kannte und mochte. Mit einem Ruck riss sie die schwere Eingangstür auf.

»Alex!«, stieß sie verblüfft hervor. »Noch vor kurzem haben Linda und ich über Sie gesprochen.«

»Will ich doch hoffen, dass man mich nicht so einfach vergisst.« Er schwankte leicht und stützte sich am Türrahmen ab. Offenbar war er betrunken.

Isabella ersparte sich die Bemerkung, dass keine schmeichelhaften Dinge über ihn gesagt worden waren. »Verschwinden Sie«, befahl sie stattdessen streng. »Was auch immer Sie wollen, es hat Zeit bis morgen.«

»Reden Sie gefälligst nich so mit mir. Sie haben mir nichts mehr zu sagen.« Er starrte sie drohend an.

»Das hier ist mein Haus. Und ich sage Ihnen, dass Sie verschwinden sollen.« Sie griff nach einem silbernen Leuchter, der auf dem niedrigen Tisch gleich neben dem Eingang stand, um ihm zu zeigen, dass sie nicht wehrlos war.

Sie war eine Bargelow, und sie war nicht bereit, sich von einem ehemaligen Bediensteten Angst einjagen zu lassen. Gleichzeitig schoss ihr durch den Kopf, dass sie noch vor wenigen Stunden ein Wasserglas als mögliche Waffe in die Hand genommen hatte.

Alex Simke schob drohend das Kinn vor und machte einen halben Schritt auf sie zu. Sie wollte zurückweichen, doch gerade noch rechtzeitig fiel ihr ein, dass sie auf keinen Fall Angst zeigen durfte.

»Ich vergesse nichts, wenn ich schlecht behandelt werde. Niemals.« Er sah ihr starr in die Augen. »Linda hat gelogen. Und niemand hat sich die Mühe gemacht, zu hören, was da passiert ist, als wir zusammen zur Schule gegangen sind, Linda und ich.«

Isabella stieß ein undamenhaftes Schnauben hervor. »Wie gesagt: Ich weiß sehr wohl, was passiert ist.«

»Tsss«, machte Alex und suchte nun, da er den Türrahmen nicht mehr zur Verfügung hatte, Halt an einem Garderobenständer. »Hat garantiert wieder gelogen, unsere Linda.«

»Sie hat mir erzählt, dass sie in der Schule dem Lehrer einen kleinen Geldbetrag gestohlen hat. Weil ihre Mutter schlimmen Husten hatte und das Geld für Medizin fehlte.«

Alex' Gesicht war die Enttäuschung anzusehen, dass Isabella tatsächlich die Geschichte kannte, mit der er Linda während der gemeinsamen Zeit auf Falkensee erpresst hatte.

»Linda is schuld, dass ich nun ohne Arbeit dasteh«, wechselte er das Thema.

»Ich dachte, Sie wollten in die Stadt gehen und dort in der Fabrik arbeiten«, erinnerte sich Isabella. »Außerdem«, fuhr sie dann fort: »Es ist nicht Lindas Schuld, sondern Ihre eigene. Sie haben ein Benehmen gezeigt, das wir bei den Dienstboten auf Falkensee nicht dulden. Ich habe selbst oft genug gesehen, dass Linda und Sie in irgendeiner Ecke des Hauses standen und Sie versucht haben …«

»Genau …«, unterbrach Alex sie und ließ den Garderoben-ständer los, um aufgeregt mit der Hand herumzufuchteln. Dabei kam er fast zu Fall. »Sie war scharf auf mich. Wollte was von mir, und dann hat sie plötzlich behauptet, ich hätt sie belästigt.« Er prustete verächtlich.

»Es gab noch andere weibliche Dienstboten, die Sie gegen deren Willen angefasst haben, wie sich später herausstellte. Gehen Sie jetzt bitte.« Isabella deutete zur Tür. »Warum sind Sie denn arbeitslos? In den Fabriken werden doch nun wieder mehr Leute gesucht, habe ich in der Zeitung gelesen.« Laut Konrad waren die neuen Stellen, die Hitler geschaffen hatte, hauptsächlich in der Rüs-tungsindustrie entstanden, weil ein Krieg vorbereitet wurde. Das klang beängstigend, doch darüber wollte sie momentan nicht nach-denken. Jetzt musste sie erst Alex loswerden.

»Mir schien ohnehin, dass die Rolle des Dieners Ihnen nicht sonderlich behagt hat«, fügte Isabella hinzu, als Alex nach einer Weile immer noch schwankend dastand und sich nicht von der Stelle rührte. So langsam bekam sie wirklich Angst. Sie bemühte sich um einen ruhigen Ton und zwang sich sogar ein Lächeln ab.

Wieder schnaubte Alex verächtlich. »Behagt hat? Glauben Sie wirklich, es würde irgendjemandem *behagen*, anderen Leuten von früh bis spät den Kram hinterherzutragen? Die Arbeit in der Fa-brik war viel besser, als sich hier für einen Hungerlohn rumkom-mandieren zu lassen.« Er warf den Kopf in den Nacken, wohl um zu zeigen, dass sie keinerlei Ehrerbietigkeit mehr von ihm erwarten konnte. »Dass die mich rausgeschmissen haben, war ungerecht. Andere haben auch nich mehr gearbeitet.«

»Wenn es in der Stadt so viel besser war, was machen Sie dann hier?«, kam Isabella zu ihrer Ausgangsfrage zurück. Dass Alex seine Stelle in der Fabrik ebenfalls verloren hatte, wunderte sie nicht, doch darüber würde sie auf keinen Fall mit ihm diskutieren.

»Is Linda oben?« Alex sah die Treppe zum ersten Stock hinauf.

Isabella wollte verneinen, überlegte es sich aber anders. Er sollte nicht wissen, dass sie allein im Haus war.

Sie nickte wortlos.

»Ich will mit ihr reden.« Alex machte einen unsicheren Schritt in Richtung Treppe.

In diesem Moment tauchte am Treppenabsatz Maggy auf und bellte aufgeregt nach unten. Isabella, die ihre Hündin für lieb, aber auch sehr feige gehalten hatte, ging das Herz auf. Maggy hatte offenbar ein Gespür dafür, wann sie wirklich gebraucht wurde. Sie knurrte tief in der Kehle, bevor sie wieder anfing zu bellen. Einen solchen Ton hatte Isabella noch nie von ihr gehört.

»Sie ist mittlerweile ziemlich bissig«, beeilte sie sich, von ihrem Hund zu behaupten. »Wenn ihr etwas nicht passt, schnappt sie zu. Neulich hat sie eines der Hausmädchen in den Knöchel gebissen, weil sie den Salon betreten wollte.«

Alex runzelte die Stirn. Der kleine Hund, den er nie unfreundlich erlebt hatte und der plötzlich so böse knurrte, schien ihm unheimlich zu sein.

Er sah Isabella noch einmal direkt ins Gesicht. Sie konnte die Wut erkennen, die in seinen Augen glitzerte. »Sagen Sie Linda, ich werd ihr nie verzeihen, was sie gemacht hat. Dass sie mich verpetzt hat, vergess ich nich. Und dass ich wieder da bin. Sagen Sie ihr, Alex ist wieder da.«

Er machte noch einen halben Schritt auf sie zu, hob die Hand und packte sie beim Arm.

»Loslassen«, zischte Isabella, schüttelte ihn ab, wich aber nicht zurück. Hinter ihr wurde Maggys Gebell noch schriller.

»Sie hören von mir. Vor allem Linda hört von mir.« Mit einem Ruck wandte Alex sich ab und verschwand durch die offene Haustür, bevor Isabella etwas erwidern konnte.

Sekundenlang starrte sie ihm hinterher, dann stürzte sie zur Tür, schlug diese hastig zu und drehte eilig den Schlüssel um, der innen im Schloss steckte.

Inzwischen war Maggy die Treppe heruntergelaufen und sprang aufgeregt um ihre Herrin herum. Isabella hockte sich hin und zerzauste der Hündin das lange Fell.

»Du bist ein schrecklicher Angsthase«, sagte sie mit immer noch bebender Stimme »und doch so tapfer. Ich glaube, du hast ihn ganz allein verjagt. Komm mit. Dafür gibt es eine Belohnung.«

Während sie in der Küche zusah, wie Maggy die Fleischbrocken verschlang, die sie ihr in den Napf geworfen hatte, lehnte Isabella kraftlos an der Kante des Küchentischs. Das Zittern ihrer Knie wurde immer stärker und breitete sich in ihrem ganzen Körper aus. Sogar ihre Zähne schlugen aufeinander. Das mussten die Nachwirkungen des schrecklichen Abends sein, den sie hinter sich hatte. Sie konnte sich nicht erinnern, innerhalb so kurzer Zeit jemals so viel Angst, aber auch Wut und Verzweiflung gespürt zu haben. Erst die Geräusche auf dem Dachboden, dann die fremde Frau und schließlich noch Alex, der ihr eine Heidenangst eingejagt hatte.

Mit einem Seufzer beschloss Isabella, zu Bett zu gehen. Sie wusste, dass sie kein Auge zubekommen würde. Schon den ganzen Abend fragte sie sich, was sie nach der Entdeckung auf dem Dachboden tun sollte. Eine Lösung fiel ihr nicht ein. Dennoch hatte sie die vage Hoffnung, dass die Welt am nächsten Morgen vielleicht ein kleines bisschen freundlicher aussehen würde.

19. Kapitel

Isabella
Gut Willinghausen, Westpreußen, Juli 1934

Isabella starrte die breite, weißlackierte Eingangstür des Herrenhauses auf Gut Willinghausen an. Nach einer langen Nacht, in der sie sich wie erwartet schlaflos zwischen den Laken gewälzt hatte, war sie zu dem Ergebnis gekommen, dass sie mit irgendjemandem über die Geschichte mit Gerlind reden musste. Ihre Eltern und ihre Großmutter waren ebenso wie Fine in den Ferien. Und den jungen Frauen, mit denen sie aufgewachsen war, würde sie ganz sicher nicht von ihrer Demütigung erzählen. Mit einer Ausnahme: Margarete.

In ihrer Jugend hatten Margarete und sie jede Kleinigkeit miteinander besprochen. Dann hatten sie sich wegen Arthur entzweit, inzwischen aber auch wieder versöhnt. Dennoch war die alte Vertrautheit zwischen ihnen nie gänzlich zurückgekehrt. Sie sahen sich gelegentlich, doch ihre Welten schienen unaufhaltsam auseinanderzudriften, als wären sie zwei Boote, zwischen denen jemand das Verbindungstau gekappt hatte.

Mittlerweile hatte Margarete vier Schwangerschaften hinter sich. Für jede einzelne davon hatte sie ihr Leben aufs Spiel gesetzt. Und jede hatte mit einer Totgeburt geendet.

Natürlich war Isabella dabei gewesen, wenn Margarete wieder einmal einen winzigen Sarg auf dem Friedhof hinten im Park von Willinghausen bestatten lassen musste. Ein Kind, das keinen selbsttätigen Atemzug gemacht hatte und nicht getauft war, was Margarete zusätzlichen Kummer bereitete.

Sie tat Isabella von Herzen leid. Doch gerade weil es furchtbar sein musste, ein Kind auf diese Weise zu verlieren, verstand Isabella nicht, warum Margarete sich, ihrem Mann und den hilflosen Wesen, die nicht lebensfähig zur Welt kamen, das immer wieder von Neuem antat.

Und so stand eine Mauer aus Unverständnis zwischen ihnen, die Isabella bisher unüberwindbar erschienen war.

Andererseits hatte Margarete ihren Mann Arthur, der sie auf Händen trug und gemeinsam mit ihr monatelang Todesängste um das ungeborene Kind ausstand. Ein Kind, welches die beiden am Ende dann doch verloren.

Ein wenig hatte Isabella die Freundin all die Jahre um diese unverbrüchliche Liebe beneidet – und heimlich gehofft, eines Tages mit Julius eine ähnliche Verbindung zu haben: wenn die Beziehung noch intensiver geworden war, wenn sie vielleicht doch eine Familie gründeten, wenn Julius nicht mehr so viel arbeiten musste … Ein paar kurze glückliche Tage während ihres Urlaubs am Meer hatte sie geglaubt, diese Zeit sei nun gekommen – nur um von Julius schon sehr bald eines Besseren belehrt zu werden. Und nun hatte ihr Ehemann sie auf eine Weise gedemütigt, die sie nie für möglich gehalten hätte. Indem er seine Geliebte in ihr Haus brachte.

Da der Schmerz und die Wut auch am Morgen nach der Dachbodenentdeckung ungemindert in ihr wühlten, musste sie mit jemandem reden. Und trotz dieser Mauer zwischen ihnen war Margarete der einzige Mensch, bei dem sie sich vorstellen konnte, die Wahrheit zu sagen.

Die Tür wurde geöffnet, und Godric stand vor ihr. Der Butler derer von Willinghausen stammte aus London. Er war so vornehm, dass Isabella sich unter seinen forschenden Blicken vorkam wie eine streunende Katze. Denn leider hatte sie versäumt, sich für den Besuch bei Margarete umzuziehen, weshalb sie nun ein schlichtes und schon ziemlich altes Tageskleid trug.

»Ist die junge Gräfin zu Hause?«, fragte sie.

»Ich fürchte, die Gräfin kann niemanden empfangen«, bemerkte Godric, ohne eine Miene zu verziehen.

»Warum nicht?«, erkundigte sie sich barsch. Sie hatte nicht die Nerven, sich auf sein vornehmes Spiel einzulassen.

»Ich weiß nicht, ob ...«, begann der Butler, stockte jedoch, als neben ihm der Hausherr erschien. Steif trat Godric beiseite.

Bei ihrem Anblick ließ Arthur enttäuscht die Schultern nach vorn fallen. »Ich dachte, der Arzt ist endlich da.«

»Geht es Margarete so schlecht?«, fragte sie erschrocken. »Ist es wieder ...« Sie hatte erst vor wenigen Tagen mit der Freundin telefoniert, und Margarete hatte ihr nichts von einer neuerlichen Schwangerschaft erzählt.

»Sie hat immer noch diesen Husten, und mittlerweile ist er viel schlimmer geworden. Dabei haben wir doch Sommer. Doktor Hinrichsen meint, sie ist geschwächt von all den Schwangerschaften, die ihren Körper vollkommen ausgezehrt haben.«

»Das tut mir leid«, murmelte Isabella. Gab es denn nur noch Kummer und Leid auf der Welt?

»Seit vorgestern hat sie hohes Fieber und bekommt schlecht Luft. Doktor Hinrichsen hat eine schwere Bronchitis diagnostiziert, möglicherweise gar eine Lungenentzündung. Er rät dringend zu einem Krankenhausaufenthalt, doch Margarete weigert sich. Ich habe solche Angst um sie. So viele Menschen sterben an Bronchitis.« Arthur sah Isabella hilfesuchend an.

»Nun habe ich Hinrichsen gebeten, sie noch einmal zu untersuchen. Vielleicht gibt es ja doch noch ein Medikament, das helfen könnte«, fuhr er nach einer kurzen Pause fort. »Doch er ist irgendwo bei einer Hausgeburt und lässt seit Stunden auf sich warten. Margarete ist so tapfer und geduldig. Ich kann es kaum ertragen.«

Die Verzweiflung brannte in Arthurs Augen, und Isabellas Herz zog sich vor Mitleid zusammen. Für den Moment rückte ihr eigener Kummer in den Hintergrund.

»Liebe Frau Kirchner, vielleicht gelingt es Ihnen ja, Margarete zu einem Krankenhausaufenthalt zu überreden.« Arthur nahm Isabella beim Arm, als wollte er sie am Weglaufen hindern.

»Ich kann es versuchen.« War Arthur nicht klar, wie oft sie versucht hatte, Margarete von einer lebensgefährlichen Schwangerschaft abzubringen? Stets erfolglos. Trotz ihres sanften Wesens konnte Margarete schrecklich eigensinnig sein, wenn ihr etwas wichtig war.

»Ich schicke die Schwester so lange raus, damit Sie in Ruhe mit ihr reden können«, raunte Arthur ihr zu, nachdem er sie die Treppe hinauf bis zu Margaretes Schlafzimmertür geleitet hatte. Dann drückte er nach kurzem Anklopfen die Klinke herunter.

»Ich flehe Sie an! Bringen Sie Margarete zur Vernunft. Sie muss ins Krankenhaus«, raunte er ihr dabei zu.

Isabella atmete tief durch, nickte und trat ins Dämmerlicht des Krankenzimmers. Die schweren Samtvorhänge waren fast vollständig geschlossen und hielten den strahlenden Sommertag draußen. Nur ein schmaler goldener Streifen auf dem dunkelroten Teppich erinnerte daran, dass ringsum das Leben weiterging und die Blumen blühten. Es war der erste sonnige Tag seit über einer Woche.

»Margarete?«, flüsterte Isabella und näherte sich auf Zehenspitzen dem breiten Bett in der Mitte des Raums. Hinter sich hörte sie Arthur im Flüsterton mit der Krankenschwester reden, die von einem Stuhl in der Ecke aufgestanden war. Wie angekündigt verließ Arthur dann gemeinsam mit der Schwester das Zimmer.

»Margarete?«, wiederholte Isabella, die drei Schritte von der Bettkante entfernt stehen geblieben war. Langsam gewöhnten sich ihre Augen an das Dämmerlicht, und sie erkannte die Umrisse von Margaretes Kopf auf dem Kissen.

Selbst bei der schwachen Beleuchtung konnte sie sehen, wie glanzlos das glatte Haar der Kranken war. Eine lebhafte und eindeutige Farbe hatte Margaretes Haar nie gehabt. Sie hatte es jedoch immer sorgfältig gepflegt und regelmäßig gebürstet, sodass es stets sanft geschimmert hatte. Die Krankheit aber hatte den dünnen Strähnen jeglichen Glanz genommen.

»Was machst du denn für Sachen?« Vorsichtig näherte sich Isabella dem Bett um einen weiteren Schritt.

Margarete wandte den Kopf in ihre Richtung. Ihr schmales Gesicht wirkte spitz und eingefallen. Die Haut war hell wie Marmor, nur auf ihren Wangen brannten kreisrunde rote Flecke, und ihre sonst schiefergrauen Augen wirkten schwarz wie Kohle.

»Isa … bella. Wie … schön, dass du … mich besuchst.« Die Worte kamen heiser und mit großen Pausen über ihre Lippen. Zwischen den einzelnen Silben hörte Isabella ein leises Pfeifen, das tief aus Margaretes Brustkorb zu kommen schien.

»Margarete.« Mehr brachte Isabella immer noch nicht heraus. Viel zu sehr war sie damit beschäftigt, sich ihr Entsetzen angesichts des Zustands der Freundin nicht anmerken zu lassen. Sie mühte sich, ihre Lippen zur Andeutung eines Lächelns zu verziehen, während sie nach Margaretes Hand griff. Fast hätte sie die schmalen Finger erschrocken wieder losgelassen, als sie die brennende Hitze der Haut spürte.

»Du musst ins Krankenhaus«, flüsterte sie eindringlich. »Dort kann man dir besser helfen als zu Hause.«

»Nein.« Langsam bewegte Margarete den Kopf auf dem Kissen hin und her. »Ich weiß, dass ich sterben werde. Und ich will, dass Arthur dann bei mir ist.«

»Sag so etwas nicht!«, protestierte Isabella. »Arthur liebt dich so sehr. Wenn du ihn alleinlässt, wird er schrecklich leiden.«

»Ja.« Um Margaretes blutleere Lippen spielte ein wehmütiges Lächeln. »Aber er wird … « Ein Seufzer, begleitet von einem rasselnden Atemzug, unterbrach den Satz. » … wird eine … andere Frau … finden. Eine Frau … die ihm Kinder schenken … kann.«

»Bist du verrückt?«, rief Isabella empört und vergaß vollkommen, ihre Stimme zu senken, wie es in Gegenwart einer

Schwerkranken angemessen war. »Willst du etwa absichtlich nicht wieder gesund werden, weil du glaubst, Arthur wäre mit einer anderen Frau glücklicher?« Falls Margarete so dachte, war sie wirklich nicht bei Sinnen.

»Hör zu.« Isabella kniete sich neben dem Bett auf den Boden. »Ich kenne Arthur nicht besonders gut, aber ich habe Augen im Kopf. Und ich habe schon unzählige Male gesehen, wie er dich anschaut. Glaube mir, für ihn wäre es viel schlimmer, dich zu verlieren, als mit dir ein kinderloses Leben zu führen.«

Wieder huschte wie auf Zehenspitzen ein trauriges Lächeln über Margaretes Gesicht. »Das glaubt er ... jetzt. Trauer vergeht. Und dann ... kann er endlich ... ein richtiges Leben ... leben.«

»Was ist das nur für ein Blödsinn!« Isabella hatte schon längst den Versuch aufgegeben, ihre Stimme zu dämpfen. »Du lässt dich jetzt ins Krankenhaus bringen, wo man dir hoffentlich helfen kann!«

»Ich will einfach nicht mehr.« Die Worte kamen so leise über Margaretes Lippen, dass Isabella einen Moment brauchte, bis sie ihre Bedeutung verstand. Dann schüttelte sie heftig den Kopf.

»Du hast ein wunderbares Leben mit einem Mann, der dich über alles liebt. Wieso willst du das wegwerfen? Ich wäre froh, wenn ich eine Ehe wie die deine hätte.« Als der letzte Satz heraus war, biss sich Isabella sofort auf die Lippe. Auch weil sie sah, wie Margarete trotz ihres elenden Zustands aufmerkte. Die Freundin richtete ihren fiebrigen Blick auf Isabellas Gesicht und betrachtete sie forschend.

»Stimmt etwas nicht ... zwischen Julius und dir?«, stieß sie nach Atem ringend hervor.

»Das ist völlig unwichtig. Du sollst dich jetzt einzig und allein darum kümmern, gesund zu werden. Und das bedeutet, dass du ins Krankenhaus ...«

»Pst. Erzähl mir, was dir ... Kummer macht. Ich bin ... deine Freundin.«

»Ich komme klar. Es geht jetzt nur um dich«, wiederholte Isabella.

»Was ist … los?« Liebevoll-besorgt schaute Margarete sie an.

Sie war so ein selbstloser Mensch. Mit Mühe gelang es Isabella, die Tränen zurückzudrängen. Sie durfte nicht weinen. Ihre Aufgabe war es, Margarete Mut zu machen.

»Erzähl.« Mit erstaunlicher Kraft drückte die Kranke Isabellas Hand.

»Du musst dich ausruhen, liebste Margarete«, protestierte Isabella. Sie durfte die Freundin in dieser Situation nicht mit ihrem eigenen Kummer belasten.

Ohne ein Wort sah Margarete sie an und wartete.

»Julius … Ich habe ihn rausgeworfen und weiß, dass ich nie wieder Tisch und Bett mit ihm teilen werde.« Sie spürte, wie die schwere Last auf ihrer Brust ein bisschen leichter wurde, als sie es aussprach. Ihre Ehe war beendet.

»Was … hat er getan?« Mit ihrem fieberheißen Daumen streichelte Margarete tröstend Isabellas Handfläche.

»Er hatte seine Geliebte in unserem Haus versteckt. In einer der ehemaligen Dienstbotenmansarden.« Ein Schluchzen drängte sich aus Isabellas Kehle, und nun flossen ihre Augen doch über. Erst jetzt wurde ihr bewusst, dass sie seit ihrer Entdeckung auf dem Dachboden keine einzige Träne vergossen hatte.

Margarete runzelte die Stirn. »Aber was hat sie … denn dort … gemacht? Sie kann doch nicht … die ganze Zeit … dort gesessen … und auf ihn gewartet haben. Es gibt viele andere Orte, wo ein wohlhabender Mann … eine Geliebte unterbringen kann.«

Bei den Worten ihrer Freundin stutzte Isabella. »Das habe ich mich auch schon gefragt. Als ich sie dort oben entdeckte, war ich so schockiert, dass ich nicht klar denken konnte. Vielleicht war sie nur für den einen Tag da.«

»Du solltest …« Ein heiserer Husten schüttelte Margaretes

schmalen Körper. »Sprich ... mit ... ihm«, keuchte sie dann. Nach ihrem Hustenanfall rang Margarete immer noch nach Atem.

Isabella nickte und hoffte, dass sie den Mut und die Kraft finden würde, tatsächlich mit Julius zu reden. Zumal sie gar nicht wusste, wo er sich jetzt befand und ob er mit dieser Gerlind zusammen war.

»Mach dir keine Gedanken um mich«, sagte sie streng zu Margarete. »Ich schaffe das. Du musst dich um dich selbst kümmern. Ich sage Arthur, dass du dich im Krankenhaus behandeln lässt. Nicht wahr?«

»Es ... tut ... mir ... leid.« Mit einem Lächeln, das Isabella mitten ins Herz schnitt, sog Margarete zitternd den Atem ein. Anschließend kamen die Worte erstaunlich flüssig aus ihrem Mund: »Ich habe keine Kraft mehr für dieses Leben, für all diese Versuche und die Enttäuschungen. Es tut so weh, immer wieder zu scheitern. Ich kann mir meinen größten Wunsch nicht erfüllen. Vor allem aber kann ich dem Mann, den ich liebe, nicht das geben, was ihm zusteht. Was ich ihm mehr als alles auf der Welt schenken will.«

»Aber das ist ...« *Es ist verrückt, so zu denken*, wollte Isabella Margarete erneut erklären, doch sie ließ es sein. Sie hatte erlebt, wie die Freundin immer wieder ihr Leben für ein Kind aufs Spiel gesetzt hatte. Und jedes Mal aufs Neue gescheitert war. Der allerschlimmste Schmerz war womöglich gewesen, dass Margarete das Gefühl gehabt hatte, Arthur enttäuscht zu haben.

Immer noch mit erstaunlich fester, klarer Stimme sagte Margarete: »Ich bleibe hier. Hier bei Arthur. Wenn ich gehen muss, will ich ihn in meiner Nähe haben. Und wenn ich wieder gesund werde, weiß ich, dass es so sein soll. Aber ich denke ...«

»Bitte, Margarete!« Als könnte sie die Freundin auf diese Weise festhalten, umklammerte Isabella ihre Hand. »Ich brauche dich. Du bist meine einzige richtige Freundin.«

»Ich werde immer ... deine Freundin bleiben.« Ein Lächeln, als würde die Sonne hinter den Wolken eines Regentags hervorblinzeln, verklärte Margaretes Züge. Dann schloss sie die Augen.

»Jetzt bin ich müde. Entschuldige bitte. Ich muss ein bisschen schlafen.«

Die glühend heißen Finger wurden in Isabellas Hand schlaff, während die Freundin in den Fieberschlaf glitt. Sanft legte Isabella Margaretes Arm neben den schmalen Körper, der sich unter der Bettdecke abzeichnete.

Erst jetzt bemerkte Isabella, dass ihre Knie vom harten Boden schmerzten. Sie beugte sich vor und hauchte der Freundin einen Kuss auf die Stirn. Dann stützte sie sich an der Bettkante ab und stand auf. Die Hitze von Margaretes Haut brannte auf ihren Lippen.

»Werd ganz schnell wieder gesund«, flüsterte sie. »Ich komme bald wieder.«

Auf Zehenspitzen verließ Isabella den Raum, in dem die rasselnden Atemzüge der Kranken unnatürlich laut erschienen.

Im Flur wartete die Krankenschwester in ihrer blütenweißen Schürze.

»Sie schläft«, flüsterte Isabella ihr zu.

Die junge Frau nickte und verschwand lautlos im Kranken-zimmer.

Als Isabella sich der Treppe zuwenden wollte, löste sich Arthurs Schatten aus einer Nische im breiten Flur. Mit wenigen Schritten war er bei ihr.

»Haben Sie sie überzeugt?« Er sah sie so flehend an, dass sie seine Frage am liebsten bejaht hätte. Doch ihr blieb nichts anderes übrig, als den Kopf zu schütteln.

»Es tut mir leid. Sie will hierbleiben. In Ihrer Nähe.«

»Aber ich würde sie ins Krankenhaus begleiten und dort nicht von ihrer Seite weichen. Das habe ich ihr doch schon hundert Mal gesagt.«

Isabella musste den Blick abwenden, weil sie es kaum ertragen konnte, seine verzweifelte Miene zu sehen.

»Margarete glaubt, wenn das Schicksal es so will, wird sie wieder gesund. Und falls sie sterben muss, will sie hier zu Hause sein.«

»Aber ... Wenn ich sie verliere, weiß ich nicht, was ich tun soll.«

Voller Entsetzen musste Isabella mitansehen, wie Arthur schluchzend die Hände vors Gesicht schlug. Sie hatte noch nie einen Mann derart weinen sehen. Männer vergossen keine Tränen. Jedenfalls nicht vor den Augen anderer, und erst recht nicht vor den Augen einer Frau.

»Es tut mir leid«, stammelte sie. »Ich habe es versucht.« Damit drehte sie sich um und lief eilig die Treppe hinunter.

20. Kapitel

Julius
Getreidehandlung J. Kirchner, Bischofswerder, Westpreußen, Juli 1934

Es war alles ein riesengroßer Fehler gewesen. Wie hatte er nur so dumm sein können, sich auf Gerlinds Erpressung einzulassen? Es hätte auch einen anderen Weg gegeben, die Frau mundtot zu machen. Falls diese Geschichte dazu führte, dass Isabella sich von ihm trennte, würde ihn das möglicherweise die Stelle des Ortsgruppenleiters kosten. Eine Scheidung war das Letzte, was er sich erlauben konnte, wenn er anstrebte, demnächst seine Fühler nach dem Amt des Kreisleiters auszustrecken. Er musste Isabella beruhigen. Was ihm möglicherweise sogar gelingen würde, wenn er ihr den wahren Grund nannte, aus dem er Gerlind im Herrenhaus versteckt hatte. Einen entscheidenden Teil der Wahrheit musste er natürlich für sich behalten und dafür sorgen, dass auch Gerlind schwieg, falls sie Isabella noch einmal begegnete.

Er hatte Gerlind in dem kleinen Aufenthaltsraum eingeschlossen und den Schlüssel in seine Hosentasche gesteckt. Nicht dass er ein Interesse daran hatte, sie hier festzuhalten. Ihm wäre es nur allzu recht gewesen, wenn sie einfach verschwunden wäre. Doch sie klammerte sich an ihn als den einzigen Rettungsanker, der ihr blieb. Also musste er dafür sorgen, dass niemand sie in seinen Räumen entdeckte. Zum Beispiel sein Gehilfe Emil. Oder einer seiner Parteikollegen, der zufällig vorbeikam.

Bei diesem Gedanken wurde Julius übel. Hastig nahm er einen Schluck von dem längst kalten Kaffee, der vor ihm auf dem Schreibtisch stand. Wenn Gerlind bei ihm gefunden wurde, wäre das noch schlimmer als eine Scheidung. Denn dann wäre nicht nur seine politische Karriere beendet, sondern er konnte auch seine Firma verlieren. Oder sogar im Gefängnis landen.

Er legte den Stift neben das Kassenbuch und hob lauschend den Kopf. Sein Büro lag im rückwärtigen Teil der Getreidehandlung direkt neben dem Aufenthaltsraum. Durch die dünne Wand konnte er alles hören, was nebenan vor sich ging. Gerlind lief wie ein gefangenes Tier in dem kleinen Zimmer auf und ab. Drei Schritte hin, drei zurück.

Julius hatte wichtige Arbeit am Schreibtisch vorgeschützt und die Obhut über den Laden Emil übertragen. Auf diese Weise war sein Gehilfe gezwungen, vorn zu bleiben, und Julius konnte sich in Gerlinds Nähe aufhalten. Trotzdem machte es ihn nervös, wenn die lästige Frau Geräusche verursachte. Mit einem unwilligen Laut stand er auf, um nach nebenan zu gehen und ihr zu befehlen, ruhig auf ihrem Stuhl sitzen zu bleiben.

Als er die Tür seines Büros öffnete, schrak er zusammen, weil er im gleichen Moment sah, wie durch den schwach beleuchteten Lagerraum zwei Gestalten auf ihn zukamen. Erst auf den zweiten Blick erkannte er Emil – und Isabella.

Er atmete tief durch und sah seiner Frau mit gespielter Ruhe entgegen. Jetzt kam es darauf an, ihr klarzumachen, wie sehr sie sich geirrt hatte, wenn sie glaubte, er habe sie betrogen. Der erste Blick in ihre Augen, die er noch nie so dunkel vor Entschlossenheit gesehen hatte, ließ ihn erkennen, dass er sehr bedacht vorgehen musste. Es würde kein leichtes Stück Arbeit sein, sie wieder für sich zu gewinnen. Doch er wusste, er konnte es schaffen.

»Ihre Frau, Herr Kirchner«, sagte Emil, als könne Julius nicht selbst sehen, wer sie war.

»Danke«, erwiderte er dennoch freundlich. »Gehen Sie schnell wieder nach vorn, Emil. Ich will nicht, dass unsere Kunden unnötig warten müssen, weil niemand da ist.«

Sein Gehilfe verschwand dienstfertig zwischen den Getreidesäcken, während Isabella sich vor Julius aufbaute, die Arme vor der Brust verschränkte und den Kopf zurückwarf. »Ich will eine Erklärung. Sag mir, warum du mir das angetan hast!«

Er hatte mittlerweile genug Zeit gehabt, darüber nachzudenken, wie er ihren Zorn beschwichtigen konnte. Obwohl sie durchaus einen Grund hatte, wütend auf ihn zu sein, war ihre Annahme, er würde seine Geliebte auf dem Dachboden verstecken, vollkommen absurd. Wie konnte sie ihn für so dumm halten? Als gäbe es keine anderen Möglichkeiten, sich mit willigen Frauen zu treffen.

»Es ist nicht so, wie du denkst«, begann er und erntete dafür ein spöttisches Verziehen der verführerisch geschwungenen Lippen seiner Frau.

»Tatsächlich nicht?« Er hatte nicht gewusst, wie eiskalt sie klingen konnte. »Dann bin ich umso gespannter auf deine Erklärung.« Herausfordernd sah sie ihn an. War ihr klar, dass sie in dieser vertrackten Situation am längeren Hebel saß? Dass er sich wegen seiner politischen Karriere, aber auch wegen seines guten Rufs als Getreidehändler einen Skandal nicht leisten konnte – und eine Scheidung erst recht nicht? Nein, so klug war Isabella nicht, beschloss er bei sich. Sie war einfach nur eine verletzte Ehefrau. Er würde sie zweifellos mit dem Teil der Wahrheit, der ihn gut dastehen ließ, besänftigen können.

»Die SA«, begann er zögernd, denn auch dieses Thema war nicht einfach für ihn. Schließlich ging es um seine Partei, zu der er stand und von der er sich ein gutes Leben in einem von allem Schlechten befreiten deutschen Vaterland erhoffte.

»Was soll die SA damit zu tun haben?« Isabella runzelte die Stirn. »Wir reden hier von Gerlind. Einer fremden Frau, die du in unserem Haus versteckt hast.«

»Ich habe Gerlind nicht vor dir versteckt. Nicht vorrangig. Ich dachte nur, es ist besser für dich, wenn du nicht weißt, dass sie dort oben ist. Ich habe sie vor der SA versteckt.«

»SA?«, wiederholte Isabella, und er fragte sich, ob sie ihm jemals zuhörte, wenn er beim Abendessen über Politik, die Partei und die neue Organisation des Reichs unter der Führung von Adolf Hitler sprach.

»Sturmabteilung der NSDAP«, erklärte er knapp und war froh, dass niemand gehört hatte, wie unwissend seine Ehefrau war. So gesehen war es von Vorteil, wenn sie sich nicht der Frauenschaft anschloss.

»Ich weiß, was die SA ist«, behauptete sie knapp. »Ich verstehe nur nicht, weshalb du Gerlind angeblich vor diesen Leuten versteckt hast. Sie gehören zu deiner eigenen Partei.« Sie fixierte ihn misstrauisch.

»Es ist kompliziert.« Nervös sah er hinüber zur Tür des Aufenthaltsraums, hinter der Gerlind sicher jedes Wort verstand. Sie würde hoffentlich begreifen, dass es zu ihrem Vorteil war, wenn sie seiner Ehefrau notfalls die Geschichte bestätigte, die er Isabella nun erzählen würde. Zumal es die Wahrheit war. Jedenfalls ein Teil der Wahrheit.

»Ich höre.« Isabella zog die Brauen zusammen.

»Gerlind hat mich um Hilfe gebeten.« Entschlossen erwiderte er Isabellas Blick, um ihr zu zeigen, dass er nichts zu verbergen hatte.

Ihre Brauen zuckten noch zwei oder drei Zentimeter höher. Sie sagte jedoch nichts, sondern wartete, dass er fortfuhr.

»Sie muss das Land verlassen, weil sie zu einer Gruppe gehörte, die bei ihrem ungesetzlichen Tun erwischt wurde und deren Mitglieder nun ins Lager gesteckt werden sollen.«

»Du hast in unserem Haus eine Verbrecherin versteckt?«, zischte Isabella mit gesenkter Stimme.

»Nein. Gerlind ist ... Kommunistin.«

»Weshalb soll sie denn dann in ein Lager?«

Julius versuchte, blitzschnell zu erkennen, ob in dieser Situation das mangelnde politische Interesse seiner Frau ein Vorteil war und wie er diesen eventuellen Vorteil nutzen konnte. Offenbar hatte

Isabella noch nie von der Verfolgung von Kommunisten und Sozialisten gehört. Oder diese Information war so unwichtig für sie gewesen, dass sie sie wieder vergessen hatte.

Er zuckte vage mit den Schultern. Es kam darauf an, die Sache herunterzuspielen und gleichzeitig klarzumachen, dass er aus reiner Menschenfreundlichkeit Gerlind im Herrenhaus versteckt hatte. Wobei ihm natürlich normalerweise nichts ferner gelegen hätte, als einer Kommunistin zu helfen. Das tat er nur, weil Gerlind gedroht hatte, seiner Frau zu sagen, dass er eine Affäre mit ihr gehabt hatte. Selbstverständlich ohne zu ahnen, dass sie Kommunistin war, denn dann hätte er sie niemals angerührt.

»Gerlind gehörte zu einer kommunistischen Gruppe, die Proteste gegen die Regierung und den Führer organisiert hat. Sie haben Flugblätter verteilt und Versammlungen abgehalten.«

»Aber das ist kein Verbrechen.« Isabellas fein gezeichnete Brauen trafen sich fast über der Nasenwurzel.

»Sie haben Dinge getan, die laut Gesetz verboten sind«, erklärte Julius streng. »Drei andere Mitglieder ihrer Gruppe sind bereits auf dem Weg in ein Lager.«

»Was für ein Lager?«

»Ein Arbeitslager. Wo diese Leute lernen, was in unserem Land richtig und was falsch ist.« Langsam wurde er ungeduldig.

»Und Gerlind soll das deiner Meinung nach nicht lernen?« Isabella verzog den Mund zu einem spöttischen Lächeln. Er hatte gar nicht gewusst, dass seine Frau ironische Bemerkungen machen konnte. Natürlich würdigte er ihre Frage keiner Antwort.

»Wo ist sie jetzt überhaupt?« Isabellas Blick huschte zur Tür des Aufenthaltsraums, als wüsste sie genau, wo er Gerlind versteckt hatte. Sehr viele andere Möglichkeiten gab es hier allerdings nicht, wenn Isabella davon ausging, dass sie hier in der Getreidehandlung war.

»Gerlind ist sehr zart und ein bisschen kränklich«, behauptete er, ohne auf Isabellas Frage nach dem Aufenthaltsort einzugehen.

»Sie kam zu mir, weinte und bat mich um Hilfe. Sie möchte das Land verlassen und zu ihrer Schwester nach Frankreich fahren. Weil sie mir leidtat, habe ich versprochen, ihr zu helfen. Morgen Nacht geht ihr Zug nach Paris. So lange muss sie sich vor der SA verstecken.«

Lange starrte Isabella ihn schweigend an, während er unruhig auf ihre Reaktion wartete.

»Woher kennst du sie?«, fragte sie schließlich. »Weshalb hat sie ausgerechnet dich um Hilfe gebeten?«

Er fuhr zusammen und hoffte, dass sie seinen Schreck nicht bemerkt hatte. Verdammt, sie sprach genau den Punkt seiner Erzählung an, an dem es für ihn gefährlich wurde. Julius bemühte sich um einen gleichgültigen Gesichtsausdruck und zuckte mit den Schultern. »Ich bin Ortsgruppenleiter. Eine Menge Leute kennen mich.«

»Genau. Du bist Ortsgruppenleiter, und da kommt sie ausgerechnet zu dir? Wo du dich doch immer sklavisch an die Anweisungen des *Führers* hältst.«

Er zwang sich, nichts zu dem spöttischen Ton zu sagen, in dem sie die Bezeichnung für den Mann aussprach, der Deutschland an die Spitze der Welt führen würde. Es war schmerzlich und geradezu gefährlich, wie seine Ehefrau sich immer wieder über den Führer äußerte. Ebenso wie ihr Stiefvater. Doch darum würde er sich ein andermal kümmern. Jetzt ging es darum, die Sache mit Gerlind zu klären und anschließend nach Falkensee zurückzukehren.

»Du versteckst eine x-beliebige Frau, um sie vor der Strafe zu schützen, zu der sie rechtmäßig verurteilt wurde? Das verstehe ich nicht, weil es überhaupt nicht zu dir passt. Wer ist diese Gerlind?«

»Hältst du es denn für richtig, dass ich eine Frau in ein Lager gehen lasse, in dem die harten Lebensbedingungen und die schwere Arbeit sie vielleicht töten werden?«, schoss er zurück. Er kannte Isabella gut genug, um ihre Antwort auf diese Frage zu kennen.

»Natürlich finde ich das nicht richtig«, sagte sie denn auch erwartungsgemäß. »Aber du bist normalerweise *immer* der Ansicht, deine Partei wäre im Recht. Und nach den Regeln deiner Partei soll sie in ein Lager.«

Er schwieg ratlos. Bisher hatte er nicht geahnt, wie scharfsinnig Isabella sein konnte.

»Woher kennst du Gerlind?«, beharrte sie.

Obwohl es in Julius kochte und er Isabella am liebsten angeschrien hätte, nahm er sich eisern zusammen. Er beschloss, einen weiteren Teil der Wahrheit so zurechtzubiegen, dass Isabella ihm hoffentlich glauben, ihm aber auch verzeihen würde. Es war ein Wagnis, doch irgendwie musste er diese verfahrene Situation lösen. Sie war zu klug, um ihm abzukaufen, dass er ohne jeden Grund eine fremde Frau vor der Lagerhaft rettete.

»Nun gut, ich will dir alles sagen, damit du verstehst, dass ich einfach nur ein guter Mensch sein wollte.«

Isabella kniff die Augen noch ein wenig mehr zusammen, während sie ihn abwartend musterte.

»Gerlind war einmal meine Geliebte«, sagte er mit sanfter Stimme. »Vor vielen Jahren, noch bevor wir zwei uns kennengelernt und geheiratet haben, Isabella. Aber es ist doch so, dass wir auch Menschen, die einmal eine Rolle in unserem Leben gespielt haben, verpflichtet sind, nicht wahr? Schließlich habe ich sie damals verlassen, weil du mir gezeigt hast, wie wahre Liebe sich anfühlt. Als sie nun verzweifelt zu mir kam, hatte ich das Gefühl, ihr etwas schuldig zu sein. Wegen der Vergangenheit, und weil ich sie deinetwegen verlassen hatte.«

Erleichtert sah er, wie Isabellas Stirn sich glättete und ihre Gesichtszüge weicher wurden. Sie löste die Arme, die sie fest vor der Brust verschränkt hatte, und ließ sie locker neben ihrem Körper fallen.

»Ich habe sie verlassen, weil du meine große Liebe bist«, wiederholte er leise.

Julius konnte sehen, dass sie angestrengt nachdachte. Dann

spielte ein verhaltenes Lächeln um ihre Lippen. »Du willst der Frau helfen, an der dir einmal viel gelegen hat. Ich denke … das ist richtig.«

Das Triumphgefühl, das bei ihren Worten in Julius aufstieg, brachte sein Herz zum Hüpfen. Wie leicht es doch war, ein romantisches Gemüt wie Isabellas zu manipulieren.

»Ich möchte mit ihr reden.« Erneut sah Isabella hinüber zur Tür des Aufenthaltsraums.

»Glaubst du mir etwa nicht?«, erkundigte er sich in beleidigtem Ton.

Doch Isabella schien es nicht zu kümmern, ob er gekränkt war. »Ich habe ein Recht, mit der Frau zu reden, die du ohne mein Wissen in unser Haus gebracht hast! Damit hast du uns alle gefährdet.« Sie reckte das Kinn vor, ging an ihm vorbei zum Aufenthaltsraum und drückte die Türklinke herunter. Natürlich stellte sie sofort fest, dass abgeschlossen war. Ohne ihn auch nur anzusehen, klopfte sie leicht an das Holz der Tür.

»Hallo Gerlind? Hier ist Isabella Kirchner. Würden Sie mir bitte öffnen? Ich möchte mit Ihnen reden. Sie brauchen keine Angst zu haben, ich werde Sie nicht verraten.«

»Julius hat den Schlüssel«, kam es prompt von drinnen.

Ohne ihn anzusehen, streckte Isabella ihm die Handfläche entgegen, und er holte mit einem unterdrückten Seufzer den Schlüssel aus der Hosentasche und gab ihn ihr.

Sekunden später hatte Isabella die Tür geöffnet, und die beiden Frauen standen einander gegenüber.

»Es tut mir leid, dass ich auf Falkensee so unfreundlich zu Ihnen war«, brach Isabella das Schweigen. »Ich hatte keine Ahnung, warum und wovor Sie sich in der Mansarde versteckt haben. Es wäre klüger gewesen, wenn mein Mann mich eingeweiht hätte.«

Julius trat hastig neben seine Frau und sah Gerlind beschwörend an. Er konnte nur hoffen, dass sie klug genug war, alles zu bestätigen, was er Isabella gegenüber behauptet hatte. Schließlich wollte sie weiterhin seine Hilfe, und das würde nur funktionieren, wenn auch Isabella mitspielte.

»Sie sind eine großherzige Frau, und es tut mir leid«, sagte Gerlind leise. »Ich hätte nicht ohne Ihr Wissen in Ihr Haus kommen dürfen. Und dann habe ich Sie auch noch erschreckt.«

»Sie müssen sich nicht entschuldigen. Damit, dass Sie sich dort oben in der Mansarde versteckt haben, haben Sie niemandem wehgetan. Es war wegen Ihrer gemeinsamen Vergangenheit gut und richtig, dass Julius Ihnen geholfen hat.«

Gerlind öffnete den Mund, doch bevor sie etwas sagen konnte, fuhr Julius dazwischen. »Bitte, Gerlind, schließ die Tür. Ich möchte nicht, dass dich während deiner letzten Stunden hier noch jemand sieht.«

»Ich wünsche Ihnen alles Gute und viel Glück in Frankreich.« Isabella lächelte die Kommunistin freundlich an.

Gerlind bedankte sich und blieb zu seinem Ärger in der offenen Tür stehen.

»Gerlinds Zug geht gegen Mitternacht ab Danzig«, wandte er sich an Isabella. »Ich fahre sie hin, und dann komme ich zurück nach Falkensee.«

Er fragte seine Frau nicht, ob er zu Hause wieder willkommen war. Ohnehin hatte sie kein Recht gehabt, ihn einfach aus dem gemeinsamen Heim zu weisen. Er war nur gegangen, weil sie mit der Polizei gedroht hatte. Denn natürlich sollte niemand Gerlind sehen und sich Gedanken darüber machen, wer sie war und wovor sie sich versteckte.

Wortlos nickte Isabella.

»Wir sehen uns morgen beim Frühstück«, sagte sie, winkte Gerlind noch einmal zu und entfernte sich in Richtung Ausgang.

»Deine Frau ist nett«, sagte Gerlind, als ob es ihn interessieren würde, was sie über Isabella dachte. »Aber ein bisschen naiv.«

Er starrte sie drohend an und verfluchte ein weiteres Mal den Tag, an dem er ihr begegnet war. Er hatte sich auf Anhieb in ihre blonden Haare verguckt, so wie er sich in Isabella verguckt hatte. Hätte er allerdings geahnt, dass Gerlind Kommunistin war, wäre er niemals auf ihren harmlosen Blick und ihr sanftes Lächeln hereingefallen.

Als sie vor einigen Tagen in ihrer Not zu ihm gekommen war, hatte sie nicht etwa geweint und gefleht, sondern ihm deutlich ihre Bedingungen genannt. Er war so wütend gewesen, dass er sie am liebsten auf der Stelle um die Ecke gebracht hätte. Wenn er gewusst hätte, wie man einen toten Körper loswurde, ohne verdächtige Spuren zu hinterlassen, hätte er es vielleicht getan. Einen Julius Kirchner versuchte man nicht ungestraft zu erpressen. Und doch hatte er sich letztlich auf das Spiel eingelassen. Furchtbar ärgerlich das Ganze! Nun blieb ihm nur noch, dafür zu sorgen, dass Gerlind schnell und unauffällig das Land verließ und niemals zurückkehrte.

»Tür zu!«, befahl er. Dieses Mal gehorchte sie, und er schloss wieder von außen ab.

Fast im selben Augenblick näherten sich auf dem Holzboden schnelle Schritte, und dann war Isabella auch schon wieder da.

Sie stürzte auf ihn zu und klammerte sich keuchend an seinen Ärmel. »Gerlind … Du musst sie woanders verstecken … Im Aufenthaltsraum finden sie sie sofort. Sie sind draußen.«

»Wer ist da draußen?« Sein Herzschlag beschleunigte sich.

»SS glaub ich. Oder SA. Mit den Uniformen kenne ich mich nicht so genau aus. Sie durchkämmen die Häuser hier am Markt. Ich habe einen von ihnen gefragt, nach was sie suchen, und er sagte, nach einer Frau. Einer flüchtigen Kommunistin.« Mit gesenkter Stimme redete Isabella hektisch auf ihn ein.

Julius dachte so angestrengt nach, dass er unbewusst die Hände zu Fäusten ballte. Wenn Gerlind hier entdeckt wurde, war es auch für ihn vorbei. Er würde ebenfalls eine Strafe bekommen, wenn nicht gar mit ihr zusammen ins Lager geschickt werden. Obwohl oder vielleicht gerade weil er eine wichtige Position in der örtlichen Parteiorganisation einnahm.

»Verschwinde! So schnell wie möglich!«, zischte er seiner Frau zu. Isabella entsetztes Gesicht würde ihn bei den Parteikameraden sofort verraten.

Wortlos nickte sie und lief zurück zum Ausgang. Julius holte Gerlind aus dem Aufenthaltsraum. Er wählte einen der vollen Getreidesäcke in der hintersten Ecke aus, zerrte seine Geliebte dorthin, öffnete die Schnürung und schaufelte in aller Eile einen Teil des Weizens in eine in der Nähe stehende Kiste. Als er meinte, dass genug Platz war, hob er Gerlind hoch und stellte sie oben auf die Körner. Sofort gab die goldgelbe Masse unter ihren Füßen nach, und sie versank tiefer und tiefer im Getreide.

»Was ist los?«, flüsterte sie und sah ihn aus angsterfüllten Augen an.

Bevor er etwas erwidern konnte, näherten sich erneut Schritte. Dieses Mal stammten sie von schweren Stiefeln.

»Hock dich hin«, befahl er. »Ich muss den Sack zubinden.«

Irgendwie gelang es Gerlind, ihre im Getreide steckenden Beine zu beugen. Julius drückte ihren Kopf nach unten und knotete eilig den Sack wieder zu. Im selben Moment kamen zwei Männer in SA-Uniformen den Gang zwischen den Säcken und Kisten entlang. Julius entfernte sich eilig aus der Ecke, in der er Gerlind versteckt hatte, und trat neben die große Waage, als wäre er soeben dabei, Weizen abzuwiegen.

»Heil Hitler«, grüßte er die Männer, die er vom Sehen kannte, mit einer zackigen Handbewegung.

Sie erwiderten seinen Gruß und schlugen dabei die Hacken zusammen.

»Wir durchsuchen alle Gebäude rings um den Marktplatz«, erklärte der Ranghöhere in markigem Ton. »Eine Kommunistin ist vor dem Abtransport ins Lager geflohen. Angeblich wurde sie zuletzt hier in der Nähe gesehen. Ist Ihnen etwas aufgefallen?«

»Nein«, erwiderte Julius knapp, stellte das nächstbeste leere Gefäß auf die Waage und griff nach einer Schaufel.

»Wir müssen uns hier umsehen. Vielleicht hat sie sich in diesen Lagerräumen versteckt.« Der SA-Obergefreite schob entschieden das Kinn vor und sah Julius aus wässrig blauen Augen leicht verunsichert an. Denn wenn Julius etwas beherrschte, dann war es ein herrischer Blick, der klarmachte, wer das Sagen hatte.

»Sie kennen mich, nehme ich an?«, blaffte er noch ein wenig lauter als der SA-Mann. »Und Sie wissen, welche Position ich in der Partei innehabe?«

Der Obergefreite nickte verdutzt, während der zweite Mann, ein einfacher Sturmmann, einen halben Schritt zurücktrat.

»Und Sie sind ernsthaft der Meinung, in *meiner* Getreidehandlung könnte sich ohne mein Wissen eine verurteilte Straftäterin verstecken?« Er starrte den Mann so durchdringend an, dass dieser nervös von einem Fuß auf den anderen trat, während sein Begleiter noch einige Zentimeter zurückwich, als wollte er den Anschein erwecken, mit dieser Sache nichts zu tun zu haben.

»Es geht hier nicht um meine Meinung, Herr Ortsgruppenleiter.« Zu Julius' Enttäuschung schien sich der Obergefreite von seinem energischen Auftreten nicht dauerhaft beeindrucken zu lassen. »Wir haben einen Befehl auszuführen. Alle Häuser sind zu durchsuchen, wobei der Name des Eigentümers keine Rolle spielt.«

»Sie sind ein gewissenhafter Mann, wie ich sehe«, änderte Julius seine Taktik. »Ich will Sie selbstverständlich nicht an der Pflichterfüllung hindern. Sehen Sie sich ruhig um. Ich werde inzwischen mit meiner Arbeit fortfahren. Ein eiliger Auftrag, Sie verstehen?«

Wieder nickte der Ranghöhere der SA-Leute, dann wandten sich die beiden Männer um und begannen, in alle Ecken des Lagers zu sehen. Teilweise schoben sie Säcke und Kisten zur Seite.

Julius tat, als wäre er an der Waage beschäftigt, und beobachtete sie aus den Augenwinkeln. Als einer der Männer gegen einen Sack trat, zuckte Julius unmerklich zusammen und beugte sich über die Waage, als könnte er die Zahlen nicht genau erkennen.

Jetzt näherten sie sich der Ecke, in der Gerlind versteckt war. Aus der Ferne bemerkte er plötzlich, dass der Sack, in dem sie hockte, eine seltsame Form hatte. Er war an einer Seite unregelmäßig ausgebeult.

Der Atem stockte ihm, und er ließ die Hand mit der Schaufel sinken, weil sie auffällig zitterte. In diesem Moment kam Emil um die Ecke.

»Ich wollte nur fragen, ob ich vorn abschließen kann.« Auch er sah zu den SA-Männern hinüber. Natürlich war er neugierig, was hier vor sich ging. Wahrscheinlich hatten die beiden im vorderen Teil des Ladens auch schon alles auf den Kopf gestellt.

»Warten Sie noch, bis die beiden Herren ihre Suche beendet haben«, sagte Julius ruhig. »Dann müssen Sie nicht wieder aufschließen, um sie hinauszulassen.« Vielleicht beeilten sie sich, wenn Emil ganz offensichtlich wartete, dass sie gingen.

Sein Gehilfe nickte und wollte wieder nach vorn gehen, als sein Blick auf die offene Tür zum Aufenthaltsraum fiel. »Ich dachte, dadrinnen steht alles unter Wasser. War denn schon jemand da, um die Leitung zu reparieren? Ich habe niemanden gesehen.«

»Die Leitung ist wieder in Ordnung, und trocken ist auch wieder alles«, sagte Julius leichthin und hoffte, dass die SA-Leute nicht auf das achteten, was Emil von sich gab. Er hätte den Kerl erwürgen können.

Der Obergefreite wandte sich unvermittelt zu ihnen um. »Wo ist der Aufenthaltsraum?«, fragte er streng. Er hatte sehr wohl zugehört.

Julius deutete auf die offene Tür. Weitere Erklärungen würden nur Verdacht wecken. Der Mann ging in das kleine Zimmer. Diesen Raum zu durchsuchen dauerte höchstens zwei Sekunden, weil es keine Möglichkeit gab, sich dadrinnen zu verstecken.

»Möchten Sie einen Kaffee?«, rief Julius gespielt freundlich.

»Vielen Dank, aber wir müssen weiter.« Der Obergefreite machte seinem Untergebenen ein Zeichen, die beiden stellten sich nebeneinander vor Julius auf, reckten gleichzeitig zum Hitlergruß die Arme in die Luft und waren im nächsten Augenblick verschwunden.

Sekundenlang stand Julius wie betäubt da, dann wandte er sich an Emil. »Gehen Sie ruhig. Ich kümmere mich um den Rest und schließe selbst ab.«

Drei Minuten später war Emil fort, und Julius knotete den Sack auf, in dem Gerlind steckte.

Nachdem er ihr herausgeholfen hatte, fiel sie ihm schluchzend um den Hals. Julius stand stocksteif da und wartete, dass sie sich beruhigte. Dann schickte er sie wieder in den Aufenthaltsraum und schloss hinter ihr ab.

21. Kapitel

Isabella
Gut Falkensee, Westpreußen, zwei Wochen später, im August 1934

»Kommst du, mein Kind? Was liest du denn da? So wichtig kann die Nachricht doch nicht sein, dass das nicht bis später Zeit hat. Emma wartet sicher schon auf uns.«

Als sie die ungeduldige Stimme ihrer Großmutter hörte, ließ Isabella den Brief sinken, den sie in der Eingangshalle im Stehen überflogen hatte. Der schmale Umschlag aus billigem Papier hatte oben auf dem Poststapel gelegen, den soeben eines der Hausmädchen hereingebracht hatte.

»Ich komme, Großmama.« Mechanisch steckte Isabella das Kuvert in ihre Handtasche, während sie weiter über den Inhalt des kurzen Briefs nachdachte.

Vor einiger Zeit hatte ihre Mutter ihr die Aufgabe übertragen, einmal im Monat mit Veronika zu der Anstalt zu fahren, in der Emma Schubbke auf Kosten der Bargelows untergebracht war.

Während ihre Großmutter neben dem Blumenrondell in der Auffahrt wartete, holte Isabella ihr Auto aus der Remise. Konrads alter Wagen gehörte inzwischen ihr allein, denn ihr Stiefvater hatte sich vor ein paar Wochen einen Röhr 8 gekauft, auf den er sehr stolz war.

Als Isabella den Opel schwungvoll vors Haus lenkte und dort bremste, sah sie ihre Großmutter wartend auf der Bank gegenüber dem Eingangsportal sitzen. Veronika hatte ihren Sonnenschirm aufgespannt und blinzelte müde gegen das helle Licht. Es passierte in letzter Zeit immer häufiger, dass sie tagsüber im Sitzen einnickte.

Isabella war sich nicht ganz sicher, ob das an Veronikas Sherry-Konsum lag oder an ihrem fortgeschrittenen Alter. Sie sprang aus dem Wagen und ging zu ihrer Großmutter, um ihr beim Einsteigen zu helfen.

Als sie den Kopf wandte, sah sie Julius von der Remise her auf sich zukommen. Er musste gerade eingetroffen sein. Normalerweise kehrte er deutlich später aus der Getreidehandlung nach Hause zurück. Seit vor gut zwei Wochen die Sache mit Gerlind passiert war, gab er sich jedoch deutlich mehr Mühe, ihr ein guter Ehemann zu sein. Ahnte er nicht, dass sie keine romantischen Gefühle mehr für ihn hegte und es ihr im Grund egal war, ob er den Abend bei ihr verbrachte? Seit jenem Morgen an der Ostsee, als ihr Mann sie mit Gewalt genommen hatte, lebte sie neben ihm her, tat ihre Pflicht und hatte die Hoffnung auf ein liebevolles Miteinander aufgegeben.

Zwar hatte es ihr Julius sympathischer gemacht, dass er sich für eine verfolgte Frau eingesetzt hatte. Doch das änderte nichts daran, dass ihre Gefühle für ihn gestorben waren. Sie war freundlich, aber kühl zu ihm, küsste ihn zur Begrüßung und zum Abschied flüchtig. In ihr Bett ließ sie ihn nicht mehr. Seit ihr klargeworden war, wie sehr er sich wegen seines Rufs als Politiker und Geschäftsmann vor einer Scheidung fürchtete, beanspruchte sie diese Freiheit für sich. Was ihren Unterricht im Pensionat oder die Ausfahrten mit dem Wagen betraf, kümmerte sie sich einfach nicht mehr darum, ob ihm das passte. Und er äußerte sich nicht mehr dazu.

Manchmal stieg Verzweiflung in ihr auf, wenn sie sich vorstellte, dass sie den Rest ihres Lebens an der Seite eines ungeliebten Mannes würde verbringen müssen. Doch sie wusste, dass sie dieses Schicksal mit vielen Frauen teilte. Vielleicht war die Liebe eine Erfindung von Schriftstellern und romantischen Seelen. Auch für sie wäre eine Scheidung ein unangenehmer Schritt gewesen, der in der Gesellschaft zu Getuschel oder gar Ausgrenzung geführt hätte.

So wie es jetzt war, hatte sie mehr Freiheit als zuvor und arrangierte sich mit ihrem Ehemann so gut es ging. Allerdings war ihr auch klar, es konnte jederzeit passieren, dass er etwas tat, was für sie das Fass zum Überlaufen brachte. Etwas, das sie nicht akzeptieren würde, weil sie nicht bereit war, sich demütigen zu lassen und ihre Würde aufzugeben.

Zur Begrüßung küsste Julius sie flüchtig auf die Wange.

»Du kommst früh.« Sie erwiderte sein Lächeln, indem sie andeutungsweise die Mundwinkel hob und sofort wieder senkte. »Ich bin gerade im Begriff, Großmama zu ihrem monatlichen Besuch bei Emma Schubbke zu fahren.«

Er zog die Brauen hoch, sagte aber nichts. Sie wusste auch so, dass er nichts von der altmodischen Einstellung ihrer Familie hielt, für ihre langjährigen Angestellten auch dann zu sorgen, wenn sie nicht mehr arbeiten konnten. Entsprechend wurde der ehemaligen Köchin ein Einzelzimmer in einem psychiatrischen Pflegeheim finanziert.

Mit einem kurzen Blick in Veronikas Richtung stellte Isabella fest, dass ihre Großmutter eingenickt war. »Ich habe einen Brief von Gerlind bekommen«, erzählte sie Julius mit gesenkter Stimme.

Ihr Mann verzog das Gesicht, als hätte er in eine Zitrone gebissen. »Ich habe ihr ausdrücklich gesagt, sie soll sich nie wieder bei mir melden. Das schließt dich doch automatisch mit ein«, zischte er. »Wir dürfen nicht mit ihrem Verschwinden in Zusammenhang gebracht werden.«

»Es steht kein Absender auf dem Umschlag.« Isabella behielt für sich, dass Gerlind oben auf dem Briefbogen ihre Anschrift in Frankreich vermerkt hatte. »Sie bedankt sich, dass ich euch vor den SA-Männern gewarnt habe, und schreibt, wahrscheinlich hätte sie mir ihr Leben zu verdanken.«

»Wenn überhaupt, hat sie mir ihr Leben zu verdanken«, erklärte Julius mit finsterer Miene. »Schließlich habe ich schnell reagiert und sie in dem Getreidesack versteckt.«

»Hätte man sie in deinem Lager gefunden, wäre es auch für

dich unangenehm ausgegangen.« Isabella lächelte ihn harmlos an. Genau genommen hatte auch er ihr einiges zu verdanken. Schließlich hätte sie die SA-Männer ignorieren und nach Hause fahren können.

Julius hatte sich in Gerlinds Fall gegen eine Entscheidung der NSDAP gewandt. Wieso er, der sonst alle Beschlüsse seiner Partei guthieß, in dieser Sache Menschlichkeit bewiesen hatte, wunderte Isabella noch immer. Und sie hielt ihm dieses Verhalten zugute. Dennoch verflüchtigte sich ihre Hoffnung, dass Julius eines Tages der NSDAP den Rücken wenden würde, mehr und mehr. Ein weiterer Sargnagel für diese Ehe, dachte sie und unterdrückte ein Seufzen.

»Am Ende ihres Briefs schreibt Gerlind etwas, das ich nicht verstehe.« Isabella suchte den Blick ihres Mannes. In seinen Augen flackerte ein unruhiges Licht.

»Mach dir doch keine Gedanken über die Äußerungen dieser Frau. Sie ist ein bisschen verrückt und dramatisiert alles.« Julius schüttelte missbilligend den Kopf.

»Mir schien sie ganz vernünftig«, widersprach Isabella.

Julius schnaubte verächtlich. »Vernünftig? Eine Kommunistin? Ich bitte dich!«

»Wie auch immer.« Isabella runzelte die Stirn. »Sie schreibt, ich solle mich vorsehen. Manche Menschen würden sich große Mühe geben, die Dinge anders erscheinen zu lassen, als sie in Wahrheit sind. Kannst du dir erklären, was sie damit meint?« Forschend sah sie ihren Mann an.

»Nein, woher soll ich wissen, was dieser Blödsinn zu bedeuten hat?« Julius hatte die Stimme erhoben, und Isabella sah, wie ihre Großmutter im Schlaf zusammenzuckte. Dennoch öffnete Veronika nicht die Augen. »Ich habe dir doch schon gesagt, dass Gerlind nicht ganz bei Sinnen ist.«

»Ich dachte nur … Aber du verstehst wohl auch nicht, was sie meint?«

Julius zuckte mit den Schultern. »Im Grunde hätte ihr ein Aufenthalt im Lager gutgetan, doch jetzt ist es zu spät«, stieß er in verächtlichem Ton hervor. Dann wandte er sich der Tür zu, ging ins Haus und ließ Isabella einfach stehen.

Sie sah ihm nachdenklich hinterher, dann weckte sie sanft ihre Großmutter und half ihr auf den Beifahrersitz. Während Isabella den Wagen die Auffahrt hinunterlenkte, erklärte Veronika ein weiteres Mal, Emma warte sicher schon auf ihren Besuch.

*

Private Heilanstalt für Psychiatrie, Marienwerder, Westpreußen

»Ich würd wollen wissen, warum die Frau hat mir meine Schokolade gestohlen.« Mit zitterndem Finger deutete Emma auf Veronika, die bei den Worten ihrer ehemaligen Köchin nach Luft schnappte.

Isabella sprang auf und eilte zu der niedrigen Kommode in der Ecke des kleinen Zimmers. Dort hatte Emma selbst vor fünf Minuten das Mitbringsel verwahrt, das Veronika ihr bei der Begrüßung feierlich überreicht hatte.

»Aber Frau Schubbke!«, protestierte Veronika. »Wie können Sie so etwas behaupten? Ich nehme Ihnen doch nicht wieder weg, was ich Ihnen geschenkt habe!« Ihre schmale Hand mit der pergamentartigen Haut flatterte vor Empörung wie ein Vogel durch die Luft.

»Hier ist die Schokolade.« Isabella legte die Süßigkeit auf den kleinen Tisch, an dem die ehemalige Köchin und ihre frühere Herrin einander gegenübersaßen. Es gab nur zwei Stühle, sodass Isabella entweder stehen oder sich auf die Bettkante hocken musste.

»Ich tät gern wissen tun, was Sie an meinem Schrank verloren ham«, richtete Emma ihre Aggression nun gegen ihre jüngere Besucherin.

Mit einem Seufzer lehnte sich Isabella gegen den metallenen Kopfteil des Betts.

»Liebe Frau Schubbke«, begann Veronika die kleine Rede, die Isabella von ihren vorherigen Besuchen in der Anstalt bereits auswendig kannte. »Sie sind im Laufe der Jahre ein kleines bisschen vergesslich geworden. Sonst würden Sie sich erinnern, wie Sie vor fast fünfzig Jahren mit mir auf Gut Falkensee eingezogen sind. Ich als junge Ehefrau und Sie als meine Köchin. Ich wusste Ihre Treue und Ihre Kochkunst immer zu schätzen. Nun genießen Sie Ihren wohlverdienten Ruhestand. Und weil wir Bargelows unsere treuen Dienstboten auch im Alter nicht vergessen, sorgen wir dafür, dass Sie ein schönes Zimmer für sich allein haben. Und ich komme Sie regelmäßig besuchen. Weil ich glaube, dass Sie sich freuen, wenn sie mich sehen. Sie freuen sich doch, nicht wahr?« Der letzte Satz kam fast flehend aus dem Mund der alten Gutsherrin.

Emma Schubbke starrte sie eine Weile schweigend an, und Isabella hoffte inständig, dass ihre Großmutter dieses Mal nicht enttäuscht würde. Andererseits war die Demenz bei der ehemaligen Köchin mittlerweile so weit fortgeschritten, dass sie an manchen Tagen nicht einmal ihren eigenen Namen kannte. Dennoch bestand Veronika von Bargelow darauf, Emma pünktlich an jedem ersten Montag im Monat zu besuchen. Sie redete sich sogar ein, dass Frau Schubbke auf sie wartete.

»Ich bin für sie verantwortlich«, beharrte Veronika ihrer Familie gegenüber, wann immer die Rede auf die Besuche bei Emma Schubbke kam. »Meinetwegen hat Emma ihre Heimatstadt Marienburg verlassen. Es war schwer für sie, mich in die Fremde zu begleiten, doch sie hat es getan. Und ich habe ihr versprochen, dass ich immer für sie da sein werde. Demenz hin oder her – natürlich würde sie es merken, wenn sich niemand mehr um sie schert. Es mag den Anschein haben, dass sie mich nicht erkennt. Doch tief in ihrem Inneren weiß sie, wer ich bin.«

Gerührt sah Isabella jetzt, dass ihre Großmutter sich vorgebeugt hatte und Emmas Hände in ihren hielt. Die ehemalige Köchin schien die Schokolade und ihren Zorn vergessen zu haben. Sie sah hinunter auf die zarten Hände, die ihre von jahrzehntelanger Arbeit rauen Finger umfassten.

Früher, während Emma noch in der Küche von Gut Falkensee arbeitete, wäre Veronika von Bargelow niemals auf den Gedanken gekommen, die Hände ihrer Köchin zu halten. Vielleicht waren es die vielen Jahrzehnte, die die beiden Frauen gemeinsam verbracht hatten – eine von ihnen in den oberen Räumen des Herrenhauses, die andere im Souterrain –, die nun zu dieser engen Verbundenheit geführt hatten. Die schwierigen Zeiten, als Gut Falkensee vor der Insolvenz gestanden hatte, der Krieg und die Inflation, Hochzeiten, glanzvolle Bälle, Abendeinladungen und Trauerfeiern – an allem war Emma Schubbke beteiligt gewesen, weil Familie und Gäste mit Essen versorgt werden mussten. Niemand wusste, ob die Köchin sich noch daran erinnerte, aber gab es Momente, in denen es zumindest den Anschein hatte, wie jetzt gerade.

Isabella warf einen unauffälligen Blick auf ihre Armbanduhr. Sie wollte vor dem Abendessen noch im Pensionat vorbeifahren, um die Übungshefte der Mädchen mit nach Hause zu nehmen und die Aufgaben zu korrigieren. Doch ein wenig Zeit hatte sie noch. Sollten die beiden alten Frauen ruhig eine Weile friedlich beieinandersitzen und in Gedanken in der Vergangenheit verharren. Zumindest Veronika verharrte dort, während Emma mit leerem Blick ihre Besucherin anstarrte. Dennoch wirkte die alte Köchin entspannt, wie sie leicht vornübergebeugt auf ihrem Stuhl saß.

Auf Zehenspitzen ging Isabella zur Tür. Sie wollte nachfragen, ob sie in der Küche der Anstalt Tee für ihre Großmutter und Emma bekommen konnte.

Langsam ging sie den schmalen Gang entlang, in dem die wenigen Einzel- und Doppelzimmer der Anstalt lagen. Die meisten Patienten waren in großen Sälen untergebracht, in denen zwanzig und mehr Betten standen.

Einmal hatte Isabella sich auf der Suche nach einer Toilette in dem großen Gebäude verlaufen und war in einen dieser Säle geraten. Dort herrschte ein unvorstellbarer Lärm. Viele der Patienten liefen in langen weißen Hemden ziellos herum, redeten vor sich hin oder riefen unverständliche Sätze in den Raum.

Eine Schwester war Isabella zu Hilfe gekommen, als sich mehrere Kranke um sie versammelten, an ihren Haaren und ihrer Kleidung zupften und sie nicht mehr gehen lassen wollten.

»Das hier sind die harmlosen Fälle«, hatte die junge Frau mit der weißen Haube gesagt. »Die Säle mit den gefährlichen Patienten sind abgeschlossen.«

Falls die Bemerkung beruhigend wirken sollte, hatte das nicht funktioniert. Denn seitdem fragte Isabella sich ständig, wie es wohl den Menschen ging, die weggeschlossen worden waren.

Wenn sie wie jetzt durch die Gänge ging, horchte sie angestrengt und fuhr zusammen, wenn gelegentlich ein schriller Schrei oder ein lautes Rufen zu hören war. Doch meistens war es still, so wie an diesem Nachmittag.

»Vorsicht!« Beim Klang der barschen Frauenstimme hinter sich fuhr Isabella erschrocken herum. Sie starrte direkt auf ein Krankenhausbett, wie es auch in Emma Schubbkes Zimmer stand. Schmal, mit weißem Metallrahmen und weißer Bettwäsche. In dem Bett lag eine Frau um die dreißig. Ihre Handgelenke waren mit Lederriemen am Bettgestell festgeschnallt. Als Isabellas Blick auf das angstverzerrte Gesicht der Patientin fiel, erschrak sie zum zweiten Mal.

»Treten Sie zur Seite. Ich muss hier durch«, meldete sich erneut die Krankenschwester zu Wort, die das Bett durch den Flur schob. Sie stand hinter dem Kopfteil und sah Isabella streng an.

»Nein! Ich will das nicht! Bitte helfen Sie mir.« Die Stimme der Frau im Bett klang verwaschen, als hätte man ihr Medikamente gegeben. Vielleicht lag es aber auch an ihrer Krankheit, dass sie nicht deutlicher sprechen konnte. Schließlich war dies eine psychiatrische Anstalt.

»Was fehlt Ihnen denn?«, fragte Isabella mitfühlend.

»Es geht ihr gut«, behauptete die Krankenschwester und nickte dazu so energisch, sodass die Flügel ihrer gestärkten Haube flatterten.

»Operation ... Aber das will ich ... nich. Kinder ...« Nun lallte die Patientin nur noch. Dann fielen ihr die Augen zu. Offenbar war das bereits die Narkose oder eine Vorstufe davon.

»Wieso hat sie mich um Hilfe gebeten und gesagt, sie will das nicht?«, beharrte Isabella und ignorierte, dass die Schwester das Bett ein Stück vorwärtsgeschoben hatte, sodass der Fußteil nun gegen Isabellas Bauch drückte.

»Hat Angst vor der Operation. Und jetzt gehen Sie bitte aus dem Weg. Der Arzt wartet.« Die Krankenschwester funkelte sie böse an.

Isabella zögerte. Aus irgendeinem Grund hatte sie das Gefühl, nicht einfach weitergehen zu dürfen. Obwohl ihr natürlich klar war, dass sie die Operation der Frau im Bett nicht verhindern konnte. Der Eingriff war wahrscheinlich notwendig. Eventuell rettete er der Patientin sogar das Leben. Andererseits war es seltsam, dass hier Operationen durchgeführt wurden. Dies war kein normales Krankenhaus, in dem man einen Blinddarm entfernte. Hier wurden normalerweise nur Menschen mit geistigen Erkrankungen behandelt.

»Jetzt aber wirklich aus dem Weg!« Mit einem Ruck schob die Schwester das Bett weiter.

Wenn sie nicht zu Boden stürzen wollte, blieb Isabella nichts anderes übrig, als zur Seite zu treten. Sie drückte sich mit dem Rücken gegen die Wand und ließ die Schwester mit dem Bett vorbei. Die Patientin schlief mittlerweile fest.

»Alles wird gut«, flüsterte Isabella der betäubten Frau zu.

»Ja«, sagte die Schwester, ohne sie anzusehen. »Wir sorgen dafür, dass es in unserem Land bald nur noch gesunde Menschen gibt.«

Was für eine seltsame Bemerkung. Eine Weile sah Isabella nachdenklich in die Richtung, in der die Krankenschwester mit ihrer Patientin verschwunden war. Dann ging sie endlich weiter, um Tee für ihre Großmutter und Emma Schubbke zu besorgen.

22. Kapitel

Linda
Gut Falkensee, Westpreußen, August 1934

»Dein Frühstück steht auf dem Tisch, und die Suppe für dein Mittagessen auf dem Herd. Du musst sie nur aufwärmen.« Linda beugte sich über ihre Mutter und hauchte ihr einen Kuss auf die Stirn. »Ich bin wie immer gegen acht zurück. Dann wische ich die Fußböden. Dazu bin ich gestern Abend nicht mehr gekommen.«

»Ach, Kind. Das kann ich doch machen. Ganz blind bin ich schließlich nicht.« Mit einem Seufzer erhob sich Erna Schalumski vom Küchenstuhl und legte Linda die Arme um den Hals.

»Bitte, Mama! Wir haben schon so oft darüber gesprochen. Wenn du dir etwas brichst oder den Kopf stößt, ist das gar nicht gut. Deine Aufgabe ist, auf dich selbst aufzupassen.« Eine Weile verharrte Linda in der Umarmung, dann machte sie sich sanft los und ging zur Tür. »Ich muss mich beeilen. Wenn um acht das Frühstück nicht serviert ist, bekomme ich Ärger mit Herrn Kirchner.«

Eilig verließ Linda den kleinen, flachen Anbau, in dem sie mit ihrer Mutter lebte. Es waren nur zwei Zimmer zusätzlich zur Küche. Doch als Linda vom Herrenhaus zurück zu ihrer Mutter gezogen war, hatte sie die Möbel so aufgestellt, dass jede von ihnen eine kleine Ecke für sich hatte. Im Haupthaus des Bauernhofs, den früher ihre Eltern bewirtschaftet hatten, wohnte jetzt eine fünfköpfige Familie. Die Pächter hielten beileibe nicht alles so in Ordnung, wie Erna und ihr verstorbener Mann es getan hatten. Manchmal, wenn sie die abgeblätterte Farbe der Haustür und das Unkraut im

Gemüsegarten sah, dachte Linda, dass der Graue Star ihrer Mutter in dieser Hinsicht sogar ein Segen war. Erna hätte es nicht ertragen, ihren Bauernhof in diesem Zustand zu sehen. Da sie mittlerweile die ganze Welt durch einen dichten Nebel wahrnahm, blieb ihr wenigstens dieser Anblick erspart.

Es fiel Erna schwer, nach all den arbeitsreichen Jahren den ganzen Tag tatenlos dazusitzen. Immer wieder versuchte sie, sich in dem kleinen Haushalt, den Linda nun für sie führte, nützlich zu machen. Das endete meistens damit, dass irgendetwas zu Bruch ging oder Erna sich wehtat. Außerdem musste Linda alles noch einmal putzen, denn wie sollte jemand, der kaum etwas sah, mit dem Putztuch alle Flecken, Krümel und Schlieren erwischen?

Es gab eine Operation, die Erna geholfen hätte, wieder besser zu sehen. Aber die konnte sie sich nicht leisten, weil sie niemals krankenversichert gewesen war. Wie bei den meisten Bauern hatte das Geld nicht für eine Versicherung gereicht. Dazu hätte an jedem Monatsende eine bestimmte Geldsumme übrig sein müssen, und das war oft genug nicht der Fall gewesen.

Schon kurz nachdem sie aus Danzig nach Falkensee zurückgekehrt war, hatte Linda angefangen, von ihrem Lohn monatlich etwas für die dringend notwendige Behandlung ihrer Mutter zurückzulegen. Es war nicht viel, was sie erübrigen konnte, obwohl an ihren Arbeitstagen das Essen zum Verdienst gehörte. Ab und zu brauchte sie aber neue Schuhe oder etwas zum Anziehen. In einer Hinsicht konnte sie jedoch froh sein: Als Angestellte hatte sie ein Recht auf eine Krankenversicherung, die ihr Dienstherr für sie abschließen musste, das schrieb das Gesetz vor.

Linda zerrte das alte Fahrrad aus dem Schuppen, schob es den schmalen Plattenweg entlang und öffnete die schief in den Angeln hängende Gartenpforte zur Dorfstraße. Dabei stellte sie fest, dass sie in dem winzigen Garten, der zu ihrem Anbau gehörte, dringend Unkraut jäten musste.

Auf der Straße stieg sie aufs Rad und trat kräftig in die Pedale.

Wenn sie das Frühstück pünktlich auf den Tisch bringen wollte, blieb ihr nur eine gute Viertelstunde für den Weg zum Herrenhaus.

Seit dem Sturz auf einer vereisten Pfütze im Winter lief das Vorderrad nicht mehr ganz rund. Aber solange das Rad fuhr, sparte Linda das Geld lieber für die Operation ihrer Mutter. Obwohl sie sich immer häufiger fragte, ob sie es übers Herz bringen würde, ihre Mutter ein zweites Mal zu verlassen, falls Erna nach einer Operation tatsächlich wieder sehen konnte.

Linda war Ernas einziges Kind, und schon als sie mit neunzehn fortgegangen war, um in der Großstadt zu leben und als Verkäuferin zu arbeiten, hatte es ihrer Mutter fast das Herz gebrochen. Lindas Vater war damals schon seit einigen Jahren tot gewesen.

Während der vergangenen Monate hatte Erna schon mehr als einmal gesagt, dass sie sich viel zu sehr vor einer Operation fürchtete. Vielleicht behauptete sie das aber auch nur, weil sie ahnte, dass Linda wieder nach Danzig gehen würde, wenn sie das Sehvermögen zurückerlangte. Gern hätte Linda ihre Mutter mit sich in die Stadt genommen, doch auch das traute Erna sich nicht.

Linda war auf Gut Falkensee nicht unglücklich. Sie arbeitete gern für Isabella Kirchner. Julius Kirchner mochte sie zwar nicht, doch der war meistens ohnehin nicht zu Hause. Es war jedoch viel interessanter gewesen, in einem eleganten Kaufhaus schöne Kleider zu verkaufen. Und so gab es immer wieder Tage, an denen sie sich nach ihrem Stadtleben zurücksehnte.

Nun bog Linda in den Weg ein, der durch den kleinen Wald und am See vorbei zum Gut führte. Energisch wischte sie sich mit dem Handrücken über die Augen. Es war gefährlich, hier nicht genau hinzuschauen. Der Pfad hatte Spurrillen von landwirtschaftlichen Maschinen, zahllose Vertiefungen von Pfützen, die durch das warme Sommerwetter ausgetrocknet waren, und Steine, die unvermittelt im Weg lagen.

Obwohl die Sonne schon seit Stunden vom wolkenlosen Himmel schien, empfing Linda im Schatten des Waldes duftende

Kühle. Dieses Wegstück liebte sie besonders, und wenn sie genug Zeit hatte, fuhr sie hier langsamer, um dem Gesang der Vögel zu lauschen und das grün-goldene Licht unter den Bäumen zu bewundern.

Doch heute war sie viel zu spät dran. Sie trat weiter kräftig in die Pedale und ignorierte das seltsame Schlingern des schiefen Vorderrads. Sie musste nur einfach den Lenker gut festhalten, dann ging es.

Als sie den Schatten der Bäume verließ, kniff sie geblendet die Augen zusammen. Am Ende des Feldwegs, der rechts und links von hohen Büschen begrenzt wurde, konnte sie schon das Scheunendach erkennen. Etwa hundert Meter vor den Wirtschaftsgebäuden musste sie links abbiegen, und dann waren es nur noch zwei oder drei Minuten bis zur Hintertür des Herrenhauses.

Kurz meinte sie vorn bei der Abzweigung zum Gutshaus eine Bewegung zu sehen. Einen Schatten wie von einer menschlichen Gestalt, die über den Weg lief und zwischen den Büschen verschwand.

Ein unbehagliches Gefühl beschlich sie. Doch dann schüttelte sie über sich selbst den Kopf. Sie war diesen Weg schon unzählige Male bei Dunkelheit gefahren. Was sollte ihr hier am helllichten Tag passieren?

Zügig fuhr Linda auf die Weggabelung zu. Gerade wollte sie den Lenker einschlagen, um zum Herrenhaus abzubiegen, als es neben ihr im Gebüsch raschelte. Noch bevor sie den Kopf wenden konnte, bekam sie einen Stoß und fiel seitlich um. Sie spürte noch, wie das Fahrrad zur anderen Seite wegkippte. Dann prallten ihre linke Schulter und ihr Hüftknochen schmerzhaft auf den Boden. Als Letztes schlug ihr Kopf auf. Ein scharfer Schmerz durchzuckte sie, und sie versuchte, sich wie ein verwundetes Tier zusammenzurollen, um ihren Bauch und ihre Brust zu schützen. Doch bevor ihr das gelang, wurde sie grob gepackt und auf den Rücken gedreht.

»Was …?«, keuchte sie und blinzelte verzweifelt gegen das helle Licht der Morgensonne an, das ihr so unglücklich ins Gesicht fiel, dass sie ihren Angreifer nur unscharf erkennen konnte. Was auch immer hier gerade passierte, erschien ihr wie ein böser Traum. Sie fühlte sich schrecklich benommen von dem Sturz. Sogar ihre Angst drang nur als undeutliches Gefühl zu ihr durch, das sie kaum erfassen konnte.

Die Gefahr jedoch, in der sie sich befand, war ihr mit brutaler Klarheit bewusst. Sie atmete tief durch und stieß einen lauten, grellen Schrei aus.

»Halt's Maul.« Eine kräftige Männerhand presste sich auf ihren Mund. Gleichzeitig zerrte jemand an ihrer Bluse. Mit einem Ton, der sehr leise war und ihr doch in den Ohren wehtat, zerriss der dünne Stoff.

Langsam lichtete sich der Nebel in ihrem Kopf. Wild schlug sie mit beiden Armen um sich und strampelte mit den Beinen.

Immer noch konnte sie den Mann, der ihr den Mund zuhielt und an ihrer Kleidung zerrte, vor dem Hintergrund des strahlenden Himmels nicht erkennen. Und doch wusste sie plötzlich, wer es war. Vielleicht hatte sie seine Stimme erkannt, vielleicht war es die plötzliche Erinnerung an das, was Isabella Kirchner ihr vor einigen Wochen gesagt hatte: dass Alex zurück war und sie sich vorsehen sollte. In den Tagen nach dieser Warnung hatte Linda ständig nervös über die Schulter geschaut und gefürchtet, Alex könnte wie aus dem Nichts auftauchen, so wie es früher seine Gewohnheit gewesen war. Doch sie hatte ihn nicht einmal aus der Ferne gesehen, sodass sie sich schließlich wieder beruhigt hatte.

Doch da war er. Er war zurückgekommen und wollte sich holen, was ihm seiner Meinung nach zustand.

Seltsamerweise verlieh ihr diese Erkenntnis Kraft und Entschlossenheit. Sie schüttelte heftig den Kopf, um seine Hand loszuwerden, die ihr immer noch den Mund zuhielt. Als ihr das nicht gelang, biss sie zu, grub ihre Zähne so fest sie konnte in seinen

Handballen. Als er mit einem Fluch zurückzuckte, rollte Linda sich auf die Seite und spuckte das Blut aus, das ihr in den Mund gelaufen war.

»Du Luder!« Er schlug ihr mit der flachen Hand seitlich gegen das Kinn, was sie jedoch nicht vom Schreien abhielt. Sie schrie laut und so schrill, dass sie die Töne selbst kaum ertragen konnte. Doch sie kreischte immer weiter und wandte ihr Gesicht dem staubigen Weg zu, hielt es nur wenige Zentimeter über dem Boden, sodass ihr Peiniger ihr nicht den Mund zuhalten konnte. Vielleicht wagte er es auch nach ihrem Biss nicht mehr.

Überhaupt schien Alex durch ihre heftige Gegenwehr einen Teil seiner Entschlossenheit eingebüßt zu haben. Der Griff, mit dem er sie – über ihr kniend – am Boden hielt, lockerte sich. Was ein Fehler war, denn dadurch hatte Linda genug Platz, ihr Knie anzuziehen und es ihm zwischen die Beine zu rammen.

Sein Aufschrei war laut und grell. Er ließ sie los, fiel zur Seite und krümmte sich neben ihr am Boden.

Linda war so verdutzt, plötzlich frei zu sein, dass sie ein oder zwei Sekunden brauchte, um sich hochzurappeln. Dann rannte sie los. Obwohl ihr Fahrrad zu ihren kostbarsten Besitztümern zählte, nahm sie sich nicht die Zeit, es vom Boden aufzuheben und aufzusteigen. In diesem Moment hätte sie alles zurückgelassen, um von Alex wegzukommen.

Der Weg zum Haus war weiter als der zu den Stallungen. Deshalb wandte sie sich instinktiv nach rechts. Während sie lief, schaute sie sich immer wieder um, doch Alex war entweder durch den Schmerz gelähmt, oder er hatte gar nicht die Absicht, sie zu verfolgen.

Keuchend erreichte Linda die Seitenwand der Remise.

»Ist hier jemand?«, rief sie in Richtung Pferdestall und brach zu ihrem eigenen Entsetzen in Tränen aus. »Bitte! Ist hier jemand?«, fügte sie in einem heiseren Flüstern hinzu.

Ihre Knie zitterten so sehr, dass sie sich mit einer Hand an der

Wand neben sich abstützte, während sie sich immer noch verzweifelt umsah.

Um die Gebäudeecke nahte im Laufschritt eine große, kräftige Gestalt, die erst im letzten Moment vor ihr zum Stehen kam. Verschwommen sah Linda direkt vor ihrer Nase eine breite Brust in einem rotkarierten Hemd. Sie schluchzte ein weiteres Mal auf. Dann legte sie den Kopf in den Nacken, erkannte das Gesicht, das zu dem muskulösen Körper gehörte, und ließ sich einfach nach vorn fallen.

»Hubert.« Sie spürte, dass er sie vorsichtig umschlang, als hätte er Angst, ihr wehzutun. Die Stärke seiner Arme beruhigte sie, denn sie wusste instinktiv, er würde sie nicht gegen sie einsetzen. Sie lehnte an seiner Brust, legte den Kopf in den Nacken und sah ihn von unten an. Der Duft nach Kernseife und frischem Heu umgab sie.

Linda hatte bisher mit dem Pferdeknecht nur selten geredet, was auch daran lag, dass er sehr wortkarg war. Doch er war immer freundlich und zurückhaltend, und sie hatte schon einige Male beobachtet, wie liebevoll er mit den Tieren auf dem Hof umging. Auch jetzt lächelte er nur schüchtern, anstatt etwas zu sagen, wobei dieses Lächeln eher ein Zucken seiner Mundwinkel war.

Nachdem er sie eine ganze Weile stumm festgehalten hatte, räusperte er sich. »Was ist denn?«

Linda wandte den Kopf und sah sich vorsichtig um. Von Alex war weit und breit nichts zu sehen. So dumm, sich ihr vor den Augen eines Zeugen zu nähern, war er sicher nicht.

Hubert zupfte ihr vorsichtig ein Blatt aus den zerzausten Haaren und ließ es mit dem Wind fliegen. Dabei zog er nur ganz leicht an einer Haarsträhne, doch sie zuckte zusammen. An der Stelle, wo sie auf den Boden aufgeschlagen war, wuchs sicher schon eine dicke Beule.

»Ich bin überfallen worden«, sagte sie in entschiedenem Ton. Während der ersten Jahre auf Gut Falkensee hatte sie geschwiegen, wenn Alex wieder einmal auf seine eklige Art versucht hatte, sie anzufassen. Sie hatte sich gescheut, jemandem von seinen Übergriffen zu erzählen. Was ein Fehler gewesen war. Denn erst nachdem sie den Mund aufgemacht und sich Isabella Kirchner anvertraut hatte, war es vorbei gewesen. Seitdem war ihr Leben trotz der Sorgen um ihre Mutter sehr viel ruhiger und glücklicher gewesen.

Doch nun war Alex zurück. Und dieses Mal wollte er nicht einfach nur ihren Körper, dieses Mal wollte er Rache. Nur zu deutlich hatte sie seine Wut gespürt.

»Hallo! Was ist denn hier los? Bist du gefallen, Linda?«

Als sie unvermittelt Alex' Stimme hörte, fuhr sie entsetzt herum. Er lehnte an einem Baumstamm in der Nähe und zündete sich eine Zigarette an. Dabei wirkte er vollkommen entspannt, als wäre nicht das Geringste vorgefallen.

»Er war es«, stieß Linda hervor. »Er hat mich vom Rad gestoßen und wollte mir die Kleider vom Leib reißen.«

Alex lachte spöttisch, während er mit der Hand in der Luft herumwedelte, um das Streichholz zu löschen. »Jetzt bist du völlig übergeschnappt, Linda. Du warst schon immer hinter mir her. Kannst du zwischen deinen Wünschen und der Wahrheit nicht mehr unterscheiden? Das ist bedenklich. Außerdem kann ich dich anzeigen, wenn du Lügen über mich erzählst.«

Linda schnappte nach Luft. Dann deutete sie mit zitternden Fingern auf den Riss in ihrer Bluse. »Das war er! Und dahinten liegt mein Fahrrad. Er hat mich runtergestoßen.« Hilfesuchend schaute sie Hubert an, der seinen Blick wortlos zwischen Alex und ihr hin und her wandern ließ.

»Du bist von ganz allein umgekippt, hast dir beim Sturz die Kleidung zerrissen und bist auf den Kopf gefallen. Armes Kind! Wie sehr du dir wünschst, endlich einen Mann abzubekommen. Aber leider kann ich dir nicht helfen. Du bist nicht mein Typ, Linda. Warst du noch nie.«

»Und was machst du dann hier?« Linda spürte, wie der Zorn gleich einer lodernden Flamme in ihr aufstieg.

»Ich besuche meine alten Freunde. Wozu ich dich nicht zähle.« Mit diesen Worten wandte Alex sich ab, paffte eine große Rauchwolke in die Luft und verschwand in Richtung Herrenhaus.

»Er geht nicht ins Haus. Die würden ihn gar nicht reinlassen.« Mit zusammengekniffenen Augen starrte Linda hinter ihm her. Dann sah sie Hubert an. »Alex lügt. Er hat mich vom Fahrrad gestoßen und ist über mich hergefallen. Ich habe ihm das Knie zwischen die Beine gerammt, nur deshalb hat er von mir abgelassen.«

»Natürlich lügt er«, sagte Hubert schlicht.

Linda blinzelte die Tränen weg, die ihr schon wieder in die Augen gestiegen waren. Sie würde nicht wegen Alex weinen. Stattdessen schaute sie Hubert dankbar an. All die Jahre hatte sie den Pferdeknecht nur am Rand wahrgenommen. Er aß zusammen mit den anderen Knechten im Anbau der Scheune. Dorthin brachte Grete jeden Tag einen großen Topf mit Essen, bevor das Hauspersonal und die beiden Stallmeister in der Leutestube neben der Küche aßen.

Hubert war groß und stark, hatte aber ein seltsam unharmonisches Gesicht. Sein linkes Auge war deutlich kleiner als das rechte, und sein Mund saß wie ein schiefer Strich unter einer Knollennase. Seine Haare jedoch leuchteten blond wie reifer Weizen in der Sonne. Und wenn er freundlich lächelte, schimmerte in seinen Augen das Blau des Himmels.

»Danke, dass du mir glaubst.« Linda trat einen Schritt zurück. Es war freundlich von Hubert, sie zu trösten, doch sie war schon früher allein mit Alex fertiggeworden und würde es auch weiterhin schaffen.

Er runzelte die Stirn. »Ich werd heut Abend mit Ihnen ins Dorf gehen und Sie morgen früh abholen.«

»Sag ›du‹ und ›Linda‹«, bot sie ihm an und fuhr fort: »Das ist sehr nett, aber ich fahre mit dem Fahrrad. Wenn ich schnell genug bin, erwischt er mich nicht.« Sie wandte sich in Richtung der Weggabelung, wo sie ihr Rad hatte liegenlassen.

Sie konnte nur hoffen, dass Alex ihren kostbaren Besitz nicht vollkommen zerstört oder irgendwo versteckt hatte. Wenn sie gezwungen wäre, jeden Tag zu Fuß vom Dorf zum Gut und zurück zu laufen, würde sie das viel Zeit kosten. Wichtiger war jedoch, dass sie mit dem Fahrrad eine deutlich bessere Chance hatte, Alex zu entkommen. Sie konnte ihm einfach davonfahren.

»Wo liegt dein Fahrrad?«, erkundigte Hubert sich mit gerunzelter Stirn. »Ich hol es her und seh nach, ob es in Ordnung is. Aber vorher begleit ich dich zum Haus.«

Linda öffnete den Mund, um zu protestieren, doch Hubert nahm sie beim Arm und marschierte mit ihr in Richtung Herrenhaus.

»Du musst ihn anzeigen«, sagte er mit entschiedener Stimme, nachdem sie eine Weile stumm nebeneinander hergegangen waren.

Sie seufzte. »Das sollte ich wohl tun. Aber er wird es abstreiten, und mir wäre es schrecklich peinlich.«

»Ich sag der Polizei, dass ich alles gesehen hab.«

»Du kannst gar nichts gesehen haben, weil es hinten an der Weggabelung passiert ist. Und ich will nicht, dass du für mich lügst. Ohnehin kann niemand so gut lügen wie Alex Simke. Du hast ihn doch eben erlebt.«

»Es macht mich wütend, dass er mit so was davonkommen soll. Und es darf nich sein, dass er dich noch mal überfällt.« Hubert schüttelte heftig den Kopf.

»Das wird nicht passieren.« Linda spürte, wie die Angst in ihr aufstieg, doch sie drängte sie zurück und blieb stehen. »Danke für die Begleitung. Den Rest des Weges gehe ich allein. Es sind ja nur noch ein paar Schritte bis zur Hintertür.«

»Aber … «, wollte er protestieren, doch sie hob die Hand und hielt ihren Zeigefinger so dicht vor seine Lippen, dass sie sie fast berührte. Sein heißer Atem strich an ihrer Haut entlang.

»Ich komme zurecht«, sagte sie in energischem Ton.

»Wenn du Hilfe brauchst oder wegen Alex 'nen Plan machen willst, sag Bescheid. Ich helfe dir.«

Was meinte er mit *Plan wegen Alex machen?* Sie schaute Hubert prüfend an. Dann nickte sie und huschte den schmalen Fußweg entlang zur Hintertür.

23. Kapitel

Isabella
Gut Falkensee, Westpreußen, Ende August 1934

Seit sie von Margaretes schwerer Erkrankung wusste, hatte Isabella die Freundin mehrmals besucht. Inzwischen kämpfte die Kranke seit mehr als vier Wochen gegen die Bronchitis. Obwohl sie vollkommen geschwächt, mit rasselndem Atem, geschüttelt von schmerzhaften Hustenanfällen ihr Bett nicht mehr verlassen konnte, weigerte sie sich weiterhin, ins Krankenhaus zu gehen.

Doktor Hinrichsen hatte mittlerweile die verschiedensten Medikamente verschrieben und zusätzlich Hausmittel empfohlen. Die einzige gute Nachricht, die er bisher bei jedem seiner täglichen Besuche hatte vermelden können, war die Feststellung, dass Margarete wie durch ein Wunder bisher noch keine Lungenentzündung entwickelt hatte.

Dann schien es ihr plötzlich besser zu gehen. Sie hustete zwar immer noch heftig, aber ihr Fieber sank, und sie war sogar in der Lage, sich im Bett aufzusetzen und etwas Suppe zu essen.

Als Isabella sich an diesem Tag hinters Steuer setzte, um nach Gut Willinghausen zu fahren, hoffte sie inständig, dass Margaretes Zustand sich weiter gebessert hatte.

Sie parkte vor dem Portal und eilte die Freitreppe hinauf zur Eingangstür. Der englische Butler öffnete und hieß sie mit einer knappen Verbeugung willkommen.

»Guten Tag, Godric«, begrüßte sie ihn, und ohne dass sie etwas sagen musste, führte er sie die Treppe hinauf zu dem Zimmer, welches Margarete seit Wochen nicht verlassen hatte.

Wie üblich klopfte der Butler und verhandelte im Flüsterton mit der Krankenschwester, die die Tür öffnete. Gleich darauf trat die Frau heraus in den Flur, nickte Isabella zu und verschwand.

Als Isabella in den Türrahmen trat, stellte sie erstaunt fest, wie ungewohnt hell es im Zimmer war. Die Vorhänge, sonst mindestens zu zwei Dritteln geschlossen, waren ganz zur Seite gezogen, sodass das helle Licht des Augustnachmittags ins Zimmer fiel.

»Wie schön, dass du da bist, Isabella«, sagte Margarete vom Bett her. Ihre Stimme klang erstaunlich kräftig. Zwar musste sie im Anschluss an die wenigen Worte etwas husten, jedoch nicht allzu schlimm.

Isabella eilte zu ihrer Freundin, die an mehrere dicke Kissen gelehnt aufrecht dasaß – vor sich ein Tablett mit Tee, Toast und einem gekochten Ei.

»Die Schwester bringt mir zehn Mal am Tag etwas zu essen, weil Doktor Hinrichsen gesagt hat, dass ich zu Kräften kommen muss«, beschwerte sich Margarete und verzog den Mund.

Isabella stellte auf die Bitte der Freundin hin das Betttablett auf den Tisch an der Wand, auf dem auch sämtliche Medikamente aufgereiht waren. Dann setzte sie sich in den kleinen Sessel neben dem Bett und griff nach Margaretes Hand.

»Du hast immer noch Fieber«, stellte sie erschrocken fest.

Margarete nickte mit jener Heiterkeit, die sie sich selbst während der schwersten Tage ihrer Krankheit bewahrt hatte. »Es geht mir besser. Ich fühle mich, als würde ich auf einer Wolke schweben. Ganz leicht.«

»Das ist doch gut, oder?« Isabella sah die Freundin unsicher an. Die früher so klare Iris wirkte wie hinter Nebelschwaden verborgen. Auch das deutete, ebenso wie die fieberheißen Hände, darauf hin, dass Margarete noch längst nicht gesund war. Doch eine so schnelle Genesung war nach einer derart langen und schweren Krankheit auch nicht zu erwarten.

»Du siehst traurig aus.« Margarete musterte sie aufmerksam.

»Dabei dachte ich, du würdest dich freuen, wenn ich aufrecht im Bett sitze.« Fast klang die Freundin enttäuscht, als hätte sie feststellen müssen, dass ihre Mühe umsonst gewesen war.

Mühsam verzog Isabella den Mund zu einem Lächeln. »Tut mir leid. Natürlich freue ich mich, dass es dir besser geht. Ich habe mir solche Sorgen gemacht. Arthur ist doch sicher auch überglücklich. Wo ist er denn?«

»Er hatte eine Menge in der Stadt zu erledigen, und ich habe ihn überredet, das heute endlich zu tun. Er war aber erst dazu bereit, als ich ihm versprochen habe, in seiner Abwesenheit nicht dahinzuscheiden.«

»Rede nicht so!«, tadelte Isabella sie streng.

»Dann rück jetzt mit der Sprache raus!« Für einen Moment klärte sich Margaretes Blick. Sie richtete sich sogar noch ein wenig gerader in den Kissen auf.

Isabella zögerte, beschloss jedoch, dass ihre Probleme die Freundin immerhin ablenken würden.

»Ich überlege, ob ich mich von Julius scheiden lassen soll«, platzte sie heraus.

Margarete zog die Brauen zusammen, wirkte jedoch angesichts dieser Eröffnung nicht sonderlich entsetzt.

»Warum?«, fragte sie nur.

»Weil ... « Erst als sie versuchen wollte, ihre Gefühle und Gedanken in Worte zu fassen, wurde Isabella klar, dass wenige Sätze für eine Beschreibung ihres Unglücks nicht ausreichen würden.

»Erst kam die Sache mit der Frau in unserer Mansarde. Spontan dachte ich, er hat seine Geliebte dort versteckt. Dann erzählte er mir, dass sie eine Kommunistin ist, die er vor einer Lagerhaft retten wollte. Und jetzt ... « Isabella machte eine Pause und runzelte die Stirn. »Jetzt glaube ich, da stimmt etwas nicht.«

Sie erzählte von dem Brief mit der seltsamen Andeutung, den Gerlind ihr aus Frankreich geschickt hatte. »Ich glaube, sie wollte damit ausdrücken, dass Julius mich belügt.«

»Du musst ihm vertrauen«, sagte Margarete eindringlich. »Er ist dein Mann.«

»Das würde ich gern«, beteuerte Isabella. »Aber ich kann es nicht mehr. Als er Gerlind vor den SA-Männern gerettet hat, habe ich gedacht, er ist trotz allem ein guter Mensch.« Isabella biss sich auf die Unterlippe und starrte durchs Fenster hinaus in den blauen Himmel. Es hatte seit vielen Tagen nicht geregnet, und sosehr sie sonst die seidige Luft der Sommermonate in Westpreußen genoss, wünschte sie sich nun manchmal Regentage. Graue Wolken hätten viel besser zu ihrer Stimmung gepasst.

Margaretes Brauen stießen über der Nasenwurzel zusammen, so heftig runzelte sie die Stirn. »Trotz allem ein guter Mensch?«, wiederholte sie fragend Isabellas Worte. »Was bedeutet das?«

»Es ist etwas passiert …« Sie stockte und brachte es dann doch nicht heraus. »Er ist ein überzeugter Nationalsozialist«, sagte sie stattdessen.

»Das ist er schon sehr lange«, gab Margarete zu bedenken.

»Aber ich erfahre immer mehr über diese Partei. Die NSDAP verfolgt Menschen wegen ihrer Gesinnung. Hitler und seine Anhänger sind der Meinung, dass Juden wertlose Menschen sind. Es ist schrecklich.« Isabella nickte nachdrücklich.

Und dann erzählte sie es doch. Es musste endlich heraus, und wenn sie mit jemandem darüber sprechen konnte, dann mit Margarete, ihrer Freundin. »Als wir im Urlaub am Meer waren … Zuerst war alles wunderschön. Ganz romantisch, und Julius war zärtlich und verständnisvoll.« Sie schluckte. »Aber als ich eines Tages nicht wollte … du weißt schon. Er hat mich gezwungen. Hat mich aufs Bett niedergedrückt und … Er hat Gewalt angewandt.« Das Bild der kranken Freundin verschwamm vor Isabellas Augen.

»Das tut mir furchtbar leid.« Mit ihren heißen Fingern streichelte Margarete die Hand der Freundin.

Isabella schluckte ihre Tränen herunter und fuhr sich mit dem Handrücken über die Augen. »Ich weiß, dass es eheliche Pflichten gibt und ich es meinem Mann schuldig bin. Aber es ist trotzdem nicht richtig, dass er das einfach mit mir macht.«

»Nein. Es ist schrecklich demütigend, vom eigenen Ehemann so behandelt zu werden«, stimmte Margarete ihr zu. »Ich verstehe, dass du über Scheidung nachdenkst.«

»Ich habe gedacht, ich könnte meine Gefühle ignorieren und irgendwie weitermachen. Ohne Scheidung, ohne Skandal und ohne meine Mutter in eine Nervenkrise zu stürzen.« Isabella presste die Lippen zusammen und starrte in die Luft. »Aber jetzt, wo ich denke, dass Julius mich noch weiter belogen und betrogen hat, nachdem ich Gerlind in unserem Haus entdeckt hatte … Jetzt frage ich mich, ob es mir je wieder gelingen wird, diesem Mann das kleinste bisschen Vertrauen entgegenzubringen.«

Nervös strich sich Isabella eine Haarsträhne zurück, die ihr in die Stirn gefallen war. »Ich habe Gerlind geschrieben und sie gebeten, mir zu erklären, warum Julius ihr wirklich geholfen hat. Bis jetzt habe ich noch keine Antwort. Aber im Grunde ist es egal, was sie mir schreibt. Weil ich ihm nicht mehr traue. Weil ich nicht länger mit Julius zusammen sein will. Weil ich seine politischen Ansichten hasse. Und natürlich wegen der Sache, die er mir im Urlaub angetan hat.«

Margarete sagte lange Zeit nichts. Lehnte nur noch halb aufgerichtet in den Kissen und wartete, ob Isabella weitersprechen wollte. Die schwieg jedoch ebenfalls.

»Ich kann dich verstehen. Aber als geschiedene Frau hättest du es nicht leicht«, stellte ihre Freundin schließlich fest.

»Sicher nicht«, stimmte Isabella zu. »Aber ich könnte vielleicht das Lehrerinnenseminar besuchen und anschließend als richtige Lehrerin arbeiten. Ich hätte auch immer noch mein Zuhause auf Falkensee. Und ich müsste mich nicht ständig rechtfertigen und erklären, wohin ich gehe und was ich tue.«

Margarete streichelte tröstend ihre Hand. »Seit wann denkst du darüber nach, dich scheiden zu lassen?«, fragte sie schließlich.

»Kurz nach der Geschichte mit Gerlind habe ich in Bischofswerder beobachtet, wie SS-Leute und ganz normale Bürger das Schaufenster von Lena Rosenbaum beschmiert haben. Sie schrieben mit roter Farbe solche Sprüche wie *Kauft nicht bei Juden* auf die Scheibe. Du weißt schon.«

»Du meinst die Hutmacherin Lena Rosenbaum?« Margarete machte ein entsetztes Gesicht. »Ich habe mir nie Gedanken darüber gemacht, aber ihr Name klingt tatsächlich jüdisch. Doch wen sollte das stören? Ihre Hüte sind wunderschön.«

»Das denke ich auch. Als Frau Rosenbaum aus ihrem Laden kam, um sich zu beschweren, haben sie sie herumgeschubst und beschimpft, bis sie wieder nach drinnen gegangen ist und sich eingeschlossen hat. Ich wollte ihr helfen, doch die SS-Leute haben gesagt, ich soll mich in Acht nehmen und mir gut überlegen, auf wessen Seite ich bin. Sonst könnte es für mich gefährlich werden.«

»Wie schrecklich!«, flüsterte Margarete und verschränkte auf der Bettdecke ihre blassen Finger miteinander, als wollte sie beten.

»Ich bin dann zu Julius in die Getreidehandlung gegangen und habe ihn gebeten, der Frau zu helfen, damit sie in Frieden ihren Geschäften nachgehen kann. Aber er war ganz entsetzt, als ich ihm erzählte, ich hätte versucht, die SS-Leute aufzuhalten, und dass ich natürlich weiterhin meine Hüte bei Frau Rosenbaum kaufen werde. Als seine Frau dürfe ich das nicht, hat er gesagt. Das würde er mir verbieten. Ich könne von Glück sagen, dass die SS-Leute mich wohl nicht erkannt hätten. Sonst hätte ich seiner Parteikarriere auf unverzeihliche Weise geschadet.«

Mit ratloser Miene schüttelte Margarete den Kopf. »Unverzeihlich? Weil du einer Frau helfen wolltest, die niemandem etwas zuleide getan hat?«

Eine Weile herrschte Schweigen zwischen den Freundinnen. Margarete rutschte im Bett ein wenig tiefer, als würde diese Unterhaltung sie viel zu viel Kraft kosten. Isabella nahm sich vor, bald zu gehen. Doch etwas brannte ihr noch auf der Seele.

»Und dann … vorgestern … kam ich aus dem Pensionat zurück«, fuhr sie fort. »Da stand Julius auf dem Hof und stritt sich mit Konrad. Erst begriff ich nicht, worum es ging, doch dann hörte ich den Namen unseres Tierarztes. Seit einiger Zeit kümmert sich Doktor Kampmann um die Pferde, wenn etwas nicht in Ordnung ist.«

»Ist er auch Jude?«, erkundigte sich Margarete ahnungsvoll.

Isabella nickte. »Julius wollte erreichen, dass mein Vater einen anderen Tierarzt kommen lässt. Natürlich hat Konrad sich nicht auf Julius' Ansinnen eingelassen. Da wurde mein Mann richtig böse. Er hat herumgebrüllt, dass er kein Judenpack auf unserem Gut duldet. Papa wurde dann auch laut und schrie, Falkensee sei das Gut unserer Familie. Julius dürfe nur dort leben, weil er mit mir verheiratet sei. Es war schrecklich! Ich habe mich so geschämt.«

»Du hast dich geschämt? Wofür denn?«, erkundigte sich Margarete.

»Dafür, dass ich Julius geheiratet habe«, gestand sie im Flüsterton. »Weil ich ihn nach Falkensee gebracht habe.«

»Nach allem, was du erzählt hast, solltest du dich wohl tatsächlich scheiden lassen.« Margarete streichelte Isabellas Hand.

Unvermittelt stiegen Tränen in Isabellas Augen, weil ihr in diesem Moment wieder einmal klarwurde, was für eine wunderbare Freundin Margarete war. Eine Freundin, die sie gar nicht verdient hatte. Isabella wusste sehr genau, dass sich viele Türen für sie schließen würden, wenn sie eine geschiedene Frau war. Aber Margarete würde immer zu ihr stehen, ganz gleich, was die anderen Gutsherrinnen in der Umgebung von ihr hielten.

»Ich bin so froh, dass ich dich habe, Margarete«, sagte sie zärtlich.

»Ich bin auch sehr froh, dass es dich in meinem Leben gibt.« Margaretes feines Lächeln glitt wie die Frühlingssonne über ihr Gesicht. »Wünschst du dir denn eine neue Ehe mit einem anderen Mann? Eine Ehe, die dich glücklich macht?«, fragte sie nach einer kleinen Pause.

Isabella musste nicht lange überlegen. »Ich glaube nicht, dass ich jemanden finde, mit dem ich das hinbekomme. Ich meine – eine wirklich gute Ehe so wie deine, mit einer Liebe, die …« Sie stockte, biss sich auf die Unterlippe und schüttelte den Kopf. »Ich kann auch ohne Mann glücklich werden. Dass unser Leben nur einen Sinn hat, wenn wir Ehefrauen sind, halte ich für eine Lüge. Manche von uns werden auf diese Weise glücklich, und andere eben ohne einen Mann. Auf jeden Fall werde ich ganz allein entscheiden dürfen, wenn ich nicht mehr verheiratet bin.«

»Das klingt, als hättest du dich längst entschieden.« Lange sah Margarete sie mit ihren nebelverhangenen Augen an. Schließlich stieß sie einen tiefen Seufzer hervor. »Ich bin schrecklich müde.«

»Tut mir leid, dass ich so viel über meine Sorgen gesprochen habe. Das war sicher furchtbar anstrengend für dich.« Isabella half der Freundin, sich hinzulegen, beugte sich über sie und drückte ihr einen Kuss auf die Stirn.

»Ich hab dich lieb, Bella, meine Schöne«, murmelte Margarete.

»Ich dich auch, mein allerliebstes Gretchen.« Wieder konnte Isabella nicht verhindern, dass ihr Tränen in die Augen stiegen. Es war lange her, dass sie beide einander mit ihren alten Kosenamen angesprochen hatten.

Auf Zehenspitzen verließ Isabella das Zimmer.

24. Kapitel

Julius
Gut Falkensee, Westpreußen, Anfang September 1934

Es war einer der wenigen Abende, an denen Julius schon vor zehn Uhr von einer Parteiversammlung nach Gut Falkensee zurückkehrte. Auf dem Heimweg dachte er darüber nach, dass es an der Zeit war, einen weiteren Versuch zu unternehmen, seine Ehefrau zu schwängern. Es tat seinem Ruf nicht gut, nach fast zehn Jahren Ehe immer noch kinderlos zu sein. Zwar würde er seinen Weg in der Politik auch so machen, doch er wollte Kinder. Vor allem auch, um Isabella endlich unter Kontrolle zu haben. Es war schon mehrere Male vorgekommen, dass Parteimitglieder ihn gefragt hatten, weshalb seine Frau ständig allein mit dem Auto unterwegs sei. Wenn ein Kind da war, musste sie zu Hause bleiben, dafür würde er sorgen.

Mittlerweile war allgemein bekannt, dass sie auf Schloss Bielau Unterricht in Rechtschreibung und ähnlichen Dingen erteilte. In Josefine Meyerhoffs Pensionat, wo junge Mädchen nicht etwa dazu angehalten wurden, sich der Mutterschaft zu verschreiben. Stattdessen setzte man ihnen Flausen von Berufstätigkeit und Freiheit in den Kopf. Allein der Gedanke, dass Isabella dabei mitwirkte, machte ihn wütend. Doch es gelang ihm einfach nicht, ihr diese Ideen auszutreiben. Und sie im Haus ihrer Eltern einzusperren war leider auch keine Option. Es war zum Verrücktwerden: Jedes Mal wenn er versuchte, ihr etwas zu verbieten, verwickelte sie ihn in eine Diskussion, in der sie ihn mit Argumenten überhäufte und auf jede seiner Bemerkungen eine Gegenbemerkung parat hatte.

Das war längst nicht mehr die süße, fügsame Isabella, die er geheiratet hatte. Nach zehn Jahren Ehe dachte Isabella nicht daran, sich seinen Wünschen zu fügen. Es schien, als würde sie ihm mit jedem Monat, der verging, mehr entgleiten. Erst recht seit der Geschichte mit Gerlind. Isabella hatte gefallen, dass er der Kommunistin geholfen hatte, dem Lager zu entkommen. Doch sie war seltsam misstrauisch, was seine Gründe betraf. Als würde sie die Wahrheit ahnen. Noch dazu nachdem Gerlind ihr geschrieben hatte. Auch so eine Frau, die nicht in der Lage war, sich an die Anweisungen eines Mannes zu halten. Ein Kind würde Isabellas Energie endlich in die richtige Richtung lenken.

Als er die Wohnung im ersten Stock des Herrenhauses betrat, fand er Isabella am leeren Esstisch vor. Sie saß kerzengerade aufgerichtet auf ihrem Stuhl und berührte mit dem Rücken kaum die Lehne. Nicht einmal ein Glas oder eine Tasse stand vor ihr. Nur eine Kerze brannte in einem schmalen silbernen Leuchter mitten auf dem weißen Tischtuch.

»Wieso sitzt du nicht im Salon?«, erkundigte er sich erstaunt. Normalerweise machte sie es sich mit einem Roman auf dem Sofa bequem, oder sie verfolgte eine Rundfunksendung. Wobei es ihm deutlich lieber war, wenn sie Radio hörte, als wenn sie einen jener Romane las, die ihr noch weitere Flausen in den Kopf setzten.

»Ich habe auf dich gewartet«, sagte sie mit unbewegter Miene. »Wir haben etwas zu besprechen.«

Julius zog die Brauen hoch. Eine Schwangerschaft wollte sie ihm jedenfalls nicht gestehen. Diese allmonatliche Hoffnung hatte sie auf seine Nachfrage hin bereits vor einer Woche zunichtegemacht.

»Jetzt?« Er warf einen Blick auf die Kaminuhr. »Es ist spät. Aber nicht zu spät. Ich dachte, wir könnten heute früh zu Bett gehen und ...«

»Es ist dringend«, fiel sie ihm ins Wort.

Gerade wollte er ihr empört mitteilen, dass sie ihren Mann gefälligst ausreden lassen sollte, da zeigte sie mit einer energischen Handbewegung, die nicht zu ihren blonden Locken und ihrem zarten Körper passte, auf den leeren Stuhl auf der anderen Seite des Tischs.

Er war so verblüfft, dass er sich stumm setzte. Forschend schaute er sie an. Ihr Gesicht war blass, ihre Miene seltsam ausdruckslos, in ihren blauen Augen brannte jedoch ein Feuer, das ihn erschreckte. Was führte sie nun wieder im Schilde?

»Ich will mich scheiden lassen.«

Der Satz hing in der Luft wie eine Rauchwolke, die ihm für einen Moment das Atmen schwermachte, während Isabella den Rücken noch weiter durchdrückte, das Kinn vorschob und ihn immer noch unverwandt ansah.

»Jetzt bist du vollkommen verrückt geworden«, stieß er hervor und ließ seine Handfläche auf den Tisch krachen.

Sie zuckte nicht einmal zusammen. Nur ihre Hündin, die neben ihr gelegen hatte, sprang auf und knurrte leise.

»Wenn das Vieh mir etwas tut, schlage ich es tot.« Er sah die Hündin nur kurz an, bevor er seinen Blick wieder auf Isabella richtete. In diesem Augenblick schien sie ihm gefährlicher zu sein als der kleine Hund.

»Sie tut dir nur etwas, wenn du mir etwas tust«, erklärte seine Frau ruhig.

»Ich habe niemals die Hand gegen dich erhoben. Obwohl ich natürlich weiß, was du dir einredest. Nämlich dass es eine Zumutung ist, wenn eine Frau ihrem Mann gegenüber ihre Pflicht erfüllt«, höhnte er. »Im Gegenzug habe ich dich ernährt, deine Kleider bezahlt und dir auch sonst ein bequemes Leben geboten. Selbst eine dumme, egoistische kleine Frau wie du sollte wissen, dass du einen Grund brauchst, um dich scheiden zu lassen. Das kannst du nicht aus einer Laune heraus einfach so beschließen.«

Obwohl die Wut in ihm brodelte, bemühte er sich, ruhig zu bleiben. Wenn er herumschrie, musste er befürchten, dass der Hund anfing zu bellen und am Ende gar Isabellas Eltern auftauchten, die ihr Schlafzimmer ebenfalls im ersten Stock hatten.

»Es ist keine Laune. Und ich habe meine Gründe.« Immer noch sah sie ihn starr an.

»Du wirst lachen, aber diese sogenannten Gründe interessieren mich nicht. Als Scheidungsgründe zählen nur Schläge und Untreue. Vielleicht noch Geisteskrankheit, aber wenn einer von uns beiden verrückt ist, dann bist das ja wohl du. Und ich bin ein treuer Ehemann, ich werde mich trotz deines fragwürdigen Geisteszustands nicht scheiden lassen.« Das Lachen, das er ausstieß, klang selbst in seinen eigenen Ohren merkwürdig schrill. »Ich denke nicht daran, mir von dir meine Karriere kaputtmachen zu lassen. Schlimm genug, dass du eine hohle Nuss bist und mir keine Kinder schenkst. Aber eine Scheidung wäre noch übler. Das kommt auf keinen Fall infrage.«

»Ich habe einen Scheidungsgrund«, sagte sie mit ruhiger, klarer Stimme.

»Blödsinn.« Er sprang auf und ging zur Tür. Mit der Hand auf der Klinke blieb er stehen und drehte sich zu ihr um. »Du hörst sofort mit diesem schwachsinnigen Gerede auf, Isabella! Ich gehe jetzt ins Schlafzimmer, und du folgst mir auf der Stelle. Dann werde ich dir zeigen, dass ich dein Mann bin und dass du daran nicht das Geringste ändern kannst.«

»Ich weiß, dass du mich mit Gerlind betrogen hast«, sagte sie in gleichgültigem Ton. »Sie war während unserer Ehe deine Geliebte, und nicht etwa, bevor wir uns kennengelernt haben.«

»Das kannst du nicht beweisen. Und es stimmt auch nicht«, behauptete er.

»In ihrem Dankesbrief stand diese seltsame Warnung vor jemandem, der mir nicht die Wahrheit sagt. Ich ahnte, wen sie meinte. Um meinen Verdacht zu bestätigen, habe ich ihren Brief beantwortet und sie gefragt. Jetzt kenne ich die ganze Geschichte und weiß auch, warum du sie entgegen deinen politischen Überzeugungen vor dem Lager gerettet hast.«

Julius versuchte, sich nichts anmerken zu lassen, konnte jedoch kaum an sich halten. Er war so wütend, dass er Isabellas Gesicht nur noch undeutlich erkennen konnte. Es war, als würden zwischen ihnen hohe Flammen lodern. Am liebsten hätte er sie gepackt und gewürgt.

»Du hast ihr nur geholfen, weil sie gedroht hat, mir zu verraten, dass sie während der vergangenen drei Jahre deine Geliebte gewesen ist.«

»Wenn ich geahnt hätte, was für ein hinterhältiges Biest diese Frau ist, hätte ich sie nicht mal mit der Kneifzange angefasst. Aber ich wusste nicht mal, was für verquere politische Ansichten sie hat!«, stieß Julius hervor. Sein Zorn nahm ihm die Luft zum Atmen. »Was für ein Luder, mich zu erpressen und dir anschließend doch alles zu verraten.«

»Sie ist mir dankbar, und sie bedauert mich, weil ich mit dir verheiratet bin.« Isabella verzog ihren Mund zu einem bitteren Lächeln, das ihn noch wütender werden ließ.

»Wer hat sie denn so gut versteckt, dass die Kameraden sie nicht finden konnten?« Wie undankbar diese Frauenzimmer waren! Am liebsten hätte Julius seiner Gattin mit der Faust mitten ins Gesicht geschlagen. Und ihr gleich noch einen zweiten Hieb verpasst, weil Gerlind außer Reichweite war und er sie ebenfalls gern gründlich verprügelt hätte. Doch er wusste, dass er sich beherrschen musste. Es würde auch so schwierig genug sein, alles so hinzudrehen, dass er nicht als Kommunistensympathisant und untreuer Wüstling dastand.

»Du weißt nicht, was du redest«, versuchte er es noch einmal zähneknirschend. »Eine geschiedene Frau findet nie wieder einen Mann. Und man zeigt mit dem Finger auf sie.«

»Ich will keinen Mann mehr. Von der Ehe habe ich für alle Zeiten genug«, sagte Isabella in sanftem Ton, der seinen Zorn nur noch weiter anfachte. »Und es ist mir egal, was die Leute von mir denken. Was nützt es mir, wenn alle mich für eine brave Ehefrau halten und ich dabei kreuzunglücklich bin?«

»Was hast du für einen Grund, unglücklich zu sein?« Nun marschierte er doch zurück zum Tisch, stützte beide Hände auf die Platte und starrte Isabella aus nächster Nähe ins Gesicht. »Du hast doch nicht mal gemerkt, dass ich dich betrogen habe. Bei dir hatte ich sowieso das Gefühl, dass es dir von Anfang an keinen Spaß gemacht hat. Außer wenn du eine ganze Flasche Sekt intus hattest.«

»Es könnte auch an dir liegen, wenn es mir ohne Sekt nicht gefällt«, sagte sie und verzog immer noch keine Miene.

Bevor er wütend antworten konnte, fuhr sie fort: »Es geht nicht nur um den Betrug. Obwohl ich nicht denke, dass ich mir das gefallen lassen muss.« Sie bewegte sich unruhig, schob aber ihren Stuhl nicht zurück, sondern erwiderte starr seinen beharrlichen Blick. »Deine Einstellung zu anderen Menschen ist in meinen Augen entsetzlich. Im Grunde findest du es doch richtig, wenn Kommunisten in Lager gesteckt und Juden ihrer Existenzgrundlage beraubt werden.«

»Natürlich tue ich das. Doch was kümmert es dich? Bist du neuerdings Kommunistin? Und ich will ja wohl hoffen, dass du mit Juden nichts zu schaffen hast. Also hör auf, dummes Zeug zu reden, und komm mit ins Schlafzimmer. Dann bin ich unter Umständen bereit, deine seltsame Idee zu vergessen.« Diese Frau ging ihm schrecklich auf die Nerven. Obwohl er in diesem Moment viel gegeben hätte, um sie loszuwerden, konnte er der Scheidung auf keinen Fall zustimmen.

Sie kräuselte die Nase auf jene Weise, die er früher einmal reizvoll gefunden hatte. »Wenn die Partei erfährt, dass du einer Kommunistin zur Flucht nach Frankreich verholfen hast, ist deine Karriere ein für alle Male beendet.«

»Gerlind ist längst in Frankreich. Wie soll irgendjemand jetzt noch erfahren, was passiert ist?« Er sah sie herausfordernd an.

»Wie wohl?« Nun rollte sie mit den Augen, als hätte sie einen Geisteskranken vor sich. Dabei war eindeutig sie die Verrückte.

»Du kannst nichts beweisen!«, stieß er atemlos vor Zorn hervor.

»Ich habe zwei Briefe von Gerlind. In beiden erwähnt sie ihre Flucht und dass du ihr dabei geholfen hast.«

Automatisch wandte er den Kopf und sah hinüber zu ihrem kleinen Sekretär mit dem Rolldeckel. Als sie leise auflachte, schaute er sie wieder an.

»Die Briefe befinden sich an einem sicheren Ort«, erklärte sie in ruhigem Ton. Langsam wurde sie ihm unheimlich.

Julius ballte die Fäuste so fest, dass er die Kanten seiner Fingernägel schmerzhaft in den Handflächen fühlte. »Wie konnte ich mich nur so in dir täuschen? Du bist ein skrupelloses, raffiniertes Miststück«, stieß er wütend hervor.

»Möglicherweise bin ich das geworden, weil mir nichts anderes übrigblieb«, erwiderte sie mit einem sanften Lächeln, das er ihr am liebsten aus dem Gesicht gehauen hätte. »Ich schlage vor, mein Scheidungsgrund ist deine Untreue. Allerdings werde ich darüber schweigen, dass deine Geliebte eine Kommunistin war, der du zur Flucht verholfen hast.« Isabella verzog die Mundwinkel zu einem angedeuteten Lächeln und lehnte sich auf ihrem Stuhl zurück.

Verblüfft öffnete Julius den Mund und klappte ihn sofort wieder zu. Die ruhige Entschlossenheit, mit der seine Frau ihm ihren Plan darlegte, hätte er ihr niemals zugetraut. Sie wusste, dass sie ihn mit dem Beweis seiner Fluchthilfe in der Hand hatte. In seinem Magen ballte sich der Zorn zusammen wie eine Faust. Doch gleichzeitig war ihm klar, dass er nichts tun konnte. Er musste sich auf ihren perfiden Vorschlag einlassen. Wenn er es nicht tat, riskierte er unter anderem eine Gefängnisstrafe für seine Fluchthilfe.

»Ich schlafe im Geschäft. Morgen lasse ich meine Sachen holen. Pack alles zusammen«, befahl er und verließ das Zimmer, ohne sich noch einmal umzusehen.

Während er durch den Flur stürmte, nahm der Ärger in ihm sturmflutartige Ausmaße an. Isabella hatte gewonnen. Er würde auf dem unbequemen Sofa in seinem kleinen Büro schlafen müssen, und wenn ihm nicht sehr bald ein Ausweg einfiel, würde er der Scheidung zustimmen müssen. Und noch dazu würde er derjenige sein, der die Schuld am Scheitern der Ehe auf sich nehmen musste, indem er eine außereheliche Affäre eingestand.

Als der Apparat in der Telefonnische klingelte, zuckte er zusammen und blieb stehen. Möglicherweise kam der Anruf aus der Parteizentrale. Seit Anfang letzter Woche führte die SA auf Weisung aus Berlin einige Aktionen in Bischofswerder durch. Dabei ging es vor allem um missliebige jüdische Geschäfte. Ein Großteil der Maßnahmen fand nachts statt. Vielleicht brauchte man eine Entscheidung von ihm.

Er hob ab.

»Kirchner«, bellte er in die Muschel.

»Hier ist Arthur von Willinghausen.« Die Stimme am anderen Ende der Leitung klang seltsam verwaschen.

»Was wollen Sie?«, fuhr Julius den Anrufer an. »Wissen Sie, wie spät es ist?«

»Ich … Entschuldigen Sie die späte Störung. Kann ich bitte Ihre Frau sprechen? Es geht um Isabellas Freundin Margarete.« Der Graf war kaum zu verstehen, doch erst als er seinen Satz mit einem unterdrückten Schluchzer beendete, begriff Julius, dass er weinte. Was für eine Memme!

»Meine Frau ist zu dieser späten Stunde nicht mehr zu sprechen. Rufen Sie morgen früh noch einmal an.« Julius wollte auflegen, doch plötzlich stand Isabella neben ihm und riss ihm mit erstaunlicher Kraft den Hörer aus der Hand.

»Wer ist da?«, rief sie in die Muschel.

Julius konnte zwar die Stimme des Grafen hören, verstand jedoch nicht, was er Isabella sagte. Dennoch rührte er sich nicht von der Stelle. Er wollte wissen, was zwischen dem Willinghausen und Isabella vorging. Nur zu gut erinnerte Julius sich daran, dass Isabella ursprünglich vorgehabt hatte, den Grafen eifersüchtig zu machen, indem sie mit ihm flirtete. Damals hatte er absolut nicht verstehen können, dass ein Mann, der möglicherweise Isabella hätte haben können, die fade Margarete vorzog. Vielleicht war Arthur mittlerweile darauf gekommen, dass seine damalige Entscheidung falsch gewesen war, und er und Isabella hatten heimlich eine Affäre begonnen. Eine Liebelei, die der wahre Grund für Isabellas Wunsch nach einer Scheidung war.

Julius starrte seiner Frau forschend ins Gesicht. Sie lauschte mit weit aufgerissenen Augen der Stimme aus dem Hörer.

»Wie kann das sein? Ich habe sie doch Anfang der Woche noch besucht, und es schien ihr gutzugehen. Sie war ein bisschen müde, aber sonst …«, flüsterte Isabella schließlich in den Hörer. Selbst ihre Lippen waren jetzt kreideweiß.

»Wann?«, erkundigte sie sich, nachdem sie erneut gelauscht hatte.

Wieder hörte Julius ganz von fern den jämmerlichen Ton des Grafen.

»Ich komme sofort und kümmere mich um alles«, antwortete Isabella. »Sie war meine Freundin, meine allerbeste Freundin.« Eine große Träne löste sich von ihren langen, dunklen Wimpern und rollte über die Wange, während sie sachte den Hörer auf die Gabel legte.

»Wo willst du jetzt noch hin? Es ist mitten in der Nacht.« Julius wollte sie am Arm packen, doch Isabella schüttelte mit einer heftigen Bewegung seine Hand ab.

»Margarete ist tot«, stieß sie mit gepresster Stimme hervor. »Ich muss zu ihr.«

Er lachte auf. »Wenn sie tot ist, wird sie wohl kaum auf deinen Besuch warten. Das hat Zeit bis morgen.«

Für einen Moment stand Isabella ganz starr da. Dann warf sie den Kopf in den Nacken und sah ihm direkt ins Gesicht. Ihre Augen schwammen in Tränen, dennoch gelang es ihr irgendwie, ihn wütend anzufunkeln. »Es geht dich nichts mehr an, wohin ich gehe und was ich tue.« Sie wischte sich mit dem Handrücken die Wange trocken, wandte sich ab und ließ ihn einfach stehen.

Eine Weile starrte er die Tür zum Schlafzimmer an, durch die sie verschwunden war. Dann gab er sich einen Ruck, ging die Treppe hinunter und durch die Halle zur Tür.

Noch bevor er in der Remise in seinen Wagen stieg, gelang es Julius, sich einzureden, dass er froh war, Isabella los zu sein. Dennoch schmeckte er die Wut bitter in seinem Mund. Er war nicht nur auf Isabella wütend, sondern auch auf sich selbst. Wie hatte er nur so dumm sein können, diese Frau derart zu unterschätzen und zu glauben, sie sei noch immer ein süßes, naives Mädchen? Warum hatte er die Klugheit und die Beharrlichkeit, die am Grund der dunkelblauen Puppenaugen lauerten, nicht gesehen? Dann hätte er einen Weg gefunden, sie in Schach zu halten. Aber jetzt war es zu spät.

25. Kapitel

Isabella
Gut Falkensee, Westpreußen, ein Jahr später, im September 1935

Isabella strich ihren Tweedrock glatt und bückte sich, um die braunen Schnürschuhe zuzubinden. Maggy, die jede ihrer Bewegungen aufmerksam beobachtete, bellte einmal hoch und kurz. Den kleinen Hunde-Jauchzer ließ Isabella ihr ausnahmsweise durchgehen. Ansonsten war der Hündin strikt verboten, im Haus zu bellen, da sie sonst womöglich die anderen Bewohner oder geschäftliche Unterredungen in Konrads Büro störte.

»Gleich geht's los«, tröstete sie das ungeduldige Tier und band den zweiten Schuh zu. »Wir machen einen ganz weiten Spaziergang durch den Wald.«

Isabella liebte den Herbst mit seiner klaren Luft, dem sanften Licht und den Nebelschwaden, die rosig schimmerten, wenn die Sonne morgens und abends schräg stand. Nach ein paar kühlen Nächten in der vergangenen Woche leuchteten die Blätter bereits in herbstlichen Farben.

Wie immer, wenn ihre Herrin mit ihr sprach, legte Maggy den Kopf schief und richtete die Schlappohren so weit auf, wie es ihr möglich war. Natürlich verstand sie kein Wort von dem, was Isabella sagte, doch sie tat zumindest so.

Gerührt betrachtete Isabella ihre Hündin, die seit der Trennung von Julius ihre einzige Wohngenossin in der separaten Zimmerflucht im ersten Stock des Herrenhauses war. Linda hielt weiterhin die Wohnung in Ordnung und half nur gelegentlich in Alices Haushalt aus. Allabendlich traf sich Isabella mit ihren Eltern und ihrer

Großmutter unten im großen Speisezimmer zum Essen. Ansonsten lebte sie ihr eigenes Leben und fühlte sich zum ersten Mal wirklich erwachsen und unabhängig.

Julius hatte sich wie vereinbart als schuldig am Scheitern der Ehe bekannt. Er war zu einer großzügigen monatlichen Zahlung verurteilt worden. Isabella hatte wieder ihren Mädchennamen angenommen. Obwohl sie sich die ganze Zeit wie eine Bargelow gefühlt hatte, war es ein gutes Gefühl, auch wieder so zu heißen.

Bei der Erinnerung an den Scheidungsprozess überlief Isabella auch jetzt noch, mehr als sechs Wochen später, ein kalter Schauer. Sie hatte vorher nicht gewusst, dass die Frau, mit der ihr Ehemann sie betrogen hatte, als Zeugin geladen werden würde. Selbstverständlich durfte nicht bekannt werden, wer in Wahrheit Julius' Geliebte gewesen war. Daher hatte er eine Frau aus dem Hut gezaubert, die vor Gericht diese Rolle sehr überzeugend spielte. Vielleicht war sie eine Schauspielerin ohne Engagement, die sich ihr Geld anderweitig verdienen musste. Vielleicht war sie Gerlinds Nachfolgerin. Aber letztlich war es Isabella auch ganz egal.

Sobald das Scheidungsurteil gesprochen worden war und Julius die Dokumente unterschrieben hatte, übergab ihm Isabella wie vereinbart Gerlinds Briefe. Nun besaß sie keinen Beweis mehr, dass Julius einer Kommunistin zur Flucht verholfen hatte. Doch da Julius mitgespielt hatte und sie nun geschieden war, fand sie es nur fair, ihm die Briefe zu überlassen, wie er es gefordert hatte.

Jetzt schlüpfte sie in eine gefütterte Jacke und griff nach der Hundeleine. Maggy war so brav, dass sie normalerweise nicht an der Leine gehen musste. Nur manchmal, wenn die Hündin ängstlich wurde, leinte Isabella sie vorsichtshalber an, damit sie nicht weglief und sich irgendwo versteckte.

In der Halle traf Isabella auf ihre Mutter. Alice wollte offenbar ebenfalls ausgehen. Sie stand vor dem Spiegel und setzte sich soeben ihren Hut auf. Als sie Isabella sah, warf sie ihr einen kritischen Blick zu.

»In diesem Aufzug willst du aus dem Haus gehen?« Mit missbilligender Miene musterte sie ihre Tochter.

Isabella zuckte mit den Schultern. »Ich mache einen Spaziergang im Wald. Dafür ist es genau die passende Kleidung.«

»Man weiß nie, wem man begegnet. Habe ich dir das nicht schon als junges Mädchen beigebracht? Eine geschiedene Frau hat es ohnehin schwer, wieder einen Mann zu finden, also solltest du …«

»Bitte, Mama!«, unterbrach Isabella sie mit einem lauten Seufzer. »Ich habe dir doch schon so oft erklärt, dass ich nicht vorhabe, wieder zu heiraten. Mein Leben ohne Mann gefällt mir. Ich überlege, ob ich nicht das Lehrerinnenseminar besuchen sollte. Auf jeden Fall habe ich genug Zeit, Fine noch mehr im Pensionat zu unterstützen. Und ich kann jederzeit gehen, wohin ich will, und bin niemandem Rechenschaft schuldig.«

»Julius ist ein so charmanter Mann. Und wohlhabend«, begann Alice prompt mit ihrer üblichen Litanei. »Er hat mit einiger Gewissheit eine glänzende politische Karriere vor sich. Wovon wir alle profitiert hätten. Es war nicht klug, dass du dich von ihm hast scheiden lassen.«

»Er hat mich betrogen«, warf Isabella ein, wie sie es an dieser Stelle jedes Mal tat.

»Dieser Mann hat dir alles gegeben.« Alice knotete ihren Schal so energisch zu, dass Isabella sich fragte, ob sie noch genug Luft bekam. »Dein Kleiderschrank platzt aus allen Nähten, zu jedem Geburtstag und zu Weihnachten bekamst du teuren Schmuck, und das alles, obwohl du ihm nicht einmal ein Kind geschenkt hast. Du musst ihm über die Maßen dankbar sein, dass er deine Kinderlosigkeit all die Jahre so klaglos akzeptiert hat. Ganz zu schweigen von deiner Weigerung, der NS-Frauenschaft beizutreten. Es wundert mich, dass Julius sich nicht schon viel früher nach einer Frau umgesehen hat, die ihm die Anerkennung und Zuwendung schenkt, die er verdient hat.«

Tatsächlich tat Alice so, als wäre es Julius' gutes Recht gewesen, eine Geliebte zu haben, nachdem Isabella in jeglicher Hinsicht als Ehefrau versagt hatte. Inzwischen bereute Isabella sehr, ihrer Mutter in einem schwachen Moment von der Frauendusche erzählt zu haben.

Eine Antwort auf das Lamento ihrer Mutter verkniff sie sich zumeist. Obwohl ihr oft die Bemerkung auf der Zunge lag, dass Alice mit ihrer ersten Ehe ebenfalls Schiffbruch erlitten hatte. Doch darüber sprach man im Herrenhaus nicht. Und was niemand erwähnte, schien in Alices Welt nicht zu existieren. Isabellas Scheidung erwähnte sie hingegen ständig, sodass diese Schmach praktisch allgegenwärtig war.

»Ich mache mich dann mal auf den Weg«, sagte Isabella und unterdrückte die Traurigkeit, die die Worte ihrer Mutter in ihr ausgelöst hatten. Dabei sollte sie inzwischen eigentlich daran gewöhnt sein. Es war nicht das erste Mal, dass Alice ihr klarmachte, wie wenig Verständnis sie für sie hatte.

Bei Konrad war das ganz anders. Er hatte Julius, und vor allem dessen politische Ansichten, ohnehin nicht leiden können. Dennoch hütete er sich davor, in Alices Gegenwart zu erklären, dass er Isabellas Wunsch nach Scheidung gut verstehen konnte. Unter vier Augen hatte er diese Tatsache ohne Umschweife zugegeben und Isabella dann tröstend in den Arm genommen. Doch im Beisein seiner Frau schwieg er zu dem Thema. Es hätte nur Ärger gegeben, wenn er sich auf die Seite seiner Stieftochter gestellt hätte.

Ein großer Trost war Isabella ihre Großmutter. Veronika sagte Alice ins Gesicht, wie froh sie war, nicht mehr mit Julius unter einem Dach leben zu müssen.

»Solche wie er und dieser schreckliche Hitler werden unser Land in den Untergang führen. Du solltest froh sein, dass deine Tochter sich von Kirchner hat scheiden lassen und wieder ihren eigenen Nachnamen trägt. Ich jedenfalls freue mich darüber, dass sie wieder eine von Bargelow ist und nicht mehr die Ehefrau dieses sogenannten Ortsgruppenleiters.«

Wenn Veronika solche und ähnliche Bemerkungen machte, schaute Alice sich jedes Mal ängstlich im Zimmer um. »Nicht so laut, Mama«, wisperte sie dann. »Wenn einer von den Dienstboten uns verrät, kann das schlimme Folgen haben. Über den Führer schlecht zu reden …«

Sobald Alice dieses Argument brachte, rollte Veronika ungehalten mit den Augen. »Was soll das für ein Land sein, in dem man Angst haben muss, seine Meinung zu sagen?«

Weil Isabella sich von ihrer Großmutter und ihrem Stiefvater verstanden fühlte, war es nicht ganz so schwer, Alices ständige Kritik auszuhalten. Irgendwann würde das hoffentlich aufhören. Schließlich konnte ihre Mutter nicht noch jahrelang wegen der Scheidung weiterjammern.

Isabella nickte Alice zu und öffnete die Haustür. Maggy lief vor ihr die Freitreppe hinunter, stürmte ein Stück Auffahrt entlang, kam zurück und rannte ein zweites Mal los. Wie immer war die Hündin während der ersten Minuten völlig außer sich vor Freude, wenn sie die frische Luft spürte und die Freiheit des weitläufigen Gutsgeländes genoss.

Lächelnd ging Isabella hinter dem fröhlichen Tier her. Sie machten einen weiten Bogen zur Rückseite des Gebäudes. Maggy fiel nicht im Traum ein, sich bei ihrem wilden Herumtollen auf die Wege zu beschränken, und Isabella folgte ihr unter den rot-golden leuchtenden Kastanienbäumen quer über den federnden Rasen hinunter zum See.

Dort scheuchte die Hündin ein Wildenten-Paar auf, das laut schnatternd über das silbrig glänzende Wasser flog, um sodann mitten im See wieder zu landen. Maggy bellte kurz und energisch zu den Vögeln hinüber und wandte sich danach einem Kastanienblatt zu, das vor ihr zu Boden taumelte. Sie fing das rote Blatt mit der Schnauze und schüttelte wild den Kopf, als wolle sie ihre Beute auf diese Weise gefügig machen.

Lachend schaute Isabella ihr zu. Es war schön zu sehen, wie sehr das Tier den Augenblick genoss, ohne an gestern oder morgen zu denken.

Schließlich pfiff Isabella nach Maggy und ging langsam weiter. Seit ihrer Trennung von Julius liebte sie es noch mehr als zuvor, weite Spaziergänge über den Grund und Boden von Falkensee zu machen. Auf geheimnisvolle Weise erschienen ihr der Himmel über dem Herrenhaus, die sanften Hügel und das Flüstern des Windes in den Bäumen schöner als jeder andere Ort auf der Welt. Vielleicht bezeichnete dieses Gefühl das, was man gemeinhin *Heimat* nannte.

Und vielleicht war durch die Scheidung ihre Verbindung mit Falkensee noch wichtiger geworden. Denn mit dem Scheitern ihrer Ehe war der Traum zerbrochen, den sie schon als kleines Mädchen geträumt hatte. Nun hatte sie oft das Gefühl, dass vielleicht niemals ein Mann kommen würde, der wichtiger für sie sein konnte als das Gut ihrer Familie. Hier war sie geboren worden, und hier würde sie wohl auch sterben. Nach dem Kummer und den Aufregungen, die Julius in ihr Leben gebracht hatte, beruhigte sie dieser Gedanke und gab ihr Kraft.

Sie umrundete auf dem schmalen Weg die westliche Seite des Sees und schaute sich am Waldrand noch einmal um. Der Wind raschelte in den bunten Blättern, als wollte er sie nach Farben sortieren. Die Stoppeln der abgeernteten Weizenfelder leuchteten golden. Eine Böe strich über die glatte Wasseroberfläche, und in den kleinen Wellen, die so entstanden, brach sich das Licht. Es war, als wären die Nixen, über die ihre Großmutter ihr früher Geschichten erzählt hatte, vom Grund des Sees aufgestiegen und würden mit ihren schillernden Fischschwänzen das Wasser zum Funkeln bringen.

Lächelnd folgte Isabella ihrer Hündin den Waldweg in Richtung Jagdhaus entlang. Dieses Haus stand seit vielen Jahren leer und gehörte Karol, Charlottes Mann, der es von seiner Tante geerbt hatte. Manchmal hatte Karol schon davon gesprochen, das Jagdhaus zu verkaufen, doch offenbar konnte er sich letztlich nicht davon trennen. Charlotte hatte Isabella anvertraut, dass sie das Geld aus dem Verkauf gut hätten gebrauchen können, um einige Reparaturarbeiten auf ihrem Hof durchführen zu lassen.

»Aber wir hängen beide zu sehr an dem Haus«, hatte ihre Tante mit einem verträumten Lächeln hinzugefügt. »Dort hat Karol viele Monate verbracht, während er von einer schweren Verletzung genesen musste. Ich habe seiner Tante geholfen, ihn zu pflegen. Jene Zeit war der Beginn unserer Liebe.«

Seitdem ertappte Isabella sich immer wieder dabei, dass sie über Karols und Charlottes Geschichte nachdachte. Warum fanden manche Menschen die Liebe, und andere, so wie sie, wussten nicht einmal genau, wie sich echte Liebe anfühlte? Oder war die große Liebe zu einem Mann so ähnlich wie das tiefe, warme Gefühl, das sie immer stärker für ihre Heimat empfand?

Isabella hielt nach Maggy Ausschau. Die Hündin jagte zwischen den Baumstämmen Blättern hinterher oder vielleicht auch ihrem eigenen Schatten.

Das würzige Aroma von Pilzen stieg in Isabellas Nase. Sie blieb stehen und entdeckte am Fuß einer Eiche ein Nest aus Safran-Schirmpilzen. Wie wunderbar! Die würde sie für Grete mitnehmen, die sicher heute Abend eine herrliche Vorspeise daraus zubereiten konnte. Zum Beispiel Rührei mit gebratenen Zwiebeln und Pilzen.

Isabella knotete ihr Halstuch ab und zog das Taschenmesser hervor, das sie immer bei sich trug. Den breiten Schal breitete sie auf dem Boden aus, schnitt die Pilze ab und legte sie auf das Tuch. Sie zählte fast zwei Dutzend. Am Ende raffte sie die Enden des Schals zusammen und verknotete sie, um die Pilze bequem nach Hause tragen zu können.

Erneut schaute sie sich nach Maggy um, sah sie aber nicht. Sie pfiff und lauschte in die Stille des Waldes. Normalerweise hörte sie innerhalb kürzester Zeit ein lautes Rascheln und Hecheln, wenn Maggy ihrem Signal folgte. Sie war ein gehorsamer Hund. Meistens blieb sie von ganz allein in Isabellas Nähe, und wenn sie tatsächlich einmal ihrer neugierigen Nase folgte, kehrte sie sofort zu ihrer Herrin zurück, wenn sie gerufen wurde.

Da! In der Ferne knackten die trockenen Äste am Boden. Maggy musste tief in den Wald hineingelaufen sein, denn das Geräusch kam nur sehr allmählich näher.

Plötzlich krachte in der Nähe ein Schuss. Dann noch einer. Isabella fuhr erschrocken zusammen. Dieses Waldstück gehörte zu Falkensee. Die Jagd war nicht verpachtet, und Konrad jagte hier erst sehr viel später im Herbst. Außerdem ging er immer nur frühmorgens in den Wald und sagte vorher Bescheid, damit niemand aus der Familie einen Spaziergang oder Ausritt unternahm, wenn auf dem Anwesen geschossen wurde.

Der Schuss konnte also nur von einem Wilderer gekommen sein. Möglicherweise einem Bauern aus dem Dorf, der einen Sonntagsbraten für seine Familie besorgen wollte. Das war natürlich strengstens verboten, kam aber immer wieder vor.

»Hallo?«, rief Isabella in die Richtung, aus der der Schuss gekommen war. Ihr Herz schlug schneller, denn sie befand sich weitab vom Herrenhaus und hatte es mit jemandem zu tun, der bewaffnet war und sich unrechtmäßig hier herumtrieb.

Natürlich bekam sie keine Antwort. Im Grunde hatte sie auch nicht erwartet, dass der Wilderer sich zu erkennen geben würde. Wahrscheinlich hatte er schleunigst das Weite gesucht, um nicht von ihr entdeckt zu werden. Konrad erzählte gelegentlich von Wilderern. Sobald diese bemerkten, dass sich außer ihnen noch jemand im Wald aufhielt, verschwanden sie meist so schnell wie möglich. Auf Menschen pflegten sie nicht zu schießen – zumindest war das noch nie vorgekommen.

Isabellas Puls beruhigte sich etwas, während sie weiter in den Wald lauschte. Warum kam Maggy nicht? Sicher hatten die Schüsse sie erschreckt, und sie hatte sich im Unterholz versteckt. Das arme Tier!

»Maggy«, rief Isabella und pfiff anschließend, so laut sie konnte.

Doch auch fünf Minuten später war Maggy noch nicht wieder aufgetaucht. Noch nie war es passiert, dass die Hündin nicht gehorcht hatte. Was nur einen Schluss zuließ: Ihr musste etwas zugestoßen sein!

Wieder begann Isabellas Herz zu rasen. Sie ließ das Tuch mit den Pilzen ins Gras fallen und lief den Weg entlang in die Richtung, in die Maggy verschwunden war. Als ein Trampelpfad zu einer kleinen Lichtung abzweigte, zögerte sie kurz und eilte dann auf dem Pfad in den Wald hinein. Diese Abkürzung nahm sie manchmal auf dem Weg zum Jagdhaus, und Maggy liebte es, im hohen Gras herumzuspringen und sich hinter den dicken Baumstämmen zu verstecken.

»Maggy!«, rief Isabella ab und zu keuchend. Einmal hörte sie ein Knacken im Unterholz und blieb lauschend stehen. Bis auf den Wind in den Bäumen war es wieder still. Immer noch nichts.

Ihre Sorge um den Hund wurde immer größer. Wenn Maggy dazu in der Lage gewesen wäre, wäre sie auf jeden Fall zu ihr gekommen. Was war mit ihr geschehen? Sie war ein zutrauliches Tier und ging auf die meisten Fremden schwanzwedelnd zu, wenn diese sie freundlich ansprachen. Ob der Wilderer sie eingefangen hatte? Oder hatten die Schüsse dem Hund gegolten?

»Maggy!«, rief Isabella verzweifelt in den Wald. Da! War das ein Winseln, weit entfernt und sehr leise?

Isabella stolperte über eine Baumwurzel, hielt sich im letzten Moment an einem niedrigen Ast fest und lief weiter. Da war es wieder, das Winseln! Dieses Mal näher und etwas lauter. Erneut stieß sie atemlos den Namen ihrer Hündin hervor – und bekam als Antwort ein schwaches Bellen. Sie folgte dem Klang und stand wenige Sekunden später vor Maggy, die am Fuß einer Eiche lag. Das Blut, welches das Fell an ihrer hinteren Flanke durchtränkt hatte, war feucht und glänzte wie roter Lack in der Sonne, deren Strahlen durch das Geäst fielen.

Isabella ließ sich neben Maggy auf die Knie fallen. »Was hat man dir angetan?«, flüsterte sie entsetzt und streichelte mit der linken Hand den wuscheligen Kopf, während sie mit der Rechten vorsichtig das blutgetränkte Fell auseinanderstrich.

Die Hündin winselte leise, ließ sich die Berührungen jedoch gefallen, obwohl sie ihr sicher zusätzliche Schmerzen bereiteten.

Isabellas blutige Finger ertasteten unter dem Hüftknochen eine Vertiefung im Fleisch. Hier befand sich offenbar die Wunde, aus der unablässig Blut sickerte.

Mit zitternden Händen suchte sie in ihren Jackentaschen nach einem Tuch, um einen provisorischen Verband anzulegen. Sie hatte jedoch kein Taschentuch bei sich, und ihren Schal hatte sie benutzt, um darin die Pilze zu sammeln, die nun vergessen irgendwo am Wegrand lagen. Entschlossen zog sie den Saum ihrer Bluse aus dem Rockbund und riss einen Streifen vom Leinenstoff ab, den sie fest über die Wunde legte, um den Körper der Hündin wickelte und an den Enden verknotete.

»Tut mir leid, Maggy, aber das muss sein«, sagte sie dabei beruhigend zu dem Tier, dass nun lauter winselte und mit den Beinen zuckte.

Schließlich zog Isabella ihre Jacke aus. Sie erschauderte in der kühlen Luft, die durch die Herbstsonne nur noch wenig erwärmt wurde. Doch das spielte keine Rolle. Vorsichtig wickelte sie die Hündin in ihre Jacke und nahm sie auf den Arm. Sie musste Maggy so schnell wie möglich zurück nach Falkensee bringen, um von dort aus mit ihr zum Tierarzt zu fahren. Sonst verblutete sie möglicherweise.

Am liebsten hätte sie sie zu Doktor Kampmann nach Bielau gebracht, doch das war zu weit. Unwillkürlich fiel ihr wieder ein, wie Doktor Kampmann damals die kleine Eule mit seinen kräftigen Händen untersucht und schließlich ihren Flügel geschient hatte. Der Wildvogel hatte ganz stillgehalten und sich vertrauensvoll seiner Behandlung überlassen. Vielleicht lag es an der sanften

Stimme, mit der er beruhigend auf sie eingeredet hatte, vielleicht übten seine Hände so etwas wie Magie aus.

Der vierschrötige Tierarzt in Bischofswerder besaß diese beruhigende Art nicht. Und er hatte auch längst nicht so viele Erfolge bei der Behandlung der verschiedensten Tierkrankheiten vorzuweisen. Doktor Kampmanns Ruf eilte ihm von Gut zu Gehöft und auch zu den kleinen Bauernhöfen voraus. Konrad hatte ihm schon längst die Behandlung seiner wertvollen Pferde anvertraut, auch wenn es teurer war, dem Tierarzt eine fast einstündige Autofahrt zu bezahlen, da er aus der Nähe von Deutsch Eylau kommen musste. Aber weil in diesem Fall die Gefahr zu groß war, dass Maggy verblutete, musste Isabella sie notgedrungen zu dem Tierarzt in Bischofswerder bringen, der ihr hoffentlich auch helfen konnte.

»Alles wird gut. Bitte halt durch«, flüsterte sie zu dem kleinen struppigen Kopf hinunter, der an ihrer Brust ruhte. Die Hündin lag merkwürdig schlaff in ihren Armen. War sie vom Blutverlust bewusstlos geworden?

So schnell sie konnte, lief Isabella auf dem Trampelpfad in Richtung Gut. Dabei gab sie sich große Mühe, den kleinen Körper nicht unnötig zu schütteln, um der verletzten Hündin keine unnötigen Schmerzen zu bereiten. Gleichzeitig bewegte sie lautlos die Lippen.

Bitte, flehte sie stumm. *Bitte!*

26. Kapitel

Isabella
Gut Falkensee, Westpreußen, September 1935

Als sie den Waldrand erreichte, war Isabella völlig außer Atem. Ihre Haare, mit denen sie mehrmals an tiefhängenden Ästen hängengeblieben war, fielen ihr immer wieder in die Augen. Weil sie jedoch mit beiden Armen ihre verletzte Hündin umklammerte, konnte sie sie nicht zurückstreichen, sondern war stattdessen gezwungen, in regelmäßigen Abständen den Kopf in den Nacken zu werfen, damit sie den Weg vor sich erkennen konnte.

In dem Moment, in dem Isabella die Schotterstraße betrat, welche ins Dorf führte, näherte sich ein Automobil. Als sie das Motorengeräusch wahrnahm, blieb sie stehen. Der Wagen bog um die Kurve, und sie stellte enttäuscht fest, dass er offenbar nicht von Gut Falkensee kam. Es war weder Konrads Auto noch das des Verwalters. In der Frontscheibe spielte sich die Sonne, sodass sie nicht erkennen konnte, wer hinter dem Steuer saß. Dennoch presste sie Maggy mit dem linken Arm fester gegen die Brust und hob die rechte Hand, um das Auto anzuhalten.

Es bremste direkt neben ihr, die Tür wurde aufgerissen, und der Fahrer sprang heraus.

»Isabella! Was ist passiert? Sind Sie verletzt?«

Verwirrt blinzelte sie gegen das Sonnenlicht, das nach dem Schatten im Wald grell in ihre Augen fiel.

»Arthur?« Als Isabella dem Witwer nach Margaretes Tod beigestanden hatte, waren sie in ihrer gemeinsamen Trauer dazu übergegangen, sich beim Vornamen zu nennen. Isabella hatte geholfen, die Beisetzung zu organisieren und die Verwandten und Bekannten zu benachrichtigen. Viele Stunden hatte sie auch dagesessen und mit dem tieftraurigen Arthur Erinnerungen an seine geliebte Frau geteilt.

Seit Margaretes Beerdigung hatte sie ihn nicht mehr gesehen. An jenem verregneten Tag war er ein Schatten seiner selbst gewesen. Begleitet von seinen Eltern und Margaretes weinender Mutter – Margaretes Vater war vor einigen Jahren gestorben – hatte er mit versteinerter Miene am offenen Grab gestanden.

Bei seinem Anblick hatte sich das Mitleid wie eine harte Faust in Isabellas Magen gebohrt. Sie hatte während ihrer Besuche auf Gut Willinghausen wieder und wieder erlebt, wie sehr Arthur seine Frau geliebt hatte. Deshalb ahnte sie, welch fast übermenschliche Kraft es ihn kosten musste, diesen Tag zu überstehen, ohne zusammenzubrechen.

Damals hatte sie sich vorgenommen, ihn in einigen Wochen zu besuchen, wenn die trauernde Verwandtschaft wieder abgereist war. Sie würde herauszufinden versuchen, ob sie ihm irgendwie helfen konnte. Denn sie erinnerte sich an das Versprechen, das Margarete ihr in ihrer Sorge, Arthur mit einem Neugeborenen alleinzulassen, abgerungen hatte. Nun musste Arthur sich nicht um ein Kind kümmern, und Isabella hatte den schwierigen Gang nach Gut Willinghausen immer wieder aufgeschoben. Was hätte sie auch tun können, um ihm in seiner Trauer beizustehen? Arthur wünschte sich nicht ihre Anwesenheit, sondern Margaretes – und diesen Wunsch konnte sie ihm nicht erfüllen. Wie dumm sie damals gewesen war, als sie geglaubt hatte, die unscheinbare Margarete könne einen Mann wie Arthur nicht für sich einnehmen! Dafür schämte sie sich immer noch.

»Sie sind voller Blut. Und Ihre Bluse ist vollkommen zerrissen.« Besorgt beugte er sich über sie, schob ihr eine Haarsträhne aus dem Gesicht und betrachtete ihre Stirn. Dort spürte sie einen brennenden Schmerz. Wahrscheinlich ein Kratzer, den sie sich geholt hatte, als sie auf dem schmalen Pfad gegen einen Ast gelaufen war.

»Steigen Sie ein. Ich fahre Sie ins Krankenhaus«, sagte Arthur energisch.

»Mir geht es gut«, beteuerte sie rasch. »Maggy, meine Hündin … Sie ist angeschossen worden. Können Sie mich nach Bischofswerder fahren?«

Ohne auf Arthurs Antwort zu warten, eilte sie mit der Hündin auf den Armen um den Wagen herum zur Beifahrerseite. Er folgte ihr, öffnete ihr die Tür und stützte sie beim Einsteigen am Ellenbogen.

»Wilderer?«, erkundigte er sich, als er Sekunden später hinter dem Steuer saß und den Motor wieder startete.

»Wahrscheinlich. Und dabei hat die arme Maggy doch niemandem etwas getan.« Undamenhaft zog sie die Nase hoch.

»Es ist eine Pest mit der Wilderei. Noch dazu am helllichten Tag«, stellte Arthur fest. Er fuhr so schnell, dass der Wagen auf der unebenen Straße leicht schlingerte.

In Isabellas Armen bewegte sich Maggy. Sie hatte die zweifarbigen Augen geöffnet und schaute ihrer Herrin ängstlich ins Gesicht. War ihr Blick verschwommen? In ihrer Sorge konnte Isabella das nicht entscheiden. Beruhigend streichelte sie den Kopf der Hündin.

Wenig später erreichten sie die Praxis von Doktor Klein. Arthur begleitete Isabella, die Maggy immer noch auf dem Arm trug, zur Tür des Hauses in einer ruhigen Seitenstraße. Die Gattin des Tierarztes öffnete.

»Wo ist der Doktor?«, fuhr Isabella die Frau unbeabsichtigt barsch an. »Meine Hündin blutet stark.«

»Oh, das tut mir leid!«

Isabella wurde noch ungeduldiger. Sie brauchte kein Mitleid, sondern Hilfe.

»Lassen Sie uns bitte hinein. Doktor Klein muss sich die Wunde ansehen und sie behandeln.«

»Es tut mir leid«, wiederholte die Frau, und Isabella war kurz davor, sie zur Seite zu schubsen und mit Maggy ins Haus zu eilen.

»Ist Doktor Klein nicht da?«, mischte Arthur sich ein.

»Er kommt wohl auch erst in ein paar Stunden zurück. Eine Tour auf mehrere Höfe. Und eine schwierige Geburt bei einer Kuh.« Die Tierarztfrau verzog bedauernd den Mund.

Isabella wäre am liebsten in Tränen ausgebrochen. Doch sie nahm sich zusammen. Jammern und Klagen halfen Maggy nicht.

»Wissen Sie, welche Höfe Ihr Mann besuchen will? Dann könnten wir hinterherfahren und versuchen, ihn zu finden«, sagte Arthur.

Seine ruhige Stimme und die Erkenntnis, dass er an ihrer Seite bleiben würde, bis sie Hilfe für Maggy gefunden hatte, trösteten Isabella. Sie wandte sich ihm zu.

»Wenn Sie so freundlich wären ... In diesem Fall fände ich es sicherer, sofort mit Maggy nach Bielau zu fahren. Zu Doktor Kampmann. Er kümmert sich um die Pferde auf Falkensee, und ich weiß, dass er ein wirklich guter Tierarzt ist.«

»Dann auf nach Bielau!« Arthur bedankte sich höflich bei Frau Klein und berührte tröstend Isabellas Schulter, während sie nebeneinander zurück zu seinem Wagen gingen. »Machen Sie sich keine zu großen Sorgen. Wenn die Kugel innere Organe verletzt hätte, wäre Maggys Zustand deutlich schlechter.«

Erstaunt, dass er sich vorhin den Namen der Hündin gemerkt hatte, schaute Isabella ihn von der Seite an.

»Finden Sie mich nicht albern?«, fragte sie, als sie wieder im Auto saßen und er den Motor startete. »Immerhin sind wir hier auf dem Land. Tiere werden geboren, Tiere sterben, manche werden krank oder verletzen sich. Wir kaufen und verkaufen sie.« Sie zuckte mit den Schultern und schaute hinunter auf Maggy, die ruhig auf ihrem Schoß lag.

»Das heißt doch nicht, dass wir keine Gefühle für diese Lebewesen haben. Und manche von ihnen wachsen uns besonders ans Herz. Margarete hat ihre Hündin sehr geliebt, und jetzt kümmere ich mich um sie. Wenn ihr das zustieße, was Maggy passiert ist, würde ich noch viel weiter als bis nach Bielau fahren, damit ihr geholfen wird. Außerdem stammt Maggy von Margaretes Hündin ab, und Sie haben sie nach meiner Frau benannt. Wir werden gemeinsam alles tun, damit sie wieder gesund wird.«

»Danke«, flüsterte Isabella und sah hinaus auf die abgeernteten Felder. Eine Eiche stand vor einem großen Bauernhof und reckte ihre Äste in den klaren Himmel. Es wurde schon früh dunkel, aber noch schickte die Sonne lange, schräge Strahlen über die Hügel, die roten Dächer und die Baumwipfel. Mit silbernen Speerspitzen tauchte das Licht in einen kleinen See.

»Auch wenn der Anlass eher traurig ist, freue ich mich, dass wir uns begegnet sind«, sagte Arthur unvermittelt.

Isabella runzelte erstaunt die Stirn. »Ja?«, erwiderte sie vorsichtig.

»Ich habe von Ihrer … Trennung von Herrn Kirchner gehört. Das tut mir leid.«

Diese Unterhaltung nahm einen höchst seltsamen Verlauf. Isabella nickte stumm.

»Das Trauerjahr ist vorbei, und ich wollte Sie fragen … Es wäre sicher auch in Margaretes Sinn … Sie wollte nicht, dass ich allein bleibe.«

Isabella fuhr so heftig auf dem Beifahrersitz herum, dass Maggy leise winselte. Während sie die Hündin beruhigend streichelte, starrte sie Arthur verwirrt an. Was ging hier vor? Wegen der schlimmen Geschichte mit Maggy war sie ohnehin schon vollkommen durcheinander. Wenn Arthur ihr ausgerechnet jetzt Avancen machen wollte, ging das einfach über ihre Kräfte.

»Was sollen wir tun, falls Doktor Kampmann ebenfalls nicht zu Hause ist?«, versuchte Isabella es mit einem Themenwechsel. »Er kann Maggy sicher helfen. Und die Tiere vertrauen ihm.«

Einmal hatte Isabella zufällig beobachtet, wie Kampmann

eine lahmende Zuchtstute auf dem Hof herumgeführt hatte, um zu sehen, wie sie mit dem kranken Bein auftrat. Da das Tier beim Gehen Schmerzen gehabt hatte, war es nur mit Mühe zu überreden gewesen, den Stall zu verlassen. Doch Kampmann hatte die Nüstern der Stute gestreichelt und ihr etwas ins Ohr geflüstert, als wollte er ein Geheimnis mit ihr teilen. Daraufhin war die Stute ihm willig gefolgt, ohne dass er an ihrem Halfter herumzerren musste, wie die Stallburschen es vorher vergeblich versucht hatten.

»Was wir tun, wenn wir Doktor Kampmann nicht antreffen, überlegen wir, wenn es so weit ist«, erwiderte Arthur auf ihre Frage und fuhr nach kurzem Zögern mit gepresster Stimme fort: »Ich wollte Sie um Ihre Erlaubnis bitten, Sie zu umwerben.«

Lange war nur das Brummen des Motors zu hören, während Isabella sich verzweifelt fragte, was um alles in der Welt sie jetzt sagen sollte.

»Ich musste Margarete auf dem Totenbett versprechen, wieder zu heiraten«, stieß Arthur schließlich mit gepresster Stimme hervor. »So bald wie möglich nach Ablauf des Trauerjahrs.«

Isabella zog angestrengt die Brauen zusammen. »Margarete wollte nicht, dass Sie allein und traurig sind. Sie hat Sie sehr geliebt.«

»Ja.« Auf das kleine Wort folgte wieder ein langes Schweigen.

Der Wagen fuhr auf der schmalen Landstraße durch eine Senke und anschließend einen Hügel hinauf, von wo aus sich ein bezaubernder Blick bot: Ein leichter Dunst lag über dem Tal, das bereits in der Abenddämmerung verschwamm. Das letzte Sonnenlicht malte die durchscheinenden Nebelfetzen in den Baumkronen rotgolden an.

»Manchmal denke ich, meine Frau kannte mich besser als ich mich selbst«, fuhr Arthur schließlich fort. »Ich trauere immer noch sehr um Margarete und vermisse sie jeden Tag. Doch zu meinem eigenen Erstaunen kann ich mir vorstellen, mit einer anderen Frau von vorn anzufangen. Mit ihr eine Familie zu gründen.«

Isabella spitzte die Lippen und pustete langsam die Luft aus ihren Lungen. Gleichzeitig streichelte sie Maggys Kopf.

»Ich bin mir ziemlich sicher, wäre Margarete nicht gewesen, hätten Sie und ich geheiratet«, sagte Arthur, als sie nach einer Weile immer noch schwieg.

Bei seinen Worten schnappte Isabella erschrocken nach Luft. Plötzlich erinnerte sie sich, wie sehr sie sich vor Jahren einen Antrag von Arthur gewünscht hatte. Und sie erinnerte sich auch daran, dass sie Margarete bei den Besuchen auf Gut Willinghausen oft um ihren fürsorglichen, liebevollen Ehemann beneidet hatte.

»Ich bin nicht wie Margarete«, sagte Isabella schließlich leise. »Sie wären von einer Ehe mit mir schrecklich enttäuscht. Haben Sie vergessen, dass ich soeben geschieden wurde?«

»Ich bin sicher, das war nicht Ihre Schuld«, behauptete Arthur. »Sie sind eine kluge und freundliche Frau. Ich sehe doch, wie liebevoll Sie mit Ihrer Hündin umgehen. Ganz sicher sind Sie in der Lage, eine harmonische Ehe zu führen.« Bei den letzten Worten war seine Stimme immer leiser geworden.

»Sie sprachen eben von Familiengründung«, stieß Isabella hervor. »Ich war fast zehn Jahre verheiratet und bin immer noch kinderlos.«

»Margarete war der festen Überzeugung, dass das vor allem an Ihrem Mann lag.«

Isabellas Kopf flog fast ohne ihr Zutun herum, und sie starrte Arthur verblüfft von der Seite an.

»Woher wollte sie das wissen? Und wieso glauben Sie das scheinbar auch?«, rief sie. Unwillkürlich hatte sie die Stimme gehoben, sodass Maggy auf ihrem Schoß erschrocken zusammenzuckte. Eilig strich sie der Hündin übers Fell und spürte erleichtert, dass diese sich wieder entspannte.

»Margarete hatte ein Gespür für Menschen und für die Dinge, die ihnen scheinbar grundlos widerfahren. Sie wusste oft, warum dieses oder jenes Schicksal eine bestimmte Person ereilte.«

Isabella nickte. In diesem Fall war es aber nicht einfach nur eine hellsichtige Eingebung von Margarete gewesen. Auch ihr hatte Isabella in einem schwachen Moment von der Frauendusche erzählt und davon, dass sie nicht sicher war, ob sie überhaupt ein Kind von Julius wollte.

»Machen Sie das hier, um Ihr Versprechen Margarete gegenüber einzulösen, oder meinen Sie es ernst? Wollen Sie es selbst auch?«, platzte sie nun heraus und blickte Arthur von der Seite an.

Mit einem sanften Ruck bremste er den Wagen und blieb am Straßenrand stehen. Dann wandte er sich zu ihr um und sah sie lange stumm an, als müsse er gründlich darüber nachdenken, was er auf ihre Fragen antworten sollte.

Schließlich nickte er langsam, und Isabella hielt den Atem an. »Ich werde Margarete nie vergessen, und meine Trauer um sie wird immer ein Teil von mir sein. Dennoch weiß ich inzwischen, dass ich nicht länger allein sein will«, sagte er leise.

»Es gab eine Zeit, da hätte ich Sie liebend gern zum Mann genommen. Doch dann kam es anders. Unsere Wege haben sich getrennt.« Isabella sah starr nach vorn durch die Windschutzscheibe, während sie das sagte.

»Sie sind nun allein, und ich bin es auch. Es scheint fast, als hätte das Schicksal uns bestimmt, gemeinsam die Einsamkeit zu bekämpfen. Als wären Sie in dieser Situation die Richtige für mich. Margarete hätte es auch gewollt«, erklärte Arthur mit fester Stimme.

Isabella überlegte, ob seine Worte tatsächlich das Kompliment waren, als das er sie wohl gemeint hatte.

Als sie nach einer Weile immer noch nichts gesagt hatte, räusperte er sich, und sie bemerkte, dass seine Fingerknöchel weiß waren, weil er das Lenkrad so fest umklammerte. »Würden Sie mit mir ausgehen und mir die Chance geben, Sie zu umwerben und von mir zu überzeugen?«

»Darf ich darüber nachdenken?«, antwortete sie rasch. »Ich

bin verwirrt und aufgeregt wegen Maggy. Wenn sie wieder gesund ist, melde ich mich bei Ihnen.«

»Vielen Dank.« Er nickte mit ernster Miene.

Als sie ihm einen raschen Seitenblick zuwarf, sah sie ein kaum merkliches Lächeln um seinen Mundwinkel zucken. Arthur war ein liebenswerter Mensch. Und als Ehemann war er – wie sie wusste – äußerst fürsorglich. Doch seine Freundlichkeit und Fürsorge änderten nichts an ihren Gefühlen ihm gegenüber – sie waren nur noch freundschaftlich.

Vor zehn Jahren war es ihr Traum gewesen, als junge Gräfin auf Gut Willinghausen einzuziehen. Doch nun? Die junge, verträumte und auch etwas eitle und ehrgeizige Isabella von damals hatte kaum etwas mit der Frau gemeinsam, die sie inzwischen war. Sie wollte Arthur helfen, über seine Trauer hinwegzukommen und wieder glücklich zu werden. Doch sie konnte nicht diejenige sein, die den Platz in seinem Haus und in seinem Herzen einnahm. In angemessener Zeit würde sie Arthur eine Absage erteilen und hoffen, dass er schon bald eine Frau fand, die er umwerben und später auch lieben konnte.

Nachdenklich ließ sie ihren Blick auf Arthurs Profil ruhen, und erst als er spürte, dass sie ihn ansah, und ihr den Kopf zuwandte, schaute sie weg.

27. Kapitel

Isabella
Dorf Bielau, Westpreußen, Ende September 1935

Den Rest des Weges nach Bielau schwiegen sie, beide tief in Gedanken versunken. Als sie das Dorf unweit des Schlosses erreichten, dirigierte Isabella Arthur zu dem großen Backsteinhaus, in dem Leonhard Kampmann lebte. Die Mädchen hatten es ihr einmal gezeigt, als sie mit einigen von ihnen Einkäufe im Dorfladen gemacht hatte.

Als Arthur hielt, angelte Isabella sofort mit einer Hand nach dem Türgriff, während sie mit dem anderen Arm Maggy auf ihrem Schoß festhielt. Noch bevor Arthur den Wagen umrundet hatte, war sie ausgestiegen und eilte auf die grün gestrichene Haustür zu.

Ihre Hand zitterte, als sie die elektrische Klingel betätigte, die in einen der roten Ziegelsteine neben dem Eingang eingelassen war.

Arthur trat neben sie, doch sie starrte nur den Türknauf aus Messing an. Der kleine Hund in ihren Armen schien ihr plötzlich furchtbar schwer zu sein. Als könnte sie nach dem langen Weg die Verantwortung für das verletzte Tier nicht mehr tragen. Sie musste ihre Maggy in die Arme eines Menschen legen, der wusste, was zu tun war, und ihr helfen würde.

»Alles wird gut«, flüsterte sie der Hündin zu, und Maggy blinzelte zwischen den schwarz-weißen Fellsträhnen hervor.

Da öffnete sich die Tür, und bei Leonhards Anblick war Isabella so erleichtert, dass sie Mühe hatte, den freudigen Aufschrei zu unterdrücken, der sich auf ihre Lippen drängen wollte.

Sie starrte in die bernsteinfarbenen Augen des Tierarztes. Sein

Blick war wie ein Anker in unruhiger See, und sie fühlte sich auf der Stelle getröstet.

»Meine Hündin«, stammelte sie und reckte ihre schmerzenden Arme vor, mit denen sie Maggy nun schon so lange umklammert hielt. »Sie ist angeschossen worden.«

Wortlos legte Leonhard seine kräftige Hand auf den struppigen Kopf, und als Maggy ihn anblinzelte, schaute er ihr aufmerksam in die Augen.

»Sie wirkt klar, offenbar hat sie nicht allzu viel Blut verloren«, stellte er ruhig fest. »Wann ist es passiert?«

»Ich weiß nicht … Vor zwei Stunden vielleicht … Der Tierarzt in Bischofswerder war nicht da, deshalb mussten wir den weiten Weg hierherfahren.«

»Am besten tragen Sie sie selbst hinein«, schlug der Tierarzt vor und trat beiseite. »Wenn ich sie Ihnen abnehme, tun wir ihr unnötig weh.«

Isabella nickte und wollte ihm in die geräumige Diele folgen, von der mehrere Türen abgingen. Da fiel ihr Arthur ein.

»Vielen Dank, dass Sie mich hergefahren haben«, sagte sie eilig zu ihm. »Sie müssen nicht warten. Die Behandlung dauert sicher einige Zeit. Ich komme schon irgendwie nach Hause.«

Arthur runzelte die Stirn. »Es macht mir nichts aus, zu warten.«

»Ich darf Sie nicht länger aufhalten, und Sie können ja auch nichts tun. Doktor Kampmann kümmert sich um Maggy. Jetzt wird alles gut. Das fühle ich.« Ungeduldig machte Isabella einen Schritt über die Schwelle und sah Arthur dabei über die Schulter an.

»Wenn Sie sicher sind … Aber falls Sie irgendeine Art von Hilfe und Unterstützung brauchen, erreichen Sie mich telefonisch auf Gut Willinghausen. Ich fahre direkt dorthin. Es macht mir nichts aus, Sie abzuholen und nach Hause zu bringen.«

»Vielen Dank, das ist sehr freundlich. Aber ich denke, das wird nicht nötig sein.« Aus dem Augenwinkel schaute Isabella hinüber zu der Tür, die Doktor Kampmann bereits geöffnet hatte. Durch das große Fenster fiel das letzte Tageslicht auf einen hohen Tisch und zeichnete ein helles Rechteck auf den Holzboden der Diele.

»Dann alles Gute für Maggy. Ich hoffe, sie wird bald wieder gesund. Melden Sie sich, wenn Sie ...« Der Rest des Satzes ging in unverständlichem Gemurmel unter, während Arthur durch den kleinen Vorgarten zu seinem Wagen zurückkehrte.

Hastig wandte Isabella sich um, schob mit dem Fuß die Haustür ins Schloss und trug Maggy auf Doktor Kampmann zu. Der Arzt stand am Behandlungstisch und wartete geduldig darauf, sich die Wunde der Hündin anzusehen.

Obwohl sein Gesicht im Schatten lag und Isabella ihm im Pensionat und auf Falkensee stets nur flüchtig begegnet war, wusste sie genau, wie er aussah: kantige Wangenknochen, ein energisches Kinn und volle Lippen. Und dann waren da noch diese klugen Augen, mit denen er alles so aufmerksam betrachtete.

Vorsichtig hob sie die verletzte Hündin auf den Behandlungstisch. Maggy lag ganz ruhig da. Sie hatte die Augen weit geöffnet und schaute den Tierarzt vertrauensvoll an, so wie sie zuvor ihre Herrin angesehen hatte.

Isabella lehnte an der Kante des hohen Tischs und sah zu, wie Kampmann den kleinen Hund vorsichtig aus der blutverschmierten Jacke wickelte und anschließend den Behelfsverband entfernte.

»Es scheint eine Fleischwunde zu sein«, stellte er fest.

»Das ist gut, nicht wahr?« Isabellas Blick saugte sich an seinem Gesicht fest. Ängstlich musterte sie seine Züge bis hin zu den kleinen Fältchen in seinen Augen- und Mundwinkeln.

Er beantwortete ihre Frage mit einem Nicken. »Maggy wird die Verletzung gut überstehen. Allerdings muss ich die Kugel herausholen. Doch das sollte kein Problem sein. Ich werde sie betäuben, sodass sie von der kleinen Operation nichts mitbekommt.«

Kurz streifte sein Blick Isabella, dann beugte er sich wieder über die Hündin. »Wenn Sie sich etwas zum Überziehen suchen möchten – mein Schlafzimmer ist schräg gegenüber. Gehen Sie einfach an den Schrank. Die Sachen sind Ihnen sicher zu groß, aber möglicherweise fühlen Sie sich in einem meiner Hemden doch wohler.«

Verdutzt schaute Isabella an sich hinab und lachte verlegen auf. Auf dem langen Weg, in Sorge um Maggy und dann noch abgelenkt durch das merkwürdige Gespräch mit Arthur, hatte sie vollkommen vergessen, dass sie den unteren Teil ihrer Bluse abgerissen hatte, um die verletzte Hündin damit zu verbinden. Tatsächlich war sie nur bis knapp unter die Brust einigermaßen gesellschaftsfähig bekleidet. Die untere Hälfte ihres Oberkörpers bedeckte notdürftig ein dünnes rosafarbenes Hemdchen, das noch dazu mit Blutflecken übersät war.

»Danke«, sagte sie verlegen, verließ das kleine Zimmer, ging quer über den Flur und öffnete die Tür, die er ihr beschrieben hatte. Neugierig sah sie sich in dem großen Raum um. Er war hell und freundlich, jedoch mit männlicher Schlichtheit eingerichtet. Der große Kleiderschrank war ebenso wie das breite Bett aus Eichenholz, die in Beigetönen gestreifte Tapete passte perfekt zu den hellbraunen Vorhängen. Es gab einen großen Standspiegel und einen Herrendiener, an dem eine dicke Strickjacke hing.

Als Isabella sich im Spiegel sah, erschrak sie im ersten Moment, musste dann aber breit lächeln. Sie sah aus, als hätte sie zu Fuß den afrikanischen Dschungel durchquert. Nicht nur ihre Bluse war völlig zerfetzt, auch ihr Rock hatte Risse, und ihre Haare hatten sich fast alle aus dem Zopf gelöst, den sie vor ihrem Spaziergang geflochten hatte.

Sie zupfte sich eine ganze Handvoll winzige Ästchen und ein Eichenblatt aus den zerzausten Strähnen, strich die Haare notdürftig glatt und schob sie sich hinter die Ohren. Das ging wenigstens ansatzweise als Frisur durch.

Dann schlüpfte sie aus den Resten ihrer Bluse und öffnete den Kleiderschrank. Der herbe Duft nach Sandelholz, der im Zimmer vage zu erahnen war, wurde deutlicher wahrnehmbar, als sie die Hemden auf der Kleiderstange hin und her schob. Der Geruch war ihr seltsam vertraut, offenbar hatte sie ihn unbewusst wahrgenommen, wenn sie Leonhard begegnet war.

Entschlossen griff sie nach einem weißen Hemd. Wenn sie die Ärmel hochkrempelte und es über dem Rockbund trug, damit es die schlimmsten Risse verdeckte, würde es gehen.

»Frau Kirchner ... ich brauche kurz Ihre Hilfe. Es geht schneller, wenn Sie mir die Instrumente reichen. Maggy liegt bereits in Narkose.« Auf der Diele näherten sich eilige Schritte, und erst jetzt bemerkte Isabella, dass sie bei offener Tür in ihrem rosa Hemdchen dastand.

Als Leonhard auf der Schwelle erschien, war es ihr noch nicht gelungen, das Hemd überzuziehen.

»Entschuldigung«, sagte er und verzog keine Miene, als wäre es ganz normal, dass sie halbnackt in seinem Schlafzimmer herumstand.

»Es tut mir leid. Ich habe getrödelt«, erwiderte sie ebenso selbstverständlich und schlüpfte in sein Hemd, das sie sofort mit einem frischen Sandelholzaroma umgab.

»Ich hätte Ihnen sagen sollen, dass dieser kleine Eingriff mit Assistenz leichter vonstattengeht.« Noch während er sprach, verschwand er wieder in der Diele.

In diesem Moment wurde Isabella klar, dass Leonhard Kampmann sie anders behandelte, als die meisten anderen Männer es taten. Er war ihr gegenüber stets höflich, doch die ruhige, ernsthafte Art, mit der er sie ansah, wenn sie etwas sagte, war anders, als sie es von Männern kannte. Er hörte zu und fragte nach, wenn er etwas genauer wissen wollte. In jedem Moment gab er ihr das Gefühl, sich für sie und ihre Meinung zu interessieren.

Leonhard Kampmann nahm sie ernst. Er sah sie als eine Frau mit Ansichten, die ihn interessierten. Wieso fiel ihr das erst jetzt auf? Sie war automatisch davon ausgegangen, dass er nicht auf ihren

Anblick in dem knappen Hemdchen reagiert hatte, um sie nicht in Verlegenheit zu bringen. Vielleicht war es aber einfach so, dass ihn diese Seite an ihr nicht interessierte. Er war in seinen Gedanken auf die Operation konzentriert, mit der er Maggy heilen wollte.

Eilig schloss Isabella die Hemdknöpfe, zog den Gürtel aus den Schlaufen am Rockbund und schlang ihn über dem Hemd um ihre Taille. Dann eilte sie ins Behandlungszimmer und stellte sich neben den Tierarzt.

»Waschen Sie sich bitte die Hände, und ziehen Sie den Kittel über, der dahinten am Haken hängt«, sagte er.

Sie tat, wie er ihr geheißen hatte, und trat wieder neben ihn. Auf dem Tisch lag Maggy ruhig auf der Seite.

Leonhard zeigte auf eine Metallschale, die neben ihm stand. »Ich beschreibe dann jeweils, was ich brauche. Sind Sie bereit?«

»Ja«, stieß sie, nun doch aufgeregt, hervor.

Dann sagte er etwas so Unerwartetes, dass ihr Herz für einen Moment ins Stolpern geriet: »Sie sind die schönste Frau, die ich jemals gesehen habe. Sogar in meinem alten Kittel.«

28. Kapitel

Linda
Gut Falkensee, Westpreußen, Anfang Oktober 1935

Nachdenklich betrachtete Linda den riesigen Blumenstrauß, der am späten Vormittag für Isabella von Bargelow abgegeben worden war. Obwohl es sich um ein wunderschönes Gebinde handelte, hatte die Beschenkte den Strauß nicht erfreut, sondern mit erschrockener Miene entgegengenommen.

Linda schaute prüfend zur offenen Tür des Salons. Dann schlich sie zu dem kleinen Sekretär in der Ecke, wo die Karte lag, die der Bote zusammen mit dem Strauß abgegeben hatte. Sie war aus schwerem Bütten, die Schrift darauf männlich und klar.

Ich hoffe, es geht Maggy besser, und warte voller Ungeduld auf den versprochenen Anruf. Mit herzlichen Grüßen, Ihr ergebener Arthur Graf von Willinghausen.

Linda spitzte anerkennend die Lippen. Isabella von Bargelow hatte also einen Verehrer. Als sie draußen im Flur die leichten Schritte der Hausherrin hörte, legte Linda die Karte hastig zurück auf die Holzplatte und wischte mit dem Staubtuch über die Messinggriffe der Schubladen.

Anstatt jedoch das Zimmer zu betreten, ging Isabella von Bargelow an der offenen Tür vorbei und ließ sich im Flur auf dem Sessel in der Telefonnische nieder. Das erkannte Linda am kaum hörbaren Quietschen der Federung. Auf Zehenspitzen schlich sie über den dicken Teppich in die Nähe der Tür und hob den Staubwedel, als wollte sie die Kommode damit bearbeiten. Gleichzeitig lauschte sie angestrengt hinaus in den Flur. Hatte Frau von Bargelow vor, Graf Willinghausen nun anzurufen? Darum hatte er mit seiner Karte immerhin gebeten.

Linda war nicht neugieriger als andere Dienstboten im Haus. Sie legte aber Wert darauf, zu wissen, was in der Familie vor sich ging, in deren Diensten sie stand. Denn eines hatte sie auf Gut Falkensee gelernt: Was auch immer den Herrschaften zustieß, wirkte sich letztlich auch auf das Personal aus. Eine wegen ihrer Scheidung angespannte Arbeitgeberin war viel schwerer zufriedenzustellen als eine frisch verliebte Frau. Und falls Isabella von Bargelow vorhatte, wieder zu heiraten, musste Linda sich auf Veränderungen gefasst machen. Einen Umzug vielleicht. Oder sogar eine Kündigung, weil es im Haus von Isabellas Zukünftigem schon genug Dienstboten gab.

Mit angehaltenem Atem lauschte sie dem Geräusch, mit dem Isabella die Wählscheibe drehte. Dann bat sie das Fräulein vom Amt, sie mit Gut Willinghausen zu verbinden.

Für einen kurzen Moment herrschte Stille. Als Frau von Bargelow wieder das Wort ergriff, klang ihre sonst so klare Stimme seltsam atemlos. Sie erklärte dem Diener, der den Anruf entgegennahm, dass sie den Grafen zu sprechen wünschte. Wieder dauerte es eine Weile, bis Isabella von Bargelow erneut etwas sagte.

»Ich habe Ihre Blumen bekommen. Sie sind wunderschön. Vielen Dank.« Sie begleitete die Worte mit einem verlegenen Auflachen.

Es folgte eine Pause, in der der Graf wohl antwortete. Genug Zeit für Linda, sich zu überlegen, dass der verwitwete, aber noch recht junge und sehr attraktive Arthur von Willinghausen wahrscheinlich eine der besten Partien in der Umgebung war. Sie hatte sich neulich unten in der Küche mit Grete darüber unterhalten, ob Frau von Bargelow wieder heiraten würde. Grete hatte gemeint, das würde auf jeden Fall passieren. Linda hingegen war der Meinung gewesen, dass Isabella nach einer deprimierten Phase direkt im Anschluss an die Scheidung nun wieder ziemlich zufrieden wirkte. Zufriedener als während der meisten Jahre ihrer Ehe. Warum sollte sie sich also erneut in eine Lage begeben, die ihr nicht sonderlich behagt hatte? Anders als die meisten geschiedenen Frauen hatte sie keine finanziellen Sorgen und konnte im Haus ihrer Eltern ein komfortables Leben führen.

»Maggy läuft schon wieder ganz munter herum«, erzählte sie soeben am Telefon. »Wir müssen demnächst noch einmal zu Doktor Kampmann, um die Fäden ziehen zu lassen. Er hat sie operiert und die Kugel herausgeholt. Aber es ist alles in bester Ordnung. Ich danke Ihnen noch einmal recht herzlich, dass Sie Maggy und mich nach Bielau gefahren haben.«

Wieder eine Pause, dann lachte Frau von Bargelow ein weiteres Mal nervös auf.

»Ich weiß. Aber seit dem Unfall im Wald sind ja erst gut zwei Wochen vergangen. Und ich …« Mitten im Satz stockte Isabella von Bargelow.

Dieses Mal herrschte längeres Schweigen im Flur. Entweder Arthur von Willinghausen redete so lange, oder beide wussten nichts zu sagen.

Nervös fuhr Linda zum dritten oder vierten Mal mit dem Wedel über die Kommode. Selbst aus der Ferne war klar, dass das Telefongespräch, das ihre Herrin dort draußen führte, sehr schwierig für sie war.

»Ich fühle mich sehr geehrt, Herr von Willinghausen.« Nun war Frau von Bargelows Stimme so leise, dass Linda die Ohren spitzen musste, um sie zu verstehen. »Aber ich denke, wir sollten den Versuch, einander besser kennenzulernen … Ich glaube, es hat keinen Sinn, es zu versuchen. Ich fühle mich wirklich sehr geehrt, Herr von Willinghausen, aber ich möchte nicht wieder heiraten.«

»Sehr sicher«, sagte sie nach einer Pause. »Es tut mir leid. Leben Sie wohl.«

Isabella von Bargelow legte den Hörer so sanft zurück auf die Gabel, dass es im Salon kaum zu hören war. Erst als die Bodendielen im Flur unter den leichten Schritten knarrten, stieß Linda den Atem aus, den sie unbewusst angehalten hatte, und wischte wieder eifrig an der Kommode herum.

Erleichtert hörte sie, dass die Hausherrin an der Tür zum Salon vorbeiging. Wenn sie hereingekommen wäre und Linda gesehen hätte, wäre ihr klar gewesen, dass ihr Telefongespräch belauscht worden war.

Linda beendete ihre Arbeit im Salon und machte sich mit Staubwedel und Poliertuch auf den Weg ins Speisezimmer. Sie war jedoch noch nicht dort angekommen, als es an der Tür zu Isabella von Bargelows Zimmerflucht klopfte. Linda ging öffnen und sah sich einem streng dreinblickenden älteren Herrn im dunklen Anzug gegenüber, der ihr eine Art Ausweis vor die Nase hielt.

»Ja bitte?«, fragte sie, nachdem sie sich mit einem Rückwärtsschritt vor dem Gefuchtel in Sicherheit gebracht hatte.

»Gerber, Kriminalpolizei«, bellte er so unfreundlich, dass Linda noch weiter zurückwich. »Ich untersuche den Tod von Alex Simke. Da sein Körper auf dem Gelände von Gut Falkensee aufgefunden wurde, befrage ich alle hier Anwesenden, um mögliche Erkenntnisse über die näheren Umstände seines Todes zu erlangen.«

»Alex Simke?«, keuchte Linda und presste ihre Fingerspitzen an die Kehle, weil sie plötzlich kaum noch Luft bekam. »Sein Körper wurde aufgefunden?«

»Sie kennen ihn, schließe ich aus Ihrer Reaktion?« Gerber holte einen kleinen Schreibblock und einen Bleistiftstummel aus seiner Jackentasche und kniff die Augen zusammen, während er Linda eingehend musterte.

»Ich … Ja … Er war früher hier angestellt.« Ihre Knie fühlten sich an wie Gummi, und sie schaute sich hilflos nach etwas um, woran sie sich abstützen konnte. Auf keinen Fall wollte sie dem unfreundlichen Mann von der Kriminalpolizei in die Arme fallen. Das würde sie am Ende noch verdächtig erscheinen lassen.

»Interessant.« Gerber machte Anstalten, noch in der offenen Tür etwas in seinen Block zu kritzeln, überlegte es sich aber anders, trat in den Flur und zwang Linda dadurch, noch weiter zurückzuweichen. Jetzt stand sie in der Nähe der Telefonnische und griff mit der linken Hand Halt suchend nach der Lehne des kleinen Sessels. Ihr Herz schlug so heftig, dass sie Angst hatte, der strenge Polizist könnte es durch den Stoff ihrer Bluse bemerken und als Beweis für was auch immer betrachten.

»Wieso ist er denn plötzlich tot?«, stieß sie mühsam hervor. »Er war doch noch ziemlich jung.«

»War kein natürlicher Tod, darum bin ich hier«, brummte der Mann.

In Lindas Kehle stieg ein bitterer Geschmack auf. Der Polizist durfte auf keinen Fall erfahren, dass sie einen gewichtigen Grund gehabt hatte, Alex zu hassen oder ihm sogar den Tod zu wünschen. Außer Hubert ahnte niemand etwas von dem Überfall auf dem Feldweg. Doch würde der Knecht schweigen, wenn die Polizei ihn befragte? Und Isabella von Bargelow wusste, dass Alex sie jahrelang im Herrenhaus belästigt hatte. Sicher würde es verdächtig wirken, wenn ihre Herrin erzählte, dass Linda sich wegen Alex beschwert hatte und er daraufhin entlassen worden war.

»Ich hab nichts mit seinem Tod zu tun«, stieß sie hervor und krallte sich mit beiden Händen ins Polster des kleinen Sessels.

Jetzt kniff der finster dreinblickende Mann die Lider zusammen, und seine Augenbrauen trafen sich über der Nasenwurzel. »Gibt es einen Grund, aus dem ich Sie verdächtigen sollte?«

»Natürlich nicht!«, beteuerte Linda und hätte sich selbst ohrfeigen können, weil sie in ihrer Angst viel zu viel redete und damit alles noch schlimmer machte.

»Sie wirken, als hätten Sie ein schlechtes Gewissen«, verkündete der Polizist.

»Nein! Auf gar keinen Fall.« Und obwohl sie die Wahrheit sagte, weil sie tatsächlich nichts mit Alex' Tod zu tun hatte, spürte Linda, wie sie knallrot wurde.

»Das werden wir noch sehen.« Der Polizist blickte sich suchend um. »Die anderen Bewohner des Hauses und die Angestellten unten habe ich schon befragt. Man hat mir gesagt, hier oben leben eine Frau ... «, er warf einen Blick auf seinen aufgeschlagenen Schreibblock, » ... Isabella von Bargelow und ihre Zugehfrau.«

Linda nickte heftig. Zwar war sie bisher nie als Zugehfrau bezeichnet worden, doch das spielte keine Rolle. Sie war erleichtert, dass Gerber nicht allein ihretwegen geklopft hatte.

»Ich hole Frau von Bargelow«, murmelte sie, stieß sich von der Sessellehne ab und machte ein paar schwankende Schritte, bis sie sich einigermaßen sicher auf den Beinen fühlte. Erst als sie schon fast die Tür zum kleinen Damensalon erreicht hatte, in dem die Hausherrin zu dieser Tageszeit normalerweise ihre Korrespondenz und andere Schreibarbeiten erledigte, blieb Linda stehen.

Es war unhöflich, einen Gast im Flur warten zu lassen, selbst wenn es sich um einen unfreundlichen Polizisten handelte. Hastig machte sie kehrt, führte Gerber in den Salon und bat ihn, Platz zu nehmen.

Er winkte ab, ging zum Fenster und schaute hinaus in den Park. Als sie wenige Minuten später zusammen mit Isabella von Bargelow zurückkam, stand er immer noch dort.

»Bitte setzen Sie sich.« Lächelnd deutete die Hausherrin auf einen der Sessel vor dem Kamin, nachdem Gerber sich vorgestellt und sie einander begrüßt hatten.

Mit einem leisen Ächzen ließ sich der Polizist auf das Polster fallen, während Frau von Bargelow sich ihm gegenüber kerzengerade hinsetzte und mit einer graziösen Bewegung die Beine übereinanderschlug.

Linda stand unschlüssig herum und wäre am liebsten davongerannt, um sich irgendwo zu verstecken. Doch wo sollte sie schon hin? Und außerdem hatte sie nichts getan. Alex war derjenige, der ihr etwas angetan hatte. Wenn sie deswegen verdächtigt wurde, dann zu Unrecht. Und letztlich siegte immer die Gerechtigkeit, nicht wahr?

Sie fragte sich, was mit Alex passiert war. Seit jenem verhängnisvollen Morgen, an dem er ihr hinter den Büschen aufgelauert hatte, war sie ihm noch mehrmals begegnet. Zum Glück niemals an einem einsamen Ort. Zudem war es ihr jedes Mal gelungen, ihm auszuweichen, sodass sie nicht mit ihm hatte sprechen müssen. Doch allein seine finsteren Blicke aus der Ferne hatten ihr Angst gemacht.

Obwohl sie ihm gesagt hatte, dass sie allein zurechtkam, war Hubert mehrmals morgens vor ihrem Haus im Dorf aufgetaucht und hatte behauptet, er wäre sowieso in der Nähe gewesen. Was sie ihm nicht geglaubt hatte. Ebenso wenig wie seine Behauptung, er müsse zu später Stunde noch ins Dorf, als er sie drei oder vier Mal von Falkensee nach Hause begleitet hatte. Dennoch hatte sie sich auf dem Weg durch die Felder an seiner Seite sicher gefühlt, auch wenn sie ihr Fahrrad hatte schieben müssen.

Als Alex sie einmal von fern zusammen mit Hubert gesehen hatte, hatte er die Faust in ihre Richtung geschüttelt.

»Ich kann warten«, hatte er gebrüllt. »Eines Tages erwisch ich dich. Allein.«

Linda hatte den Kopf eingezogen und getan, als hätte sie nichts gehört. Und auch Hubert hatte den Vorfall nicht kommentiert, sondern weiter von dem kranken Pferd erzählt, das der Gutsherr und der Stallmeister schon fast aufgegeben hatten. Doch dann hatte Doktor Kampmann das Tier durch eine neuartige Behandlungsmethode gerettet.

»Er is ein richtich guter Tierarzt«, hatte Hubert seine Geschichte beendet. »Weil er sich nich nur mit Medizin auskennt. Er liebt die Tiere und will ihnen helfen. Und er gibt nich auf, wenn das nich sofort klappt.«

»Das ist schön«, hatte Linda gemurmelt und sich heimlich nach Alex umgeschaut, doch der war zu ihrer Erleichterung nicht mehr zu sehen gewesen.

»Setzen Sie sich, Linda«, riss Isabella von Bargelows Stimme sie aus ihren Gedanken. »Wenn ich es richtig sehe, möchte Herr Gerber uns beide befragen.«

Linda zog einen Stuhl heran und hockte sich auf die Kante.

»Ich erwähnte bereits, dass Alex Simke auf diesem Gut tot aufgefunden wurde«, begann Gerber und zog schon wieder seinen Block heraus.

Frau von Bargelow nickte mit ernster Miene. »Das ist eine traurige Sache. Der Mann war bei uns angestellt, aber wir mussten ihn entlassen. Vor drei oder vier Jahren.«

»Sie haben ihn entlassen?« Der Polizist zückte den Bleistiftstummel. »Aus welchem Grund?«

Erschrocken starrte Linda die Hausherrin an. Jetzt würde sie verraten, dass Linda sich über Alex' Belästigungen beschwert hatte.

Doch Isabella von Bargelow hob nur nichtssagend die Schultern und ließ sie wieder fallen. »Er war kein besonders guter Angestellter. Und wir mussten uns verkleinern, was das Personal betraf. Die Zeiten ändern sich. Früher bestand unser Hauspersonal aus fast einem Dutzend Dienern und Mädchen. Das ist jetzt anders.«

»Ihre Mutter … Ihre Frau Mutter«, verbesserte sich Gerber, »sagte mir, Alex Simke wäre auf Ihren Wunsch hin entlassen worden.«

Linda presste die Lippen aufeinander, weil ein gequälter Ton aus ihrer Kehle aufsteigen wollte.

Wieder machte ihre Herrin eine gleichgültige Geste. »Ich mochte ihn nicht besonders. Obwohl ich das wahrscheinlich nicht sagen sollte. Nun, da er tot ist.«

»Wie … wieso ist er plötzlich tot? Ich meine, wie ist er gestorben?« Linda hatte nicht fragen wollen, aber die Worte waren wie von selbst aus ihrem Mund gekommen.

Gerber richtete den Blick auf sie, der ihr trotz der wässrig blauen Farbe seiner Augen so durchdringend erschien, als könnte er direkt in ihren Kopf sehen. Dennoch wandte sie sich nicht ab, sondern starrte angestrengt zurück.

»Er ist vom Heuboden gefallen und hat sich das Genick gebrochen«, erklärte der Polizist mit unbewegter Miene.

Linda runzelte irritiert die Stirn, während sich Frau von Bargelow kurz die Fingerspitzen an die Lippen drückte, bevor sie sagte: »Ein Unfall, nicht wahr?«

Gerber zögerte kurz, bevor er nickte. »Bislang können wir keine Anzeichen für Fremdeinwirkung erkennen. Allerdings können wir Mord nicht vollkommen ausschließen. Zumal uns niemand erklären kann, was Alex Simke erstens hier auf dem Gut und zweitens in der Scheune gesucht hat. Möglicherweise war er nicht allein dort. Weiß eine von Ihnen beiden etwas darüber?«

Frau von Bargelow sah Linda an, die verzweifelt spürte, dass sie schon wieder rot wurde.

»Woher sollen wir wissen, warum unser ehemaliger Diener sich hier herumtreibt? Ich könnte mir vorstellen, dass er erneut seine Stelle verloren hat und bei uns nach Arbeit fragen wollte. Mich hat er nicht angesprochen, und ich hätte ihm ohnehin nicht helfen können.« Isabella von Bargelow runzelte die Stirn. »Er hat doch nicht etwa auf dem Heuboden geschlafen? Es würde mir dann doch leidtun, wenn er nicht einmal mehr ein Dach über dem Kopf hatte.«

Gerber schüttelte den Kopf und steckte wieder einmal seinen Notizblock weg. »Er hatte ein kleines Zimmer im Dorf gemietet. Bei einer Witwe, die uns aber auch nichts über ihn und seine Pläne erzählen konnte.«

»Dann wird es wohl für immer ein Geheimnis bleiben, was Alex Simke in der Scheune suchte und weshalb er dort zu Tode gestürzt ist.« Mit einem Ruck erhob sich Frau von Bargelow aus ihrem Sessel. »Wir hätten Ihnen gern geholfen, Herr Gerber, aber offenbar können auch wir zur Aufklärung dieser Angelegenheit nichts beitragen. Ich muss Sie bitten, uns nun zu entschuldigen. Wir haben dringende Arbeiten zu erledigen.«

Linda konnte an Gerbers verblüffter Miene erkennen, wie

wenig er es gewohnt war, dass sein Gegenüber die Befragung beendete. Dennoch erhob er sich, bedankte sich artig für die Auskünfte und ging zur Tür. Wie es sich gehörte, begleitete Linda ihn durch den Flur und ließ ihn durch die Wohnungstür hinaus.

Während sie von der offenen Tür aus zusah, wie er die Treppe hinunterging und die Halle in Richtung Ausgang durchquerte, war sie unendlich erleichtert. Sie wartete, bis Gerber das Haus verlassen hatte. Dann kehrte sie mit klopfendem Herzen in den Salon zurück, wo Isabella von Bargelow noch in ihrem Sessel saß und Maggy hinter den Ohren kraulte. Die Hündin hatte ihre Verletzung gut überstanden, hinkte aber noch leicht.

Als Linda in die Tür trat, wandte Frau von Bargelow sich ihr zu und sah sie ernst an. »Wissen Sie tatsächlich nichts über Alex' Unfall?«

Linda spürte, dass ihre Wangen schlagartig wieder anfingen zu glühen, obwohl sie tatsächlich nicht wusste, wie Alex zu Tode gekommen war.

»Ich habe den wahren Grund für Alex' Kündigung Herrn Gerber gegenüber nicht erwähnt. Das hätte nur unnötige Komplikationen gegeben«, erklärte Isabella und zauste Maggys Kopf in ihrem Schoß ein wenig heftiger. Der Hündin gefiel das, und sie stieß einen wohligen Seufzer hervor.

»Danke«, flüsterte Linda und schob die Hände unter ihre weiße Schürze, wo sie die Finger ineinander verschränkte.

»Denn Sie werden ihn wohl kaum vom Heuboden gestoßen haben«, fuhr Isabella fort und musterte Linda prüfend.

»Natürlich nicht!« Linda schüttelte den Kopf so heftig, dass ihr zu einem Dutt zusammengesteckter Zopf in Schwingung geriet. Rasch hob sie die rechte Hand und vergewisserte sich, dass die Haarklammern noch alle darin steckten. »Ich wüsste nicht einmal, wie ich Alex Simke dazu hätte bringen sollen, auf den Heuboden zu steigen. Er hasste alles, was mit der Hofarbeit und Dreck zu tun hatte.«

Um Isabellas Lippen spielte die Andeutung eines Lächelns.

»Ihretwegen wäre er möglicherweise hinaufgeklettert, aber das weiß die Polizei nicht.«

»Nein, das wissen sie nicht«, bestätigte Linda und drängte die Angst zurück, die dennoch wieder in ihr aufsteigen wollte.

29. Kapitel

Leonhard
Gut Falkensee, Westpreußen, Mitte Oktober 1935

»Ich bin so weit zufrieden mit ihr, die Entzündung geht zurück«, erklärte Leonhard und klopfte leicht auf die Flanke der weißen Stute. »Leider neigt Luna zu Kreuzverschlag. Seit ich die Pferde hier auf Gut Falkensee betreue, hat sie schon zum zweiten Mal Probleme mit der Rückenmuskulatur.«

Er wandte sich dem Stallmeister zu, der ein wenig schuldbewusst dreinblickte. »Wir haben nach Ihren Anweisungen darauf geachtet, dass sie an Stehtagen weniger Futter bekam«, erklärte er hastig.

»Das ist gut. Wenn ...« Leonhard stockte, als in der Tür eine schmale Silhouette auftauchte. Obwohl er gegen das Licht schaute und ihr Gesicht nicht sehen konnte, erkannte er Isabella sofort an der Haltung ihres Kopfs. Durch ihren aufrechten Gang wirkte sie deutlich größer, als sie eigentlich war.

Dann hörte er das Geräusch von Pfoten auf dem Boden der Stallgasse, und gleich darauf schnüffelte eine eifrig zuckende Hundenase an seinem Hosenbein.

»Hallo Maggy«, begrüßte er seine kleine Patientin. »Du bist ja schon wieder munter unterwegs. Sehr gut!«

»Guten Tag, Herr Doktor Kampmann.«

Als sie direkt neben ihm stehen blieb und ihn mit sanfter Stimme ansprach, richteten sich die kleinen Härchen an seinen Unterarmen auf, als reckte sich jedes einzelne von ihnen der schönen blonden Frau entgegen. Schon als sie mit ihrer Hündin in seinem Haus gewesen war, hatte er bemerkt, dass Isabella von Bargelows Stimme klang wie flüssiger Honig. Und so war es auch heute wieder.

Von der ersten Begegnung an hatte er Isabella bewundert. Ihre Schönheit, ihr helles Lachen, die Art, wie sie mit den Schülerinnen umging. Doch es war ihm mühelos gelungen, innerlich Abstand zu ihr zu halten. Schließlich war sie verheiratet – und er ein Mann mit Prinzipien. Niemals hätte er sich eine Affäre mit einer verheirateten Frau erlaubt.

Doch seit sie in einer zerfetzten Bluse, mit zerzausten Haaren, blutverschmiert, die großen blauen Augen angstvoll aufgerissen, vor seiner Tür gestanden hatte, war alles anders. Seitdem bekam er sie nicht mehr aus dem Kopf. Tagsüber war er meistens so beschäftigt, dass es ihm gelang, nicht ständig an sie zu denken. Doch spätestens wenn er sich abends zu Bett legte, tauchte ihr Bild hinter seinen geschlossenen Lidern auf. Allein der Gedanke an ihren schlanken, biegsamen Körper ließ eine unkontrollierbare Hitze in ihm aufsteigen.

Dann wälzte er sich ruhelos in den Kissen und sagte sich wieder und wieder, dass er sich auf keinen Fall verlieben durfte – weder in Isabella von Bargelow noch in irgendeine andere Frau. Er dachte an den schmalen Umschlag in seiner Schreibtischschublade und das Datum, das unaufhaltsam näher rückte. Ein Datum, dem er noch vor wenigen Wochen mit freudiger Erleichterung entgegengeblickt hatte und das ihn nun mit Traurigkeit erfüllte.

Zudem war Isabella von Bargelow die Tochter einer alteingesessenen, wohlhabenden Familie von Landjunkern. Und er war der Tierarzt, der gerufen wurde, wenn das Pferd lahmte, auf dem Isabella ausritt. Konnte eine Frau wie sie überhaupt an einem Mann wie ihm Interesse haben?

Solche und ähnliche Gedanken hielten ihn bis tief in die Nacht wach. Wenn er schließlich doch irgendwann einschlief, sah er in seinen fiebrigen Traumbildern wieder nur Isabella vor sich. Isabella lachend, lächelnd und weinend, sehnsüchtig die Hände nach ihm ausstreckend und in der Ferne entschwindend.

Morgens erwachte er erschöpfter, als er sich abends zu Bett gelegt hatte. Und mit jeder dieser unruhigen Nächte wurde seine Ratlosigkeit größer und seine Hoffnungslosigkeit dunkler. Nie zuvor in seinem Leben hatte er so für eine Frau empfunden.

Dieses Gefühl starker Anziehung hatte ihn völlig unverhofft getroffen – in jenem Augenblick, der ihm selbst rückblickend noch nach Luft schnappen ließ. Mit ihrer verletzten Hündin auf dem Arm hatte Isabella von Bargelow vor seiner Tür gestanden, und von einer Sekunde auf die nächste war alles anders gewesen. Seine Gedanken kreisten um sie, auch wenn er wusste, dass es notwendig war, sich an die Pläne zu halten, die er vor jenem verzauberten Moment gemacht hatte.

Seit jener Begegnung war er Isabella aus dem Weg gegangen, obwohl oder vielleicht gerade *weil* ihn alles zu ihr hinzog. Einmal war sie noch in seine Praxis gekommen, damit er die Fäden von Maggys Wunde ziehen konnte. Das hatte er rasch hinter sich gebracht, Eile vorgeschützt und sie während ihres kurzen Aufenthalts in seiner Praxis kaum angeblickt.

Mehrere Male hatte er seitdem nach einem der Pferde auf Falkensee sehen müssen. Doch es war ihm stets gelungen, den Gutshof so schnell wieder zu verlassen, dass er Isabella nicht über den Weg lief.

Und da war sie nun. Fast noch schöner, als er sie in seinen allnächtlichen Träumen vor sich sah. Und erneut hatte ihn ihr Blick wie ein Hieb getroffen. Schmerzhaft und heftig, doch gleichzeitig so wunderbar, dass er alles gegeben hätte, dieses Gefühl wieder und wieder zu spüren. Ein verbotenes Gefühl, wie er nur zu gut wusste.

Isabella trat neben ihn und legte die Hand auf den oberen Rand der Box. Als er sah, wie ihre schmalen Finger sich über dem Holz wölbten, wurde seine Kehle eng, weil er sich sehnlichst wünschte, ihre Hand auf seiner Haut zu fühlen.

»Ich habe gehört, dass Luna wieder an Kreuzverschlag leidet – und dass es ihr durch Ihre Behandlung schon besser geht.«

Ihr Lächeln ließ ihn hastig den Kopf abwenden. Konzentriert betastete er die immer noch leicht verhärtete Rückenmuskulatur der Stute. Dann nickte er.

»Sie kommt wieder in Ordnung. Aber sie ist sehr anfällig für dieses Leiden. Vorbeugend sollte sie an Tagen, an denen sie in der Box steht, nicht nur weniger Kraftfutter erhalten, sondern auch zwei Mal eine halbe Stunde auf dem Hof herumgeführt werden.«

Die Anweisungen richtete er an den Stallmeister, der eifrig versicherte, er werde in Zukunft noch sorgfältiger darauf achten, alle Maßnahmen auszuführen.

»Ich weiß, dass ich mich auf Sie verlassen kann.« Leonhard schüttelte dem Mann die Hand und bückte sich nach der Ledertasche mit seinen Instrumenten.

»Maggy geht es auch gut, wie ich sehe«, sagte er gleichzeitig so leichthin, wie es ihm angesichts der Situation möglich war.

Als er sich Isabella zuwandte, errötete sie leicht. »Ich wollte Sie bitten, sich die Wunde noch einmal anzusehen.« Sie beugte sich zu der Hündin hinunter und strich ihr mit der flachen Hand am Rücken entlang.

»Das kann ich gern tun. Am besten draußen in der Sonne. Hier im Stall wirft die Lampe Schatten.« Leonhard tätschelte Lunas Kruppe und nickte dem Stallmeister zu. »Falls es wider Erwarten noch ein Problem geben sollte, rufen Sie mich an.«

Während er Isabella die Stallgasse entlang zur Tür folgte, sah er angestrengt über ihren Kopf hinweg ins helle Sonnenlicht. Auf keinen Fall durfte er die Gestalt vor sich anstarren – auch wenn es ihm schwerfiel. Und das nicht nur, weil ein handtellergroßer Ölfleck die Rückseite ihres hellbraunen Rocks zierte. Auf merkwürdige Weise erleichterte ihn dieser Anblick. Isabella von Bargelow war eine Frau aus Fleisch und Blut. Sie lebte auf dem Land und bewegte sich in Ställen und Scheunen. Dort irgendwo hatte sie sich besagten Fleck geholt.

Draußen vor der Stalltür beugte er sich über Maggy, die sich auf Befehl ihrer Herrin brav zu seinen Füßen niederließ. Tastend ließ er seine Finger an der Narbe entlanggleiten.

»Alles wunderbar«, erklärte er, richtete sich auf und trat einen Schritt zurück, als er bemerkte, dass Isabella nur eine Armeslänge von ihm entfernt stand.

Abstand, befahl er sich selbst streng. Gleich darauf bemerkte er, dass der Rocksaum der jungen Gutsherrin ausgerissen war. Was auch immer sie an diesem Vormittag getan hatte, es hatte dazu geführt, dass ihr sonst so perfektes Erscheinungsbild nicht mehr ganz so perfekt war. Leonhard verkniff sich ein Lächeln, weil er prompt an die zerzauste Isabella denken musste, die vor zwei Wochen vor seiner Tür gestanden hatte. Es schien zur Gewohnheit zu werden, dass er sie in einem derangierten Zustand sah.

Er warf einen Blick auf seine Armbanduhr, obwohl er genau wusste, wie spät es war.

»Es tut mir leid. Ich muss noch auf Gut Waldau vorbeischauen. Eine Kuh lahmt.«

Sie runzelte die Stirn. Einen Moment lang glaubte er, Enttäuschung in ihrem Blick zu entdecken. »Wie schade! Aber Gut Waldau ist nicht weit entfernt, und es ist noch früh am Tag. Ich dachte ... Wissen Sie, Maggy wirkt so weit wieder ganz munter. Aber wenn ich einen längeren Spaziergang mit ihr mache, läuft sie irgendwie ... seltsam. Deshalb dachte ich, wir könnten ein Stück zusammen gehen. Vielleicht hinunter zum See und ein paar Meter in den Wald hinein. Damit Sie mit eigenen Augen sehen, was passiert, wenn Maggy müde wird. Ich bin mir nicht sicher, ob sie dann nicht doch noch das verletzte Bein nachzieht.«

Er öffnete den Mund, um zu erklären, dass seit der Schussverletzung kaum drei Wochen vergangen waren und man Geduld haben musste. Doch über seine Lippen kamen vollkommen andere

Worte: »Eine halbe Stunde hätte ich noch Zeit. Wir wollen ja nicht, dass Maggy einen dauerhaften Schaden davonträgt.«

Im Stillen fand er es ein bisschen albern, wegen einer derartigen Kleinigkeit ein solches Theater zu machen. Als es bei der Hündin um Leben und Tod gegangen war, hatte er die Aufregung verstanden. Natürlich hing Isabella schrecklich an diesem kleinen Hund. Doch ein Spaziergang mit dem Tierarzt, um die Bewegungsabläufe zu studieren? Das war deutlich übertrieben. Oder steckte noch etwas anderes hinter ihrer Bitte?

»Ja. Ich sollte mir das ansehen«, hörte er sich sagen.

»Vielen Dank!« Isabella strahlte ihn an. Er warf einen weiteren Blick auf seine Uhr, um diese Frau nicht anzuglotzen wie ein Wunderwesen. Letztlich sprach es für ihr liebevolles Wesen, dass sie sich um die Hündin sorgte.

Wenig später spazierten sie nebeneinander durch den Park hinunter zum See. Maggy lief fröhlich vor ihnen durchs Gras. Als sie das Wasser erreicht hatten und auf einem schmalen Weg auf den Wald zugingen, hatte Leonhard längst vergessen, weshalb er Isabella auf ihrem Spaziergang begleitete.

Sie plauderten über dies und das, und hin und wieder betrachtete er sie verstohlen von der Seite. Als sie unvermittelt den Kopf wandte, zuckte er zusammen und zeigte dann auf seine Nasenspitze.

Fragend sah sie ihn an.

»Sie haben da ... einen Fleck auf der Nase. Sieht aus wie Schmieröl oder so etwas.«

Sofort rubbelte sie mit der Handfläche auf ihrem Nasenrücken herum. Womit sie nur erreichte, dass sie noch abenteuerlicher aussah. »Mein Wagen«, murmelte sie. »Ich habe den Ölstand überprüft. Es jedenfalls versucht.«

Rasch sah er durch die Blätter der Bäume hinauf in den Himmel, damit sie sein neuerliches Grinsen nicht sah.

Nachdem sie offenbar der Meinung war, genug an ihrer Nase

herumgerieben zu haben, ging sie weiter. Ihn zu fragen, ob der Fleck nun weg sei, hielt sie anscheinend nicht für nötig. Leonhard blieb neben ihr und fuhr fort, sie gelegentlich von der Seite zu mustern. Der schwarze Streifen, der nun von ihrer Nase über die halbe Wange reichte, war reizend.

»Wie verbringen Sie Ihre Abende?« Isabellas Frage riss ihn aus seinen Grübeleien.

Er blieb stehen und sah sie erstaunt an. »Wie meinen Sie das?«

Ihr helles Lachen kribbelte nicht nur in seinen Ohren, sondern auch in seiner Brust. »Sie haben mir gar nicht zugehört, nicht wahr? Wo sind Sie denn mit Ihren Gedanken?«

»Ich … Entschuldigen Sie bitte.« Leonhard spürte ein Brennen auf seinen Wangen und hoffte, dass er nicht wie ein Schuljunge rot geworden war. »Ich habe Ihnen zugehört. Meine Gedanken sind nur für einen Moment abgeschweift.«

»An was haben Sie gedacht?«, fragte sie ernst.

»Das … kann ich nicht sagen.« Er wich ihrem Blick aus.

»Hatten Sie verbotene Gedanken?«

Hätte sie ihm diese Frage lachend und augenzwinkernd gestellt, hätte er ebenfalls lachend mit irgendeiner kleinen Schwindelei antworten können. Doch ihr Blick war forschend, und sie war auf dem schmalen Waldweg stehen geblieben, sodass ihm nichts anderes übrigblieb, als dicht vor ihr zu verharren.

»Ja«, antwortete er nach einer Weile schlicht. Ihm war, als hätte sie ohnehin seine Gedanken gelesen.

»Gibt es Menschen, an die Sie denken, wenn Sie allein sind? Menschen, die Sie vermissen?«

»Ich habe keine Familie mehr. Meine Eltern sind schon lange tot. Es gibt nur noch mich und meinen Bruder in Amerika.« Das war keine Antwort auf ihre Frage, aber auch keine Lüge.

»Niemand, der Sie in Ihrem Kopf besucht?« Sie hob die Hand, als wollte sie seine Stirn berühren, ließ den Arm aber wieder sinken, als ihre Fingerspitzen sein Gesicht schon fast streiften. Obwohl ein paar Millimeter zwischen ihrer Haut und seiner gewesen waren, meinte er, sie gefühlt zu haben.

»Niemand«, behauptete er mit heiserer Stimme.

»Schade.« Sie wandte sich ab, wohl um weiter in den Wald hineinzugehen. Doch das ließ er nicht zu. Er packte ihren Arm, zog sie an sich und küsste sie.

Es war ein atemloser Kuss. Als wären sie beide kopfüber ins Meer gestürzt und könnten unter Wasser nur überleben, wenn einer den Atem des anderen trank. Das schien es plötzlich zu sein: eine Frage von Leben und Tod. Isabella klammerte sich wie eine Ertrinkende an ihn, und er spürte ihre Nähe, atmete ihren Duft und wusste plötzlich, dass er sein Leben lang auf diesen einen Moment gewartet hatte.

Als Leonhard sie wieder losließ und in ihr erhitztes Gesicht schaute, begriff er, dass er den wahrscheinlich größten Fehler seines Lebens begangen hatte. Denn nun gab es kein Zurück mehr. Es gab aber auch keinen gemeinsamen Weg – und doch war ihm klar, dass er alles tun würde, um mit dieser Frau zusammen sein zu können.

Als Erstes holte er jedoch ein sauberes Taschentuch hervor und wischte ihr das Schmieröl aus dem Gesicht.

30. Kapitel

Isabella
Gut Falkensee, Westpreußen, vier Wochen später, im November 1935

Isabella warf einen letzten Blick in den Garderobenspiegel und ging zur Tür. Obwohl es bis zur vereinbarten Zeit noch mehr als zwei Stunden waren, klopfte ihr Herz schon jetzt viel zu schnell. Aber das tat es auch, wenn sie nur an ihn dachte, wenn sie sich an die Küsse und Zärtlichkeiten erinnerte, die sie heimlich mit ihm tauschte, sobald sie eine Gelegenheit fanden.

Noch nie zuvor hatte sie so für einen Mann gefühlt. Auch nicht zu der Zeit, als sie gemeint hatte, Arthur zu lieben, oder während der Jahre ihrer Ehe.

Leonhard übte eine unwiderstehliche Anziehung auf sie aus. Doch es waren nicht nur die sanften Berührungen und leidenschaftlichen Küsse, die sie mit ihm verbanden. Es war so viel mehr. Wenn er sie nur ansah, fühlte sie sich kostbar und so lebendig wie noch nie in ihrem Leben. Wenn sie zusammen waren, verging eine Stunde so schnell wie sonst eine Minute. Und der Abschied von ihm zerriss ihr jedes Mal fast das Herz, auch wenn sie sich mittlerweile nahezu jeden Tag trafen. Sie konnten endlos lange miteinander reden, versunken in die Augen und die Gedanken des anderen. Und immer wieder kam es vor, dass Leonhard ihre Sätze beendete, wenn sie kurz stockte und überlegte, wie sie ihre Gedanken in Worte fassen sollte.

Isabella hatte nicht gewusst, dass es mit einem Mann so sein konnte. Und sie wollte mehr und immer mehr davon, wollte am liebsten immer mit Leonhard zusammen sein. Doch ihre Liebe war verboten.

Mitte September hatte die NSDAP ein »Gesetz zum Schutze des deutschen Blutes und der deutschen Ehre« erlassen. Erst vor kurzem, fast gleichzeitig mit dem Tag, an dem sie sich Hals über Kopf ineinander verliebt hatten. Als hätte das Schicksal ihnen beiden nicht einmal einige wenige unbeschwerte Tage oder Wochen gönnen wollen. Dieses Gesetz untersagte nicht nur Eheschließungen, sondern auch jede Art von sexuellen Kontakten zwischen »Deutschblütigen« und Juden.

Der Gedanke, dass Leonhard und sie einander nicht lieben durften, war für Isabella vollkommen absurd. Sie war nicht bereit, das zu akzeptieren. Das ging auch gar nicht, denn Liebe konnte niemand verbieten, selbst Adolf Hitler und seine schrecklichen Parteigenossen nicht.

Manchmal musste sie daran denken, wie verächtlich Julius über Juden geredet hatte und dass er tatsächlich versucht hatte, ihr den Einkauf bei ihrer jüdischen Hutmacherin zu verbieten. Dann schämte sie sich, so lange mit diesem Mann verheiratet gewesen zu sein. Sie hatte schon immer gewusst, dass es falsch war, Menschen wegen ihrer Überzeugungen oder ihrer Abstammung zu verfolgen und in Lager zu stecken. Das mussten nicht nur Juden erleben, sondern auch das fahrende Volk sowie Menschen, die politischen Organisationen angehörten, welche Hitler nicht genehm waren. Und nun bedrohten diese absurden Gesetze ihr Lebensglück und vielleicht sogar Leonhards Leben.

»Wohin fährst du denn schon wieder, Isabella? Man trifft dich ja kaum noch zu Hause an. Gestern habe ich dich erst nach zehn Uhr die Treppe hinaufgehen hören. Und während der letzten drei Tage hast du nicht gemeinsam mit uns zu Abend gegessen.«

Ihre Mutter war so plötzlich in der Halle aufgetaucht, dass Isabella erschrocken zusammenfuhr. Sie wandte sich Alice zu und bemühte sich um einen harmlosen Gesichtsausdruck.

»Ich fahre ins Pensionat. Rechtschreibunterricht.« Nervös zupfte sie an ihrem Schal.

»Ach, unterrichtest du neuerdings bis in den späten Abend?«
Misstrauisch kniff Alice ihre Augen zusammen. »Eigentlich wollte
ich in Ruhe mit dir reden, da ich nun aber schon mehrmals oben in
deinen Räumen war und immer nur Linda angetroffen habe, sage
ich es eben jetzt.«

Erschrocken starrte Isabella ihre Mutter an. Hatte sie von ihr
und Leonhard erfahren? Doch wie konnte das sein? Sie waren
immer äußerst vorsichtig gewesen, wenn sie sich getroffen hatten.

»Du solltest dich mehr um deine Großmutter kümmern«, sagte
Alice mit gesenkter Stimme und anklagendem Blick. »Sie fühlt sich
einsam, und deshalb trinkt sie immer mehr Sherry. Als wir vorgestern Gäste hatten, kam sie schon schwankend nach unten. Das
weißt du natürlich nicht, weil du abwesend warst.«

»Oh«, machte Isabella. Ob Alice tatsächlich erst jetzt Veronikas Alkoholkonsum bemerkt hatte? Und wieso kümmerte sie
sich nicht um ihre Mutter und tat, als sei das allein Isabellas Aufgabe? Trotzdem hatte Isabella ein schlechtes Gewissen. Schließlich
wusste sie schon lange, dass Veronika Probleme hatte. Dennoch
hatte sie viel zu selten nach ihrer Großmutter gesehen.

Isabella warf einen nervösen Blick auf die Kaminuhr. Sie wollte
Leonhard nicht unnötig warten lassen. Ganz abgesehen davon zog
sie alles zu ihm hin.

»Jetzt bin ich leider in Eile, aber morgen werde ich mit Großmama reden. Vielleicht hilft es ihr, wenn ich ihr häufiger Gesellschaft leiste. Ich glaube, sie ist seit Großvaters Tod sehr einsam.«
Isabella lächelte entschuldigend und wandte sich der Tür zu.
Dabei dachte sie, dass Veronika möglicherweise glücklicher wäre,
wenn Charlotte, ihre ältere Tochter, mit ihr im Herrenhaus leben
würde.

»Du solltest dir weniger Gedanken um wildfremde Mädchen
machen und mehr an deine Familie denken«, sagte Alice streng.

»Ja«, murmelte Isabella mit schlechtem Gewissen, weil sie momentan auch eher selten an die Schülerinnen und deren Zukunft

dachte, sondern fast nur an den Mann, den sie so sehr liebte, aber nicht lieben durfte.

Sie eilte über den Wirtschaftshof zur Remise. Das eindringliche Flüstern in der hintersten Ecke des großen Raums hörte sie erst, als sie den Schlüssel ins Schloss in der Fahrertür stecken wollte. War das Lindas Stimme? Was tat sie hier? Es gab einen großen Berg Wäsche zu bügeln.

Das Raunen einer rauen Männerstimme folgte. Isabella erkannte Hubert an seinem leichten Lispeln.

»Ich wollt nich, dass er stirbt. Wollt ihm nur Angst machen und ihm sagen, dass er dich in Ruhe lassen soll. Er dachte, da oben würd er dich finden. Aber dann war ich's, der auf ihn gewartet hat. Wie konnt ich ahnen, dass er so ein Feigling is. Immer weiter rückwärts is er gegangen, nur weil ich gesagt hab, dass ich ihn verprügeln tu, wenn er dich noch mal anfasst.«

Mit dem Schlüssel in der Hand hielt Isabella erstaunt inne. Was erzählte Hubert da? Und wieso drückte Linda sich mit dem Burschen hinter dem alten Leiterwagen herum? Niemals hätte sie gedacht, dass ihr adrettes Stubenmädchen, das immer noch mit verklärtem Blick vom Leben in Danzig sprach, eine Schwäche für den groben, nicht besonders ansehnlichen Stallknecht haben könnte.

»Du wolltest mir helfen, Hubert«, sagte Linda soeben. »Aber ich habe ein schrecklich schlechtes Gewissen. Du wolltest es nicht, und wenn er nicht aufpasst, ist es seine eigene Schuld. Trotzdem ist Alex meinetwegen tot. Weil er sonst gar nicht dort hinaufgegangen wäre.«

Auf ihre Worte folgte eine lange Pause. Dann sagte Hubert zögernd: »Ich hab's gemacht, weil ich dich lieb hab. Ihn da hochlocken, mein ich. Damit er mir zuhör'n muss, wenn ich ihm klarmach, dass er dich nich so behandeln darf. Aber dann … Ich wollt wirklich nich, dass er fällt und gleich stirbt.«

»Ach, Hubert.« Linda seufzte so laut, dass selbst Isabella ihr heftiges Ausatmen deutlich hören konnte. »Es war ein Unfall, auch wenn es schrecklich ist. Und ich danke dir sehr, dass du mir helfen wolltest. Ich mag dich, aber ich weiß nicht … «

»Ich weiß, dass du mich nich so lieb haben kannst wie ich dich.« Hubert klang enttäuscht, auch wenn er so tat, als hätte er die Zurückweisung schon erwartet. »Ich bin nur ein einfacher Stallknecht, und du bist so hübsch und richtich vornehm. Kommst aus der Stadt und weißt viel mehr über's Leben als ich. Bin ja nie nich hier aus dem Dorf rausgekommen.«

»Du bist ein guter Mensch. Ein guter Mann.«

Lange herrschte hinter dem Leiterwagen Schweigen. So leise es ging, schob Isabella endlich den Autoschlüssel ins Schloss. Die Tür öffnete sich mit einem Klicken. Erst in diesem Moment wurde Isabella klar, was sie da eben gehört hatte.

Erschrocken hielt sie inne. Sie wusste nun, wie ihr ehemaliger Diener zu Tode gekommen war. Wenn Hubert die Wahrheit gesagt hatte – und er hatte ehrlich geklungen –, war es ein Unfall gewesen. Dennoch bestand die Gefahr, dass ihm die Polizei oder ein Gericht Vorsatz unterstellte. Sie würde über die ganze Angelegenheit noch in Ruhe nachdenken müssen. Aber vermutlich war es besser, wenn der Unfallhergang im Dunkeln blieb. Schließlich hatte niemand Alex' Tod gewollt. Und dass die Polizei erfuhr, was geschehen war, würde ihn auch nicht ins Leben zurückholen.

»Ich wollt dir nur helfen, dass du nich immer Angst haben musst, Linda«, wiederholte Hubert mit unglücklicher Stimme. »Und jetzt is er tot. Bestimmt denkst du, ich bin ein schlimmer Mensch. Aber ich konnt ihn nich mehr festhalten. Er war unten, bevor ich überhaupt gucken konnt.«

Wieder seufzte Linda laut und schwer. »Wenn du schuld bist, bin ich auch schuld. Weil du's ja meinetwegen gemacht hast. Aber eigentlich hast du ja nichts gemacht. Du wolltest mit ihm reden, und er ist vom Heuboden gefallen.«

»Das is so. Schlimmer Unfall, dabei wollt ich ihm nur klarmachen, dass er die Finger von dir lassen soll.«

»Weißt du Hubert, ich war früher mal sehr verliebt«, sagte Linda dann. »In einen Mann in Danzig. Als ich Hilfe gebraucht hätte, weil ich mich um meine Mutter kümmern musste, hat er mich im Stich gelassen. Seitdem dachte ich, dass ich nie mehr mit jemandem zusammen sein will. Aber wenn es dir genügt, dass ich dich wirklich gernhab und mich bei dir sicher fühle, dann ...«

»Ja!« Die heisere Stimme jubelte bis unter das hohe Dach der Remise. »Wenn du wirklich willst, dann will ich auch. Wenn's dir nichts ausmacht, dass Alex vom Heuboden gefallen is und ich ihn nich halten konnt. Aber du musst sicher sein, dass es dir genücht, was ich dir geben kann und was du fühlst und so.«

Linda lachte leise und fast zärtlich. »Hör schon auf damit, sonst überlege ich es mir am Ende noch anders, du Dummkopf.«

Erneut herrschte längere Zeit Stille in der dämmerigen Ecke hinter dem alten Leiterwagen. Ob die beiden sich küssten?

Plötzlich stand Isabellas Entschluss fest: Sie würde der Polizei nicht melden, was sie soeben gehört hatte. Stattdessen würde sie das Gespräch zwischen Linda und Hubert einfach vergessen. Es war ein Unfall gewesen, genau wie die Polizei vermutet hatte. Insofern war die Sache abgeschlossen, auch wenn die Ermittler die näheren Umstände dieses Unfalls nie herausfinden würden.

Ob Linda Hubert irgendwann sogar heiraten würde? Auf den ersten Blick waren die beiden vollkommen unterschiedlich. Doch würde Linda jemals einen anderen Mann finden, der sie so sehr liebte wie Hubert?

Während Isabella ihr Auto die Auffahrt von Gut Falkensee hinuntersteuerte, dachte sie daran, dass auch sie selbst vollkommen unerwartet einen Mann gefunden hatte, der Gefühle in ihr weckte, die sie nie gekannt und nie erwartet hatte. Doch ihre Liebe war verboten. Weil Leonhard Jude war.

Isabella klammerte sich an die Hoffnung, dass es im Deutschen Reich nicht ewig mit diesen verrückten Vorschriften und Gesetzen so weitergehen konnte. Es musste doch noch mehr Leute geben, die – wie sie – das Bedürfnis hatten, diesen Wahnsinn irgendwie zu stoppen.

Plötzlich fiel ihr Karol ein, der Mann ihrer Tante, der sich für sein polnisches Vaterland an Aufständen beteiligt und diese sogar geplant hatte. Tante Charlotte machte zwar diesbezüglich nur Andeutungen, doch mittlerweile wusste Isabella, dass ihr angeheirateter Onkel ein richtiger Revolutionär gewesen war. Je länger sie darüber nachdachte, desto mehr verspürte Isabella die Bereitschaft, ebenfalls an einem Aufstand gegen Menschen wie Julius und Adolf Hitler teilzunehmen. Denn diese Menschen taten Böses. Sie würde vielleicht nicht in der Lage sein, einen solchen Aufstand zu organisieren, doch unterstützen würde sie ihn nach Kräften, so viel stand fest. Und bis dahin würden Leonhard und sie dem Leben so viel an verzauberten Momenten und seliger Zärtlichkeit abtrotzen, wie es eben ging.

31. Kapitel

Isabella
Dorf Bielau, Westpreußen, November 1935

Die Abenddämmerung des trüben Novembertags sank in einem nebligen Grau-Blau zwischen die Bäume am Waldrand, wo Isabella ihren Wagen geparkt hatte. Sie stieg aus, blieb ein paar Sekunden neben der Motorhaube stehen und sah zu dem Zaun hinüber, der den kleinen Garten hinter Leonhards Haus umgab. Dann vergewisserte sie sich, dass das dunkle Wolltuch, welches sie sich über die Haare gezogen hatte, das auffallende Blond ihrer Locken vollständig verbarg.

Inzwischen war es so dunkel, dass hier am Dorfrand niemand mehr unterwegs war. Selbst wenn einer von Leonhards Nachbarn zufällig aus einem der rückwärtigen Fenster seines Hauses blickte, würde er Isabella höchstens als vagen Schatten wahrnehmen.

Sie nahm ihre Tasche aus dem Wagen, schloss die Tür ab und ging los. Wie immer, wenn sie auf dem Weg zu Leonhard war, klopfte ihr Herz so heftig, dass das Blut laut in ihren Ohren rauschte.

An diesem späten Nachmittag stockte ihr vor Aufregung fast der Atem. Bisher hatten Leonhard und sie sich auf ihren langen, einsamen Spaziergängen stundenlang geküsst, gestreichelt und in den Armen gehalten. Sie hatten endlose Gespräche geführt und einander fast ebenso lange stumm in die Augen gesehen. Bei jedem Abschied hatten sie sehnsüchtig davon gesprochen, wie sehr sie sich wünschten, ihre Liebe offen leben zu dürfen und nicht nur gestohlene Momente miteinander zu verbringen, sondern ihre Tage und Nächte teilen zu dürfen.

Schließlich war es Isabella gewesen, die Leonhard vorgeschlagen hatte, sich im Schutze der Dunkelheit in sein Haus zu schleichen.

»Ich will mehr«, hatte sie schlicht erklärt und die Luft angehalten, während sie auf seine Antwort gewartet hatte.

Er hatte sie lange stumm angesehen. So lange, dass sie Angst bekam. Wollte er sie nicht? Fehlte ihm der Mut, gegen die blödsinnigen Gesetze, die eine Verbindung zwischen ihnen verboten, zu verstoßen? War sie ihm das Risiko nicht wert?

»Isabella«, sprach er schließlich ihren Namen auf jene Weise aus, die ihr immer wieder aufs Neue den Boden unter den Füßen wegzog. Noch nie hatte jemand die vier Silben so zärtlich und liebevoll gesagt, als gäbe es auf der ganzen Welt kein schöneres Wort. »Du weißt hoffentlich, dass ich mir nichts sehnlicher wünsche, als dich so nah bei mir zu spüren, wie es nur geht. Ich will dich mit Haut und Haaren und für immer. Doch es ist gefährlich. Wenn es nur darum ginge, dass ich ins Zuchthaus oder in ein Lager käme, würde ich alles riskieren. Doch der Gedanke, ich könnte mit meiner Liebe dein Leben zerstören ... Diese Vorstellung ist unerträglich für mich.«

Bei seinen Worten waren ihr Tränen in die Augen geschossen, und sie hatte sich heftig auf die Unterlippe beißen müssen, um das Schluchzen zu unterdrücken. »Ich weiß, dass es gefährlich ist. Für uns beide. Ich weiß aber auch, dass du es dir ebenso sehr wünschst wie ich. Wir werden vorsichtig sein. Niemand wird von uns erfahren. Kein Sterbenswörtchen werde ich sagen. Nicht einmal zu meiner Tante Charlotte, wenn sie demnächst zu Besuch kommt. Und glaube mir, sie würde es verstehen, weil sie für ihre Liebe einen hohen Preis gezahlt hat. Sie hat viel Mut gebraucht, um mit ihrem Mann zusammen zu sein. Und so mutig bin ich auch.«

»Ich sehne mich schrecklich nach dir, Isabella. Aber ich liebe dich noch mehr. Und ich muss dich beschützen. Auch vor Hitler und seinen grausamen Gesetzen.«

Selbst auf der einsamen Lichtung, auf die ihr Spaziergang sie geführt hatte, sah er sich zunächst um, bevor er Isabella fest in die Arme nahm. In der feuchten Kälte des Novembers trugen sie beide dicke Jacken, und Isabella schob sehnsüchtig ihre kalten Finger zwischen die Knöpfe über seiner Brust. Sie wollte seine Haut spüren, sie mit ihren Händen und ihren Lippen streicheln. Und ebenso sehr wollte sie, dass Leonhard sie überall berührte.

»Wann?«, fragte sie atemlos. »Ich komme bei Dunkelheit in dein Haus. Wir schließen alle Fenster und Türen und ziehen die Vorhänge zu. Niemand wird mich sehen.«

Nur zögerlich hatte er zugestimmt, doch in seinen Augen hatte sie die Sehnsucht und die Freude gesehen.

Nun war der Abend gekommen, für den sie sich verabredet hatten. Obwohl der weiche Boden am Rand des Feldwegs jedes Geräusch schluckte, lief Isabella auf Zehenspitzen. Atemlos erreichte sie die kleine Pforte zu Leonhards Garten, öffnete sie und zuckte zusammen, als sie leise quietschte.

Hastig trat sie zur Seite und lehnte sich gegen den rauen Stamm des Baums neben dem Zaun. In der nun schon fast vollständigen Dunkelheit würden die Umrisse ihres Körpers mit der Rinde verschmelzen. Prüfend ließ sie ihren Blick über die Rückseiten der Häuser rechts und links neben Leonhards Haus wandern. Zu ihrer Erleichterung waren alle Fenster dunkel. Um diese Zeit hielten sich die Familien wohl in ihren Küchen oder in den Wohnzimmern an den Vorderseiten der Gebäude auf.

Isabella verharrte noch einen Moment im Schatten des Baums, dann schlängelte sie sich durch die Pforte, ohne sie weiter zu öffnen, eilte zur Hintertür, drückte die Klinke herunter und fand sich im nächsten Augenblick in Leonhards Armen wieder.

»Da bist du«, murmelte er und vergrub sein Gesicht in ihren Haaren.

Sie lehnte die Wange gegen sein Flanellhemd und atmete tief den vertrauten Duft nach Sandelholz ein. Wie immer, wenn er sie in seine Arme zog, fühlte es sich an wie ein zweites Zuhause. Wie Falkensee an einem anderen Ort. Doch neben diesem Gefühl spürte sie noch etwas anderes. Seine Nähe setzte ihren Körper in Flammen, und die Sehnsucht, ihn ganz zu spüren, ließ ihre Knie weich werden.

In diesen Momenten erinnerte sie sich manchmal an früher. An die Zeit, als sie noch mit Julius verheiratet gewesen war und Leonhard nur flüchtig gekannt hatte. Wieso war ihr damals nicht bewusst geworden, dass sie die Pferde des Gestüts, die er so sanft berührte, heimlich beneidete? Offenbar hatte sie sich nicht gestattet, über Doktor Leonhard Kampmann nachzudenken. Damals hatte es noch kein Gesetz gegeben, das ihnen ihre Liebe verbot. Damals war sie jedoch verheiratet gewesen – mit einem Mann, der es richtig fand, Juden ihren Besitz wegzunehmen und sie in Lager zu stecken.

»Endlich«, stieß sie mit einem tiefen Seufzer hervor, während sie den Kopf in den Nacken legte und Leonhard ansah.

»Bist du sicher?«, fragte er leise.

Sie nickte. »Mach dir keine Gedanken. Niemand hat mich gesehen, und niemand weiß, dass ich hier bin.«

Außerdem war ihre Familie wohlhabend und angesehen. Sie konnte sich beim besten Willen nicht vorstellen, dass jemand eine Bargelow und den Mann, den sie liebte, ins Gefängnis sperrte. Das würde Konrad auf keinen Fall zulassen. Er gehörte zu den Großgrundbesitzern in der Gegend, die man achtete und auf die man hörte. Doch das erwähnte sie Leonhard gegenüber nicht. Schließlich würde ohnehin niemand von ihnen erfahren.

Leonhard nahm Isabellas Hand und führte sie in sein Schlafzimmer. Sie war seit jenem Tag, an dem sie sich sein Hemd ausgeliehen hatte, nicht in diesem Raum gewesen. Als sie nun durch die Tür trat, schaute sie sich erstaunt um.

Das Bett befand sich noch an seinem Platz, ebenso wie der Kleiderschrank. Doch vor das Fenster hatte Leonhard einen kleinen Tisch und zwei Stühle gerückt. Auf der weißen Tischdecke standen mehrere Kerzen ebenso wie auf dem Nachtschränkchen und auf der

Kommode neben dem Schrank. Mindestens ein Dutzend kleine Flammen erleuchteten das Zimmer, malten zuckende goldene Sterne in die Dunkelheit und tanzende Schatten an die Wände.

Im Ofen brannte ein Feuer. Die kleine Eisentür stand offen, sodass die Flammen zu sehen und das Knistern zu hören waren wie bei einem Kamin.

»Dieses Zimmer geht nach hinten hinaus, und die Vorhänge sind am dichtesten. Am besten halten wir uns hier auf«, sagte Leonhard leise. Er deutete auf die Weingläser und die bereits geöffnete Flasche. »Möchtest du einen Schluck?«

Sie schüttelte den Kopf. Was an diesem Abend zwischen Leonhard und ihr geschehen würde, wollte sie bei klarem Verstand erleben. Sie wollte sich immer an dieses erste Mal erinnern, auch wenn sie hoffte, dass es noch unzählige weitere Male geben würde.

»Später vielleicht«, flüsterte sie.

Er nickte. »Ja. Vielleicht später.«

Ein wenig verlegen nun, unschlüssig, wer den ersten Schritt tun sollte, standen sie einander im Kerzenlicht gegenüber, hielten sich bei den Händen und sahen sich in die Augen. Dort, wo Leonhards Hände ihre berührten, verspürte sie ein warmes Kribbeln. Es wanderte über ihre Arme und tanzte wenig später durch ihren ganzen Körper. Isabella hatte das Gefühl, lichterloh zu brennen.

Ein Ruck ging durch Leonhards Körper. Sanft zog er sie zur Bettkante. Dort blieb er stehen.

Er seufzte. »Wir wissen nicht, ob wir jemals offiziell zusammen sein dürfen. Ich will tun, was richtig ist. Ich will dich vorher heiraten und …«

»Pst!«, machte sie und legte ihm sanft den Zeigefinger auf die Lippen. »Wir werden zusammen sein. Wenn nicht heute oder morgen, dann übermorgen. Wir werden einen Weg finden.«

Sie musste lächeln, weil ihr plötzlich bewusst wurde, dass Leonhard ihr soeben einen Heiratsantrag gemacht hatte. Einen verzweifelten und doch sehr ernstgemeinten Antrag.

»Ich will dich so sehr. Du wirst niemals wissen, wie sehr.« So unvermittelt, dass sie erstaunt aufschrie, riss Leonhardt sie in seine Arme. Er küsste sie auf den Hals und die Kehle, das Kinn und die Wangen, die geschlossenen Augenlider, die Schläfen und die Stirn, bis er schließlich seine heißen Lippen auf ihren Mund presste. Sein Atem strich über ihre Zunge, und sie schmeckte ihn. Dies war nicht der erste Kuss, den sie mit Leonhard tauschte, doch es war der köstlichste und sehnsuchtsvollste, den sie jemals gespürt hatte. Ein Damm war gebrochen, und Isabella spürte, dass die leise Scheu, die sie vor Leonhard verborgen hatte, sich in Luft auflöste. Er war ihr vertrauter und näher als irgendein anderer Mensch. Es gab keinen Grund, noch irgendetwas von dem, was sie dachte und fühlte, vor ihm zu verstecken.

Sie atmete tief durch. Sie beide liebten einander, was sollte ihnen geschehen? Sie legte die Hände auf Leonhards Schultern, ließ sich rückwärts auf sein Bett fallen und zog ihn mit sich. Das weiche Federbett, auf dem sie mit dem Rücken landete, nahm sie sanft auf, und der Mann, den sie liebte, bedeckte sie mit seinem Körper. Geschickt streifte er ihr die Kleidung ab, und als sie nackt in seinem Bett lag, glühte ihre Haut am ganzen Körper, denn es gab wohl kein Fleckchen, das er nicht mit weichen Lippen zärtlich berührt hatte.

Sie zerrte energisch an Leonhards Hemd, denn sie wollte ihn spüren, sofort, mit Haut und Haaren. Ihre Hände zitterten, als sie die ersten Knöpfe öffnete, und er half ihr. Wenige Sekunden später war auch seine Kleidung verschwunden, und seine raue Haut glitt über ihre glatte, die weichen Härchen an seiner Brust und seinem Bauch reizten sie an ihren empfindlichsten Stellen, als er sich auf ihr bewegte, sich auf ihrem Körper abwärtsgleiten ließ und wieder begann, sie überall zu küssen.

Plötzlich war die Erinnerung an eine längst vergangene, klare Sommernacht da. Damals war sie etwa fünfzehn oder sechzehn Jahre alt gewesen. Die Hitze hatte sie aus dem Bett getrieben, und sie war in ihrem weißen Leinennachthemd barfuß durchs Haus geschlichen und hatte sich auf die hintere Veranda gesetzt. Der leichte Wind hatte ihr Kühlung gebracht, und sie hatte den Kopf in den Nacken gelegt und hinauf zum Himmel gesehen.

Bei dem Anblick, der sich ihr geboten hatte, hatte ihr der Atem gestockt. Zahllose Sterne funkelten auf dem Dunkelblau des Nachthimmels. Sie breiteten sich wie ein kostbar besticktes Tuch über dem Herrenhaus von Falkensee aus. Ab und zu schoss eine Sternschnuppe über ihr dahin.

Als Isabella wieder zurück in ihr Bett schlich, wusste sie nicht, wie lange sie dort draußen gesessen und in den Himmel gestarrt hatte. Etwas so Schönes hatte sie nie zuvor gesehen, und sie hatte den Anblick nie vergessen, auch wenn seit jener Nacht viele Jahre vergangen waren.

Später hatte Konrad ihr von den Perseiden erzählt, die jeden Sommer zwischen Juli und August mit ihren Sternschnuppenströmen über das Deutsche Reich hinwegzogen. »Aber es braucht ziemlich viel Glück, um in diesen Monaten eine wirklich klare Nacht zu erleben. Und dann muss man in den frühen Morgenstunden wach sein, wenn die meisten Sternschnuppen fallen«, hatte ihr Stiefvater ihr lächelnd erklärt. »Wie es aussieht, bist du so ein Glückskind, Isabella. Hast du dir denn etwas gewünscht?«

Errötend hatte sie genickt. In jener Zeit waren all ihre Wünsche und Träume um eine glanzvolle Zukunft mit einem wohlhabenden, gutaussehenden Ehemann gekreist. Sehr viel später hatte sie begriffen, dass diese Wünsche, die sie hinauf zu den fallenden Sternschnuppen geschickt hatte, in Erfüllung gegangen waren. Und dass sie damals sehr jung und sehr dumm gewesen war. Heute wusste sie, es ging nicht um Geld und Besitz und um die Stellung in der Gesellschaft. Es ging um Liebe.

Und nun, in dieser ersten Nacht mit Leonhard, war die Erinnerung an jene klare Sternennacht wieder da. Als sie ihn in sich fühlte, riss sie weit die Augen auf und sah hinauf zur Zimmerdecke.

Das Haus schien über ihr zu verschwinden, sie war in Falkensee und glaubte, mit den Sternschnuppen der Perseiden zu tanzen, zu steigen und zu fallen.

Und dieses Mal wusste sie, dass es nichts als Liebe war, die sie sich von den verglühenden Meteoren wünschte. Die Liebe dieses Mannes. Für immer.

32. Kapitel

Leonhard
Dorf Bielau, Westpreußen, November 1935

Leonhard schlug die Augen auf und stellte traurig fest, dass er doch eingeschlafen war. Er hatte vorgehabt, keine Sekunde der kostbaren Zeit mit Isabella zu versäumen.

Vorsichtig wandte er den Kopf und betrachtete sie. Sie ruhte in seinen Armen, die Wange gegen seine nackte Schulter gelehnt, und schlief mit halb geöffneten Lippen. Ihr zerzaustes Haar hing ihr tief in die Stirn, und bei jedem ihrer Atemzüge hob sich die blonde Locke über ihrer Nasenwurzel und landete federleicht wieder auf ihrer Haut.

Es juckte ihn in den Fingerspitzen, ihr Gesicht ebenso zärtlich zu berühren, wie es die gekringelte Haarsträhne tat. Doch er ließ sie schlafen, denn er fürchtete sich schon jetzt vor dem Moment, in dem sie sich aufrichten würde, um das Bett zu verlassen, das sie während der vergangenen drei Stunden geteilt hatten. Drei Stunden voller Zauber und Leidenschaft – und doch fragte er sich immer wieder, ob es nicht ein furchtbarer Fehler gewesen war, so weit zu gehen. Wenn sie niemals zusammen sein konnten, würde es nur noch schmerzlicher sein, genau zu wissen, was ihnen gestohlen wurde.

Isabella glaubte fest an eine gemeinsame Zukunft. Sie war Optimistin – eine jener Eigenschaften, die er an ihr liebte. Was ihn betraf, war er sich nicht so sicher, ob der Hass auf Juden und andere menschenverachtende Einstellungen nicht für lange Zeit das Leben in Deutschland bestimmen würden. Für sich allein hatte er den

Ausweg längst gefunden. Doch diese Entscheidung war gefallen, bevor ihn wie ein Blitz die Liebe getroffen hatte. Er musste offen mit Isabella über den Plan sprechen, den er gefasst hatte und dessen Durchführung ihm inzwischen nahezu unmöglich erschien. Am besten sagte er es ihr noch heute. Sie hatte ein Recht darauf, es zu wissen, auch wenn er inzwischen seine Meinung geändert hatte. Er liebte sie, und er wollte offen zu ihr sein. Er wollte über alles mit ihr reden, was ihn beschäftigte: seine Ängste und Hoffnungen, seine Vergangenheit und seine Zukunft.

Isabella stieß im Schlaf einen leisen Seufzer aus und bewegte lautlos die Lippen. Wovon träumte sie?

Er hob die Hand, um ihr über die Wange zu streichen und sie zärtlich zu wecken, ließ jedoch den Arm wieder sinken. Fünf Minuten noch. Die Sorge, was morgen und übermorgen sein würde, ließ ihn mit jeder glücklichen Sekunde geizen.

Isabella musste spätestens um zehn Uhr wieder auf Falkensee sein. Ihrer Mutter hatte sie gesagt, sie fahre zu einer Besprechung ins Pensionat und anschließend würde sie mit Fine zu Abend essen.

»Ich schwindele nicht gern«, hatte sie mit gerunzelter Stirn hinzugefügt, »aber irgendetwas muss ich ihr sagen, wenn ich erst spätabends nach Hause komme. Sie fragt immer, wo ich so lange war.«

»Und Frau Meyerhoff? Weiß sie, dass du sie als Ausrede benutzt?« Er war ein wenig erschrocken, als ihm klargeworden war, welchen Rattenschwanz an Lügen und Ausflüchten es nach sich zog, wenn sie versuchten, ihre Treffen geheim zu halten. Wie schwierig und gefährlich es sein konnte, ein Geheimnis zu wahren. Früher oder später würde ihnen jemand auf die Schliche kommen. Die Angst legte sich wie ein schweres Gewicht auf seine Brust.

»Fine hat keine Ahnung von uns. Natürlich nicht. Sie würde uns nicht verraten, aber wir bringen sie unnötig in Gefahr, wenn sie von etwas weiß, das mit Gefängnis bestraft wird. Auch deshalb darf niemand von uns erfahren.« In Isabellas Augen hatte der Zorn auf einen Staat gefunkelt, der ihnen ihre Liebe und ihr Glück verbieten wollte.

»Meine Mutter wird nicht bei Fine anrufen«, hatte sie in entschiedenem Ton die Unterhaltung beendet. »Das hat sie noch nie getan. In all den Jahren nicht, seit ich Unterricht erteile. Also ist eine Besprechung im Pensionat eine gute Entschuldigung für langes Ausbleiben.«

Leonhard warf einen weiteren Blick auf den Wecker, der auf dem Nachttisch viel zu emsig tickte. Dann beugte er den Kopf und hauchte einen zarten Kuss auf Isabellas Lippen.

Ihre langen dunklen Wimpern flatterten, die Lider hoben sich, und wie immer war es fast ein Schock für ihn, unvermittelt ins tiefe Blau ihrer Augen zu sehen.

»Hallo, mein Liebster«, flüsterte sie und rekelte sich in seinen Armen. »Bin ich doch eingeschlafen? Das wollte ich nicht. Es ist schade um die gemeinsame Zeit. Wir haben so wenig davon.«

»Ich habe dir beim Schlafen zugesehen, und es war wunderschön.« Er lächelte sie traurig an und wünschte sich, er könnte irgendetwas tun, um die letzten gemeinsamen Momente festzuhalten, bevor Isabella sich wie eine Diebin davonstehlen musste. Dennoch zwang er sich, an seinem Entschluss festzuhalten. »Ich muss dir noch etwas sagen. Weil wir vereinbart haben, immer offen und ehrlich zueinander zu sein.«

»Was ist es? Du bist so ernst.« Sie rutschte ein wenig zur Seite und setzte sich auf. Dabei zog sie die Decke nur nachlässig über ihre nackten Brüste, und sekundenlang kämpfte er gegen sein Verlangen an, bevor er sich wieder auf das konzentrieren konnte, was er ihr sagen wollte.

»Du weißt, dass die Situation für uns Juden hier in Deutschland seit einigen Jahren immer schwieriger wird«, begann er und schob sich ebenfalls ein Kissen in den Rücken, sodass sie nebeneinander im Bett saßen.

Sie nickte und bewegte sich unruhig unter der Decke. Die seidige Haut ihres Schenkels streifte sein Bein, und sämtliche Härchen an seinem Körper richteten sich auf. Er versuchte, sein Verlangen zu ignorieren.

»Es gibt Geschäfte, an deren Schaufenstern steht, man solle nicht bei Juden kaufen«, sagte sie kopfschüttelnd. »Neulich hat ein Schlägertrupp nachts die Scheiben von Silbersterns Delikatessenhandlung eingeschlagen, die Waren aus den Regalen auf den Boden geworfen und alles mit Farbe bemalt. Es ist schrecklich. Genauso schlimm wie dieses verrückte Gesetz, das mir verbieten will, mit dir zusammen zu sein.« Angestrengt kräuselte sie Nase und Stirn und presste die Lippen aufeinander.

Als er die Tränen in ihren Augen sah, zog er sie an sich und tröstete sie zärtlich, während er beteuerte, dass sie schließlich nichts dafür konnte, wie Hitler und seine Gefolgsleute mit Juden umgingen.

»Ich war mit einem von diesen Gefolgsleuten verheiratet«, schluchzte sie. »Und ich habe die NSDAP gewählt. Wie konnte ich nur so dumm sein und nicht darüber nachdenken, wem ich da meine Stimme gab? Wir sind alle mitschuldig und müssen einen Weg finden, dieses Unrecht wieder in Ordnung zu bringen. Soweit das überhaupt geht. Es ist schon so viel geschehen, was gar nicht wiedergutgemacht werden kann.« Sie sah ihn mit einem so todtraurigen Blick an, dass er ihren Schmerz spürte wie einen Dolchstoß ins Herz.«

Er räusperte sich. »Weil die Lage in Deutschland nun einmal ist, wie sie ist, hatte ich beschlossen, nach Amerika auszuwandern. Mein Bruder lebt schon seit zwei Jahren in New York. Dort hat er sich in der kurzen Zeit ein gutes Leben aufgebaut und vor einigen Monaten sogar geheiratet. Er hat ein angemessenes Auskommen und wird nicht verfolgt. Seine Idee war, dass ich dort auf dem Land als Tierarzt arbeiten könnte. Übergangsweise würde er mir eine Stelle im Hafen oder irgendwo anders besorgen. Das …

Nun, das klang für mich wie ein guter Plan. Und da mich hier nichts hielt, besorgte ich mir eine Fahrkarte für eine Schiffspassage …«

Bei seinen letzten Worten richtete sich Isabella kerzengerade in den Kissen auf. Ihr Blick flackerte, als sie ihn ansah. »Eine Schiffspassage? Nach Amerika? Wann … Wann gehst du?«

»Ich gehe nicht«, beteuerte er hastig. »Als ich das Ticket kaufte, wusste ich noch nicht, wie sehr ich mich kurz darauf verlieben würde. Ich bin dir viele Jahre immer wieder über den Weg gelaufen, und ich fand dich wunderschön und freundlich und interessant. Welcher Mann würde das nicht? Aber ich wusste, dass du verheiratet warst, und ich habe mir keine Gefühle gestattet. Dann kam deine Scheidung, und immer noch schienst du mir unerreichbar. Bis ich dir eines Tages versehentlich zu tief in die Augen sah.« Er lachte auf, und es war ein fast bitteres Lachen. Diese Liebe machte ihn gleichzeitig unendlich glücklich und sehr traurig, weil Isabella nicht die Seine werden durfte.

»Es war der Tag, an dem ich mit der blutenden Maggy vor deiner Tür stand«, sagte Isabella ganz selbstverständlich. »Du warst nicht nur die Rettung für Maggy, sondern auch für mich. Ich hatte versucht, mir einzureden, dass ich nie wieder lieben will. Aber das Schicksal hat mich eines Besseren belehrt.«

Er strich ihr zärtlich eine goldene Locke hinters Ohr. »Früher fühlte ich mich auch unter vielen Menschen allein. Jetzt weiß ich, es gibt einen Menschen, der mich liebt und versteht. Ganz gleich, wie es mit uns weitergeht, allein das Wissen, dass es dich gibt, wird mir immer bleiben.«

Sie kniff die Lider zusammen und starrte ihn mit funkelnden Augen an. »Was soll das heißen, wie es mit uns weitergeht? Wir werden einen Weg finden, zusammen zu sein. Du musst daran glauben, so wie ich daran glaube.«

»Ja«, sagte er schlicht, bevor er sie an sich zog und sein Versprechen mit einem Kuss besiegelte. »Deshalb habe ich beschlossen, mein Ticket zu verkaufen. Ich werde auf keinen Fall fortgehen und dich hier zurücklassen.«

Sie öffnete den Mund, um etwas zu erwidern, doch in diesem Moment ertönte plötzlich ein lautes Schrillen: die elektrische Haustürklingel. Wie ertappt fuhren sie auseinander.

»Wer kann das sein?« Isabella klang atemlos. Mit bebenden Fingern umklammerte sie seine Hand. Leonhards Herz schmerzte beim Anblick ihrer angstvoll aufgerissenen Augen.

»Vielleicht ein Notfall«, sagte er so leichthin, wie es ihm möglich war. Er versuchte, sich mit dem Gedanken zu beruhigen, dass besorgte Bauern, die wegen einer kalbenden Kuh oder eines kranken Nutztiers noch zu später Stunde klingelten, nicht unüblich waren.

»Bleib hier und verhalte dich ganz ruhig«, wies er Isabella an, während er aus dem Bett sprang und in seine Kleider fuhr.

Von der Tür aus sah er, dass sie ebenfalls aufgestanden war und hektisch ihre Kleidungsstücke zusammensuchte.

»Mach dir keine Sorgen«, sagte er vage und verließ eilig das Zimmer, weil es ein weiteres Mal läutete.

»Frau Meyerhoff!« Verblüfft starrte er Fine an, die in ihrem Rollstuhl vor der Haustür saß. Auf der Straße wartete der Pferdewagen, mit dem der Hausdiener von Schloss Bielau zum Markt fuhr und andere notwendige Dinge für die Schülerinnen des Pensionats besorgte.

Fine legte den Finger an die Lippen, rollte an ihm vorbei in die Diele und machte ihm ein Zeichen, die Tür hinter ihr zu schließen.

»Ich musste mich von Burkhardt fahren lassen und habe ihm gesagt, wir bräuchten dringend ein Mittel für die Kaninchen, weil sie krank sind. Ein Vorwand«, sagte sie mit gesenkter Stimme und Unruhe in den Augen. »Telefonisch konnte ich Sie nicht erreichen, und mir fällt kein anderer Ort ein, wo ich nach Isabella suchen könnte. Frau von Sandtberg hat mich angerufen, weil Isabella ihrer Mutter gegenüber behauptet hat, sie würde den Abend auf Schloss Bielau verbringen.«

Erschrocken sah Leonhard sie an. »Haben Sie Frau von Sandtberg gesagt, dass Isabella nicht bei Ihnen ist?«

»Natürlich nicht!« Fine machte ein empörtes Gesicht. »Halten Sie mich für dumm?«

Er atmete auf. »Es tut mir leid, dass ich Ihren Anruf überhört habe. Das Telefon steht in den Praxisräumen, und wenn die Türen geschlossen sind, ist das Läuten nicht laut genug.«

Leonhard schluckte trocken. Hatte Isabella nicht gesagt, ihre Mutter würde niemals bei Fine anrufen? Sie musste einen wichtigen Grund gehabt haben.

»Was ist auf Falkensee passiert?«, fragte er und sah Fine Meyerhoff im Licht der Dielenbeleuchtung fragend an.

»Isabellas Stiefvater ist zusammengebrochen und wurde ins Krankenhaus gebracht. Frau von Sandtberg bittet ihre Tochter, so schnell wie möglich nach Marienwerder in die Klinik zu kommen. Es sieht wohl nicht gut aus.« Fine schaute sich suchend um. »Isabella ist doch hier, nicht wahr?«

Er zögerte kurz und nickte dann.

»Ich werde nichts verraten«, sagte Fine, als hätte sie die Sorge von seinem Gesicht abgelesen.

»Aber woher wussten Sie, dass Isabella hier ist?« Ihm war klar, dass die Zeit drängte. Er würde persönlich dafür sorgen, dass Isabella rasch ins Krankenhaus zu ihrem schwerkranken Stiefvater gelangte. Doch vorher musste er herausfinden, warum Fine gewusst hatte, wo sie nach ihrer Freundin suchen musste. Frau Meyerhoff war sich so sicher gewesen, wo Isabella sich aufhielt, dass sie den beschwerlichen Weg auf sich genommen hatte.

Fine Meyerhoffs Wangen röteten sich leicht, bevor sie seine Frage beantwortete. »Sie vergessen, dass ich Isabella und Sie schon lange kenne. Ich habe mitbekommen, wie Sie einander ansehen. Nachdem Isabella mich ihrer Mutter gegenüber als Ausrede benutzt hat, lag die Vermutung nahe, dass Sie beide zusammen sind. Mit einiger Wahrscheinlichkeit hier in Ihrem Haus, wo niemand

Sie sieht.« Sie zuckte mit den Schultern und sah verlegen an ihm vorbei. »Es tut mir leid, dass ich Sie erschreckt habe. Ich werde es ganz gewiss niemandem sagen.«

»Sie müssen sich nicht entschuldigen.« Auch er war verlegen. »Es ist uns beiden unangenehm, die Menschen, die uns nahestehen, zu belügen. Aber wir wollten vermeiden, dass Sie Ihrerseits schwindeln müssen, um uns zu schützen. Leider mussten Sie es gegenüber Isabellas Mutter nun doch tun, was ich sehr bedaure. Sicher wissen Sie, dass unsere Situation … schwierig ist, denn ich bin Jude.«

Fine seufzte schwer. »Das weiß ich natürlich. Und es tut mir schrecklich leid. Weil es keinen Grund gibt, warum zwei so wunderbare Menschen wie Isabella und Sie nicht zusammen sein sollten.«

»Vielen Dank. Es ist nun einmal, wie es ist.« Leonhard nickte ihr zu.

In diesem Moment öffnete sich die Schlafzimmertür, und Isabella streckte ihren zerzausten Kopf in die Diele. »Fine?«, fragte sie ungläubig. »Ich habe deine Stimme gehört.«

Zögernd, als könnte sie jetzt noch verhindern, dass die ältere Frau ihr Geheimnis entdeckte, trat sie in die Diele. »Woher wusstest du …?«

Fine lächelte beruhigend. »Euer Geheimnis ist sicher bei mir. Doktor Kampmann weiß Bescheid, weshalb ich hier bin. Es tut mir leid, mein Kind. Melde dich, wenn ich irgendwie helfen kann. Ich muss zurück ins Schloss, sonst schöpft Burkhardt Verdacht.«

»Einen Moment!« Leonhard eilte in das kleine Zimmer, in dem er seine Medikamente und Instrumente aufbewahrte. Vom Regal nahm er eine Flasche mit einem Stärkungsmittel, kehrte in die Diele zurück und reichte es Fine. »Geben Sie den Kaninchen ruhig etwas davon. Es tut ihnen gut und schadet nicht. Vor allem sollten Sie etwas mitbringen, wenn Sie aus dem Haus kommen.«

Fine nickte und wendete geschickt ihren Rollstuhl. Als Leonhard ihr die Haustür öffnete, hob sie grüßend die Hand, bevor sie in die Nacht hinausrollte.

Isabella hielt sich im Hintergrund, damit der Hausknecht von Schloss Bielau sie nicht sah. Leonhard stand noch eine Weile in der Tür, um sicherzugehen, dass Fine sicher wieder auf den Wagen gelangte. Er wusste, dass sie sich mit ihrem Rollstuhl auf ebenem Gelände fast so geschickt bewegte wie andere Menschen zu Fuß und deshalb keine Hilfe wollte.

Als ihr Diener vom Kutschbock sprang, um ihr zu helfen, schloss Leonhard die Tür und wandte sich Isabella zu.

»Was ist passiert?«, fragte sie mit gepresster Stimme.

33. Kapitel

Isabella
Marienwerder, Westpreußen, November 1935

Die Fahrt von Leonhards Haus bis zum Krankenhaus in Marienwerder war Isabella endlos lang erschienen. Als sie die Stadt endlich erreichten, zeigte die Uhr fast Mitternacht.

Trotz Leonhards vorsichtiger Worte war es ein Schock für sie gewesen, von Konrads Zusammenbruch zu hören. Die Angst um ihren Vater hatte den Schreck darüber, dass Fine offenbar genau gewusst hatte, wo sie sie finden konnte, in den Hintergrund gedrängt. Darüber würde sie später nachdenken. Ohnehin war Isabella sicher, dass Fine sie auf keinen Fall verraten würde. Schlimm war nur, dass die ältere Frau als Mitwisserin möglicherweise gefährdet war.

Isabella wandte den Kopf, als Leonhard seinen Wagen im Schatten einer Baumgruppe abseits vom Portal des Krankenhauses bremste. Seit sie losgefahren waren, rutschte sie unruhig auf dem Beifahrersitz hin und her, doch nun hatte sie plötzlich Angst, auszusteigen und in das Gebäude zu gehen. Was, wenn sie zu spät kam? Was, wenn man ihr sagte, dass Konrad die Nacht nicht überleben würde? Ihre Mutter würde in jedem Fall vollkommen außer sich sein, und Isabella wusste nicht, ob sie die Kraft haben würde, Alice zu trösten.

»Leonhard«, flüsterte sie aus enger Kehle und wandte sich ihm hilfesuchend zu.

»Es tut mir so leid, dass ich in dieser schwierigen Situation nicht an deiner Seite sein kann.« Er legte Isabella die Hände ums Gesicht und küsste sie zart.

Sie drängte sich an ihn, wollte die Erinnerung an seine Wärme und Stärke mitnehmen, um zu überstehen, was dort drinnen auf sie wartete.

Ein Schluchzer drängte sich aus ihrer Kehle. »Ich hätte ihn auf dem Gut unterstützen sollen. Er hat immer von morgens bis abends gearbeitet.«

»Es ist nicht deine Schuld, dass er zusammengebrochen ist.« Sanft streichelte Leonhard ihren Rücken.

»Ich muss da hinein.« Sie tastete blind nach dem Türgriff, während sie ihren Oberkörper immer noch Leonhard entgegenlehnte. Es war so schwierig, sich ausgerechnet jetzt von ihm zu verabschieden, in einem Moment, in dem sie seine Liebe und Unterstützung so sehr gebraucht hätte.

Sie spürte auch sein Widerstreben, sich von ihr zu lösen, als er die Fahrertür öffnete und ausstieg.

Fröstelnd wartete sie, während er den Wagen umrundete. Als die Tür an ihrer Seite aufschwang und die feuchte Novemberabendkälte sie traf, zog sie erschaudernd die Schultern hoch.

Leonhard streckte ihr die Hand entgegen, und für einen Moment war alles leichter, als sein kräftiger Arm sie beim Aussteigen stützte und sie gleich darauf dicht vor ihm stand.

»Ich bin in Gedanken bei dir«, flüsterte er, und sein warmer Atem strich über ihr Gesicht. »Dein Stiefvater ist ein starker Mann. Er wird es schaffen.«

»Hoffentlich«, erwiderte sie und sehnte sich nach seinem Kuss und einer tröstenden Umarmung. Als sie sich jedoch auf die Zehenspitzen stellte und die Arme um seinen Hals legen wollte, hörte sie Schritte. Erschrocken hielt sie inne und wich instinktiv zurück.

Auch als die Schritte längst verhallt waren, fühlte sich Isabella trotz ihrer Sehnsucht nach Leonhards Nähe wie gelähmt. Zögernd wandte sie sich dem Krankenhausgebäude zu.

»Ich liebe dich, Isabella«, sagte Leonhard leise.

»Ich liebe dich auch«, erwiderte sie flüsternd und sah ängstlich hinüber zu den erleuchteten Fenstern des Hospitals.

»Gib mir deine Autoschlüssel, dann kümmere ich mich darum, dass der Wagen morgen früh in der Remise von Gut Falkensee steht. Ich werde ihn hinfahren und mich von jemandem aus dem Dorf abholen lassen. Mir fällt schon eine Ausrede ein. Ein krankes Pferd, ein geplatzter Autoreifen, irgendetwas in der Art.«

Sein Lächeln ließ die Schläge ihres Herzens schneller werden. Sie hatte schreckliche Angst um Konrad. Und gleichzeitig musste sie um Leonhard fürchten, vor allem für den Fall, dass ihre verbotene Liebe entdeckt wurde.

»Danke. Ich danke dir.« Mit einem Ruck drehte sie sich um und lief auf den Eingang der Klinik zu.

An der Pförtnerloge fragte sie nach Konrad von Sandtberg und wurde in den zweiten Stock geschickt. Sie hetzte so rasch die Treppe hinauf, dass sie vollkommen außer Atem oben ankam. Eine Schwester in blütenweißer Schürze, mit gestärkter Haube auf dem Kopf, beantwortete Isabellas Frage nach Konrad, indem sie auf die Tür zu einem Gang deutete, in dem nur eine Nachtbeleuchtung brannte. Am Ende des Flurs erkannte Isabella zwei Frauengestalten und eilte auf sie zu.

»Großmama, Mama – was ist passiert?«, rief sie.

Alice antwortete mit einem Schluchzer. Veronika erhob sich halb von ihrem Stuhl, schwankte leicht und ließ sich wieder auf die Sitzfläche fallen.

Als Isabella vor ihrer Großmutter und ihrer Mutter stehen blieb, erkannte sie trotz des schwachen bläulichen Lichts, dass Alice vom Weinen verquollene Augen hatte. Auf Veronikas Wangen glühten kreisrunde rote Flecke, der Rest ihres Gesichts war kreidebleich, die Miene starr.

»Erst hat er ganz komisch geredet und mich angesehen, als würde er mich gar nicht erkennen. Dann hat er die Augen verdreht und ist einfach umgekippt.« Alice presste sich ein weißes Spitzentüchlein vor den Mund. »Als Doktor Hinrichsen endlich da war, hat er gleich den Krankenwagen gerufen und gesagt, Konrad muss in die Klinik gebracht werden, weil sie sich hier mit dem Hirnschlag am besten auskennen.«

»Und wie geht es ihm jetzt? Was sagen die Ärzte?« Mit angehaltenem Atem wartete Isabella auf die Antwort.

»Die lassen uns hier rumsitzen und sagen uns nichts«, erwiderte Veronika mit zornig gerunzelter Stirn, während Alice leise in ihr zerknülltes Taschentuch schluchzte.

Suchend schaute Isabella sich um, ob sie einen Arzt erspähte, den sie nach dem Zustand ihres Stiefvaters fragen konnte. Doch Alice zupfte mit erstaunlicher Kraft an ihrem Rock.

»Setz dich. Julius ist vor ein paar Minuten gekommen. Er kümmert sich um alles und findet sicher heraus, wie es Konrad geht.«

»Julius?«, wiederholte Isabella entsetzt und ließ sich auf den Stuhl neben ihrer Mutter sinken. »Was hat er denn hier verloren? Er gehört nicht mehr zur Familie.«

»Ich habe ihn angerufen. Du hast ja ewig gebraucht, bis du endlich hier warst.« Trotzig wie ein kleines Kind warf Alice den Kopf in den Nacken. »Zudem ist Julius ein Mann mit Beziehungen. Er kann Dinge erreichen, die für andere Menschen unmöglich sind. Du hättest dich niemals von ihm scheiden lassen dürfen.«

Isabella biss sich auf die Unterlippe. »Es ist ganz allein meine Entscheidung, wen ich liebe und mit wem ich zusammen bin«, sagte sie knapp.

»Es hat ja doch keinen Zweck mit dir, und ich habe jetzt keine Zeit und keine Nerven, dir noch einmal zu erklären, was für einen großen Fehler du gemacht hast«, sagte Alice mit einem demonstrativen Seufzer. »Du wirst sehen, dein Mann bringt problemlos in Erfahrung, wie es Konrad geht, und er sorgt dafür, dass er die beste Behandlung bekommt.«

Gerade wollte Isabella zum x-ten Mal erklären, dass Julius nicht mehr ihr Mann war, da trat er aus einer Tür in der Nähe. Entsetzt schnappte sie nach Luft.

Sein Blick blieb an ihr hängen, und der Triumph, der in seinen

Augen funkelte, sorgte dafür, dass ihr von einer Sekunde auf die andere speiübel wurde. Sie richtete sich kerzengerade auf und schluckte krampfhaft. Erst nach einigen tiefen Atemzügen ließ die Übelkeit so weit nach, dass sie nicht mehr panisch nach der nächsten Toilette Ausschau hielt, weil sie glaubte, sich übergeben zu müssen.

»Guten Abend Isabella«, sagte er mit einem so harmlosen Lächeln, dass eine neue Welle der Übelkeit sie durchlief.

»Guten Abend«, murmelte sie, brachte aber seinen Namen nicht über die Lippen. »Konntest du herausfinden, wie es meinem Vater geht?«

»Sicher.« Schweigen breitete sich zwischen ihnen aus. Isabella hielt es eine halbe Minute durch, vielleicht auch ein bisschen länger, dann öffnete sie den Mund, um ihn nach Einzelheiten zu fragen. Darauf hatte er natürlich gewartet. Doch ihre Mutter kam ihr zuvor.

»Lieber Julius«, sagte sie, stand auf und ging zu ihrem ehemaligen Schwiegersohn. »Du weißt, wie dankbar ich dir bin und wie traurig es mich macht …«

Da ging Isabella eilig dazwischen. Wenn ihre Mutter sich nun für die Trennung entschuldigte, würde sie sich endgültig übergeben müssen.

»Bitte!«, stieß sie hervor. »Jetzt und hier geht es allein um Konrad. Was sagen die Ärzte?«

»Er ist so weit stabil. Näheres wird man wissen, wenn er die Nacht übersteht.«

»Ist das eine gute oder eine schlechte Nachricht?«, kam Veronikas Stimme aus dem Hintergrund.

»Eigentlich ist es gar keine Nachricht«, beantwortete Isabella die Frage mit einem zornigen Blick in Julius' Richtung.

»Auch ich kann nicht in die Zukunft sehen«, erwiderte er in jenem sanften Ton, mit dem er es auch während ihrer Ehe immer wieder geschafft hatte, sie vermeintlich ins Unrecht zu setzen. »Ich habe jedoch mit dem Oberarzt gesprochen, den ich aus der Partei gut kenne. Er wird ein Auge auf Konrad haben.«

»Herzlichen Dank, Julius.« Alice griff nach seiner Hand und umklammerte sie fest. »Es ist furchtbar freundlich von dir, dich so für unsere Familie einzusetzen, nachdem Isabella dir *das* angetan hat. Ich kann mich nur tausendmal für das Verhalten meiner Tochter entschuldigen.«

Isabella bemühte sich, einfach nicht hinzuhören. Dennoch krampfte sich ihr Magen schmerzhaft zusammen. Wie konnte ihre eigene Mutter ihr derart in den Rücken fallen? Sie warf einen hilfesuchenden Blick in Richtung ihrer Großmutter, doch Veronika saß in sich zusammengesunken auf ihrem Stuhl und schien nichts von dem Gespräch mitzubekommen, das zwei Meter von ihr entfernt geführt wurde.

Julius reagierte mit einem vagen Schulterzucken auf Alices Worte und den weinerlichen Tonfall. »An der Scheidung ist leider nichts mehr zu ändern. Dennoch möchte ich gern ein paar Worte ungestört mit Isabella sprechen, liebe Schwiegermama. Würdest du uns bitte für einen Moment entschuldigen?«

»Natürlich«, stimmte Alice hastig zu, während Isabella den Kopf schüttelte. »Es ist aber nichts mit Konrad, das du vor uns verbergen möchtest, lieber Julius? Oder doch?«

»Nein, nein, sei ganz beruhigt, liebe Alice«, beteuerte Julius. Gleichzeitig griff er nach Isabellas Arm. Er hatte wohl bemerkt, dass sie Anstalten machte, das Weite zu suchen. »Ich möchte etwas … Privates mit Isabella besprechen.«

»Dann tu das hier«, zischte sie und stemmte ihre Füße gegen den Fliesenboden, damit er sie nicht gegen ihren Willen wegziehen konnte. Sie wollte nicht mit ihm allein sein.

»Es geht nicht um unsere Ehe und unsere Scheidung, meine Liebe«, sagte er mit einem Lächeln, das ihr erneut Übelkeit verursachte. »Es geht um etwas, das ich draußen gesehen habe, bevor ich das Krankenhaus betrat.«

Sie starrte ihn entsetzt an und brachte kein Wort heraus. *Leonhard!* Er hatte sie mit Leonhard beobachtet – vorhin, im Wagen.

Julius wusste sehr genau, dass Leonhard Jude war. Schließlich hatte er schon vor Jahren von Konrad gefordert, dass dieser einen anderen Tierarzt auf Gut Falkensee beschäftigen sollte.

Willenlos vor Entsetzen ließ Isabella sich von Julius den Flur entlang in eine Nische führen, in der ein paar abgestoßene Holzstühle und ein kleiner Tisch mit zerfledderten Zeitschriften standen. Kaum waren sie außer Sichtweite von Alice und Veronika, packte Julius sie so heftig bei den Oberarmen, dass sie unterdrückt aufschrie.

»Hör mir zu!«, zischte er ihr aus nächster Nähe ins Gesicht. Die Spucketröpfchen, die dabei aus seinem Mund flogen, trafen sie auf der Nase und den Wangen. Angeekelt versuchte sie zurückzuweichen, doch er hielt sie unerbittlich fest.

»Ich dulde nicht, dass meine Ehefrau Blutschande mit einem Juden begeht. Wenn ich dich noch einmal mit diesem Kerl sehe, werde ich Schritte unternehmen, die auch für dich zu einer Gefängnisstrafe führen. Dies ist ein anständiges Land, und Menschen, die keinen Anstand haben, werden für ihr Verhalten bestraft. Für den Juden wird es natürlich deutlich schlimmer enden als für dich.« Julius kniff die Augen zusammen und schaute sie drohend an.

Als Isabella das volle Ausmaß der Gefahr erkannte, in der Leonhard schwebte, ballten sich in ihren Eingeweiden Angst und Zorn zusammen. Sie funkelte Julius wütend an. »Er war ebenfalls im Pensionat, als ich die Nachricht erhielt, dass mein Vater ins Krankenhaus eingeliefert wurde, und hat mich hergefahren. Ist das etwa verboten?« Starr sah sie ihrem Exmann in die Augen.

»Soll ich dir das glauben?«, höhnte er. »Wieso sollte ausgerechnet der Tierarzt dich fahren? Und was hatte er zu später Stunde im Pensionat zu suchen?«

Erleichtert erkannte sie, dass Julius offenbar nichts Konkretes gesehen hatte. Keinen Kuss, keine Umarmung. Es waren nur Vermutungen, für die er keinen Beweis hatte.

»Die Kaninchen sind krank«, sagte sie kühl. »Außerdem wäre ich an deiner Stelle vorsichtig. Hast du vergessen, was ich über dich und Gerlind weiß?« Sie funkelte ihn böse an.

»Für wie dumm hältst du mich?«, fragte er mit einem harten, freudlosen Lachen. »Glaubst du, du kannst mich mit dieser kleinen Verfehlung mein Leben lang erpressen? Ich habe eine leitende Position in der Partei und natürlich längst alle Spuren verwischt. Außerdem habe ich die Briefe vernichtet, die Gerlind dir geschrieben hat. Wenn du jetzt irgendetwas über eine Kommunistin erzählst, der ich zur Flucht ins Ausland verholfen habe, werde ich dich wegen übler Nachrede drankriegen. Jeder wird wissen, dass du solch vollkommen unglaubwürdige Dinge nur erzählst, weil du dich wegen der Scheidung und meines angeblichen Betrugs an mir rächen willst.«

»Ich habe Gerlinds Adresse in Frankreich«, sagte sie und warf den Kopf in den Nacken. »Sie kann jederzeit wieder bezeugen, was du getan hast.«

»Gerlind ist tot.«

Entsetzt starrte sie ihn an. Die wenigen Worte hingen in der Luft wie ein scharfes Schwert. Sie wollte ihn fragen, ob er etwas mit Gerlinds Tod zu tun hatte, doch sie wagte es nicht. Vielleicht wollte er ihr mit seinen Worten auch nur Angst machen, und Gerlind erfreute sich in Frankreich bester Gesundheit?

»Es war dumm von mir, ihr zu helfen«, fuhr Julius fort. »Sie hat mich erpresst, und dafür hätte sie sofort ihre Strafe und nicht etwa meine Hilfe bekommen sollen. Nun, letztlich wurde sie bestraft. Meistens enden die Dinge, wie sie enden sollen.«

Isabella schluckte, wusste aber nicht, was sie sagen sollte. Das ist alles nicht wahr. Er will mir nur Angst machen, dachte sie verzweifelt, doch es gelang ihr nicht, sich selbst davon zu überzeugen, dass er sie belog.

»Du hast mich ebenfalls erpresst, meine Liebe. Genau wie Gerlind. Sie wollte die Ausreise, du wolltest die Scheidung.« Er sprach so leise, dass sie sich anstrengen musste, ihn zu verstehen. »Darum sei vorsichtig, sonst bekommst auch du deine Strafe. Und der Jude sowieso.«

Damit drehte er sich um, ließ sie einfach stehen und spazierte zurück zu Alice und Veronika. Isabellas Mutter rutschte unruhig auf ihrem Stuhl herum, während Veronika abwesend vor sich hin starrte.

Eine weitere Tür öffnete sich, ein Arzt im weißen Kittel trat heraus und kam auf sie zu. Sie wandten sich angespannt zu ihm um.

Der Arzt nannte mit leiser Stimme seinen Namen, den Isabella nicht verstand, und sagte dann: »Herr Kirchner wird es Ihnen schon erklärt haben, und ich kann auch nichts hinzufügen: Der Patient ist bewusstlos, aber so weit stabil. Wir müssen die weitere Entwicklung abwarten. Morgen früh wissen wir mehr.«

»Kann ich zu ihm?«, flüsterte Alice und betupfte ihre rotgeweinten Augen mit dem zerknüllten Spitzentüchlein.

Der Arzt rückte seine Nickelbrille zurecht und schüttelte den Kopf mit den gescheitelten grauen Haaren. »Ihr Mann braucht absolute Ruhe. Er würde ohnehin nicht merken, dass jemand bei ihm ist. Machen Sie sich nicht zu große Sorgen. Wie gesagt, er ist stabil. Sie sollten nach Hause fahren und sich ausruhen. Wenn es etwas Neues gibt, melden wir uns. Die Schwester sagte mir, dass Sie Ihre Telefonnummer bereits hinterlegt haben.«

»Aber … «, begann Alice zu protestieren, stockte jedoch, als Julius die Hand hob.

»Ich bringe euch nach Hause, Schwiegermama.« Julius griff nach Alices Arm.

»Ich will wenigstens kurz zu meinem Stiefvater«, sagte Isabella energisch. Der Gedanke, fortzugehen, ohne Konrad auch nur für eine Minute gesehen zu haben, behagte ihr nicht.

»Hören Sie.« Der Arzt berührte ihre Schulter und sah sie

durch seine Nickelbrille streng an. »Wir kümmern uns um Ihren Stiefvater. Er erhält Medikamente, mit deren Hilfe wir hoffen, die Blutgerinnsel aufzulösen, die wohl an seinem Anfall schuld sind. Während er diese Spritzen bekommt, muss sein Zustand streng überwacht werden. Verwandte, die sich im Zimmer aufhalten, schaden ihm in dieser Phase mehr, als sie ihm nützen. Das verstehen Sie doch, junge Frau, nicht wahr? Gedulden Sie sich bitte bis zur Besuchszeit morgen.«

»Ich möchte ihn nur kurz sehen«, beharrte Isabella. Die Worte des Arztes erschienen ihr nicht sonderlich beruhigend.

»Herr von Sandtberg ist nicht bei Bewusstsein«, wiederholte der Arzt. »Sie können ihm nicht helfen und ihn nicht einmal trösten. Kümmern Sie sich lieber um Ihre Mutter, und ruhen Sie sich zu Hause aus. Wenn er morgen über den Berg ist, dürfen Sie zu ihm.«

Wenn er morgen über den Berg ist – an diesen Worten hielt Isabella sich fest. Der Arzt hatte das gesagt, als wäre zu erwarten, dass es Konrad morgen besser ging. Als sei es nur eine Frage der Zeit. Er war in einem Krankenhaus, und man würde sich um ihn kümmern. Darauf musste sie sich verlassen.

»Ich führe deine Mutter zum Auto. Kümmere du dich bitte um deine Großmutter, Isabella«, übernahm Julius das Kommando.

Mit einem unterdrückten Seufzer ging Isabella zu Veronika und rüttelte sie sanft an der Schulter. Es dauerte eine Weile, bis ihre Großmutter die Augen aufschlug.

»Was …?« Mit Panik im Blick schaute Veronika sich um.

»Komm, Großmama. Wir fahren nach Hause«, sagte Isabella leise und zog sie hoch. Dabei nahm sie ihrer Großmutter die schwarze Ledertasche ab, die auf ihrem Schoß gestanden hatte. Der Verschluss war offen, und als Isabellas Blick ins Innere der Tasche fiel, sah sie eine kleine Metallflasche. Offenbar handelte es sich um einen Flachmann. Hastig schloss Isabella den Druckknopf der Tasche, bevor sie sich den Henkel über den Arm hängte. Mit dem anderen Arm stützte sie ihre Großmutter. Veronikas Gewicht ruhte schwer auf Isabella, während sie Julius und Alice folgten, die bereits das Ende des Flurs erreicht hatten.

Während der Heimfahrt in Julius' Wagen herrschte Schweigen. Alice saß auf dem Beifahrersitz, Isabella hockte angespannt neben ihrer Großmutter auf der Kante der Rückbank. Veronika war schon nach kurzer Zeit wieder in einen unruhigen Schlummer gefallen.

Als sie endlich Gut Falkensee erreichten, sprang Isabella aus dem Wagen, kaum dass Julius angehalten hatte. Sie lief um den schwarzen Horch herum, riss die hintere Tür auf der anderen Seite auf und zog ihre Großmutter hastig aus dem Auto. Kurz darauf hatte Julius auf der Beifahrerseite Alice beim Aussteigen geholfen, hakte sie unter und machte Anstalten, sie die Treppe hinauf zur Haustür zu führen.

»Das mache ich!«, rief Isabella hektisch. Auf keinen Fall würde sie zulassen, dass dieser Mann noch einmal das Herrenhaus betrat. Sie legte einen Arm um Veronikas Schultern, mit dem anderen stützte sie ihre Mutter. Dann marschierte sie entschlossen auf die Freitreppe zu.

»Danke, Julius«, rief sie über ihre Schulter. »Nun kommen wir allein zurecht.«

»Ich könnte euch morgen früh ins Krankenhaus fahren.« Julius schien entschlossen, sich wieder in ihre Familie zu drängen, was Isabella jedoch auf keinen Fall zulassen würde. Sie konnte ihn nicht mehr in ihrer Nähe ertragen. Am schlimmsten war jedoch die Angst um Leonhard. Sie wusste, Julius würde jede Gelegenheit nutzen, sich an ihr zu rächen. Und da er nun ahnte, dass sie einen Juden liebte, schwebte Leonhard in großer Gefahr.

»Wie du weißt, besitzen wir mehrere Wagen, und ich verfüge über eine Fahrerlaubnis«, sagte sie kühl, ohne stehen zu bleiben oder auch nur den Kopf zu wenden. »Für den Fall, dass ich mich nicht selbst hinters Steuer setzen will, haben mehrere unserer Bediensteten ebenfalls einen Führerschein.« Sie geriet ein wenig außer Atem, während sie Julius beim Erklimmen der großen Freitreppe ihre Antwort zurief und gleichzeitig Veronika und Alice stützte.

»Wie du meinst. Aber vergiss nicht, Isabella: Ich bin in deiner Nähe.«

Bei Julius' letztem Satz schnappte sie entsetzt nach Luft. Ohne auf seine Worte zu reagieren, schleppte sie sich weiter die Stufen hinauf. Als sie endlich vor der Haustür standen, hörte sie erleichtert, dass der Motor startete und kurz darauf die Reifen des Horchs über den Kies der Auffahrt knirschten.

Isabella ließ ihre Mutter los und schloss die Haustür auf. Dann brachte sie die leise schluchzende Alice sowie ihre müde Großmutter in die Halle und sorgte dafür, dass sie sich in die Sessel vor dem kalten Kamin setzten.

Da alle Dienstboten längst gegangen waren, brauchte Isabella fast eine Stunde, bis sie es schließlich geschafft hatte, ihre Mutter und ihre Großmutter ins Bett zu bringen. Sie sorgte dafür, dass beide ein leichtes Schlafpulver zu sich nahmen. Nachdem sie sich einige Minuten später überzeugt hatte, dass sowohl Alice als auch Veronika ruhig schliefen, zog sie sich aufatmend in ihre eigenen Räumlichkeiten zurück. Sämtliche Türen ließ sie offen stehen, damit sie das Telefon läuten hörte und aufwachte, falls ihre Mutter oder ihre Großmutter nach ihr riefen.

Dann legte sie sich ebenfalls zu Bett. Allerdings tat sie kein Auge zu und warf sich unruhig in den Kissen hin und her. Nicht nur die Sorge um Konrad quälte sie, auch die Angst vor dem, was Julius gegen Leonhard unternehmen könnte. Gegen drei Uhr morgens, in der dunkelsten Stunde der Nacht, wurde ihr klar, dass es nur eine Lösung gab. Der Gedanke zerriss ihr fast das Herz, doch wie sie es auch drehte und wendete: Sie fand keinen anderen Ausweg.

Irgendwann war Isabella so erschöpft von ihren rasenden Gedanken und den quälenden Sorgen, dass ihr die Augen zufielen. Wenig später holte das Schrillen des Telefons sie aus ihrem unruhigen Schlaf. Erschrocken fuhr sie hoch, warf die Daunendecke zurück und sprang aus dem Bett. Schon während sie barfuß zum Fernsprechapparat lief, wusste sie, dass eine schreckliche Nachricht sie erwartete.

34. Kapitel

Isabella
Gut Falkensee, Westpreußen, November 1935

»Leider muss ich Ihnen bezüglich Ihres Stiefvaters eine traurige Mitteilung machen, Frau von Bargelow.« Obwohl die Worte aus dem Hörer blechern klangen, erkannte Isabella die Stimme des Arztes, der im Krankenhaus mit ihnen gesprochen hatte.

»Wann?«, fragte sie leise.

»Vor einer guten halben Stunde. Gegen vier Uhr«, erwiderte der Arzt. »Er hat das Bewusstsein nicht wiedererlangt. Es tut mir leid.«

Mit zusammengekniffenen Augen starrte Isabella eine der kleinen blauen Blüten auf der Tapete an. Sie war innerlich wie erstarrt, als hätte ein unverhoffter Frosteinbruch ihre Seele mit Raureif überzogen. Natürlich hatte sie sich um Konrad gesorgt, doch nun wurde ihr bewusst, dass sie nicht wirklich damit gerechnet hatte, er könnte sterben. Ihr Stiefvater war ihr immer wie ein Fels in der Brandung erschienen. Er war niemals krank gewesen und hatte auf Isabella stets stark und unerschütterlich gewirkt. Und nun war er von einem Tag auf den anderen still und leise für immer gegangen. Für Isabella fühlte es sich an, als wäre ein Teil des Fundaments, auf dem ihr Leben geruht hatte, unvermittelt fortgerissen worden.

Und er war in der Klinik gestorben – einsam, unter Fremden. Sie hätte darauf bestehen sollen, dass der Arzt sie wenigstens noch einmal kurz zu ihm ließ. Vielleicht hätte Konrad es trotz seiner Bewusstlosigkeit gespürt, wenn sie seine Hand gehalten hätte. Vielleicht hätte er ihre Stimme gehört und gefühlt, dass er nicht allein war. Vielleicht … Doch nun war es zu spät. Der Tod war grausam und endgültig. Und doch würde Konrad niemals ganz fort sein, solange sie an ihn dachte.

Behutsam legte Isabella den Hörer auf. Nur mit ihrem dünnen Nachthemd bekleidet, blieb sie reglos in der Flurnische sitzen, in der das Telefon stand. Erst als sie vor Kälte immer stärker zu zittern begann, ging sie zurück in ihr Schlafzimmer und warf sich ein paar warme Kleidungsstücke über. Dann begab sie sich in ihren Salon, ließ sich hinter dem kleinen Schreibtisch nieder und machte eine Liste der Dinge, die sie zu erledigen hatte.

Als der neblige Novembermorgen schließlich heraufdämmerte, weckte sie ihre Mutter und überbrachte ihr die traurige Nachricht.

Alice reagierte exakt so, wie Isabella es erwartet hatte. »Nun bin ich ganz allein auf der Welt«, klagte sie wieder und wieder. »Wer soll sich jetzt um mich kümmern? Und um unser Gut? Wir sind drei hilflose Frauen.«

Zwischendurch schimpfte sie auf Isabella, die sich von Julius hatte scheiden lassen. »Er würde dafür sorgen, dass es uns gutgeht«, behauptete sie.

Isabella schwieg dazu, wie sie überhaupt kaum etwas zu Alices Worten sagte.

Im Gegensatz zu ihrer Tochter nahm Veronika die Nachricht vom Tod ihres Schwiegersohns mit damenhafter Beherrschung zur Kenntnis. Was zu erwarten gewesen war, da sie auch nach dem Ableben ihres geliebten Mannes in der Öffentlichkeit eine unbewegte Miene zur Schau getragen hatte, auch wenn die schreckliche Blässe ihrer Haut eine andere Sprache gesprochen hatte. Wie sehr Adalberts Tod Veronika in den Grundfesten erschüttert hatte, war Isabella erst im Laufe der Zeit klargeworden. Ihre Großmutter hatte offenbar keinen anderen Ausweg gesehen, als ihren Kummer im Sherry zu ertränken. Unwillkürlich fragte Isabella sich nun, ob das nicht zu verhindern gewesen wäre. Wäre es anders gekommen, wenn sie häufiger nach Veronika gesehen, mit ihr über ihren Verlust gesprochen und Erinnerungen an Adalbert geteilt hätte? Schwer zu sagen. Aber sie nahm sich fest vor, das nach Konrads Beisetzung nachzuholen.

Bei Alice bestand nicht die Gefahr, dass sie während der kommenden Wochen und Monate still vor sich hin litt. Sie würde die Aufmerksamkeit, die sie als trauernde Witwe brauchte, energisch einfordern.

Nachdem die drei Frauen eine Weile um den Frühstückstisch gesessen, viel Kaffee getrunken, aber kaum etwas gegessen hatten, fuhr Isabella mit ihrer Mutter und ihrer Großmutter zum Krankenhaus, um endgültig von Konrad Abschied zu nehmen. Als sie in die Remise kam, stand ihr Wagen an seinem gewohnten Platz. Julius hatte ihn, wie versprochen, noch in der Nacht nach Gut Falkensee geschafft.

Konrad war in einer kleinen Kammer in einem abgelegenen Teil des Gebäudes aufgebahrt. Wie er da – die Augen geschlossen, die Hände über der Brust gefaltet – auf einem schmalen Bett lag, sah er aus, als würde er schlafen. Isabella hätte sich gern für ein paar Minuten neben ihren Stiefvater gesetzt und stumme Zwiesprache mit ihm gehalten. Doch das ließ die laut schluchzende Alice nicht zu. So musste Isabella sich darauf beschränken, ihre Mutter fest zu umarmen und über ihren Kopf hinweg den Mann anzusehen, der fast ihr ganzes Leben für sie gesorgt und sie unterstützt hatte. Ganz im Gegensatz zu ihrem leiblichen Vater.

Veronika saß still in einer Ecke der Kammer und starrte in die Luft. Wahrscheinlich dachte sie an Adalbert.

Nachdem sie ihre Mutter und ihre Großmutter wieder nach Hause chauffiert hatte, fuhr Isabella nach Bischofswerder zum Bestattungsunternehmer. Dort suchte sie einen Sarg aus und besprach die Einzelheiten der Beisetzung.

Als sie, in traurige Gedanken versunken, das Büro des Bestatters verließ, stand unvermittelt Julius vor ihr. Seine Getreidehandlung lag in der Nähe, aber genau aus diesem Grund hatte Isabella darauf geachtet, den Marktplatz auf der weiter entfernten Seite zu überqueren. Was offenbar nichts genützt hatte, denn nun war es doch zu einem Zusammentreffen gekommen.

Isabella versuchte, sich die Angst, die beim Anblick ihres geschiedenen Mannes in ihr aufkam, nicht anmerken zu lassen. War es Zufall, dass sie ihm hier begegnete, oder beobachtete er sie? Sie kniff die Augen zusammen und funkelte ihn an.

»Darf ich bitte vorbei? Ich habe es eilig.« Sie unternahm einen Versuch, an Julius vorbei weiterzugehen.

Er dachte jedoch nicht daran, ihr auf dem schmalen Gehsteig Platz zu machen. »Ich habe gehört, dass Konrad gestorben ist. Nun seid ihr drei Frauen allein auf Falkensee. Ich schätze, ihr braucht Hilfe. In jeglicher Form, vor allem, um das Gut zu führen.«

»Danke für dein Beileid«, stieß sie verächtlich hervor. Wie erbärmlich dieser Mann war! Garantiert freute er sich in Wahrheit über Konrads Tod, weil er glaubte, sie würden ohne männliche Unterstützung nicht klarkommen. »Konrad wird uns sehr fehlen, aber wir kommen zurecht. Und zwar ohne dich viel besser als mit dir – so viel ist sicher.«

Julius' Gesicht wurde vor Zorn kreidebleich. »Nimm dich in Acht, du Luder!«, zischte er zwischen den zusammengebissenen Zähnen hervor. »Falls du glaubst, du könntest mit dem Juden zusammen sein und dir von ihm helfen lassen, hast du dich getäuscht. Ich werde alles, was du tust, erfahren. Wenn der Kerl dich nur anfasst, ist er dran. Und du bist es auch. Du warst meine Frau, und allein der Gedanke, ein dreckiger Jude könnte eine deutschblütige Frau schänden, könnte sich nehmen, was mir gehört, treibt mich in den Wahnsinn.« Wütend spuckte er in den Straßenstaub.

Bei seinen Worten krampfte sich Isabellas Magen schmerzhaft zusammen. Sie wusste, er meinte sie ernst. Selbst wenn Leonhard kein Jude gewesen wäre, hätte Julius versucht, ihre Verbindung mit einem anderen Mann zu verhindern. So gut kannte sie ihn: Was er nicht mehr hatte, sollte auch kein anderer Mann haben. Und die Tatsache, dass Leonhard Jude war, gab Julius jede Möglichkeit, ihm massiv zu schaden. Sollte es Julius gelingen, sie in einer Umarmung mit Leonhard zu ertappen, konnte er ihren Geliebten ins Gefängnis bringen und Schlimmeres. Auch sie konnte für ihre Liebe zu einem Juden bestraft werden, doch darüber machte sie sich weniger Sorgen.

Sie war versucht, noch einmal zu beteuern, dass sie nichts mit Leonhard zu tun hatte und er lediglich in der Nähe gewesen war, als sie die Nachricht von Konrads Einlieferung ins Krankenhaus erhalten hatte. Doch sie beschloss, dass es sinnvoller war, Leonhard gar nicht zu erwähnen, als sei er ihr egal.

»Ich gehöre dir nicht, habe dir nie gehört, Julius«, sagte sie stattdessen, so ruhig wie möglich. »Kein Mensch ist das Eigentum eines anderen Menschen, egal ob Mann oder Frau. Lass mich in Ruhe.«

Er stieß ein kurzes, hohes Lachen hervor, das unangenehm in ihren Ohren gellte. Dann schnippte er mit den Fingern, und ein junger Mann in SS-Uniform tauchte wie aus dem Nichts neben ihm auf. Offenbar hatte er in einer nahegelegenen Gebäudenische gewartet.

»Das ist Karl«, stellte Julius ihr den Fremden vor. »Du wirst ihn in nächster Zeit häufiger sehen. Ich habe ihn zu deinem Schutz abgestellt.«

»Vielen Dank«, sagte Isabella artig und lächelte Karl harmlos zu. Sie würde Julius nicht den Gefallen tun, sich aufzuregen. Er wollte ihr klarmachen, dass sie unter Beobachtung stand, damit sie nicht wagte, sich mit Leonhard zu treffen.

Den jungen SS-Mann schien ihre freundliche Gelassenheit zu verblüffen. Denn natürlich lautete sein Auftrag nicht, sie zu beschützen, sondern sie zu bespitzeln. Er stotterte ein paar unverständliche Worte und wich ihrem Blick aus. Sie kam zu dem Schluss, dass es ihr wahrscheinlich leicht gelingen würde, ihn hinters Licht zu führen

»Ich bin in Eile. Es gibt viel zu erledigen«, sagte sie erneut zu Julius, der endlich beiseitetrat, damit sie weitergehen konnte. Während sie die Straße überquerte, sah sie aus dem Augenwinkel, dass Karl ihr in einigem Abstand folgte. Wahrscheinlich verfügte er über ein Fahrzeug, mit dem er hinter ihr her nach Falkensee fahren würde. Das würde es schwieriger machen, Leonhard zu treffen, aber sie hatte schon eine Idee, wie sie es dennoch bewerkstelligen konnte. Auf keinen Fall würde sie sich von Julius und irgendeinem uniformierten Dummkopf davon abhalten lassen, Leonhard zu sehen. Sie musste dringend mit ihm sprechen und musste ihm dabei in die Augen sehen. Auch er sollte sie sehen können, damit er verstand, wie schwer ihr der Vorschlag fiel, den sie ihm machen musste. Aber ihre Liebe zu ihm ließ ihr keine andere Möglichkeit.

Der Rest des Tages zog in einem Nebel aus Tränen und Traurigkeit an ihr vorüber. Die meiste Zeit war Isabella damit beschäftigt, ihre Mutter zu trösten, die sich jedoch nicht trösten lassen wollte. Alice wurde nicht müde, über ihre vermeintlich ungewisse Zukunft auf Gut Falkensee zu sprechen und sich zu fragen, wie drei Frauen ohne einen Mann im Haus zurechtkommen sollten.

»Erst einmal wollen wir Papa einen würdigen Abschied bereiten«, wiederholte Isabella mehrmals. »Anschließend kümmern wir uns um alles andere. Ich werde mir zusammen mit dem Verwalter die Bücher ansehen.

»Was verstehst du schon davon?« Alice rang die Hände. »Wieso werde ich immer wieder so schmählich von den Männern in Stich gelassen? Wieso gerade ich?«

Isabella verschluckte die Bemerkung, dass Konrad sicher nicht gestorben war, weil er die Absicht gehabt hatte, seine Frau im Stich zu lassen. Stattdessen legte sie einen Bogen Papier vor ihrer Mutter auf den Tisch.

»Könntest du eine Liste der Personen machen, die zum Begräbnis eingeladen werden sollen?«

»Mein Mann ist vor wenigen Stunden gestorben. Ich kann keinen klaren Gedanken fassen.« Alice sah sie empört an.

»Dann frage ich Großmama, ob sie mir helfen kann.« Auf dem Weg zur Tür holte die weinerliche Stimme ihrer Mutter Isabella ein.

»Du kannst mich doch nicht ganz allein hier sitzen lassen«, klagte Alice. »Ich bin … traurig.«

Isabella unterdrückte einen Seufzer. »Entschuldige, Mama. Es ist schrecklich, den Mann zu verlieren, mit dem man ein halbes Leben verbracht hat. Aber in vier Tagen soll Papa beerdigt werden. Und du willst doch sicher auch, dass es eine würdige Feier wird und dass die Menschen, die ihn gekannt und geliebt haben, sich von ihm verabschieden können.«

Schließlich setzten sie sich zu dritt – Isabella mit ihrer Mutter und ihrer Großmutter – an den Tisch, planten Konrads Trauerfeier und machten eine lange Liste mit Namen und Adressen, sodass sie am nächsten Tag die Trauerkarten verschicken konnten.

Zum Abendessen ließ Isabella nur eine Suppe und belegte Brote servieren. Niemand hatte Appetit, und auch die Dienstboten wirkten wegen Konrads überraschendem Tod mitgenommen, sodass sie ihnen keine unnötige Arbeit aufhalsen wollte.

Nach der gemeinsamen Mahlzeit, die sie in fast völliger Stille einnahmen – abgesehen von Alices leisem Weinen und Naseputzen —, begleitete Isabella ihre Großmutter in deren Räumlichkeiten. Sie wollte dafür sorgen, dass Veronika zeitig zu Bett ging und vorher nicht noch den einen oder anderen Sherry trank. Zum Abendessen hatte es lediglich Pfefferminztee und mit Wasser verdünnten Himbeersirup gegeben, und soweit Isabella es beurteilen konnte, hatte Veronika an diesem Tag kaum Alkohol getrunken. Offenbar half es, wenn sie beschäftigt und nicht zu viel allein war. Bis ihre Großmutter einschlief, saß Isabella bei ihr und las ihr einige Verse aus dem Gedichtband von Eichendorff vor, den Veronika so sehr liebte. Dann hielt sie ihre Hand und streichelte die zarte, pergamentartige Haut. Schon nach wenigen Minuten fielen Veronika die Augen zu.

Vorsichtig legte Isabella die schmale Hand auf die Bettdecke und verließ auf Zehenspitzen das Zimmer, um nach ihrer Mutter zu sehen.

Nach einem Tag voller Trauer und Tränen war Alice ebenfalls schon in einen erschöpften Schlaf gefallen. Vorsichtig zog Isabella die spitzenbesetzte Bettdecke höher und löschte das Licht auf dem Nachttisch. Linda war schon vor zwei Stunden gegangen. Seit ihrer Verlobung mit Hubert verbrachte sie die Abende häufig im Gesindehaus. Dort lebten die Knechte und Mägde, die nicht verheiratet waren und das Gemeinschaftsleben einem gemieteten Zimmer im Dorf oder in Bischofswerder vorzogen. Die wenigen Bewohner des Gesindehauses hatten es nun sehr bequem. Es gab nur noch Einzelzimmer, zudem zwei gemeinsame Bäder und einen großen Aufenthaltsraum, den Konrad mit ausrangierten Polstermöbeln und Schränken aus dem Herrenhaus ausgestattet hatte. Hier besuchte Linda ihren Verlobten häufig. Ob das Paar die gemeinsamen Abende ausschließlich im Gemeinschaftsraum verbrachte oder ob Linda auch mit in Huberts Zimmer ging, wusste Isabella nicht, und es ging sie auch nichts an.

Früher hatte die Hausdame über die Moral der weiblichen Angestellten gewacht. Doch inzwischen gab es keine Hausdame mehr. Die Zeiten hatten sich geändert.

An diesem Abend machte Isabella sich lediglich Gedanken über Lindas Verbleib, weil sie hoffte, später unbemerkt das Haus verlassen zu können.

Karl, der SS-Mann, der sie in Julius' Auftrag bespitzelte, hatte seinen kleinen Wagen seitlich des Tors zur Auffahrt im Schatten der hohen Buchsbaumhecke geparkt. Das hatte Isabella festgestellt, als sie am frühen Abend unter dem Vorwand, frische Luft zu schnappen, einen kurzen Spaziergang gemacht hatte. Aus der Ferne hatte sie gesehen, dass der junge Mann gemütlich in seinem Auto saß und eine Zigarette rauchte. Er ging offenbar davon aus, dass sie mit ihrem Wagen die Auffahrt entlang durch das Tor auf die Straße fahren würde, wenn sie das Gut verlassen wollte. Was sie normalerweise auch genau so machte.

Als ihre Mutter und ihre Großmutter schliefen, ging Isabella zum Telefon und starrte minutenlang den Apparat an, während sie über ihren Plan nachdachte. Es kursierten Gerüchte, dass die NSDAP unter Führung von Göring eine Abhörtechnik hatte entwickeln lassen. Ob das tatsächlich stimmte, wusste Isabella nicht. Sie durfte jedoch kein Risiko eingehen und durch einen Anruf Beweise dafür liefern, dass sie eine verbotene Beziehung zu dem jüdischen Tierarzt des Guts unterhielt.

Schließlich gab sie sich einen Ruck und wählte Fines Nummer. Im Stillen flehte sie, dass die ältere Freundin verstand, was sie mit ihrem Anruf bezweckte.

Offenbar saß Fine wie so oft noch zu später Stunde in ihrem Büro und erledigte liegengebliebene Schreibarbeiten. Dort stand das Telefon, und sie meldete sich schon nach dem ersten Klingelzeichen.

Isabella wünschte ihr einen guten Abend und entschuldigte sich für die späte Störung. »Weshalb ich anrufe«, fuhr sie nach einer kurzen Pause entschlossen fort. »Wie du weißt, macht mir eine der Schülerinnen große Sorgen. Wir sprachen neulich darüber. Du erinnerst dich? Als das Kaninchen krank war.«

»Ja, ich erinnere mich«, sagte Fine nach kurzem Zögern. Isabella hoffte inständig, dass sie begriffen hatte, wieso von einem kranken Kaninchen die Rede war. Das war Fines Ausrede für die spätabendliche Fahrt zu Leonhard gewesen, um Isabella über den Anruf ihrer Mutter zu informieren.

»Es geht um Agata«, fuhr Isabella fort.

»Agata?«, wiederholte Fine in neutraler Tonlage. Es gab im Pensionat keine Schülerin mit diesem Namen, doch Fine hatte eindeutig begriffen, dass Isabella nicht offen reden konnte.

»Du weißt, wo Agata früher gelebt hat, nicht wahr?«

»Ja, das weiß ich«, bestätigte Fine zu Isabellas Erleichterung.

»Könntest du mir einen großen Gefallen tun und Doktor Kampmann kontaktieren? Ich habe seine Nummer nicht, und es ist wichtig. Agata hat Vertrauen zu ihm. Deshalb halte ich es für sinnvoll, dass er mit ihren Eltern redet. Noch heute Abend. Könntest du ihm das bitte von mir ausrichten?«

Eine Weile herrschte Schweigen am anderen Ende der Leitung. »Du meinst, er soll zum Haus von Agata, also von ihren Eltern fahren? Noch heute Abend?«, erkundigte sich Fine.

»So schnell wie möglich. Es ist wirklich dringend«, bestätigte Isabella. »Erkläre ihm bitte, wie er dorthin kommt.« Sie wusste, dass Fine das Jagdhaus, in dem Karols Tante Agata gelebt hatte, noch von früher kannte.

»Das werde ich tun. Mach dir keine Sorgen. Doktor Kampmann wird sich um die Angelegenheit kümmern, da bin ich sicher.«

»Vielen Dank. Dann kann ich mich beruhigt schlafen legen.«

Sie wünschten einander eine gute Nacht, dann legte Isabella den Hörer auf die Gabel und atmete auf. Sie war sicher, dass Fine den Auftrag verstanden hatte. Sie würde Leonhard anrufen und ihm sagen, dass er so schnell wie möglich zum Jagdhaus fahren sollte. Dort würde sie ihn treffen.

Sie ging in ihr Schlafzimmer und zog ihre Reithosen, einen dicken Wollpullover und eine gefütterte Jacke an. Die Reitstiefel fand sie nach kurzer Suche ganz hinten im Dielenschrank. Es war mehrere Monate her, seit sie zuletzt ausgeritten war. Isabella hatte schon als kleines Mädchen reiten gelernt, wie es auf westpreußischen Gutshöfen üblich war. Dennoch war sie keine passionierte Reiterin – im Alltag bevorzugte sie Autos, die schneller und bequemer waren. Und wenn sie sich im Freien bewegen wollte, zog sie lange Spaziergänge mit Maggy vor. Doch an diesem Abend war sie froh, dass es auf Falkensee noch immer genügend Reitpferde gab und sie sich mit den Tieren auskannte.

Nach kurzer Überlegung erlaubte sie Maggy, sie zu begleiten. Wenn sie die Hündin zurückließ, würde sie möglicherweise vor

Kummer anfangen zu heulen. Außerdem war der Weg nicht so weit, dass Maggy nicht hätte hinter dem Pferd herlaufen können.

Als Isabella mit der Hündin im Gefolge den Wirtschaftshof überquerte, stellte sie erschrocken fest, wie hell der fast volle Mond vom klaren Himmel schien. Das war für den Weg durch den Wald von Vorteil. Wenn jedoch der Verwalter aus dem Fenster seines Hauses direkt gegenüber vom Stall schaute oder einer der Knechte aus dem Gesindehaus kam, würde man sie im Mondschein erkennen.

Das Auto des SS-Mannes parkte am Ende der langen Auffahrt außen vor dem Tor. Von dort aus konnte er den seitlich hinter dem Herrenhaus gelegenen Wirtschaftshof mit den Stallungen nicht sehen.

So schnell sie konnte, lief Isabella zum Stall, öffnete die Tür einen Spaltbreit und schlüpfte gemeinsam mit Maggy hinein. Hier brannte die Nachtbeleuchtung, und das schwache Licht würde ihr genügen, um ein Pferd für den Ausritt zu satteln.

Eine Weile stand sie bewegungslos in der Stallgasse und lauschte nach draußen. Falls jemand sie gesehen hatte, würde er kommen und fragen, ob er helfen könnte. Sie hatte keine Ahnung, welche Begründung sie für ihr plötzliches Bedürfnis, am späten Abend auszureiten, nennen sollte.

Doch niemand kam, und sie wandte sich aufatmend den Boxen auf der rechten Seite zu. Hier stand die Stute Klarissa. Sie war lammfromm, kräftig und nicht allzu schreckhaft.

Isabella holte Sattel und Zaumzeug und bereitete Klarissa auf den nächtlichen Ausritt vor, während Maggy jeden Handgriff ihrer Herrin aufmerksam verfolgte.

35. Kapitel

Isabella
Jagdhaus Gut Falkensee, November 1935

Im Mondlicht erschienen Isabella die kahlen Äste der Bäume vor dem silbergrauen Nachthimmel wie mahnend erhobene Finger. Sie musste daran denken, dass sie selbst vor nicht allzu langer Zeit die NSDAP gewählt hatte. Nicht aus Überzeugung, sondern weil Julius sie dazu aufgefordert hatte. Und doch hatte sie es getan. Damit trug sie eine Mitschuld daran, wie sich die Situation in Deutschland entwickelt hatte. Und auch an der Gefahr, in der Leonhard nun schwebte.

Es geschahen furchtbare Dinge, und sie schämte sich, dass sie sich bisher zwar ein wenig empört, sich dann aber wieder ihrem Alltag zugewandt hatte. Hin und wieder kaufte sie in den wenigen jüdischen Geschäften ein, die es in Bischofswerder noch gab. Doch was hatte sie getan, als ihre jüdische Putzmacherin von SA-Leuten beschimpft und die Scheiben ihres Ladens beschmiert worden waren? Sie hatte sich nicht getraut, einzuschreiten und sich auf die Seite der Jüdin zu stellen. Stattdessen war sie zu Julius gelaufen, der sie wegen ihres Mitgefühls für eine Jüdin auch noch ausgescholten hatte.

Es ließ sich nicht abstreiten: Auch sie war schuld daran, dass Leonhard nun in diesem Land um seine Freiheit und sein Leben fürchten musste. Daran, dass ihre Liebe zu ihm verboten war und sie keine gemeinsame Zukunft in ihrem eigenen Land hatten.

Als Isabella auf den Weg einbog, der zum Jagdhaus führte, zügelte sie die Stute. Die Blätter raschelten laut unter den Pferdehufen. Isabella erinnerte sich, dass Charlotte ihr von einem Reitunfall erzählt hatte, der in der Umgebung des Jagdhauses passiert war. Das geliebte Pferd ihrer Tante hatte sich ein Bein gebrochen, sodass Charlotte selbst es hatte erschießen müssen. Isabella erschauderte und sorgte trotz ihrer Ungeduld dafür, dass Klarissa langsamer trabte.

Maggy lief auf dem Waldweg vor der Stute her. An ihrem fröhlich aufwärts zeigenden Schwanz erkannte Isabella, dass ihre Hündin Vergnügen an dem spätabendlichen Ausflug fand.

Klarissa trabte um eine Kurve, und plötzlich sah Isabella im Mondlicht das Jagdhaus vor sich. Die geweißten Wände zwischen den dunklen Balken des Fachwerks schimmerten hell durch die Dunkelheit. Neben dem Brunnen vor der Tür stand Leonhards Wagen. Er war bereits da.

Maggy bellte kurz und hell und schoss durch das silbrige Licht vorwärts. Isabella hingegen ließ Klarissa die letzten Meter im Schritttempo zurücklegen. Gleich würde sie Leonhard sehen, und sie spürte, dass sie vor Freude und Aufregung am ganzen Körper eine Gänsehaut bekam.

Gleichzeitig verstärkte sich der Druck auf ihre Brust. Wie konnte sie sich so schrecklich auf ihn freuen und sich im selben Moment so sehr vor der Entscheidung fürchten, die sie gemeinsam treffen mussten?

Neben dem alten Brunnen ließ sich Isabella vom Sattel rutschen. Sie fand den hüfthohen Pflock, an dem ihre Tante ihr Pferd festband, wenn sie während ihrer Aufenthalte auf Falkensee das Jagdhaus besuchte. Dort befestigte sie Klarissas Zügel. Sie hörte Maggy ganz in der Nähe leise fiepen. Das waren die Laute, die sie für ein Wiedersehen mit Menschen reserviert hatte, die sie liebte. Isabella wurde selbst nach kürzester Abwesenheit mit diesen Tönen begrüßt, und auch Leonhard genoss längst dieses Privileg.

»Hallo, meine Schöne«, hörte sie ihn mit gesenkter Stimme sagen. »Wo ist denn deine noch schönere Herrin?«

Trotz allem musste Isabella lächeln. Leise erwiderte sie: »Ich bin hier!«

Für einen glücklichen Moment spürte sie nur die strahlend helle Freude, die jedes Wiedersehen mit diesem Mann in ihr aufscheinen ließ. Doch Sekunden später war auch die Traurigkeit wieder da. Sie trat hinter dem Busch hervor und umrundete den alten Brunnen.

Leonhard kam ihr entgegen. Eine hohe, breitschultrige Gestalt im Mondschein. Er breitete die Arme aus, und Isabella stürzte sich sehnsüchtig hinein, atmete gierig seinen Duft. Sie barg ihr Gesicht in seiner Halsbeuge, und so blieben sie minutenlang stehen.

»Ich habe mich im Krankenhaus bei einem befreundeten Arzt erkundigt. Es tut mir schrecklich leid, Isabella«, flüsterte Leonhard und strich ihr übers Haar. »Dein Stiefvater ist viel zu jung gestorben. Er war ein guter Mensch. Sicher vermisst du ihn schrecklich.«

Sie schluckte und nickte.

»Frau Meyerhoff sprach in Andeutungen. Ich nehme an, du befürchtest, dass dein und mein Telefon möglicherweise abgehört werden?«, erkundigte er sich nach einer langen Pause.

Sie nickte erneut. »Julius hat uns zusammen gesehen und Verdacht geschöpft. Er lässt mich beobachten. Darum bin ich mit dem Pferd unterwegs. Der dumme SS-Mann glaubt, ich könnte nur mit dem Auto die Auffahrt entlangfahren, wenn ich das Gut verlassen will. Er lauert draußen vor dem Tor.«

Isabella löste sich aus Leonhards Umarmung und tastete nach seiner Hand. Dann zog sie ihn zur Tür des Jagdhauses und holte aus ihrer Jackentasche den Schlüssel, den sie aus dem Schlüsselkasten im Souterrain des Herrenhauses genommen hatte.

Seite an Seite traten sie in die geräumige Diele. Maggy war bereits damit beschäftigt, neugierig den Boden und die wenigen Möbel im Eingangsbereich zu beschnüffeln. Ihr leises Pusten und Schnauben füllte die Dämmerung.

»Es gibt hier keinen Strom.« Suchend schaute Isabella sich um, doch bevor sie eine der alten Petroleumlampen erspäht hatte, hielt Leonhard ihr schon eine davon entgegen. Sie hatte auf dem kleinen Schrank direkt neben dem Eingang gestanden.

»Meinst du, da ist noch Petroleum drin?«, erkundigte er sich. »Hier scheint seit langem niemand gewohnt zu haben.«

»Das stimmt. Karols Tante ist tot. Aber wenn Charlotte und ihr Mann auf Falkensee zu Besuch sind, reiten sie jedes Mal hierher. Dann füllen sie sicher auch die Lampen auf. Sie lieben dieses Haus. Es ist Teil ihrer gemeinsamen Geschichte.« Isabella biss sich auf die Unterlippe. Wie sehr sie sich eine gemeinsame Geschichte mit Leonhard wünschte, mit vielen Erinnerungen an Orte und Ereignisse, die sie teilten. Und doch wusste sie, dass ihnen nur noch wenige gestohlene Momente bleiben würden.

Leonhard stellte die Lampe auf einen kleinen Tisch und zündete sie an. Die Flamme im Glaszylinder warf goldenes Licht auf sein Gesicht und malte Schatten in die Ecke der Diele.

Als er sie im milden Lampenschein erneut in die Arme nahm, schloss Isabella die Augen und gab sich dem Gefühl seiner Nähe hin. Nur diesen einen Moment noch, sagte sie sich, bevor sie das ansprechen musste, was ihr auf der Seele brannte. Wenige Sekunden, in denen sie noch so tun konnten, als würde ihnen eine gemeinsame Zukunft offenstehen.

Leonard suchte ihren Mund und küsste sie so leidenschaftlich, dass ihre Knie weich wurden.

Ich kann das nicht. Und doch muss ich es tun. Er muss es, wir müssen es. Wieder und wieder gingen ihr diese Gedanken durch den Kopf, während sie hungrig seinen Kuss erwiderte.

Plötzlich löste Leonhard seine Lippen von ihren und spähte ihr forschend ins Gesicht. »Gibt es einen besonderen Grund, weshalb du mich so dringend sehen wolltest? Nicht dass es mir nicht dringend erschiene, dich zu küssen und zu halten.«

Ein tiefer Seufzer löste sich aus Isabellas Brust. Mit einer Hand griff sie nach der Petroleumlampe, mit der anderen nach Leonhards

Arm, um ihn mit sich in den Salon zu ziehen. Da sie schon mehrmals mit ihrer Tante hier gewesen war, kannte sie sich aus.

Im Salon stellte sie die Lampe auf die niedrige Anrichte. Von dort breitete sich das sanfte Licht im Zimmer aus, wobei es mit jedem Meter Entfernung schwächer wurde. Am anderen Ende des Raums, wo die weich gepolsterte Ottomane stand, herrschte vages Dämmerlicht, und das war gut so. Bei dem, was sie Leonhard nun sagen musste, zog sie es vor, sein geliebtes Gesicht mehr zu erahnen als deutlich zu sehen.

Sie zerrte das weiße Laken, mit dem die Polster vor Staub geschützt wurden, von der Ottomane und ließ es einfach auf den Boden fallen. Dann setzte sie sich und zog Leonhard zu sich herunter.

Um es hinter sich zu bringen, zögerte sie nicht länger, sondern berichtete ihm das, was sie bereits angedeutet hatte –angefangen mit der Begegnung mit Julius im Krankenhaus. »Er hat uns zusammen gesehen, und er hat dich erkannt«, schloss sie ihre Erzählung. »Ich habe gesagt, du hättest mich zum Krankenhaus gefahren, weil ich gerade im Pensionat gewesen sei, als mich die Nachricht von Konrads Krankheit erreicht hätte. Trotzdem ahnt er es. Und er wird nicht eher Ruhe geben, als bis er es bewiesen hat. Deshalb werde ich von einem Dummkopf namens Kurt bespitzelt, und unsere Telefone werden möglicherweise abgehört.«

Sie schloss die Augen, während sie spürte, wie die Panik erneut in ihr aufstieg.

»Aber er kann es nicht beweisen, wenn wir vorsichtig sind.« Leonhard griff nach ihren Händen und hielt sie fest. Seine Wärme tröstete sie, doch es ging jetzt nicht um ihre Gefühle und ihre Ängste. Es ging darum, ihn in Sicherheit zu bringen.

»Wir dürfen uns nicht mehr sehen. Immer wird es mir nicht gelingen, mich davonzustehlen. Und selbst wenn Julius nicht herausfindet, dass wir uns treffen, wird er alles daransetzen, dein

Leben zu zerstören. Noch vor dem Leben aller anderen Juden in Bischofswerder und Umgebung.«

Als Leonhard zusammenzuckte, wurde ihr bewusst, dass sie die Fingernägel in seinen Handballen gegraben hatte.

»Aber … «, wollte er widersprechen, doch sie ließ ihn nicht ausreden.

»Hast du dein Ticket für die Schiffspassage nach Amerika noch?« Ihre Kehle war so eng, dass ihr jedes einzelne Wort Mühe bereitete.

»Ja. Aber ich habe schon jemanden gefunden, der es mir vielleicht abnehmen wird. Er muss nur vorher noch sein Geschäft verkaufen und ist nicht sicher, ob er das innerhalb einer Woche schafft.«

»Bitte sag ihm, dass du die Fahrkarte selbst brauchst. Du musst Deutschland so schnell wie möglich verlassen.« Als sie die Worte ausgesprochen hatte, die ihr wie ein Messer ins Herz schnitten, war sie fast erleichtert. Sie hatte es über die Lippen gebracht, hatte gesagt, was gesagt werden musste.

Er schüttelte den Kopf. »Ich werde nicht gehen, Isabella. Nicht ohne dich. Und so kurz vor Auslaufen des Schiffs ist es so gut wie unmöglich, noch eine zweite Fahrkarte zu bekommen. Deshalb werde ich mein Ticket verkaufen und …«

»Nein!« Sie legte all ihren Willen und ihre Entschlossenheit in das eine Wort. »Du musst nach Amerika!«

»Aber jetzt, wo wir uns gefunden haben … Wieso willst du mich fortschicken?« Leonhard legte die Hände um Isabellas Gesicht und sah ihr im schwachen Licht forschend in die Augen.

»Weil ich dich liebe«, flüsterte sie. »Bitte geh. Ich kann den Gedanken nicht ertragen, dass dir meinetwegen etwas passiert. Außerdem dürfen wir uns sowieso nicht mehr treffen. Es ist zu gefährlich.«

»Das ist verrückt. Es muss einen Weg geben!« An dem Entsetzen in Leonhards Augen erkannte sie, dass er in diesem Moment die Ausweglosigkeit ihrer Situation in vollem Ausmaß begriffen hatte.

Sein Blick spiegelte ihren eigenen Schmerz. Sie ertrug es kaum, ihn anzusehen, und konnte doch nicht wegschauen. Ihr war nur allzu bewusst, wie kostbar jede Minute, jede Sekunde war, die sie noch miteinander verbringen konnten.

Und doch glaubte sie mit aller Kraft an die Zukunft. Eine Zukunft, die vielleicht nicht morgen oder übermorgen beginnen würde, aber doch schon bald. Weil ihre Liebe stark und ehrlich war und auch eine Zeit der Sehnsucht und des Schmerzes überstehen würde.

»Es gibt einen Weg für uns«, sagte sie leise. »Aber dafür musst du so schnell wie möglich das Land verlassen. Du bist in großer Gefahr. Glaube mir, ich kenne Julius. Er wird nicht eher ruhen, als bis er einen Weg gefunden hat, dich festnehmen zu lassen.«

»Ich lasse dich nicht allein!« Leonhard richtete sich kerzengerade auf, schob das Kinn vor und schaute sie mit funkelnden Augen an. »Ich verkaufe wie geplant meine Fahrkarte und besorge für ein später auslaufendes Schiff zwei Karten.«

»Ach, wenn du wüsstest, wie gern ich dich begleiten würde.« Isabella brauchte all ihre Kraft, um nicht in Tränen auszubrechen. Sie musste tapfer sein und Leonhard dazu bringen, so schnell wie möglich das Land zu verlassen, damit er in Sicherheit war. »Aber ich werde noch einige Monate bleiben müssen. Nach dem Tod meines Stiefvaters gibt es niemanden, der sich um das Gut kümmern und dem Verwalter auf die Finger schauen kann. Das war schon immer eine eherne Regel in unserer Familie: Falkensee darf nicht Fremden überlassen werden.«

Leonhard starrte sie lange stumm an und fuhr sich mit den gespreizten Fingern durch die Haare, die sich wirr aufrichteten.

»Du willst Falkensee nicht verlassen?«, sagte er schließlich langsam.

»Ach, Leonhard.« Mit einem tiefen Seufzer strich sie ihm über die Wange. Spürte seine abendlichen Bartstoppeln unter ihren Fingerspitzen und wusste, dass sie ihn unendlich vermissen würde. »Es geht nicht nur um das Gut. Meine Mutter ist traurig, unglücklich und vollkommen hilflos, nun da sie frisch verwitwet ist. Und meine Großmutter ist krank. Ich muss mich um beide kümmern und sehen, dass sie wieder mit ihrem Leben zurechtkommen, bevor ich gehen kann.«

»Und dann kommst du zu mir nach Amerika?« Sein Blick war skeptisch. »Auch wenn ich bis dahin vielleicht irgendwo auf dem Land eine Arbeit als Tierarzt gefunden habe – es wird nicht das Leben sein, das du gewohnt bist. Kein Herrenhaus, kein Park, vielleicht nicht einmal ein eigenes Auto.«

»Das ist mir egal! Sehe ich aus wie eine Frau, die nichts anderes will als ein bequemes Leben? Ich gebe es zu: Mir wäre es am liebsten, wenn wir hier in Deutschland endlich wieder eine normale Regierung bekämen, mit vernünftigen Menschen, die vernünftige Gesetze erlassen. Dann könntest du zurückkommen, und ich könnte auf Falkensee bleiben, mich um das Gut und meine Familie kümmern. Wenn das aber nicht sehr bald passiert, was fast zu befürchten ist, komme ich zu dir nach Amerika. Ich will nicht ohne dich sein, und es wird mir gelingen, auf Falkensee alles so zu regeln, dass es auch ohne mich geht. Immerhin lebt mein Cousin Ludwig nicht allzu weit entfernt.«

Sie runzelte nachdenklich die Stirn und nickte dann energisch. »Wir werden zusammen sein. Aber erst einmal musst du allein nach Amerika. So schnell wie möglich. Es gibt Gerüchte, dass die Menschen in den Arbeitslagern sterben. An Krankheiten und Hunger. Vielleicht werden sie auch umgebracht. Bitte! Allein der Gedanke, dass dir so etwas widerfahren könnte, ist unerträglich für mich.«

»Du musst dir darüber im Klaren sein, dass ich wahrscheinlich für lange Zeit nicht nach Deutschland zurückkehren kann. Hier wird die Vernunft so schnell nicht siegen. Du weißt doch, dass Hitler mit dem Ermächtigungsgesetz schon lange andere Parteien ausgeschaltet hat. Es gibt niemanden mehr, der sich ihm und seinen wahnsinnigen Ideen in den Weg stellen wird.«

»Natürlich weiß ich das.« Sie biss sich schmerzhaft auf die Unterlippe. »Ich werde dir nach Amerika folgen, sobald ich kann. Es dauert sicher ein Jahr, vielleicht auch länger, bis ich hier alles geklärt habe und meine Großmutter und Mutter allein lassen kann. Aber ich werde kommen.«

Isabella spürte, wie sich eine Träne von ihren Wimpern löste und langsam über ihre Wange rollte. Leonhard beugte sich vor und folgte mit seinen Lippen der feuchten Spur. Er küsste die Tränen fort, doch die Traurigkeit, die ihr Herz eisern zusammenpresste, konnte er nicht zum Verschwinden bringen.

Sie sah, wie seine Brust sich hob und senkte, als er tief durchatmete, bevor er mit heiserer Stimme sagte: »Es gibt wohl tatsächlich keinen anderen Ausweg, auch wenn mich der Gedanke fast umbringt, dich heute vielleicht zum letzten Mal für eine lange Zeit zu sehen.« Mit einem Ruck zog er sie an sich. Seine starken Arme drückten schmerzhaft gegen ihre Rippen. Doch sie liebte dieses Gefühl, weil sie gar nicht genug von Leonhard spüren konnte. Und weil der körperliche Schmerz sie für den Moment von dem schrecklichen Ziehen in ihrer Brust ablenkte.

Sie hatte tapfer sein und nicht weinen wollen, denn sie wusste, dass es dadurch für Leonhard noch schwerer sein würde. Doch nun waren schon Tränen geflossen, und plötzlich zwängte sich ein lauter Schluchzer aus ihrer Brust.

»Wir haben uns doch gerade erst gefunden.« Sie versuchte nicht einmal mehr, etwas gegen die Sturzbäche zu unternehmen, die unaufhaltsam über ihre Wangen strömten.

»Ja«, sagte Leonard, mehr nicht.

Was hätte er auch sagen sollen? Es gab keine Worte für die schmerzliche Trennung, die ihnen bevorstand.

Ihre Lippen fanden sich zu einem verzweifelten Kuss, der all ihre Sehnsucht, ihre Traurigkeit, aber auch ihr Verlangen in sich trug. Isabella klammerte sich wie eine Ertrinkende an Leonhard fest. Verzweifelt zerrte sie an seiner Kleidung, suchte mit fliegenden Fingern nach Knöpfen und Reißverschlüssen, während er ihr die Jacke von den Schultern streifte.

Ein leises Knirschen verriet ihr, dass Stoff gerissen war, doch das interessierte sie in diesem Moment nicht. Sie wusste nicht, ob sie seine Kleidung beschädigt hatte oder er ihre. Sie wollte ihn einfach nur spüren. Wollte jede Sekunde in sich aufsaugen und in ihrer Erinnerung bewahren.

Ein letztes Mal, dachte sie wieder und wieder und weinte, während er sie so zärtlich liebte, dass sie ihn nicht nur in ihrem Körper spürte, sondern auch in ihrer Seele. Er berührte einen Ort tief in ihrem Inneren, den nur er erreichen konnte.

Sie blieben beide stumm, waren bis auf ein paar heftigere Atemzüge fast lautlos, als wollten sie sogar den Klang ihrer Leidenschaft für sich bewahren, um während einer langen einsamen Zeit davon zu zehren.

Erst als sie still dalagen und einander wortlos umklammerten, bemerkte Isabella, wie kalt es in dem ungeheizten Zimmer war. Leonhards Körper wärmte sie, doch wo sie die kühle Luft spürte, richteten sich die Härchen auf. Er spürte offenbar ihr Erschaudern, denn er tastete auf dem Boden neben der Ottomane herum und legte dann ein paar der Kleidungsstücke über sie, die sie zuvor achtlos abgestreift hatten.

Isabella spürte den rauen Tweedstoff ihrer Jacke auf dem nackten Rücken. Sie fühlte aber auch die weichen Härchen an Leonhards Brust, die ihr mit jedem seiner Atemzüge sanft über die Haut strichen. Er war noch bei ihr, ganz nah und warm, doch ein Teil von ihr spürte schon die Realität, die sich grausam näherte. Krampfhaft versuchte sie, die Zärtlichkeit und Nähe festzuhalten, die sie gerade noch so vollständig ausgefüllt hatten.

Doch es gelang ihr nicht, die Wirklichkeit noch länger auszuschließen. Obwohl die Uhr auf dem Kaminsims lange nicht aufgezogen worden war und ihre Zeiger sich nicht bewegten, spürte sie überdeutlich, wie die Zeit verrann. Die wenigen Minuten, die ihnen noch blieben.

Als Leonhard den Kopf hob, schrak sie zusammen. War der Moment des Abschieds schon gekommen?

»Ich möchte dir etwas versprechen, Isabella.« Seine Stimme war rau vor Kummer.

»Ja?« Mit dem nackten Arm wischte sie sich ihr zerzaustes Haar aus dem Gesicht, um ihn besser sehen zu können. Wider jede Vernunft stieg Hoffnung in ihr auf, obwohl sie genau wusste, dass er gehen musste. Auch weil sie nicht zulassen durfte, dass er blieb.

Und dann sagte er etwas, das ihr in all ihrer Traurigkeit Trost schenkte. Etwas, wovon sie wusste, dass es ihr über viele Monate, schlimmstenfalls sogar Jahre der Trennung hinweghelfen würde, wenn es sein musste.

»Ich verspreche dir, Isabella, meine wunderschöne, geliebte Isabella, dass ich dich in meinem Herzen mit nach New York nehmen werde. Du wirst bei mir sein, und ich werde dich in jeder Sekunde lieben, bis wir uns wiedersehen. Denn auch das verspreche ich dir: Solange ich atme, wirst du die Frau sein, mit der ich mein restliches Leben verbringen will. Und deshalb werden wir uns wiedersehen. Egal wie, und egal wann.«

Sein Blick tauchte tief in ihre Augen und brannte sich in ihre Seele, so wie es zuvor seine Küsse und seine Berührungen getan hatten. Und sie glaubte ihm, weil sie wusste, dass er jedes seiner Worte ernst meinte.

»Ja«, flüsterte sie. »Das verspreche ich dir auch – du wirst in meinem Herzen immer bei mir sein. Ich liebe dich, Leonhard, und ich werde dich immer lieben. Bis wir wieder zusammen sein können und weiter bis ans Ende meiner Tage.«

Sie besiegelten ihr gegenseitiges Versprechen mit einem langen Kuss. Isabella wusste, dass sie beide ihre Worte so ernst meinten, als hätten sie sie in einer Kirche am Traualtar gesprochen. Immer noch war der Gedanke schrecklich, sich von Leonhard verabschieden zu müssen, doch das Wissen, dass sie auf immer verbunden sein würden, schenkte ihr Trost.

Eine Weile lagen sie noch engumschlungen auf dem Diwan, sahen einander in die Augen und rührten sich nicht. Dann senkte Leonhard den Kopf und küsste den roten Fleck unter ihrem Schlüsselbein. Jene vermeintlich so hässliche Brandwunde aus ihrer Kindheit, die er schon in der ersten gemeinsamen Nacht, als sie noch versucht hatte, sie vor ihm zu verbergen, immer wieder geküsst und gestreichelt hatte.

»Narben, solche an deinem Körper und solche in deiner Seele, sind ein wichtiger Teil von dir, Isabella«, hatte er gesagt, als sie verlegen versucht hatte, sich dieser Zärtlichkeit für ihren Makel zu entziehen. »Ich will alles an dir sehen und alles an dir lieben.«

Sie hatte ihm geglaubt und irgendwann in seiner Gegenwart vergessen, hastig die Hand auf die Narbe zu legen oder einen Zipfel der Bettdecke darüberzuziehen. Und nun ließ sie zu, dass er sich auch von jenem Teil von ihr verabschiedete, den sie vor der Welt verbarg, nicht aber vor ihm.

Dann zogen sie sich an, legten das Laken zurück über den Diwan und verließen den Salon.

»Wie viele Tage sind es noch, bis du Deutschland verlässt?«, fragte Isabella, als sie in der Diele standen.

»Das Schiff legt Donnerstag in den frühen Morgenstunden ab. Mir bleibt also noch eine knappe Woche. Allerdings werde ich schon zwei oder drei Tage vorher nach Hamburg abreisen. Ein junger Kollege wollte meine Praxis übernehmen. Ich denke, er hat immer noch Interesse. Das ist also so weit geklärt.«

Er zog mit der Spitze seines Zeigefingers bedächtig die Linie ihrer Lippen und ihrer Nase nach, als wollte er sich auf diese Weise Isabellas Gesicht noch besser einprägen.

»Hast du eine Adresse, an die ich dir in Amerika schreiben kann?«, erkundigte sie sich.

»An meinen Bruder in New York. Während der ersten Wochen werde ich bei ihm und seiner Familie leben.« Er nannte ihr die New Yorker Anschrift seines Bruders und schaute sich dabei suchend um. »Wenn es hier Papier und Bleistift gibt, kann ich sie dir aufschreiben.«

»Das ist nicht nötig. Ich werde sie nicht vergessen«, versprach sie. Diese Adresse, so schien es ihr, war der einzige Anker, der ihr in einem Meer von Einsamkeit nach seiner Abreise bleiben würde.

Allein der Gedanke an die ausgedehnten Spaziergänge über die weiten Felder von Falkensee, am See entlang und durch den Wald waren ihr in diesem Moment ein kleiner Trost. Ansonsten würde sie viel zu tun haben. Neben der Arbeit auf dem Gut war da die Verantwortung für ihre Mutter und ihre Großmutter, die vorerst allein auf ihren Schultern lag. Doch sie war sich sicher, dass sie jede einzelne Nacht viele Stunden lang an Leonhard denken würde.

»Ich werde dir schreiben. Sehr oft«, versprach sie.

»Ich dir auch. Alles, was ich denken und erleben werde, will ich mit dir teilen, als wärst du bei mir. Bis wir dann endlich wieder zusammen sind.« Er schwieg einen Moment.

Beim Gedanken an das Versprechen, das sie einander gegeben hatten, hoben sich Isabellas Mundwinkel zu einem verhaltenen Lächeln. Sie stellte sich auf die Zehenspitzen und küsste ihn noch einmal lange und leidenschaftlich.

Dann löschten sie die Lampe und verließen Seite an Seite das alte Jagdhaus. Maggy, die viele Stunden brav in einer Ecke gelegen hatte, drängelte sich vor ihnen durch die Tür ins Freie. Während sie abschloss, musste Isabella an ihre Tante Charlotte denken. Zwischen ihr und Karol hatten sich die Hindernisse ebenfalls wie Mauern aufgetürmt. Von ihrer Tante wusste sie, dass diese auch einmal mit schwerem Herzen das Jagdhaus verlassen hatte – genau wie Isabella es jetzt tun musste.

Auch diese Vorstellung tröstete sie, denn heute waren Charlotte und Karol zusammen und seit vielen Jahren glücklich verheiratet. Doch damals hatten sie sich hier im Jagdhaus vermeintlich für immer voneinander verabschiedet, weil Charlotte kurz vor der Hochzeit mit einem anderen Mann gestanden hatte.

Leonhard begleitete Isabella zum Brunnen, wo die Stute Klarissa stand. Als diese die sich nähernden Menschen bemerkte, wieherte sie leise. Isabella knotete die Zügel los und wandte sich unschlüssig Leonhard zu. Was sagte man in einem solchen Moment, in dem das Herz so unendlich schwer war?

»Nein.« Leonhard berührte mit dem Zeigefinger sanft ihre Lippen. »Sag nichts. Es ist schon alles gesagt und alles versprochen. Wir werden uns wiedersehen. Ich liebe dich, Isabella.«

»Ich liebe dich auch, Leonhard«, brachte sie gerade noch heraus, bevor er ihr ein letztes Mal mit seinen Lippen den Mund verschloss.

Dann wandte er sich um und verschwand im silbrigen Licht des Mondes, der schon tief am Himmel stand und bald untergehen würde.

Isabella machte einen Schritt in die Richtung, in die er gegangen war. Doch dann zwang sie sich stehen zu bleiben. Noch mehr letzte Momente würde sie nicht ertragen. Mit bebenden Lippen pfiff sie nach Maggy, die einige Meter hinter Leonhard hergelaufen war und nun unschlüssig innehielt.

»Komm, Maggy. Wir reiten nach Hause. Nach Falkensee.« Isabella schwang sich in den Sattel. Während sie quer über die Lichtung trabte, hörte sie hinter sich den Motor von Leonhards Wagen. Das Geräusch bohrte sich wie ein Dolch in ihre Brust, und sie drückte ihre Absätze ein wenig fester gegen Klarissas Flanken, um möglichst schnell die Lichtung zu verlassen.

Den Weg zurück zum Stall fand die Stute ganz ohne Isabellas Zutun. Was gut war, denn das Bild der kahlen Bäume und des schmalen Waldwegs verschwamm im schwachen Mondlicht vor Isabellas Augen, während ihr unaufhörlich Tränen über die Wangen liefen.

Erst als Klarissa vor der geschlossenen Stalltür stehen blieb, richtete Isabella sich auf, wischte sich mit dem Handrücken das Gesicht trocken und ließ sich vom Sattel auf den Boden rutschen. Maggy saß bereits hechelnd da und beobachtete wie immer aufmerksam jede ihrer Bewegungen.

Vorsichtig schaute Isabella sich um. Zwar ging sie davon aus, dass Julius' Spitzel die ganze Nacht gemütlich in seinem Auto sitzen würde. Ganz sicher konnte sie jedoch nicht sein, ob der SS-Mann nicht heimlich um das Herrenhaus herumschlich. Natürlich durfte er von Rechts wegen einen fremden Besitz nicht betreten. Doch leider war in diesen Zeiten das Recht eine unzuverlässige Angelegenheit.

Ihr fielen jedoch keine Bewegung und kein Schatten in irgendeiner Ecke auf. Zudem hätte Maggy angeschlagen, wenn sie einen Fremden in der Nähe bemerkt hätte.

Ganz langsam, damit sie nicht knarrte, zog Isabella die hohe Holztür auf und führte Klarissa in den Stall.

Drinnen legte sich die Hündin vor der Tür nieder und wartete geduldig, während Isabella die Stute absattelte, trockenrieb, zurück in die Box führte und mit einer Extraportion Hafer versorgte. Dann gingen sie über den Wirtschaftshof und schlüpften durch den Hintereingang ins Haus. Drinnen war zum Glück noch alles ruhig. Die Zeiten, in denen die Hausmädchen in den Herbst- und Wintermonaten morgens um halb fünf die Kamine angeheizt und später warmes Wasser zum Waschen in die Schlafzimmer getragen hatten, waren vorbei.

Während sie sich leise durch das stille Haus bewegte, schaute Isabella durch jedes Fenster, an dem sie vorbeikam. Es war ein unheimliches Gefühl, beobachtet zu werden und nicht zu wissen, ob der Spitzel sich in angemessener Entfernung aufhielt oder ganz in ihrer Nähe war. Doch auch vom Haus aus sah sie ihn nicht. Wieso sollte er sich auch die Mühe machen, in der kalten Herbstnacht herumzuschleichen, wenn er bequem in seinem Auto sitzen konnte?

Die große Wanduhr in der Küche zeigte kurz vor fünf, als Isabella sich eine Kanne mit schwarzem Tee zubereitete, weil sie nicht wusste, ob sie oben in ihrer Küche noch genügend Teeblätter hatte. Mit der heißen Kanne in der Hand und Maggy im Gefolge stieg sie die Treppe zum ersten Stock hinauf. Sie hatte nicht die Absicht, sich jetzt noch zu Bett zu legen. Wahrscheinlich konnte sie ohnehin nicht schlafen, und es gab noch viel zu viel wegen Konrads Beisetzung zu erledigen. Doch bevor sie sich um die Beerdigungsvorbereitungen kümmern würde, hatte sie etwas anderes zu erledigen.

Sie holte sich eine Tasse aus der Küche und ging in den Salon, wo sie sich hinter dem kleinen Schreibtisch in der Ecke niederließ, an dem sie ihre Korrespondenz erledigte. An diesem Morgen wollte sie einen Brief schreiben, der ihr wichtiger war als jeder andere, den sie im Laufe der Jahre, meist flüchtig und in Eile, auf dem cremefarbenen Büttenpapier verfasst hatte.

Während sich Maggy mit einem tiefen Seufzer in ihrem Korb neben dem Sofa zusammenrollte, legte Isabella Papier und Füllfederhalter bereit und schenkte sich eine Tasse dampfenden Tee ein.

In den Zimmern herrschte noch nächtliche Kühle. Sie nahm sich jedoch nicht die Zeit, sich umzuziehen oder gar den Kamin anzuheizen. In ihrer dicken Tweedjacke war ihr vorerst warm genug, und schon bald würde jemand im Keller die Heizung mit frischer Kohle versorgen.

Mit gerunzelter Stirn dachte Isabella nach, während sie die ledergebundene Schreibmappe aufschlug und die Kappe von ihrem Federhalter zog. Es war schwierig, einen Anfang zu finden, wenn sich das Herz wund vor Liebe und Schmerz anfühlte.

Liebster Leonhard!, schrieb sie und stoppte. Dann flog ihre Feder nur so über das Papier. Sie hielt erst wieder inne, als sie ihren Namen unter das beschriebene Blatt gesetzt hatte.

Es ist kaum zwei Stunden her, seit wir uns vor der Tür des Jagdhauses getrennt haben, doch mir kommt es wie eine Ewigkeit vor. Jede Minute der Trennung war mir eine Qual, ganz besonders weil ich wusste, dass noch so viele Stunden, Tage, Wochen und Monate ohne Dich folgen werden. Doch ich weiß, dass es keine Alternative gibt, und ich bin erleichtert, dich bald in Sicherheit zu wissen.

Wenn ich ganz tief in mich hineinhorche, mein Liebster, finde ich dort nicht nur tiefe Traurigkeit, sondern auch unendliches Glück. Wir können nicht zusammen sein, und das ist furchtbar. Aber wir haben uns gefunden, und wir haben uns etwas versprochen, und das ist wunderbar. Es tut schrecklich weh, dass wir den Tag noch nicht kennen, an dem wir uns endlich wieder in die Arme schließen werden. Und doch schätze ich mich in all meinem Kummer glücklicher als noch vor wenigen Wochen. Denn damals ahnte ich nichts von dem Glück, das auf mich wartete. Die viel zu wenigen verzauberten Stunden, die das Schicksal uns geschenkt hat, waren nur ein Zipfel von jenem Glück, von dem ich nun Tag und Nacht träumen werde. Und doch enthielt jede Sekunde mit dir mehr Liebe und Glück, als ich mir jemals hätte erträumen können.

Leonhard, mein liebster Leonhard, du wolltest dein Leben riskieren und deine Schiffspassage verfallen lassen, um hier bei mir bleiben zu können. Ich danke dir, dass du die Sicherheit eines Daseins in der Ferne gewählt hast, denn ich will, dass du lebst. Mit mir zusammen lebst. Deshalb werde ich tun, was ich kann, um dir so bald wie möglich nach Amerika folgen zu können.

Ich danke Dir für Deine Liebe und denke an Dich, heute, morgen und übermorgen. Jeden Tag und jede Nacht – bis wir uns wiedersehen.

Für immer die Deine

Isabella

36. Kapitel

Isabella
Gut Falkensee, Westpreußen, November 1935

Der Novembertag, an dem Konrad auf dem Familienfriedhof derer von Bargelow bestattet wurde, war kalt und dunstig. Wie Fetzen eines zerrissenen Brautschleiers glitten dünne Nebelschwaden über den Köpfen der Trauergesellschaft durch die Luft.

Isabella stand an der Seite ihrer Mutter und stützte sie. Alice neigte an diesem Vormittag dazu, einfach in sich zusammenzusacken. Mehrmals hatte Isabella sie erst zu fassen bekommen, als sie in ihrem eleganten schwarzen Mantel schon fast auf dem Boden gekniet hatte. Daher war Isabella nun besonders wachsam und reagierte sofort, wenn sie spürte, dass Alice zu schwanken begann.

»Ich kann das nicht«, murmelte ihre Mutter immer wieder vor sich hin. »Wie soll es ohne ihn gehen?«

Isabella war froh, dass Tante Charlotte sich um Veronika kümmerte. Die alte Dame stand ruhig und gefasst am offenen Grab. Isabella hatte sich Sorgen gemacht, dass Konrads Beisetzung die anhaltende Trauer ihrer Großmutter um den eigenen Mann noch schmerzlicher machen könnte und sie möglicherweise vor der Beerdigungsfeier versuchen würde, sich mit dem einen oder anderen Sherry zu trösten. Wahrscheinlich aus diesem Grund hatte Charlotte am Vorabend verkündet, sie werde ihre Mutter um sieben Uhr wecken und ihr beim Ankleiden helfen. Anschließend könnten sie gemeinsam frühstücken, denn eine Stärkung sei vor dem schweren und anstrengenden Tag, der vor ihnen lag, unbedingt notwendig.

Isabella hörte kaum hin, was Pastor Klawitter nach seiner Predigt in der Friedhofskapelle nun am offenen Grab noch zu sagen hatte. Ihre Gedanken wanderten zu ihrem Stiefvater. Sie würde Konrad schrecklich vermissen. Das Leben auf Gut Falkensee würde von nun an ein anderes sein.

Mit einem wehmütigen Lächeln dachte Isabella daran, wie Konrad in seiner ruhigen Art scheinbar mühelos auf die zahlreichen Marotten ihrer Mutter reagiert und Alice bei ihren regelmäßig wiederkehrenden Nervenkrisen besänftigt hatte. Und sie selbst hatte schon als kleines Mädchen gewusst, an wen sie sich mit wichtigen Fragen wenden musste. Egal was sie ihn gefragt und welche ihrer Ideen und Gedanken sie ihm erzählt hatte, Konrad war stets ruhig und freundlich geblieben und hatte sie immer ernst genommen.

Vor allem aber hatte Konrad seiner Familie das Gefühl gegeben, sie seien auf Falkensee sicher und geborgen. Er hatte sich um alles gekümmert, was erledigt, überwacht und organisiert werden musste. Isabella wusste, dass es zumindest vorübergehend ihre Aufgabe sein würde, die täglichen Aufgaben und langfristigen Pläne mit dem Verwalter zu besprechen. Denn von einem waren alle westpreußischen Großgrundbesitzer überzeugt: Wenn der Eigentümer die Sorge um Felder, Wälder und Vieh einem bezahlten Angestellten überließ, würden seine Einnahmen sinken und irgendwann möglicherweise sogar der Ruin drohen.

»Es mag sein, dass ein Gutsherr Fehler macht«, hatte Konrad oft gesagt. »Doch es ist sein Besitz, und deshalb wird er mit aller Kraft den Weg aus der Misere suchen und finden. Ein Verwalter gibt sich in den meisten Fällen ebenfalls Mühe. Doch im Notfall kann er sich einfach eine andere Stelle suchen.«

Ach, Papa, dachte Isabella mit Tränen in den Augen. *Wäre ich doch häufiger zu dir in dein Arbeitszimmer gekommen und hätte mir die Bücher angesehen und die Aufgaben für den Jahreslauf erklären lassen. Nun muss ich es irgendwie schaffen, alles selbst herauszufinden. Ich weiß, dass ich es kann, auch wenn ich eine Frau bin. Und doch kann ich nicht bleiben, um deine Stelle für immer einzunehmen. Du würdest verstehen, dass ich der Liebe folgen muss. Ich werde einen Weg finden, doch all das wird schwierig werden, sehr schwierig.*

Während sie stumm mit Konrad redete, ohne eine Antwort zu bekommen, kam sich Isabella sehr einsam vor. Automatisch wanderten ihre Gedanken zu Leonhard. Mit ihm an ihrer Seite wäre alles viel einfacher gewesen. Zwar war er kein Landwirt, aber er verstand eine Menge von Tierzucht, und sicher hätte er ihr auch wertvolle Ratschläge zur Bewirtschaftung der Ländereien geben können. Und selbst wenn er keine Ahnung von alldem gehabt hätte – seine Nähe hätte ihr Kraft und Mut geschenkt.

»Aus der Erde sind wir genommen, zur Erde sollen wir wieder werden. Erde zu Erde, Asche zu Asche, Staub zu Staub.« Pastor Klawitter warf mit einer kleinen Schaufel Erde auf den Sarg.

Alice schluchzte auf und krallte sich an Isabellas Arm. Isabella hatte das Gefühl, als würde eine Faust ihr Herz zusammenpressen wie einen Schwamm. Sie dachte an Konrad, aber auch an Leonhard, den sie sich so sehr herbeiwünschte und der nicht bei ihr sein durfte, obwohl er Westpreußen noch nicht verlassen hatte. Dennoch war er unerreichbar für sie. Sie wagten nicht einmal zu telefonieren. Eine letzte Umarmung war erst recht vollkommen ausgeschlossen, denn stets hielt sich ein SS-Mann in Isabellas Nähe auf. Manchmal glaubte sie sogar, dass Julius mehrere Männer auf sie angesetzt hatte. Deshalb durfte sie nicht noch einmal das Risiko eingehen, heimlich davonzuschleichen.

In zwei Tagen würde Leonhard den Zug nach Hamburg besteigen, und sie würden sich viele Monate nicht sehen. Bei diesem Gedanken konnte Isabella kaum noch atmen.

Der Pastor hatte seine Rede am Grab beendet und trat beiseite, damit die Angehörigen Erde auf den Sarg werfen konnten.

Isabella war in aller Herrgottsfrühe aufgestanden und mit Maggy zu einem Spaziergang aufgebrochen. Sie hatte einen kleinen Sack mitgenommen und auf einem nahegelegenen Feld Erde hineingeschaufelt. Die dunkelbraune, kräftige westpreußische Erde, die Konrad auf Falkensee so lange erfolgreich bebaut hatte.

Bei ihrer Rückkehr hatte Isabella einen Umweg über den Friedhof gemacht, wo bereits am Vortag das Grab ausgehoben worden war. Daneben stand die Bronzeschale voller Erde, auf der die kleine Schaufel lag. Weil die Schale zu schwer war, um sie einfach auszuschütten, hatte Isabella sie mithilfe der Schaufel leeren müssen, um sie mit Erde vom Feld zu füllen. Sie wusste, Konrad hätte die Vorstellung gefallen, dass auf dem Deckel seines Sargs ein winziger Teil eines Ackers von Falkensee liegen würde.

Nun war die Zeit des endgültigen Abschieds gekommen. Isabella füllte die Schaufel mit der satten braunen Krume und reichte sie ihrer Mutter. Alices Hand zitterte, doch sie ließ die Erde mit einem unterdrückten Aufschluchzen hinunter in die Grube fallen, wo sie mit einem prasselnden Geräusch auf das polierte Holz traf. Anschließend warf Alice die letzte rote Rose aus dem Garten, die in einer geschützten Ecke die ersten Nachtfröste überstanden hatte, ins Grab.

Dann war es an Isabella, die Schaufel zu füllen und ihrem geliebten Stiefvater einen ganz besonderen letzten Gruß zu senden. Niemand außer ihr ahnte, woher die Erde in der Bronzeschüssel stammte.

»Leb wohl, Papa«, flüsterte sie und kniff die Lider zusammen, um die Tränen zurückzuhalten. Sie wusste, dass sie noch viele Tränen um Konrad weinen würde, doch dafür war später noch Zeit. Jetzt musste sie sich um ihre Mutter kümmern, um die Trauergäste und die Verwandten, die zur Beisetzung angereist waren und auf Gut Falkensee übernachten würden.

Nachdem Isabella ihre Mutter zur Seite geführt hatte, traten die Verwandten, Bekannten und Nachbarn einzeln oder in kleinen Gruppen ans Grab. Viele blieben stumm, einige murmelten ein paar Worte, nicht wenige der Frauen weinten, und ein paar der Trauergäste hatten kleine Sträuße aus Tannengrün oder späten Astern mitgebracht und ließen sie in die Grube fallen.

Während sie wartend neben ihrer Mutter stand, hatte Isabella zum ersten Mal an diesem Tag Gelegenheit, die einzelnen Gäste zu betrachten. Gerade trat Cousin Ludwig mit seiner Frau Florentine vor.

Obwohl er nicht weit entfernt im Landhaus Krammbach lebte, wusste Isabella nicht viel über Ludwig. Er war ihr fremd geblieben. Sein Lebensinhalt schien darin zu bestehen, dass er die Zuckerfabrik führte, die er von seinem Vater geerbt hatte.

Auch die Tatsache, dass er vor zwei Jahren geheiratet hatte, änderte daran offenbar nichts. Selbst die Geburt seiner Tochter Elise fast genau ein Jahr nach der Hochzeit hatte Ludwig nicht verändert. Wenn er redete, redete er von der Zuckerfabrik, und selbst am Wochenende schien er viele Stunden in seinem Büro auf dem Betriebsgelände zu verbringen.

Seine junge Frau Florentine machte es ihm offenbar leicht, sein Leben fast so weiterzuführen wie als Junggeselle. Sie stammte aus Marienburg, wo sie als einzige Tochter eines Privatgelehrten aufgewachsen war und eine umfassende Bildung genossen hatte. Dennoch war Florentine eine Frau, die man kaum bemerkte. Niemand, den Isabella kannte, konnte sich so perfekt im Hintergrund halten wie sie. Florentine ordnete Ludwigs Haushalt, erzog seine Tochter – und schien ansonsten keinerlei Ansprüche an ihren Mann und die Ehe mit ihm zu stellen. Bei den wenigen Gelegenheiten, bei denen Isabella das junge Paar bei Abendeinladungen erlebt hatte, war es ihr jedenfalls so erschienen: Ludwig redete, Ludwig entschied, was getan werden sollte, und seine Frau fügte sich wortlos.

Selbst Florentines Schwiegermutter, die lebhafte Charlotte, brachte die junge Frau kaum dazu, mehr als einen Satz zu sagen. Seit der Geburt ihrer Enkeltochter kam Charlotte mehrmals im Jahr nach Westpreußen, um Falkensee und die Familie ihres Sohnes zu besuchen. Und wenn die kleine Elise ihre Großmutter sah, juchzte sie stets vor Vergnügen. Wie es aussah, schien sie die stille Art ihrer Mutter nicht geerbt zu haben, sondern eher nach Charlotte zu kommen.

Soeben ließ Ludwigs jüngere Schwester Hedda mit einer graziösen Handbewegung einen kleinen Tannenzweig ins Grab fallen und nickte hinunter, als würde sie Konrad zum letzten Mal freundlich grüßen.

Im Gegensatz zu ihrem Bruder war Hedda fröhlich und lebhaft. In ihrem eleganten schwarzen Seidenkleid war sie unübersehbar Charlottes Tochter – hochgewachsen, schlank und von so aufrechter Haltung, dass kaum vorstellbar war, was geschehen musste, um sie zu beugen. Auch Hedda kannte Isabella nur flüchtig. Aber jedes Mal wenn sie ihre Cousine sah, fielen ihr sofort die Worte *frei* und *selbstbewusst* ein. Trotz ihrer vierundzwanzig Jahre war Hedda nicht verlobt, was sie aber in keiner Weise zu stören schien.

Nun trat Hedda zur Seite und stellte sich neben Ludwig und Florentine. Als Isabella sah, wer nach ihr ans Grab trat, schnappte sie nach Luft. Es waren Dora und ihr Mann in Begleitung von Ronald von Bernsdorff.

»Wieso ist Ronald hier?«, flüsterte sie ihrer Mutter zu.

Diese reagierte zunächst nicht. Erst als Isabella die Hand ihrer Mutter berührte und die Frage wiederholte, sah Alice ihre Tochter aus tränenumflorten Augen an.

»Er ist unser Nachbar. Und dein Vater«, sagte sie in so selbstverständlichem Ton, als hätten sie seit Jahren gesellschaftlichen Kontakt mit Ronald von Bernsdorff gepflegt.

»Aber du hast in all der Zeit kein Wort mit ihm geredet«, flüsterte Isabella verblüfft. »Und er nicht mit mir.«

»Die Dinge ändern sich. Inzwischen ist er ebenso wie ich verwitwet. Ich habe seinen Namen auf die Liste für die Trauerkarten gesetzt. Und er besitzt die Höflichkeit, Konrad das letzte Geleit zu geben.«

Isabella schluckte. Sie verstand ihre Mutter nicht. Wollte sie sich nach so langer Zeit mit Ronald versöhnen? Oder hoffte sie gar auf eine erneute Annäherung? Prüfend musterte sie Alices Profil.

Ihre Mutter hatte aufgehört zu weinen und sah starr hinüber zum Grab, wo Ronald soeben mit ernster Miene Erde auf den Sarg warf.

»Ich fühle mich nicht wohl, wenn er in der Nähe ist«, setzte Isabella noch einmal an. »Oh ja, er ist mein Vater, aber er hat niemals Anteil an meinem Leben genommen.«

»So ist es wohl«, sagte Alice gleichmütig. Es schien ihr egal zu sein, was Isabella über Ronalds Anwesenheit dachte. Ebenso schien sie vergessen zu haben, dass sie sich bisher strikt geweigert hatte, über Ronald zu sprechen – und über die Umstände, die zum Ende ihrer kurzen Ehe geführt hatten. Jedes Mal wenn Isabella versucht hatte, etwas über ihren leiblichen Vater in Erfahrung zu bringen, hatte Alice sofort erwidert, dass sie diesen Namen in ihrem Haus nicht hören wolle.

Ob Ronald wohl die Nerven besaß, nach der Beisetzung mit hinüber ins Herrenhaus zu gehen, wo alle Trauergäste zu einem Imbiss geladen waren?

Isabella wurde aus ihren Gedanken gerissen, als Julius vor ihr auftauchte. Er auch noch! Sie presste die Lippen aufeinander und funkelte ihren ehemaligen Mann zornig an.

»Mein herzliches Beileid.« Zunächst schüttelte Julius die Hand der trauernden Witwe, dann wandte er sich Isabella zu.

Sie übersah seine ausgestreckte Hand und warf den Kopf in den Nacken. »Hast du auch eine Trauerkarte bekommen?« Das wunderte sie deutlich weniger als in Ronalds Fall. Schließlich hatte Alice ihren Schwiegersohn immer bewundert und ihrer Tochter die Scheidung nie verziehen. Konrad allerdings hatte Julius nicht gemocht, und sie hatten häufig gestritten. Zum Beispiel weil Konrad einen jüdischen Tierarzt beschäftigt hatte und immer wieder Ausflüchte fand, weshalb er nicht in die Partei eintreten konnte und wollte.

»Natürlich hat Julius eine Karte bekommen!«, erklärte Alice mit Nachdruck. »Wenn er noch dein Mann wäre …«

»Ein Gedanke, der mir durchaus zusagt«, warf Julius mit einem heimtückischen Lächeln ein.

» … müssten wir jetzt keine Angst vor der Zukunft haben«, beendete Alice ihren Satz.

»Wenn du willst, liebste Schwiegermama, sehe ich nebenbei nach dem Gut«, bot Julius großmütig an. »Und nach dir, Veronika und Isabella. Schließlich seid ihr nun allein und ohne Mann.«

Ein kalter Schauer durchlief Isabellas Körper. Julius gab nicht auf. Er sah in Konrads Tod eine Chance, sich wieder in ihre Familie und in ihr Leben zu drängen. Dachte er tatsächlich, sie würde dabei mitspielen und ihn am Ende gar in ihr Bett zurückkehren lassen?

»Vielen Dank«, sagte sie eisig. »Auch wenn du es anders siehst: Frauen sind keine hilflosen Wesen, die nur mit der Unterstützung eines Mannes zurechtkommen.«

»Seit wann kennst du dich mit der Bewirtschaftung eines Guts aus?« Er lächelte süffisant. »Oder hast du jemanden in der Hinterhand, von dem du dir Hilfe erhoffst?«

Wieder erschauderte Isabella. Es war klar, dass Julius von Leonhard sprach. Dennoch gelang es ihr, die Schultern zu straffen und das Kinn vorzuschieben.

»Sicher«, sagte sie, sah ihn herausfordernd an und machte eine lange Pause. Dabei ignorierte sie das ängstliche Klopfen ihres Herzens. Julius war gefährlich, besonders für Leonhard. Und noch hatte Leonhard das Land nicht verlassen und befand sich deshalb noch nicht in Sicherheit. Dennoch musste sie Julius zeigen, dass sie keine Angst hatte.

»Sicher«, wiederholte sie daher. »Wir haben einen fähigen Verwalter, einen wunderbaren Stallmeister und einige Nachbarn, die uns gern den einen oder anderen Rat geben werden.«

Julius schnaubte verächtlich, sagte aber nichts.

Isabella schaute sich suchend um. »Arthur Graf von Willinghausen zum Beispiel«, fügte sie entschlossen hinzu, obwohl sie keine Ahnung hatte, wie Arthur zu ihr stand. Schließlich hatte sie ihm sehr deutlich erklärt, dass sie nicht an ihm als Mann interessiert war.

»Du wirst noch angekrochen kommen und mich um Hilfe anflehen«, zischte Julius.

»Ganz sicher nicht!« Isabella versuchte sich an einem harmlosen Lächeln, von dem sie jedoch sofort das Gefühl hatte, dass es misslang. Gerade noch rechtzeitig fiel ihr Blick auf ihre Tante. »Immerhin gibt es in unserer Familie eine Frau, die Gut Falkensee monatelang mithilfe des Verwalters geführt hat, als ihr Vater schwer erkrankt war. Später war sie als Witwe für die Zuckerfabrik verantwortlich, um den Betrieb als Erbe ihres Sohnes zu erhalten. Du kennst meine Tante Charlotte, nicht wahr?«

»Sicher auch eine Frau, die irrtümlich glaubt, sie könne sich unter Männern behaupten«, sagte Julius.

»Du kennst sie offensichtlich *nicht*«, erwiderte Isabella kühl. »Sonst wüsstest du, dass sie das nicht nur glaubt, sondern bewiesen hat. Vor allem aber lebt mein Cousin Ludwig nur eine halbe Stunde entfernt. Er ist sogar ein *Mann*. Was dich beruhigen dürfte.«

Sie sah Julius ohne jedes Blinzeln an, während sie gleichzeitig spürte, wie Entschlossenheit und Mut in ihr aufstiegen. Sie würde dafür sorgen, dass Gut Falkensee weiterhin zuverlässig geführt wurde. Ludwig mochte kein geselliger, nicht einmal ein sonderlich freundlicher Mensch sein. Er war jedoch ein hervorragender Geschäftsmann, dem es nichts ausmachte, von früh bis spät zu arbeiten.

»Dann tu doch, was du willst«, entgegnete Julius wütend. »Du wirst schon sehen, was du davon hast. Und eines mach dir bitte klar: Wenn du so richtig auf die Nase gefallen bist, könnte es zu spät sein, mich um Hilfe zu bitten. Denn dann habe ich vielleicht kein Interesse mehr.«

»Das Risiko gehe ich sehr gern ein«, entgegnete sie mit Nachdruck. »Eines noch, Julius …«

Er sah sie an und runzelte die Stirn.

»Ich habe Gerlind geschrieben. Nicht direkt, sondern über eine Kontaktadresse, die ich schon vor einiger Zeit von ihrer Schwester erhalten hatte. Gerlind lebt und erfreut sich bester Gesundheit. Das war eine freudige Überraschung, obwohl ich schon vermutet hatte, dass du mich angelogen hast.« Isabella erwiderte seinen Blick, ohne eine Miene zu verziehen.

»Jetzt reicht's! Selbst wenn du mich demnächst auf Knien anflehen solltest – ich werde dir nicht helfen.« Mit einer wegwerfenden Handbewegung wandte Julius sich ab, drängte sich an einigen anderen Trauergästen vorbei und ging davon. Kurz darauf war er im Nebel verschwunden.

»Du hättest seine Hilfe annehmen sollen, Isabella«, jammerte Alice. »Ich weiß wirklich nicht, wie das werden soll. Wir Frauen allein ...«

»Sorg dich nicht, Mama. Ich mach das schon. Und auf längere Sicht werden wir Hilfe finden. Eine zuverlässigere Unterstützung, als Julius es jemals sein wird.«

Aufmunternd tätschelte Isabella die schmale Hand ihrer Mutter, die auf ihrem Unterarm ruhte. Wenn sie darüber nachdachte, konnte sie sich kaum vorstellen, dass Ludwig die Führung des Guts ablehnen würde. Schließlich war er Charlottes Sohn und Falkensee der Besitz seiner Vorväter. Falls Ludwig zögerte, sich dieser Aufgabe zu stellen, würde seine Mutter ihn sicher dazu überreden.

Isabella wandte sich Zita von Assmannshausen zu, einer älteren, unverheirateten Dame aus der Nachbarschaft, die stets eine säuerliche Miene zur Schau trug. Als sie nun Alices Hand schüttelte und ihr Beileid aussprach, zog sie die Mundwinkel noch ein wenig weiter nach unten als sonst.

»Vielen Dank«, hauchte Alice und tupfte sich mit ihrem Spitzentuch die Augenwinkel trocken.

Auch Isabella bedankte sich und fixierte dann über die Köpfe einiger Umstehender hinweg Ronald von Bernsdorff. Würde er ebenfalls kommen und Alice mitfühlend die Hand schütteln?

Zunächst kam jedoch Dora, seine Tochter aus zweiter Ehe, in Begleitung ihres Gatten Siegfried von Sahlheim, einem hochaufgeschossenen Mann mit wenigen Haaren, einem kleinen Bäuchlein und einem ansehnlichen Vermögen. Das Paar hatte mittlerweile fünf Kinder, und obwohl sie äußerlich nicht wirklich gut zusammenpassten, schienen sie miteinander glücklich zu sein.

Jedes Mal wenn sie Dora sah, fragte sich Isabella, ob diese wusste, dass sie Halbschwestern waren. Sie hatten kaum Kontakt gehabt. Und wenn Isabella ihrer Halbschwester bei größeren Einladungen und Veranstaltungen begegnet war, hatte Dora sich nie anmerken lassen, ob sie etwas von der Verwandtschaft wusste, die zwischen ihnen bestand.

Isabellas zaghaften Wunsch, ihren leiblichen Vater zu treffen – wenigstens einmal mit ihm zu sprechen und vielleicht auch ihre Halbschwester näher kennenzulernen –, hatte Alice immer kategorisch abgelehnt. Isabella selbst war sich auch nicht sicher gewesen, ob sie wirklich eine Begegnung mit Ronald von Bernsdorff wollte. Schließlich hatte er sich nie einen Deut um sie gekümmert.

Inzwischen verstand Isabella nicht mehr, warum es ihr einmal so wichtig gewesen war, neben der reizenden Dora noch reizender zu wirken. Zumal Ronald sie trotz all ihrer Anstrengung niemals zu bemerken schien. Konrad jedoch hatte sie immer geliebt und unterstützt. Einen besseren Vater als ihn hätte sie nicht haben können.

»Es tut mir ganz schrecklich leid«, sagte Dora mitten in Isabellas Gedanken hinein und sah sie mitfühlend an, nachdem sie zuvor Alice ihr Beileid ausgesprochen hatte. »Herr von Sandtberg war so freundlich und immer hilfsbereit. Einmal hat er mir geholfen, meine verängstigte Stute zu beruhigen, als sie wegen eines aufziehenden Gewitters so unruhig war, dass ich auf einem Ausritt nicht wagte, wieder aufzusitzen. Es muss sehr schwer sein, einen solchen Vater zu verlieren.«

»Danke«, stammelte Isabella. Die mitfühlenden, herzlichen Worte ihrer Halbschwester überraschten sie.

»Er war der beste Vater, den man sich wünschen kann«, setzte sie hinzu

Dora nickte mit ernster Miene. Bevor sie sich abwandte, berührte sie mit einer mitfühlenden Geste Isabellas Schulter.

Nachdem Dora und ihr Mann sich entfernt hatten, sah Isabella ihre Tante Charlotte an, die mit Veronika am Arm in ihrer Nähe stand. Nach den Anstrengungen der Trauerfeier und der Beisetzung sah Isabellas Großmutter im Nebelgrau des Novembertags blass und müde aus.

»Wir sollten ins Haus gehen«, sagte Isabella leise zu ihrer Tante. »Dann können sich alle aufwärmen. Ich habe Hühnersuppe vorbereiten lassen. Außerdem Kaffee und Tee, Schnittchen und Kuchen. Wir haben ja später noch Gelegenheit, ganz in Ruhe hierher an Konrads Grab zu kommen.«

Charlotte nickte und machte Hedda und Ludwig ein Zeichen. Florentine würde ohnehin an Ludwigs Seite bleiben.

»Bitte folgen Sie uns ins Herrenhaus«, wandte Charlotte sich dann an die anderen Trauergäste. »Sie sind herzlich eingeladen, im Gedenken an meinen verstorbenen Schwager noch bei uns zu verweilen. Heiße Getränke und eine Stärkung stehen bereit.«

Isabella ging mit ihrer Mutter am Arm zurück zum Herrenhaus. Noch bevor sie den niedrigen Zaun erreicht hatten, der den kleinen Familienfriedhof umgab, bemerkte sie aus dem Augenwinkel Ronald von Bernsdorff. Er entfernte sich mit raschen Schritten in Richtung Einfahrt, wo die meisten Gäste ihre Autos abgestellt hatten. Also besaß er doch genug Anstand, nicht das Haus zu betreten, in dem Alice lebte.

Unvermittelt tauchte Fine neben Isabella auf. Sie hatte Gerda mitgebracht, eine ihrer Schülerinnen, die den Rollstuhl schob. Normalerweise kam Fine allein gut vorwärts, doch wenn die Wege uneben waren, sorgte sie meistens vorausschauend für Unterstützung. Sie scheute sich nicht, um Hilfe zu bitten, wenn es nötig war, mochte es aber nicht, wenn ihr Unterstützung aufgedrängt wurde.

»Wahrscheinlich wirst du in Zukunft kaum noch Zeit haben, unsere Mädchen zu unterrichten, Isabella«, sagte Fine leise. »Das ist schade, aber natürlich musst du dich nun vor allem um Falkensee kümmern. Wenn ich dir irgendwie helfen kann, sag Bescheid.«

»Vielen Dank, das werde ich sicher tun.« Isabella lächelte Fine dankbar an.

Josefine Meyerhoff gelang es schon seit vielen Jahren, das Pensionat zu führen und sich um die Ländereien der von Bielaus zu kümmern. Wobei sie bei Letzterem Unterstützung von einem Verwalter hatte. Warum also, dachte Isabella, sollte sie selbst das nicht ebenfalls hinbekommen können – und sei es auch nur für einige Monate?

Trotz ihrer Traurigkeit spürte sie erneut Zuversicht und Kraft. Sie hob den Kopf und sah hinauf zum grauen Himmel. In diesem Moment fegte ein kräftiger Windstoß durch den Park. Die Blätter am Boden wirbelten hoch, und zwischen den tiefgrauen Wolken, die fast in den kahlen Baumwipfeln hingen, bildete sich eine Straße aus blassgelbem Licht. Es war wie ein kurzes Zwinkern. So wie Konrad oft während einer seiner humorigen Bemerkungen gezwinkert hatte. Dann war es schon wieder vorbei.

Hinter den Wolken schien die Sonne. Und vielleicht blickte der Mann, der ihr wahrer Vater gewesen war, von dort oben auf sie und Gut Falkensee herunter.

Getröstet ging Isabella mit ihrer Mutter am Arm ins Haus, um die Trauergäste zu bewirten und mit ihnen an Konrad zu denken.

Epilog

Gut Falkensee, den 24. März 1936

Mein ferner Geliebter,

nun ist es Frühling auf Gut Falkensee. Auf dem Rondell in der Einfahrt blühen die ersten Narzissen, die Bäume haben dicke Knospen, und auf den Feldern liegt ein grüner Hauch, als hätte über Nacht eine Fee zarte Schleier auf der Erde ausgebreitet. Das ist der Winterweizen, der im vergangenen September ausgebracht wurde. Wie Du siehst, bin ich schon eine richtige Landfrau, die sich mit der Bestellung der Felder auskennt.

Bei jeder Blüte, die ich in diesem März bewundere, muss ich an Dich denken, mein Liebster. Ich frage mich, ob solche Blumen auch im fernen Amerika blühen oder wie dort der Frühling aussieht. Arbeitest Du immer noch im Hafen, oder hat sich mittlerweile schon eine Möglichkeit aufgetan, wieder als Tierarzt tätig zu sein? Du lieber Dummer, wie kannst Du nur denken, dass ich nicht mit einem Hafenarbeiter zusammen sein will? Es tut mir weh, wenn ich mir vorstelle, dass du so schwere Tätigkeit verrichten musst und deine Arbeit mit den Tieren vermisst. Denn das ist Deine Berufung, wie jeder weiß, der einmal beobachtet hat, wie Du ein krankes Pferd oder einen Hund beruhigen kannst. Aber ich liebe Dich kein bisschen weniger, wenn du die Ladung von Schiffen löschst, als wenn du Tiere heilst.

Ach, wie ich Dich vermisse! Jeden Morgen, wenn ich aufwache, und jeden Abend, wenn ich einschlafe. Was die politische Entwicklung hier in Deutschland betrifft, hat sich an der allgemeinen Richtung nichts geändert. Es wird nur mit jedem Monat, der vergeht, noch ein bisschen schlimmer. Doch das weißt Du sicher, da Du regelmäßig eine überregionale Zeitung liest, wie Du erwähntest.

Mama ist seit einigen Wochen stolzes Parteimitglied – angeworben von Du-weißt-schon-wem. Sie meint, wir hätten eine Menge Vorteile davon. Mag sein. Möglicherweise geraten wir dadurch jedoch auch noch mehr in den Fokus der Partei. Allerdings widerfahren besonders Fabrik- und Großgrundbesitzern, die nicht in der Partei sind, in letzter Zeit seltsame Dinge. Einer unserer Nachbarn, der viele Jahre recht erfolgreich sein Gut geführt hat, musste Insolvenz anmelden, weil niemand seine Ernteerträge kaufen wollte. Auch L. ist seit vergangenem Jahr in der NSDAP, und seitdem läuft seine Fabrik hervorragend. Jeder Bürger dagegen, der nicht linientreu ist, muss mit Sanktionen rechnen.

Manchmal überkommt mich eine große Angst. Niemand weiß, was morgen sein wird. Hinter vorgehaltener Hand redet man von Krieg. Doch vielleicht ist das die einzige Möglichkeit, die eine Veränderung für Deutschland erwirkt.

Nun komme ich endlich zu der wunderbaren Nachricht, die ich mir für den zweiten Teil dieses Briefs aufgehoben habe. Eigentlich hebe ich mir diese Überraschung für Dich schon seit Wochen auf. Für mich war es das schönste Weihnachtsgeschenk, als ich begriff, welch festes Band das Schicksal zusätzlich zu unserem Versprechen zwischen uns geschmiedet hat. Mit meiner Mitteilung an Dich wollte ich jedoch warten, bis die ersten drei Monate vorüber sind. Nun ist es so weit, und ich verkünde Dir stolz und glücklich, dass ich ein Kind erwarte.

Stell Dir nur vor: ein kleines Wesen, das in sich Deine und meine Eigenschaften vereinigen wird. Das schönste Sinnbild unserer Liebe. Wir werden Eltern, mein Liebster! Nun sind wir ohne jedes Wenn und Aber für immer verbunden, und dieses Wissen macht mich unendlich glücklich. Nachdem ich mir viele Jahre lang gar nicht recht vorstellen konnte, ein Kind zu bekommen, erscheint es mir nun als die schönste, natürlichste Sache der Welt, einem Kind das Leben zu schenken, das aus unserer Liebe entstanden ist.

Unser Sohn oder unsere Tochter wird im kommenden August zur Welt kommen. Da es hier noch einige Dinge zu regeln gibt und ich meine Abreise nach Amerika für den Sommer geplant hatte, werde ich wohl erst nach der Entbindung zu dir kommen können. Die Zeit bis dahin erscheint mir viel zu lang, doch andererseits möchte ich im hochschwangeren Zustand die Schiffsreise nicht antreten. Und es hat auch etwas Gutes, wenn unser Kind hier auf Gut Falkensee zur Welt kommt. Ein Nachkomme der Bargelows, der hoffentlich irgendwann gemeinsam mit uns an seinen Geburtsort zurückkehren wird.

Noch weiß meine Familie nichts von dem Nachwuchs, den wir erwarten. Doch da mein Bauch sich zusehends rundet, werde ich demnächst mit der Wahrheit herausrücken müssen.

Mama wird jammern und klagen, weil ich ein uneheliches Kind erwarte. Aber ich werde ihr erklären, dass dieses Kind den wunderbarsten Vater der Welt hat und ich sofort nach dem Wochenbett mit meinem Sohn oder meiner Tochter nach Amerika aufbrechen werde, wo Du dann sicherlich sehr schnell eine ehrbare Frau aus mir machen wirst.

Kann es sein, dass ich Dir gerade einen Antrag gemacht habe? Ich muss lächeln, denn ich weiß, dass Du tatsächlich nichts Eiligeres zu tun haben wirst, als mich in Amerika zum Traualtar zu führen.

Wie Du weißt, hatte ich einen fürsorglichen und freundlichen Stiefvater, während mein leiblicher Vater mich mein Leben lang ignoriert hat. Nach Konrads Tod beschloss ich, wenigstens ein

Gespräch mit meinem leiblichen Vater zu führen. Nun, da ich selbst ein Kind erwarte, wollte ich wissen, wie er zu mir steht. Eigentlich wusste ich es ja. Was kann ich ihm schon bedeuten, nachdem er nicht ein einziges Mal ernsthaft mit mir gesprochen, sich niemals auch nur das kleinste bisschen für mich interessiert hat?

Dennoch entschloss ich mich eines Vormittags spontan, auf sein Gut zu fahren.

Um es kurz zu machen – mein leiblicher Vater ist fast noch schlimmer, als ich ihn mir vorgestellt hatte.

Kein Wort der Entschuldigung hatte er für mich übrig, ganz zu schweigen von einer freundlichen oder gar liebevollen Bemerkung. Das schmerzt, doch ich kann es verkraften. Denn ich wurde geliebt, und ich werde geliebt. Allein das zählt.

Bei passender Gelegenheit werde ich das Gespräch mit meiner Halbschwester suchen. Erst einmal nur, um sie besser kennenzulernen. Schließlich habe ich mir immer Geschwister gewünscht. Und Dora erschien mir bei unseren letzten Begegnungen recht sympathisch. Wenn unser Kind schon keinen liebevollen Großvater haben wird, freut es sich sicher über eine freundliche Tante.

Ich muss zum Ende kommen, mein Liebster. Es gibt so vieles, was ich Dir erzählen und mit Dir teilen möchte. In meinen Gedanken und Träumen bin ich immer bei Dir.

Nun werde ich mit dem Auto nach Marienwerder fahren, um diesen Brief dort an irgendeiner Straßenecke in den Briefkasten zu werfen. Das erscheint mir die sicherste Methode, um zu verhindern, dass er auf seinem Weg aus Deutschland heraus in unbefugte Hände gerät. Natürlich schicke ich ihn wieder an Deine Vermieterin und versehe den Umschlag nicht mit meinem Absender.

Ich sende Dir all meine Liebe und tausend Küsse, mein Liebster.
Für immer die Deine
I.

Danksagung

Autorin ist ein einsamer Job – mal abgesehen von all den Fantasiegestalten, die unablässig um meinen Schreibtisch herumgeistern. Umso wichtiger sind mir die Unterstützung, die vielfältigen Anregungen und das Vertrauen von Menschen aus Fleisch und Blut. Ohne euch wären meine Bücher und Geschichten nicht das, was sie sind – falls überhaupt vorhanden …

Allen voran danke ich meiner Außenlektorin Stefanie Kruschandl, die nun schon den zweiten Band rund um Gut Falkensee mit mir überarbeitet hat. Ganz lieben Dank für deine Kritik an Stellen, wo ich es erwartet hatte, und an solchen, bei denen es mich überraschte. Du hattest letztlich immer recht! Schrecklich gefreut habe ich mich darüber, zwischendurch mit virtuellen Rosen beworfen zu werden. Von mir kommt ein Korb bunter Sommerblumen zurück – was sage ich: ganze Wannen voll.

Ein herzliches Dankeschön auch an Karin Schmidt, meine Verlagslektorin bei Bastei Lübbe, die mit so viel Engagement alles rund um die Falkensee-Reihe organisiert und fest an die Westpreußen-Saga glaubt. Du bist ein Glücksfall für mich.

Ein liebes Dankeschön geht auch an Elke Seidel. Dein nie erlahmendes Interesse an meiner Arbeit, zuletzt an der Entstehung von *Die Sterne über Falkensee*, inspiriert mich immer wieder aufs Neue. Danke auch für die wertvollen Rückmeldungen, die du mir als Testleserin gegeben hast. Du bist toll!

In gewisser Weise hat jeder Mensch in meinem Umfeld einen

Anteil an jeder Geschichte, die ich schreibe. Weil ihr Geduld mit mir habt, wenn ich mal wieder in meiner Arbeit versinke. Weil ihr nachfragt, was ich schreibe, warum ich es schreibe und wie es vorangeht (oder wieso nicht). Weil ihr seid, wie ihr seid. In langen Telefongesprächen und von Angesicht zu Angesicht. Ihr seid der Boden, auf dem ich stehe, und die Wurzeln meiner Fantasie.

Mein ganz besonderer Dank geht wie immer an Michael. Ohne uns und unsere Geschichte hätte ich manche der Szenen in diesem Roman anders oder vielleicht gar nicht geschrieben. Du weißt, welche das sind und was du mir bedeutest.

Zum Schluss danke ich meinen Leserinnen und Lesern von ganzem Herzen: Danke für euer Interesse und eure Zeit. Wenn ihr diesen Roman mit Freude gelesen habt, haben sich meine Arbeit und die aller Beteiligten gelohnt.

Luisa von Kamecke